U0136241

林仁川

臺灣史研究名家論集

（初編）

蘭臺出版社

作者簡介（依姓氏筆劃排序）

王志宇 1965 年出生於臺灣彰化縣田中鎮，1988 年移居臺中。現為逢甲大學歷史與文物研究所專任教授長，曾任逢甲大學歷史與文物研究所所長、臺灣古文書學會理事長、臺灣口述歷史學會理事等職。專攻臺灣史、臺灣宗教及民俗、方志學，並對近代中國史頗有涉略，著有《臺灣的恩主公信仰》、《苑裡慈和宮志》、《儒家思想的實踐者—廖英鳴先生口述歷史》、《寺廟與村落—臺灣漢人社會的歷史文化觀察》等書，編有《片雲天共遠》、《傳承與創新—逢甲大學近十年的發展，1998-2007》、《閩臺神靈與社會》、《大里市史》等書，並著有相關論文三十餘篇，也參與《集集鎮志》、《竹山鎮志》、《苑裡鎮志》、《外埔鄉志》、《臺中市志》、《南投縣志》、《新修彰化縣志》、《大村鄉志》、《續修南投縣志》等方志的寫作，論述豐碩。

汪毅夫 男，1950 年 3 月生，臺灣省臺南市人。曾任福建社會科學院研究員，現任中華全國臺灣同胞聯誼會會長，福建師範大學社會歷史學院兼職教授、博士生導師，享受國務院特殊津貼專家。撰有學術著作《中國文化與閩臺社會》、《閩臺區域社會研究》、《閩臺緣與閩南風》、《閩臺地方史研究》、《閩臺地方史論稿》、《閩臺婦女史研究》等 15 種，200 餘萬字。曾獲福建省社會科學優秀成果獎 7 項。

卓克華 文化大學史學碩士，廈門大學歷史博士。曾先後兼任過中山、空中、新竹師範、中原、中國醫藥、中國技術、文化等等大學教職，現在佛光大學歷史系所為專職教授。先後擔任過臺灣眾多縣市的古蹟審查委員，現為文化部古蹟勞務主持人之一。早年專攻臺灣經濟史，近二十年轉向古蹟史、宗教史、社會史，撰寫古蹟調查研究報告書超過八十本，已出版學術著作有《清代臺灣行郊研究》、《從寺廟發現歷史》、《寺廟與臺灣開發史》、《古蹟·歷史·金門人》、《竹塹媽祖與寺廟》、《民間文書與媽祖廟之研究》、《臺灣古道與交通研究—從古蹟發現歷史卷之二》，著作等身，為臺灣知名學者。

周宗賢 臺灣臺南市人，生於 1943 年。文化大學史學碩士。曾任淡江大學歷史系教授、系主任、主任、所長，內政部暨文建會古蹟評

鑑委員。現任淡江大學歷史系榮譽教授，臺北市、新北市文化資產審議委員。學術專長為臺灣史、臺灣民間組織、臺灣文化資產研究、淡水學等，著有《逆子孤軍——鄭成功》、《清代臺灣海防經營的研究》、《黃朝琴傳》、《臺南縣噍吧哖事件的調查研究》、《淡水輝煌的歲月》等。是臺灣知名的臺灣史、臺灣文化資產研究的學者。

林仁川　1941 年 10 月出生於龍岩市。1964 年復旦大學歷史系本科畢業，1967 年研究生畢業。教育部文科百所重點研究基地——廈門大學臺灣研究中心首任主任、教授、博士生導師，享受國務院特殊津貼專家。曾兼任福建省人大常委會常委、廈門市政協副主席。現任兩岸關係和平發展協同創新中心教授，廈門市炎黃文化研究會會長。主要著作有《大陸與臺灣歷史淵源》、《閩台文化交融史》、《臺灣社會經濟史研究》、《明末清初私人海上貿易》、《閩台緣》等多部專著。編寫十三集大型電視專題片《海峽兩岸歷史淵源》劇本和國家級博物館《中國閩台緣博物館》、《客家族譜博物館》展覽文本。在國內外各種刊物上發表學術論文近百篇。多次承擔國家文化出版重點工程、國家哲學社會科學重大項目、教育部文科重點項目，均任課題組長。主持編寫《現代臺灣研究叢書》、《圖文臺灣》、《中國地域文化通覽——臺灣卷》、《臺灣大百科全書——文化分冊》。曾多次榮獲全國及省部級哲學社會科學優秀成果獎。

林國平　歷史學博士，兩岸協創新中心福建師範大學文化研究中心首席專家，福建師範大學社會歷史學院教授、博士生導師，福建省高等院校教學名師，享受國務院特殊津貼的專家。主要從事閩臺民間宗教信仰研究，代表作有《林兆恩與三一教》、《福建民間信仰》、《閩臺民間信仰源流》、《籤占與中國社會文化》等。

韋煙灶　學歷：國立臺灣師範大學文學博士【地理學】（2003）
　　　　現職：國立臺灣師範大學地理學系教授
　　　　學術專長：鄉土地理、水文學（地下水學）、土壤地理學、地理教育
　　　　主要著作（專書）：《鄉土教學與教學資源調查》（2002）、《臺灣全志：卷二土地志（土壤篇）》【與郭鴻裕合著】（2010）、《與海相遇之地：新竹沿海的人地變遷》（2013）
　　　　研究領域：早期的研究偏向於自然地理學，奠定後來地理研究之厚實知能。2004 年以後的研究重心逐漸轉向鄉土地理、歷史

地理（閩客族群關係）與地名學研究，已發表相關學術期刊論文約 40 篇。

徐亞湘　臺北藝術大學戲劇系教授、中國文化大學戲劇系兼任教授、《戲劇學刊》主編、中華戲劇學會理事、華岡藝校董事。學術專長為臺灣戲劇史、中國話劇史、中國戲劇 及劇場史。著有戲劇專書《日治時期中國戲班在臺灣》、《日治時期臺灣戲曲史論──現代化作用下的劇種與劇場》、《Sounds From the Other Side》、《臺灣劇史沉思》等十餘冊。

陳支平　1952 年出生，歷史學博士。現任廈門大學人文與藝術學部主任委員、國學研究院院長，兩岸關係和平發展協同創新中心首席專家，兼任中國西南民族學會會長、中國明史學會常務副會長、中國朱子學會副會長、中國民族學與人類學研究會副會長等學術，職務。主要著作有《清代賦役制度演變新探》、《近 500 年來福建的家族社會與文化》、《明史新編》、《福建族譜》、《客家源流新論》、《民間文書與明清賦役史研究》、《歷史學的困惑》、《透視中國東南》、《民間文書與明清族商研究》、《臺灣文獻與史實鈎沉》、《史學水龍頭集》、《虛室止止集》等，編纂大型叢書《臺灣文獻彙刊》100 冊等。2006 年胡錦濤總書記訪問美國時，曾把《臺灣文獻彙刊》作為禮品之一贈送給耶魯大學。是書 2009 年入選「建國 60 周年教育成就展」。

陳哲三　1943 生，南投縣竹山鎮人，東海大學歷史系歷史研究所畢業，逢甲大學歷史與文物研究所教授，退休。先治中國現代史，著有：《中華民國大學院之研究》（臺北，商務印書館，1976）、《鄒魯研究初集》（臺北，華世出版社，1980）、《中國革命史論及史料》（臺北，商務印書館，1982）、《問學與師友》（臺中，大學圖書供應社，1985）等書。後治臺灣史，著有《竹山鹿谷發達史》（臺中，啟華出版社，1972）、《臺灣史論初集》（臺中，大學圖書供應社，1983）、《古文書與臺灣史研究》（臺北，文史哲出版社，2009）。教學研究之餘，又主修《逢甲大學校史》（未刊稿，1983）、《集集鎮志》（南投，集集鎮公所，1998）、《竹山鎮志》（南投，竹山鎮公所，2001）、《南投縣志》（南投縣政府，2010）、《南投農田水利會志》（南投，南投農田水利會，2008）等書。

陳進傳　1948 年生，台灣宜蘭人。淡江大學歷史系、歐洲研究所畢業，

曾任宜蘭大學副教授、教授，嶺東科技大學教授，現為佛光大學文化資產與創意學系教授。早年先治明史，著有論文多篇，其後研究轉向宜蘭史，並曾擔任宜蘭縣文化、文獻、古蹟、藝術各種委員會委員及宜蘭縣政府顧問，撰述《清代噶瑪蘭古碑之研究》、《宜蘭傳統漢人家族之研究》、《宜蘭擺厘陳家發展史》（合著）、《宜蘭本地歌仔—陳旺欉生命紀實》（合著）、《宜蘭布馬陣—林榮春生命紀實》（合著）、《宜蘭的傳統碗盤》（合著）等及論文約 80 篇。

鄭喜夫　台南市籍澎湖人，民國三十一年生。財校財務科畢業、興大歷史所碩士。高考會審人員考試及格。曾任臺灣省及北、高二市文獻會委員，內政部民政司專門委員。編著有臺灣史管窺初輯、民國連雅堂先生橫年譜、民國邱倉海先生逢甲年譜、清鄭六亭先生兼才年譜、重修臺灣省通志財稅、文職表、武職表、武職表三篇、南投縣志商業篇、臺灣當代人瑞綜錄初稿等書十餘種。

鄧孔昭　1953 年生，福建省三明市人。1978 年廈門大學歷史系畢業。後留系任教。1982 年轉入臺灣研究所。先後任助理研究員、副研究員、研究員、教授。1996 年起，兼任臺灣研究所副所長，2004 年改為副院長。2012 年退休。現為兩岸關係和平發展協調創新中心成員。
已經出版的著作有：《臺灣通史辨誤》、《鄭成功與明鄭在臺灣》等。

戴文鋒　1961 年生，臺南人，國立臺灣大學歷史學學士、國立成功大學歷史語言研究所碩士、國立中正大學歷史研究所博士，日本國立一橋大學言語社會研究科客員研究員，國立臺南大學臺灣文化研究所教授兼所長。學術領域為臺灣史、臺灣民俗、臺灣民間信仰、臺灣文化資產，重要專著有《府城媽祖行腳》、《萬年傳香火、世代沐法華——萬華寺廟》（以上 2002）、《萬華觀光案內》（2004）、《走過‧歷史‧記憶——鏡頭下的永康》（2008）、《萬年縣治所考辨》（2009）、《東山鄉志》、《在地的瑰寶——永康民俗祭儀與文化資產》、《永康的歷史遺跡與民間信仰文化》（以上 2010）、《九如王爺奶回娘家傳統民俗活動之研究》（2013）、《重修屏東縣志‧民間信仰》（2014）、《山谷長歌——噍吧哖事件在地繪影與歷史圖像》（2015）等十餘冊。

目　錄

臺灣史研究名家論集——總序

　　《臺灣史研究名家論集》(初編)即將印行，忝為這套叢刊的主編，依出書慣例不得不說幾句應景話兒。

　　這十幾年我個人習慣於每學期末，打完成績上網登錄後，抱著輕鬆心情前往探訪學長杜潔祥兄，一則敘敘舊，問問半年近況，二則聊聊兩岸出版情況，三則學界動態及學思心得。聊著聊著，不覺日沉西下，興盡而歸，期待半年後再見。大約三年前的見面閒聊，偶然談出了一個新企劃。潔祥兄自從離開佛光大學教職後，「我從江湖來，重回江湖去」(潔祥自況)，創辦花木蘭出版社，專門將臺灣近六十年的博碩論文，有計畫的分類出版，洋洋灑灑已有數十套，近年出書量及速度，幾乎平均一日一本，全年高達三百本以上，煞是驚人。而其選書之嚴謹，校對之仔細，書刊之精美，更是博得學界、業界的稱讚，而海峽對岸也稱許他為「出版家」，而不是「出版商」。這一大套叢刊中有一套《臺灣歷史文化叢刊》，是我當初建議提出的構想，不料獲得彼首肯，出版以來，反映不惡。但是出書者均是時下的年輕一輩博、碩士生，而他們的老師，老一輩的名師呢？是否也該蒐集整理編輯出版？

　　看似偶然的想法，卻也是必然要去做的一件出版大事。臺灣史研究的發展過程，套句許雪姬教授的名言「由鮮學經顯學到險學」，她擔心的理由有三：一、大陸學界有關臺灣史的任務性研究，都有步步進逼本地臺灣史研究的趨勢，加上廈大培養一大批三年即可拿到博士學位的臺灣學生，人數眾多，會導致臺灣本土訓練的學生找工作更加雪上加霜；二、學門上歷史系有被社會科學、文學瓜分，入侵之虞；三、在研究上被跨界研究擠壓下，史家最重要的技藝——史料的考訂，最後受到影響，變成以理代証，被跨學科的專史研究壓迫的難以喘氣。中研院臺史所林玉茹也有同樣憂慮，提出五大問題：一、是臺灣史研究受到統獨思想的影響；二、學術成熟度仍不夠，一批缺乏專業性的人可以跨行教授臺灣史，或是隨時轉戰研究臺灣史；三、是研究人力不足，尤其地方文史工作者，大多學術訓練不足，基礎條件有限，甚至有偽造史料或創造歷史

的情形，他們研究成果未受到學術檢驗，卻廣爲流通；四、史料收集整理問題，文獻資料躍居成「市場商品」，竟成天價；五、方法問題，研究者對於田野訪查或口述歷史必需心存警覺和批判性。

　　十數年過去了，這些現象與憂慮仍然存在，臺灣史學界仍然充滿「焦慮與自信」，這些焦慮不是上文引用的表面問題，骨子裡頭真正怕的是生存危機、價值危機、信仰危機，除此外，還有一種「高平庸化」的危機。平心而論，臺灣史的研究，不論就主題、架構、觀點、書寫、理論、方法等等。整體而言，已達國際級高水準，整個研究已是爛熟，不免凝固形成一僵硬範式，很難創新突破而造成「高平庸化」的危機現象。而「高平庸化」的結果又導致格局小，瑣碎化、重複化的現象，君不見近十年博碩士論文題目多半類似，其中固然也有因不同學門有所創見者，也不乏有精闢的論述成果，但遺憾的是多數內容雷同，資料重複，學生作品如此；學者的著述也高明不到哪裡，調研案雖多，題材同，資料同，析論也大同小異。於是乎只有盡量挖掘更多史料，出版更多古文書，作爲研究創新之新材料，不過似新實舊，對臺灣史學研究的深入化反而轉成格局小，理論重複，結論重疊，只是堆砌層累的套語陳腔，好友臺師大潘朝陽教授，曾諷喻地說：「早晚會出現一本研究羅斯福路水溝蓋的博士論文」，誠哉斯言，其言雖苛，卻是一句對這現象極佳註腳。至於受統獨意識形態影響下的著作，更不值得一提。這種種現狀，實在令人沮喪、悲觀，此即焦慮之由來。

　　職是之故，面對臺灣史這一「高平庸化」的瓶頸，要如何掙脫困境呢？個人的想法有二：一是嚴守學術規範予以審查評價，不必考慮史學之外的政治立場、意識形態、身份認同等，二是返回原點，重尋典範。於是個人動了念頭，很想將老一輩的著作重新整理，出版成套書，此一構想，獲得潔祥兄的支持，兩人初步商談，訂下幾條原則，一、收入此套叢書者以五十歲（含）以上爲主；二、是史家、行家、專家，不必限制爲學者，或在大專院校，研究機構者；三、論文集由個人自選代表作，求舊作不排除新作；四、此套書爲長期計畫，篩選四、五十位名家代表

作，分成數輯分年出版，每輯以二十位為原則；五、每本書字數以二十萬字為原則，書刊排列起來，也整齊美觀。商談一有結論，我迅即初步擬定名單，一一聯絡邀稿，卻不料潔祥兄卻因某些原因而放棄出版，變成我極尷尬之局面，已向人約稿了，卻不出版了。之後拿著企劃書向兩家出版社商談，均被婉拒，在已絕望之下，幸得蘭臺出版社盧瑞琴女史遞出橄欖枝，願意出版，才解決困局。但又因財力、人力、市場的考慮，只能每輯以十人為主，這下又出現新困擾，已約的二十幾位名家如何交待如何篩選？兩人多次商討之下，盧女史不計盈虧，終於同意擴大為十五位，並不篩選，以來稿先後及編排作業為原則，後來者編入續輯。

我個人深信史學畢竟是一門成果和經驗累積的學科，只有不斷累積掌握前賢的著作，溫故知新，才可以引發更新的問題意識，拓展更新的方法、理論，才能使歷史有更寬宏更深入的研究。面對已成書的樣稿，我內心實有感發，充滿欣喜、熟悉、親切、遺憾、失落種種複雜感想。本叢刊初編自有遺珠之憾，也並非臺灣史名家只有這十四位，此乃初編，將有續編，我個人只是斗膽出面邀請同道之師長友朋，共襄盛舉，任憑諸位自行選擇其可傳世、可存者，編輯成書，公諸同好。總之，這套叢書是十四位名家半生著述精華所在，精采可期，將是臺灣史研究的一座豐功碑及里程碑，可以藏諸名山，垂範後世，開啓門徑，臺灣史的未來新方向即孕育在這套叢書中。展視書稿，披卷流連，略綴數語以說明叢刊的成書經過，及對臺灣史的一些想法，期待與焦慮。

卓克華

2016.2.22 元宵　於三書樓

臺灣史研究名家論集——推薦序

臺灣史研究的興盛，主要是從二十世紀八十年代開始的。臺灣史研究的興起與興盛，一開始便與政治有著密切的聯繫。從大陸方面講，「文化大革命」的結束與「改革開放」政策的實行，使得大陸各界，當然包括政界和學界，把較多的注意力放置在臺灣問題之上。而從臺灣方面講，隨著「本土意識」的增強，以及之後的「臺獨」運動的推進，學界也把較多的精力轉移到對於臺灣歷史文化及其現狀的研究之上。經過二三十年的摸索與磨練，臺灣歷史文化的學術研究，逐漸蔚為大觀，成果喜人。以大陸的習慣性語言來定位，臺灣史研究，可以稱之為「臺灣史研究學科」了。

由於二十世紀八十年代以來臺灣史研究的興起與興盛，大體上是由此而來，這就造成現今的中國臺灣史研究的隊伍，存在著兩個明顯的特徵。其一，大部分的所謂臺灣史研究學者，特別是大陸的學者，都是「半路出家」，跨行或轉行而來，並沒有受過比較系統而嚴格的臺灣史學科的基礎訓練，各自的學術參差不齊，惡補應景和現買現賣的現象頗為不少。其二，無論是大陸的學者，還是臺灣的學者，對於臺灣史的研究，似乎都很難擺脫政治性的干擾。儘管眾多的研究者們，依然希望秉承嚴正客觀的歷史學之原則，但是由於各自政治立場的不同，大家對於臺灣歷史文化的關注點和解讀意趣，還是存在著諸多的差異，有些差異甚至是南轅北轍的。

儘管如此，從學術發展的立場出發，臺灣史研究的這兩個特徵，也未嘗不是一件好事。不同的政治立場、學術立場；不同的學術行當、學術素養，必然形成多視野、多層次、多思維的學術成果。即使是學術立場、觀點迥異的學術成果，也可以引起人們的不同思考與討論。借用大陸的一句套話，就是「百花齊放」，或者「毒草齊放」了。百花也好，毒草也罷，正是有了這般林林總總的百花和毒草，薈兮蔚兮，百草豐茂，在兩岸學者的共同努力之下，形成了臺灣史研究的熱潮。

蘭臺出版社有鑑於此，聯絡大陸和臺灣的數十位臺灣史研究學者，

出版了這套《臺灣史研究名家論集》。在這部洋洋大觀的名家論集中，既有較早拓荒性從事臺灣史研究的鄭喜夫、周宗賢、林仁川等老先生的論著，也有諸如如王志宇、戴文鋒等年富力強的中生代的力作。在這眾多的研究者中，各自的政治社會立場姑且不論，僅以學術出生及其素養而言，既有歷史學、語言文學的，也有宗教學、戲劇學、地理學等等。研究者們從各自不同的學術行當和研究意趣出發，專研各自不同的研究專題，多有發見，多有創新。因此可以毫不誇張地說，這套《臺灣史研究名家論集》，在一定程度上體現了當今海峽兩岸臺灣史學術研究的基本現狀與學術水平。這套論集的出版，相信對於推動今後臺灣史研究的進一步開拓與深入，無疑將產生良好積極的作用。

陳支平

2016 年 3 月于廈門大學國學研究院

序言

　　本書是從我多年來發表的有關臺灣史的論文中挑選出來的，共收錄二十篇，分三個部份，第一部分臺灣社會文化篇，主要探討臺灣地域文化發展過程和特徵，原住民的社會和文化，清代臺灣社會的轉型；第二部份臺灣社會經濟篇，論述荷據時期臺灣的社會構成和社會經濟，重點探討臺灣商業經濟，特別是海峽兩岸的通商和對外貿易，鄭氏海商的興衰，海商資本轉型的挫折；第三部份海峽兩岸關係篇，主要論述大陸與臺灣的地緣關係，大陸人民向臺灣移民和開發，兩岸的通航及其影響，晚清閩台的商業貿易往來等等。臺灣歷史極其複雜，內容十分豐富，涉及面很廣，絕不是二十篇文章所能完整論述的，本書只是對以上課題作某些探討，提出自己一些粗淺的看法。

　　我對臺灣史的研究深感興趣，有這樣幾個因素：首先是地緣關係，我是福建人，與臺灣僅一水之隔，從小就聽鄰居講述到臺灣經商，做工的故事，對臺灣有一個朦朧的印象。長大後翻閱我們的族譜，看見我們的先祖去臺灣的紀載，但內容十分簡略，除了去臺時間，死後葬在何處外，其餘均未紀錄。這就引起我探索的興趣，先祖們爲何要東渡臺灣？過臺灣途中遇到什麼困難？在臺灣是如何生產和生活的？他們的後代又是如何繁衍發展的？到臺灣研究院後對臺灣史的研究自然成爲我的重點課題。後來在撰寫《中國閩台緣博物館》和《客家族譜博物館》展覽文本時，爲了進一步瞭解和研究兩岸關係史，我與幾位同事先後到福建廣東各地搜集有關記載去臺灣的族譜和各種文字資料，尤其是兩次專程到臺灣進行田野考察，走遍全臺各縣市，從閩南人後裔村落到客家人後裔村落，從寺廟祠堂到古蹟墓地，從市鎮墟市到鄉間田野，從古舊書店到各地圖書館，尋找查閱各種族譜和資料，有時還作訪談筆錄，拍攝複印，盡可能搜集各種資料。在臺灣史研究中力圖將實地調查與文獻資料進行對比，務求信而有證，言而有據。

　　其次，學科關係，在歷史學科中我對海洋史特別感興趣，我發表的第一篇論文是〈明代私人海上貿易與倭寇〉，我的第一本著作是《明末

清初私人海上貿易》。我們知道明清時期我國東南沿海私人海上貿易十分發達，出海經商人數眾多，出現江浙皖海商集團和閩廣海商集團，許多海商集團把臺灣作為據點之一，進行海上貿易活動。特別是鄭氏海商集團，以臺灣為中心從事東西洋的海上貿易，成為當時海商資本最雄厚，貿易範圍最廣泛，影響最大的海商集團，鄭氏海商牢牢控制著臺灣海峽的制海權，「海舶不得鄭氏令旗，不能往來，每舶稅三千金，歲入千萬計」。此外，荷蘭人和西班牙人也曾侵佔過臺灣，將臺灣作為對中國大陸和東亞及東南亞三角貿易的重要節點，可見，在十六、十七世紀大航海時代，也就是人類第一波全球化的浪潮中，臺灣佔有很重要的地位，研究大航海時代的海洋史必然要研究臺灣史，同樣，只有用國際視野觀察當時的臺灣，才能更好地瞭解早期臺灣史。

第三，史料關係，史料是歷史學的基礎，沒有史料就沒有歷史學，廈門大學臺灣研究院是大陸最早成立的對臺研究學術機構，收藏臺灣歷史資料最為豐富，不僅從海峽兩岸書店購買大量有關書籍，還直接從中國第一歷史檔案館搜集整理一批有關臺灣的歷史檔案。然而在上世紀八十年代由於兩岸隔絕，未能到臺灣去直接尋找有關的資料，所幸當時受到荷蘭萊頓大學漢學院的邀請，多次到該校進行學術訪向。萊頓大學漢學院藏書十分豐富，臺灣出版的雜誌和圖書大部分均有收藏，尤其是荷據時期的資料更為完整，更可貴的是他們以資料被利用為榮，竭誠歡迎我閱讀和免費複印，還特意在書庫內騰出一間小房，供我使用，免去借還手續，使我可以盡情地閱讀，我的著作《大陸與臺灣的歷史淵源》就是在荷蘭萊頓大學漢學院撰寫的，後來出版的《臺灣社會經濟史研究》、《閩台文化交融史》也大量使用從萊頓大學漢學院帶回來的資料。

由於以上原因我對臺灣史產生濃厚的興趣，並作為我長期的研究目標，對某些臺灣歷史問題作一些探討，取得一定的成績，現將我的部分研究成果結集出版，祈望各位專家和讀者批評指正。

臺灣社會文化編

一、略論臺灣歷史文化的形成與特徵

臺灣是中國神聖領土不可分割的一部分，臺灣文化是中華文化的重要組成部分。由於臺灣人民絕大部分是從大陸遷移過去的，臺灣行政建置又長期隸屬於福建省，因此臺灣文化雖然受到一些外來文化的影響，但其主要影響源來自閩南文化和客家文化，從而形成以中華文化爲主體並含有一些次文化的特徵。

臺灣地域文化形成與發展的地理環境

（一）臺灣島嶼的形成、變遷與海峽兩岸地緣關係

臺灣位於祖國大陸東南海上，是由臺灣本島及澎湖列島 64 個島嶼和琉球嶼、蘭嶼、綠島、龜山島、花瓶嶼、棉花嶼、黃尾嶼、赤尾嶼、釣魚島、北小島、南小島等 22 個島組成，總面積 3 萬 6 千多平方公里。臺灣島是我國最大的島嶼，又是我國面積最小的省份。

臺灣與大陸僅一水之隔，臺灣海峽水深一般在 50 米至 100 米之間，但臺灣東面的海域地形大不一樣，出現向太平洋急劇傾斜的趨勢，離海岸不遠處就深達 2000 米以上。從海域地形結構來看，臺灣島位於中國大陸架的東緣之上，臺灣東海岸才是中國大陸的邊緣。臺灣與大陸這種連成一體的地形結構是地球漫長的地層變化造成的。

早在震旦紀前，中國大陸已出現三個大陸型地殼區，到晚海西印支階段，形成統一的亞洲東部大陸，近年來在福建東部福鼎地區發現大量矽質岩，同時在臺灣島中央山脈也發現含矽質岩的大南澳片岩，據研究，閩台的矽質岩同屬於海西印支地槽的沉積。臺灣古生代的生物群屬也與大陸有相同之處，臺灣學者在中央山脈大南澳片岩中找到屬於蜓科類的擬紡錘蟲、希氏蟲等古生代二疊紀的化石，這些生物化石在大陸華中、華南各地的二疊紀棲霞期和茅口期地層中也經常發現，這一事實表明，古生代晚期臺灣與華南的海是互相溝通的。

中生代期間，我國古地理面貌又發生重大變化，從印支運動進入燕山構造階段，大陸東部地塊活動進一步加強，南段廣泛發育成中心型紅色斷陷盆地，並有火山活動，近年來，臺灣雲林北港鑽孔中挖出火山岩的陸源沉積，其中發現有早堊紀的菊石化石，有人認為中生代的臺灣應屬於大陸東部的前陸盆地。[1]

新生代出現喜馬拉雅構造活動，奠定了中國現代地勢格局，到更新世晚期，大約距今二萬五千年時地球氣侯急劇變冷，整個東部海面大幅度下降，至距今一萬八千年時，海面下降到最低位置，華南沿海形成寬達上千公里的遼闊濱海平原，臺灣與大陸連成一片，許多動物和古人類紛紛跨過臺灣海峽，遷徙到臺灣島上。近年來在臺灣桃園縣大溪內柵、新竹縣寶山、苗粟縣竹南尖山、苑裡白沙屯、四湖店子街、台中縣豐原下南坑、大坑、南投縣中寮東勢閣、嘉義縣中埔頂六、台南縣左鎮荣寮坑、高雄市旗津、屏東縣恆春各地均發現中國犀牛、中國劍齒象、遠東劍齒象、劍虎、野牛、古鹿、野豬等化石，這些臺灣動物化石與大陸重慶歌樂山、萬縣平壩、浙江江山、安吉、廣西桂林、興安、賀縣、梧州等地洞穴堆積層中發現動物化石十分相似，同屬於劍齒象、普通象動物群。臺灣學者指出，這是由於新生代第四紀海水退出臺灣海峽，華南的劍齒象、犀牛、古鹿、野豬等動物不斷從大陸移住臺灣的結果。[2]

（二）　臺灣島的海洋地理環境及其對經濟文化的影響

臺灣島四面環海，東面是浩瀚的太平洋，西隔臺灣海峽與福建省相望，北經東海、黃海可航行到琉球、日本、朝鮮半島，從基隆至那壩336海哩，至長崎630海哩。向南穿過巴士海峽，經南海可抵達菲律賓、印尼等南洋各國，從高雄至馬尼拉550海哩，是東亞的海上交通樞紐，歷來是海上航路的必經之地。早在東漢前期，夷州（今臺灣）與福建東

---

[1]　中國地質科學院地質研究所、武漢地質學院編《中國古地圖集》，地圖出版社，1985年版，總論。

[2]　林朝棨：《臺灣之第四紀》戴《臺灣文獻》第14卷第2期。

冶港（今福州）已有海上聯繫。宋、元時期，泉州港興起，通航東海、南海諸國，於是經臺灣的航路開始暢通。到明代，在《順風相送》、《指南正法》、《東西洋考》等有關航海書籍中對經過臺灣的海上針路（指航路）已有明確記載，閩南沿海向北的航線，從大擔出發，經「東番，人稱為小東洋，從澎湖一日夜至魍港，又一日夜為打狗子，又用辰巽針，十五更，取交里林以達雞籠（今基隆）、淡水」，再從雞籠到日本長崎。向南航線從太武山（今金門）出發，「用辰巽針七更，取澎湖嶼，澎湖嶼是漳、泉間一要害地也，多置遊兵，防倭於此，用丙巳針五更，取虎頭山（今高雄），用丙巳七更，取沙馬頭澳。」[3]轉而南下，到呂宋、貓裡務（今菲律賓）各國。重要的海洋地理位置，為臺灣與祖國大陸和海外各國提供便利的海上聯絡管道，對臺灣發展海上貿易和開展海外文化交流，形成海洋文化的特徵創造有利條件。

臺灣島的地形以高山、丘陵為主，占全島總面積三分之二以上，雪山、中央山脈、玉山等縱貫南北，全島三千米以上山峰有六十二座，玉山主峰海撥 3952 米，是我國東南部的最高峰，山高路陡，島內東西交通十分不便。臺灣西部平原的河流大多東西流向，因受地形的影響，流程短，落差大，多險灘瀑布，洪枯流量又十分懸殊，不宜通航，架橋也十分困難，在現代交通建設以前，南北交通也比較困難，因此只能靠海上船舶運送貨物。雖然臺灣島的海岸線比較平直，缺少像基隆、高雄的大港，但沿海岸線遍佈安平、紅毛港、淡水、東港、鹿港、五條港、蘇澳，馬公以及礦港、大溪、石門、八斗子、南寮、台西、白砂崙、中芸、大武、花蓮、枋寮、綠島、小琉球等小港口，便於木帆船和漁船的停靠，再加上臺灣漁產十分豐富，魚的種類多達五百多種，比較著名的有虱目魚、沙魚、烏魚、帶魚、黃花魚、鯛魚等二十餘種，因此臺灣的近海航運和漁業十分發達。

臺灣的氣候特點是典型海洋性氣候，高溫多雨，季風盛行，特別是臺灣東北部，因受東北季風影響，降雨特多，如基隆市以南一帶，年雨

量超過五千毫米，這種多雨氣候雖然有利於稻米、甘蔗和各種亞熱帶水果生長，但不適合需要乾燥少雨的棉花種植，因此，臺灣的棉布等紡織品長期靠進口，「綿、絲、綢、布日用所需，皆內地運往」，「食貨百物多取於漳、泉。絲、羅、綾、緞則資于江浙」出現「男有耕而女無織」的情況，臺灣的商品經濟比較發達。這種情況當然與大陸內地「男耕女織」的自給自足的自然經濟不同，從而形成兩岸經濟很強的互補性。此外，臺灣的手工業也比較不發達，日常生產和生活用品依賴大陸供應，「山不產鐵，田器、斧鐺之屬悉資內地」，「宮室之用，皆載自漳、泉、寧波。」與大陸頻繁的商品流通必然帶動了兩岸人員來往和文化交流，加深了兩岸文化的緊密聯繫。

臺灣地域文化形成與發展的歷史淵源

（一）臺灣地域文化與大陸主體文化的關係

臺灣地域文化與大陸主體文化關係源遠流長。早在遠古時期，兩岸的古人通過東山陸橋進行交往，到新石器時期，兩岸文化關係更為密切，以繩紋粗陶及打磨石器並存為主要文化內涵的臺灣大坌坑文化，在福建金門富國墩貝丘遺址也有發現，而且時間更早，又如江西萬年仙人洞遺址、廣西南寧貝丘遺址出土的粗陶器，均屬於同一文化內函的遺址，說明在新石器早期我國東南各地出現一種以粗糙繩紋陶為代表的古代原始文化，臺灣大坌坑文化是這種文化系統的一個地方環節。臺灣新石器中期有圓山文化、芝山岩文化等，以橙色陶系的細繩紋陶為其主要文化特徵，它與大坌坑文化沒有明顯的繼承發展關係，是一種外來的文化。從圓山遺址出土的代表性石器有肩石斧和有段石錛，分別可以從浙江河姆渡遺址和珠江三角洲的文化遺址找到源頭，因此，可將圓山文化的來源推向大陸東南沿海的閩、浙、粵各地。臺灣鐵器時代大約在西元前後，可能是閩越族的後裔在秦漢時期多次的民族鬥爭中，乘船渡過臺灣海峽進入臺灣，史前臺灣的鑄鐵與水稻耕作技術應該是由他們直接傳

入的。

宋元時期，漢族移民開始移民台、澎，他們傳授了大陸農業種植技術，在澎湖種植粟、麥、麻等農作物，釀秫爲酒，煮海水爲鹽，飼養牛羊。與此同時，大陸漁民也到臺灣沿海開拓漁場，與臺灣平埔族進行商品交易和其他語言文化的交流。明代中葉，東南沿海的海商集團以臺灣爲活動據點，進行貿易活動。

鄭氏治台時期將大陸主體文化系統全面地帶進臺灣，在臺灣初步建立中華文化體系。鄭成功收復臺灣後，將大陸政治文化移入臺灣，建立與大陸相同的各種行政機構及管理系統，如改赤嵌爲明京，按大陸地方行政建置設一府二縣，即承天府、天興縣、萬年縣，鄭經時，經陳永華的運作，臺灣的行政設置更加完善，改東都爲東寧，設立六官，將兩縣升爲州，稱天興州及萬年州，並設立三按撫司。陳永華不僅在臺灣建立完整的中國封建行政管理制度、軍事編制及地方保甲制度，更爲重要的是將大陸的文化教育制度也搬進臺灣。陳永華說服鄭經在臺灣首建孔廟，建明倫堂，大興儒學。在鄭經的支持下，永曆二十年（1666 年）設立學院，陳永華爲學院主持人，葉亨爲國子助教，接著又下令各村社遍設學較，招攬教師，令弟子讀書，並規定小孩八歲必須入學讀書，課以經史文章。同時陳永華還在臺灣推行一套中國封建社會的選官制度，據《臺灣外紀》記載「兩州三年兩試，照科，歲例開試儒童，州試有名送府，府試有名送院，院試取中，准充入太學，仍按月月課，三年取中式者，補六官內都事，擢用升轉。」從此，臺灣正式開科取士。

清朝統一臺灣以後，設立臺灣府，隸屬福建省。爲了加強對臺灣的行政管理，專門設立台廈道，除執行一般道台職務之外，還兼掌按察使、布政使、學政使之職權，管理臺灣的司法、財政、軍事、教育等政務。雍正年間改台廈道爲臺灣道。在設立臺灣道同時，清朝政府每年還從北京派出巡台禦史，直接加強中央與臺灣的行政聯繫。臺灣建省之後，清政府在臺灣推行新政，加強海防，促進臺灣社會、經濟全面發展。

隨著臺灣社會、經濟的發展，清朝政府重視臺灣教育、文化建設。

首任諸羅知縣季麒光大力提倡崇建學校，他認為「不崇學校，無以敦弦誦，不行考試，無以勵功名，則學宮與學官不可不設，進學之額，不可不定也，廩膳序貢之例，不可不行也。」季麒光的建議得到知府蔣毓英的贊同，他也認為「肇造新邦，禮樂教化，固為致治之大本。」應該在臺灣府及台、鳳、諸三縣各設一儒學，府學設教授一員，訓導一員，各縣每個學校設教諭一員，訓導一員。首任台廈道周昌也很重視臺灣的教育，他強調「風俗之原，由於教化，學校之設，所以明倫，臺灣既入版圖，若不講詩書，明禮義，何以正人心而善風俗也。」他認為臺灣一府三縣應照內地事例，建立文廟四座，以崇先聖。在臺灣許多官員的宣導下，府學及縣學逐漸開辦起來，從此大陸的教育制度在臺灣得到不斷的普及和發展。除了官辦的府縣儒學以外，明清時期大陸鄉間的社學義學也在臺灣興起，特別是在臺灣少數民族地區倡辦社學，對於傳播大陸文化，提高山地同胞的文化水準起十分重要的作用，如明朝遺臣沈光文早期在台南目咖溜灣社教授生徒，兼以醫藥濟人就是典形的例子。同時，在大陸十分盛行的書院也移植臺灣，康熙二十二年施琅建立西定坊書院，接著又建立崇文書院，海東書院、正音書院、南社書院、白沙書院、鳳閣書院、龍門書院、玉峰書院、明志書院、南湖書院、文石書院等。各書院與大陸一樣設有院長（山長）負責教授生徒，副山長、助教充任助理。

　　由於臺灣的教育制度是從大陸移植過去的，所以臺灣學校的教育思想、教學方式、學生守則與大陸基本一致。在教育思想上均是祀孔孟，尊理學，以灌輸儒家思想為主，文廟祭儀分春秋二祭，祭祝的儀式也與大陸一樣，在文廟神位上，正殿是至聖先師孔子神位，四配為復聖顏子、述聖子思子、宗聖曾子、亞聖孟子。有的書院還配祀寓賢八人，即沈光文、徐孚遠、盧若騰、王忠孝、沈佺期、辜朝薦、郭貞一、藍鼎元，因這八人對臺灣文教產生較大影響，故特設之。可見當時對臺灣文教有貢獻的大陸知識份子是備受尊重的。臺灣各類學校的教材與大陸一樣採用經書和藝文，先從三字經入手，再教《論語》、《大學》、《中庸》、《孟子》

以及《千家詩》、《唐詩合介》。然後讀《詩經》、《書經》、《易經》、《禮記》等。同時教《起講八式》、《童子問路》、《初學引機》等，以應付科舉之準備。臺灣各種學校頒佈的學生守則更是照抄大陸學校之學規，大多以朱熹創辦的白鹿洞學規爲圭臬而演化的，如劉良璧爲海東書院手定之學規，明顯仿照大院書院之學規，一、明大義，二、端學規、三、崇經史、四、正文體，五、慎交游。可見，清代臺灣的學校教育與大陸的學校教育是一脈相承的。

大陸科舉制度在明鄭時傳入臺灣，那時尚屬草創階段。清朝統一臺灣以後，全盤移入臺灣。比如童試是科舉制度最初級考試，臺灣與大陸一樣每三年舉行兩次，考中者送進各府縣儒學，稱爲進學。進學的生員還必須同大陸生員一樣進行歲考和科考，經過歲考、科考後，成績優秀者，被選送到福州參加鄉試，但因鄉試中式的名額有限，而臺灣文教又不發達，所以每科應試者寥寥無幾，爲了鼓勵臺灣生員到福州應考。康熙二十六年（1687 年）福建陸路提督張雲翼提出按照甘肅、新疆之例，於閩省鄉試時爲臺灣生員另編字號，額外取中舉人，以資鼓勵。

另編字號提高了臺灣生員參加應試的積極性，試行當年就有五人渡海到福州應考，結果是鳳山縣的生員蘇峨一舉中的，成爲臺灣的第一位舉人。到臺灣建省後，臺灣生員仍然到福州應試，爲了保護臺灣生員渡海的安全，清政府還專門派遣輪船，從臺灣淡水護送到福州，名曰「官送」。

清政府不僅在鄉試上對臺灣生員有優惠政策，而且在會試，即最高考試上也採取特殊措施，道光三年（1823 年）臺灣赴京會試者已超過十人，禮部「經本部開單，另請欽定中額」，這一次獲得道光帝批准，在福建省名額外另取中一名。從上可見，無論是鄉試，還是會試，清朝中央政府對臺灣士子是有特別照顧的，這些特殊措施對臺灣的文化教育事業發展起相當大的推進作用。

（二）閩文化是臺灣文化的主要影響源。

　　在文化傳播史上，總是文化比較先進的地區向文化較落後的地區輻射和延伸。首先是先進的中原華夏文化向福建輻射和延伸，促進閩文化的繁榮和發展，接著，又是閩文化向相對落後的臺灣地區傳播和輻射。福建與臺灣一水之隔，但長期以來福建的社會經濟，文化藝術都比臺灣發達。唐、宋時期，臺灣還處氏族社會時，福建由於大量中原漢民族的遷入，帶來黃河流域先進的中原文化，使社會經濟均有長足的進步。早在魏晉南北朝時，中原地區發生「五胡亂華」，許多士族紛紛南遷，如福建八族：林、陳、黃、鄭、詹、丘、胡、何就是那時入閩的。唐總章二年（669年）河南光州固始縣人陳政與他兒子陳元光率部將入閩，先後總數達萬人之多，其中大部份人留在福建，開發福建，特別對閩南地區的發展貢獻最大，陳元光被尊為「開漳聖王」，成為閩台兩地供奉的重要地方神明。唐朝末年，中原動盪，王潮、王審知又帶領大批河南人，到達福建。特別是王審知建立閩國以後，實行保境安民的政策，福建成為全國最安定的地區之一，此時，福建的社會經濟發展很快。到了宋朝，尤其在南宋，許多皇族也遷居福建。在中原經濟文化的強力影響下，福建已成為南方最發達最開放的地區之一，泉州港成為東方貿易大港，福建商人，梯航海外，到達亞非的許多國家和地區。南宋時福建的學術文化也十分繁榮，尤其是朱熹在福建開創了宋代最大的理學流派──閩學學派，使福建成為理學中心。明清時期，福建的商品經濟相當發達，農村大量種植經濟作物，大大提高農業集約化程度，民營手工業相當繁榮，逐步取代官營手工業，城鎮商品流通頻繁，私人海上貿易昌盛，漳州月港、泉州安平港成為東南沿海的最著名的私商港口。福建的文化藝術也十分活躍，朱子學者層出不窮，進一步發展了朱熹的認識論，泉州安溪人李光地奉命主編《朱子大全》等書，宣揚和闡明朱子學。而同一歷史時期的臺灣無論是社會經濟還是文化藝術都比福建落後得多。到十六、十七世紀，即使是比較先進的平埔族也還處於酋長統治的氏族社會，交易用結繩記帳，沒有文字和時間觀念，每年山花開時就去播種，收穫時，沒有鐮刀，把整把稻穗連根拔下，挖地用裝木柄的石鋤，房屋

用竹木架成，上蓋茅草，室內無桌椅，大家席地而坐，衣飾極其簡陋，婚姻實行對偶婚，鄉間巫師流行。臺灣這種落後的物質文化和精神文化必然會受到較先進地區福建的輻射和影響。

在影響臺灣地區的閩文化中，我們特別要提到閩南文化。因閩南人到臺灣最早，人數最多，對臺灣文化影響最大。據臺灣人祖籍統計，閩南籍占百分八十以上，主要來自漳州、泉州、廈門地區。早在南宋紹興年間，泉州德化蘇氏一族「分支仙游南門，興化涵頭，泉州晉江、同安，南安塔口，永春，尤溪，臺灣，散居各處。」[4]明天啓年間漳州海澄人顏思齊入台後，「於是漳泉人至者日多，辟土田，建部落，以鎮撫土番，而番亦無猜焉。」[5]崇禎時福建大旱，閩南災民遍野，南安人鄭芝龍組織船隊「以舶徙饑民數萬至臺灣」，成爲當時一大盛事。鄭成功部隊主要成份是閩南子第兵，收復臺灣時，追隨鄭成功入台，鄭氏政權爲了把臺灣建成抗清基地，又多次從閩南招納大批農民入台墾荒，發展農業生產。清朝統一臺灣以後，雖然幾次頒佈禁止渡台令，但閩南農民仍通過各種辦法，潮水般地湧向臺灣，這種大規模的移民潮，在閩南各地的族譜中留下大量真實的記載。泉州南安縣石井鄉溪東村的《李氏族譜》記載，鄭氏時期，該村有一百多人跟隨鄭成功部將護駕左督李啓軒東渡臺灣。泉州安溪縣尤門榜頭白氏家族遷台達二百多人。安溪參內黃氏從清初至清中葉僅二房族人往臺灣者近千人。漳州南靖縣也是向臺灣移民的主要縣份之一，從清末至民國初期在南靖縣常住的六十七個姓氏中，至少有五十三個姓氏的族人向臺灣移民，占境內姓氏總數的八成。如船場梧宅賴氏，從兩部族譜中就記載有三百五十七個遷台開基的具體姓名。在南靖黃氏中僅和溪樂土村黃英派下，就有三百二十人遷台，據不完全統計，南靖縣遷台人數超過百人的有賴、黃、魏、李、蕭、劉、簡、莊、沈、林、曾十一姓，遷台總人數達三千餘人[6]。

由於臺灣居民絕大部分由閩南移民組成，必然將閩南文化，尤其是

---

[4]　《德化使星坊南市族譜》，序言。
[5]　連橫：《臺灣通史》卷9，第8頁。
[6]　林嘉書：《南靖與臺灣》，華星出版社，1993年版，第8頁。

民間的俗文化傳入臺灣。在語言上，臺灣主要方言是閩南話，除臺灣少數民族地區和客家人聚居的地方，絕大部分平原地帶和丘陵地帶均說閩南語。與福建的閩南話分泉州腔、漳州腔、廈門腔一樣，臺灣也有同樣的區別，大約臺灣中部多泉州腔，南部和北部，尤其是宜蘭多漳州腔。臺灣閩南話的語音系統和福建本土閩南話幾乎沒有差別，聲母都是十五個，聲調七種，與廈門話極為相近，因此，兩個素不相識的臺灣人與閩南人在一起可以暢通無阻地交談。[7]在風俗習慣上，臺灣與閩南極為相似，據道光年間到臺灣考察過的丁紹儀在《東瀛識略》中說：「台民皆涉自漳州、泉州，粵之潮州、嘉應州，其起居、服食、祀祭、婚喪，悉本土風，與內地無甚殊異。」如衣、食、住、行等生活習俗與閩南基本相同，主食以稻米、地瓜為主，喜食稀飯，海邊婦女經常到灘塗地捕捉小魚小蝦，作為副食，與閩南一樣叫「討海」。臺灣居民的住房大多仿照漳泉一帶的紅磚民居，建築師傅請自閩南，稱「唐山師傅」，建材如杉木、磚瓦、石料也採自閩南，臺灣現存的許多百年大厝，保存著濃厚的閩南風格。臺灣的節慶風俗如春節賀正、元宵燈會、端午賽舟、中元普渡、中秋賞月、冬至湯圓、除夕圍爐等歲時節慶與漳泉如出一轍，不僅節慶的具體日期一樣，慶典形式和內容也完全相同。台閩兩地的各種生命禮俗，如誕育禮俗、成人禮俗、婚姻禮俗、壽辰禮俗、喪葬禮俗都有相同的禮儀活動行式。在民間藝術上，如今廣泛流傳在臺灣民間的歌仔戲、梨園戲、高甲戲、傀儡戲、布袋戲、亂彈、南音、車鼓弄、宋江陣都是漳泉移民帶入臺灣的。如臺灣十分盛行的歌仔戲來源於漳州的錦歌，錦歌又名「雜錦歌」，明末流傳於漳州地區，它彙聚南詞小調曲牌、閩南民歌、佛曲、道情的一些曲調，音域十分寬廣，是閩南農民在農閒或逢年過節時經常業餘演唱的民間戲曲，隨著閩南人遷移臺灣，錦歌開始在臺灣傳唱，經過臺灣藝人的不斷加工，提高，日趨成熟，終於成為完整的大戲──歌仔戲。臺灣的民間信仰也大部源自閩南，如在臺灣有

---

[7] 李如龍：《閩南方言與閩台文化》，載《同祖同根源遠流長》，海峽文藝出版社，1993年版，第245頁。

七十餘座的開漳聖王廟，原本是漳州人民崇敬的陳元光地方保護神。漳州移民赴台時，把「威惠聖王」神像帶入臺灣，並在各地建開漳聖王廟，每年農曆二月十五是陳元光的誕辰日，閩台兩地民眾進行隆重的祀拜。王爺是閩台民間對瘟神的俗稱，泉州的王爺廟有數百座，以富美宮最著名，號稱王爺總部，臺灣開發初期，瘴疫流行，醫療條件極差，死者枕藉，引起異常恐懼，閩南移民紛紛將王爺帶往臺灣祀拜，以保平安。臺灣人民信仰大陸祖籍地的神明，說明他們眷戀故土，不忘祖根的神緣文化十分強烈。

臺灣地域文化的主要特徵

（一）富有開拓進取，勇於拼搏的海洋性格。

　　中原文化傳播福建後，並沒有固步自封，停滯不前，而是在一個面向海洋的環境中，逐步形成一種甘冒風險、向外開拓的品格。福建移民為了生計不畏風急浪高，不怕艱難風險，衝破重重阻礙，東渡臺灣海峽，到臺灣去開拓發展。臺灣海峽風急浪高，特別是從澎湖到臺灣本島的一段海域，海水特別湍急，古稱黑水溝，不知吞沒了多少木船和移民。同時，清初又嚴禁渡台，給移民帶來更大的困難，但他們不惜一切代價，甚至冒生命危險也在所不惜，一時偷渡之事層出不窮，結果是「禁者自禁，渡者自渡，究未能絕也。」大批移民到達臺灣以後面臨的困難更多，當時的臺灣除台南一隅經過鄭氏政權的開發外，大部分地方還是野獸出沒、瘴氣流行的荒野之地。康熙三十六年（1697 年）郁永河要去臺灣北部採硫時，有人對他說「君不聞雞籠淡水水土之惡乎！人至即病，病輒死。凡隸役聞雞籠、淡水之遣，皆欷歔悲歎，如使絕域。」後來當他到達臺灣，親臨其境時，台南以北地方確實十分荒涼，「平原一望，罔非茂草，勁者覆頂，弱者蔽肩，車馳其中，如在地底，草梢割面破項，蚊蚋蒼蠅吮咂肌體，如饑鷹餓虎，撲逐不去。」夜晚住宿的地方，「四面風入如射，臥恆見天，青草上楊，旋撥旋生，雨至，室中如洪流。」

特別是夜深人靜之時,「夜半猿啼,如鬼哭聲,一燈熒熒,與鬼病垂危者聯榻共處,」郁永河不得不感歎道:「柳子厚云『播州非人所居』,令子厚知有此境,視播州為天上矣。」[8]由此可見,當時的臺灣中北部是多麼的荒涼啊。面對這種雜草叢生,蚊蟲飛舞,野獸出沒的惡劣自然環境和生存條件,到達臺灣的移民毫不退縮,他們與當地少數民族一起,披荊斬棘,歷盡艱辛,發揚堅忍、剛毅、拼搏的精神,戰勝各種惡劣的自然環境,使荒地變良田,把臺灣建設成美麗富饒的寶島,怪不得目睹這種變化的藍鼎元十分驚訝地說,「國家初設郡縣,管轄不過百餘里,距今未四十年,而開墾流移之眾,延袤二千餘裡,糖穀之利甲天下,過此再四五十年,連內山山后野番不到之境,皆將為良田美宅。」[9]在與大自然惡劣環境的鬥爭中,臺灣移民形成一種敢冒風險,不畏艱苦,開拓進取的文化品質,臺灣島內廣泛流傳的「愛拼就會贏」民歌就是這種喜愛打拼的海洋性格的最好寫照。

(二)以中華文化為主體的文化多元特徵

臺灣絕大部分居民是從大陸遷移過去的,必然把大陸的中華文華移植臺灣,因此,無論是上層文化,如行政管理、教育科舉、文學藝術,還是常民文化,如風俗習慣、衣食住行、民間信仰都是傳統的中華文化。但是,臺灣又是一個多民族的地區,居住在山地的少數民族,就有泰雅族、賽夏族、鄒族、布農族、阿美族、魯凱族、卑南族、排灣族、雅美族,居住在平原地帶,現已基本融入漢族的有西拉雅族、凱達格蘭族、噶瑪蘭族、道卡斯族、巴布拉族、和安雅族、巴布隆族、巴則海族等,他們世代居住在臺灣島,形成獨特的文化。各少數民族不僅有自己的語言,還有自己的神靈信仰,南部少數民族的每個房子內都設有他們崇拜的神位,當發生比較嚴重的事故時,他們就請女巫婆到房內拜神。女巫

8　郁永河:《稗海紀遊》,卷中。
9　藍鼎元:《複製軍台疆經理書》,范咸,《重修臺灣府志》,卷21,中華書局1985年版,第2545頁。

婆除了乞神保佑外，還預測人的好運或壞運，預示下雨或好天氣的到來，對不詳之地也要請女巫婆把惡魔驅逐出（他們認爲周圍有很多惡魔），驅逐惡魔時，女巫婆怒氣衝衝，大喊大叫，手中揮舞著拔出鞘的短刀，經過長時間的追逐，最終將惡魔趕到水裡淹死。臺灣北部少數民族也是多神靈崇拜，他們崇拜很多東西，從某些小鳥的叫聲、蒼鷹、好夢、惡夢，甚至打噴嚏，他們認爲世間有善的靈魂和邪惡的靈魂，前者帶來健康和興旺，後者帶來厄運和疾病，生病時，他們請女巫婆與惡魔溝通，巫婆說生病的人需要供奉一隻豬和舉行酒宴，才能驅除惡魔，恢復健康。

臺灣少數民族不僅有自己的神靈崇拜，還有獨特的藝術，他們通過對石器的磨光、穿孔和染色，體現色彩、形狀等美的觀念，在此基礎上逐漸有意識地製作一些裝飾品，以豐富和美化自己的生活。這種裝飾品分二類，一類是固定在身上的，如剪髮、紋身、穿耳、缺齒。另一類是包裝、穿戴或懸掛的裝飾物，如他們的標槍、劍和斧頭的手柄都用鹿皮包裹裝飾，他們尤其擅長在柄上鑽孔及雕刻。臺灣少數民族的歌舞與其他藝術一樣，也起源於他們生產生活的社會實踐，他們在勞動中發出有節奏的喊聲，產生了最基本的聲樂。當歡樂或悲傷時，因感情激動自然會用歌聲來表達和舒發自己的情感，形成了喜樂和悲樂。這種藝術雖然簡單、粗糙，但卻表現了他們對於自然和勞動生活的熱愛。臺灣少數民族的獨特文化是臺灣地域文化十分重要的組成部分。

臺灣曾兩次被外國侵略者強佔，因此還遺留一些殖民者的文化。十七世紀曾受到荷蘭殖民者侵略，他們爲了達到長期佔領的目的，在臺灣通過派傳教士，辦宗教學校，強行教拉丁文的的教學，灌輸西方基督文化，雖然遭到臺灣少數民族的強烈抵制，但還是留下一些影響，如新港社至今還保存一批用拉丁文書寫，被稱爲「紅毛字」的新港文書。1895年臺灣被迫割讓給日本，從此開始了長達五十年的殖民統治，爲了消滅中華文化，日本殖民者強制推行一系列同化政策，如排斥漢語，推行日語；強制實行奴化教育，灌輸日本皇國思想；廢除中華傳統節日，強行

推行日式姓名運動等等，儘管這些奴化政策受到臺灣人民的強烈抵制，動搖不了中華傳統文化的深厚根基，但是，確實腐蝕一部分人的思想，甚至培養一批「媚日」知識份子，他們崇尚日本殖民文化，有很深的日本情結，對戰後臺灣的社會文化產生一定的負面影響。

（三）反抗外國侵略，注重民族氣節的愛國情操。

臺灣島地處東南沿海，臺灣海峽是太平洋西海域的交通要道，戰略位置十分重要，歷來是外國侵略者窺視的地方。早在十六世紀中葉，日本倭寇從薩摩和五島出發，騷亂澎湖和臺灣島，臺灣少數民族與漢族移民聯手抗擊。十七世紀初，德川家康又派遣村山等安、明石道友侵犯臺灣，同樣遭到臺灣居民的堅決抵抗而失敗。接著荷蘭、西班牙殖民者把侵略魔爪伸入臺灣，臺灣居民從他們登島之日起就用原始武器，前仆後繼進行反抗，據荷方資料，較大規模的反抗就有二、三十起，到 1652 年終於爆發了大規模的郭懷一起義，沉重地打擊了荷蘭殖民統治。特別是民族英雄鄭成功，率領以閩南人為主體的復台大軍，出征臺灣時，臺灣人民裡應外合，趕走了荷蘭殖民者，使臺灣重歸祖國懷抱，鄭成功和臺灣人民的光輝業績，永照史冊。

到了近代，英、法等西方殖民者又相繼侵略臺灣，1840 年鴉片戰爭爆發後，英國侵略者連續五次竄犯臺灣，均遭到失敗，特別是第二次及第四次竄犯，被臺灣軍民打得狼狽而逃，共損失兵艦二艘，官兵傷亡達二百餘人。1884 年法國侵略者步英軍後塵，進攻臺灣，面對法軍的挑釁和進攻，全台軍民同仇敵愾，掀起反侵略高潮，他們在劉銘傳領導下，衝破法軍的封鎖，在淡水及基隆河北岸，痛擊法國侵略軍，取得保衛臺灣的偉大勝利。在中日戰爭中，臺灣被迫割讓給日本，消息傳出，舉國震驚，惡訊傳到臺灣，臺北人民鳴鑼罷市，抗議腐敗無能的清政府賣國罪行，準備「和倭人決一死戰」，當年 5 月日軍登陸後，遭到臺灣軍民的頑強抵抗，日本侵略者前後出動七萬大軍，付出死亡四千八百多人，負傷二萬七千多人的慘重代價，才強佔臺灣，臺灣軍民用鮮血和生

命書寫了捍衛國家領土主權的浩然正氣。臺灣被佔領後，臺灣人民又堅持長達七年的遊擊戰，給日本侵略軍以沉重打擊，在辛亥革命影響下，島內又爆發十多次的起義。日本侵略者推行野蠻的理番政策，同樣遭到臺灣少數民族的強烈反抗，1930 年終於爆發了霧社起義，英勇的泰雅族居民襲擊日本警察駐在所，殺死日人一百餘人，在日本軍隊的殘酷鎮壓下失敗了，但他們反侵略的浩氣永世長存。1945 年隨著世界反法西斯戰爭的偉大勝利，臺灣人民終於實現了回歸祖國的願望。從上可見，臺灣人民長期有反抗外國侵略者的光榮傳統，他們的鬥爭表現了不屈不撓，捨身取義的崇高的中華民族氣節和強烈的愛國主義精神，是臺灣地域文化中最可貴的品行之一。

　　總之，臺灣地域文化發揚了中原主體文化的優良傳統，不斷吸取外來文化的有益部分，逐步形成開拓進取，剛健有力，自強不息，重氣節操守，開放意識較強的海洋地域特徵，是中華燦爛文化重要的優秀的組成部分。

二、荷據時期臺灣原住民的社會生活和精神文化

原住民的物質生產生活

臺灣島氣候溫和，雨水充沛，物產豐富，是一個很適合人類居住和活動的海島。當荷蘭人到達時驚喜地發現這裡的「土地都很肥沃，具有良好的自然條件，有很多獵物，如山羊、鹿、野豬、野雞等，在我們這塊地的旁邊，有個相當大的湖，湖裡有許多魚。這裡幾乎每個地方都有河流，河水清澈。還有這裡四面環海，海產豐富。再過幾年，很多人會來這裡落戶。可以肯定，我們無需從其他地方進口糧食，這裡的物產能維持我們公司的費用，我們的花費及預算也不高。」[1]

早在萬曆三十一年十二月（1603年1月），福建連江人陳第跟隨浯嶼沈有容將軍到澎湖、大員驅逐倭寇，親歷其境，「親覩其人與事」，回到福建後將在臺灣的所見所聞，編寫成著名的《東番記》，他在書中描述了臺灣原住民的社會經濟狀況。與陳第同一時代的張燮也寫了一篇記載臺灣原住民情況的《東番考》（收錄在《東西洋考》），張燮漳州府龍溪縣人，明萬曆二十二年舉人，應海澄縣令陶鎔和漳州府督餉別駕王起宗之請，萬曆四十五年（1617年）刻印出版著名的《東西洋考》一書，該書是張燮根據漳州海澄月港海商提供的材料寫成。月港是明朝未年著名的海上貿易港口，每年都有大批海商到海外各港口進行海上貿易活動，其中有一部分海商經常來往於月港與臺灣東岸各港口，張燮收錄在《東西洋考》中的《東番考》很可能是他根據月港海商提供的臺灣原住民的情況，並參考陳第《東番記》而寫成的，因此具有很高的史料價值。

根據中外文的原始資料我們可以瞭解荷蘭人佔據臺灣前後臺灣原

---

[1] 1625年2月19日，大員，Martinus Sonck 長官致總督 Pirter de Carpentier 函。包樂史等編：臺灣人的遭遇：臺灣原住民社會的紀錄（選自荷蘭檔案館文件資料）》第一冊，臺北，順益臺灣原住民博物館出版 1999年，第38頁。

住民的生產和生活狀況。

　　臺灣原住民的生產活動主要是以原始農業與狩獵業為主。當時島內「無水田，治畬種禾，山花開則耕，禾熟拔其穗，粒米比中華稍長。」[2]荷蘭人剛來到蕭壟（Soulang）時，他們看到「村子的土壤肥沃」，「他們不必操心播種太多的大米或小米，因為中國移民供給他們米和鹽。除此之外他們讓莊稼自然成長，然後坐享其成。這裡有許多 Sirih、檳榔、椰子、香蕉、檸檬、酸橙、甜瓜、甘蔗和其他令人喜愛的果樹，但果樹沒有修剪、整理。他們也不知道如何開發利用椰子樹和棕櫚樹」。[3]在另一個原住民的村落新港（Sinckan）村的情況也大致相同，「他們種田不用牛、馬、犁等，而用鋤頭，這樣他們幹農活很費時間。當播種的稻苗生長疏密不均時，他們就得調整，這樣又花費許多勞力。當稻子成熟時，他們不使用鐮刀收割，而使用一種類似刀的工具，他們用這種工具一把一把地將稻子從稻穗下割斷。」[4]儘管臺灣原住民的農業耕作比較簡單，但農業生產為他們提供比較有保障的生活資源，可以不必經常遷移，能夠比較長期地定居下來，這對於生產的發展和社會的進步是很有意義的。

　　臺灣原住民除了進行簡易的種植業之外，狩獵業是另一重要的生產活動，特別是捕捉野鹿，因為當時臺灣生態保持很好，到處是茂密的樹林和叢林，「山最宜鹿，儵儵俟俟，千百為群。」據荷蘭人記載「這裡的鹿確實很多，因為你到大員一上岸穿過路時，很多鹿就像野豬一樣，在你跟前一躍而過，其數量之多，我們認為沒有幾個國家能與之相比。」[5]豐富的野生動物資源為臺灣原住民提供豐富的食物來源，獵取鹿必然

[2]　陳第《東番記》，載沈有容《閩海贈言》，臺灣銀行經濟研究室編「臺灣文獻叢刊」第五六種，1959 年，第 25 頁。

[3]　1624 年 2 月 16 日，巴達維亞。包樂史等編《臺灣人的遭遇：臺灣原住民社會的紀錄（選自荷蘭檔案館文件資料）》第一冊，臺北，順益臺灣原住民博物館出版 1999 年，第 29 頁。

[4]　1628 年 12 月 27 日，新港 Reverend Georqius Candidius 牧師的談話摘要。包樂史等編《臺灣人的遭遇：臺灣原住民社會的紀錄（選自荷蘭檔案館文件資料）》第一冊，臺北，順益臺灣原住民博物館出版 1999 年，第 114 頁。

[5]　1623 年位於 Liaqueo Pequeno 島上 Souiang 村子的詳細情況。包樂史等編《臺灣人的遭遇：臺灣原住民社會的紀錄（選自荷蘭檔案館文件資料）》第一冊，臺北，順益臺灣原住民博

成為重要的生產活動，他們的捕鹿方法是「冬，鹿群出，則約百十人即之，窮追既及，合圍衷之，鏢發命中，獲若丘陵，社社無不飽鹿者。」[6]臺灣原住民捕鹿的工具主要用鏢和弓箭。鏢和弓箭的使用增強了人類征服自然的能力，恩格斯指出：「弓箭對於蒙昧時代，正如鐵劍對了野蠻時代和火器對於文明時代一樣，乃是決定性的武器」[7]，鏢和弓箭的使用，導致當時的漁獵生產的快速發展。鏢的構造是「竹柄鐵鏃，長五尺有咫，銛甚，出入攜自隨，試鹿鹿斃，試**虎虎**斃」[8]。他們打獵的方式有三種：投擲鏢槍、弓箭射殺、陷阱捕獵。對此，荷蘭人有詳細描述：他們用鏢槍是這樣打鹿的，鏢槍的杆用竹子做成，約有一人高，把一個會發出聲音的小鈴用長繩子和鏢槍綁在一起，繩子又和鏢槍前面的鐵鏃連在一起，鐵鏃頭有三、四個倒鉤，這樣射到鹿時就不會脫落。被射中的鹿帶著鏢槍在樹林中亂跑，無法逃脫，直至被另一支鏢槍擊中或因流血過多而倒地死亡。小鈴綁在鏢槍上，可以使獵人根據聲響而追捕逃鹿。他們用這種辦法捕殺了很多鹿；用弓箭射殺時，單個原住民或二、三人都可以，他們到有鹿的地方去，看到鹿時就緊追不捨（因為他們跑得幾乎與鹿一樣快）。他們先射擊跑在前面的鹿，然後射殺第二隻，直到射殺完為止。他們用這種辦法也射死很多鹿。設陷阱用兩種方法：他們在鹿和野豬成群下山的樹叢或灌木叢設陷阱，當獵物出現時他們就把獵物包圍起來，驅逐到設有陷阱的地方，這些陷阱上面鋪了藤條和竹子。另一種方法是他們在路上或開闊的地帶設陷阱，他們先把一根堅固的竹子埋進較深的土裡，竹子的上端和一條繩子相連，當竹子固定後，把竹子向前彎曲，把它和小樹枝綁在一起，然後就在竹子上鋪陷阱，再鋪上一些土作為偽裝。當成百上千隻在田野上跑的鹿觸動陷阱時，陷阱

物館出版，1999 年，第 21 頁。

[6]　陳第：《東番記》沈有容《閩海贈言》，臺北，臺灣文獻叢刊第五六種，臺灣中華書局，1959
　　年，第 26 頁。

[7]　恩格斯：《家庭、私有制和國家的起源》。《馬克思恩格斯選集》第四卷，北京，人民出版
　　社 1972 年版，第 19 頁。

[8]　陳第：《東番記》，沈有容《閩海贈言》，臺北，臺灣文獻叢刊第五六種，臺灣中華書局，
　　1959 年，第 26 頁。

立即將鹿和野豬卡住，動彈不得，獵物的腳被牢牢套住，於是他們接近獵物，投擲鏢槍，每年他們用這種辦法捕獵數千隻獵物。[9]住在臺北的原住民打獵時拿弓箭在草原上圍個大圈，用狗將野鹿驅逐入陷阱進行捕捉。[10]這種捕鹿方法，在清代臺灣的書籍中仍然可以見到記載。此外，住在沿海的原住民還到海岸邊撿海產品，如蕭壟村的「有些較窮和沒有地位的婦女，在沒有男人的陪伴下，她們到海水漫過脖子的海邊抓水母、海螺或其他可吃的水產品。[11]小琉球島的原住民以打魚爲主，「他們使用的竹筏或雙體船，船頭傾斜，以便能經受翻騰海浪的衝擊，但儘管他們有足夠的木材和其他材料，他們並不建造其他類型的船舶。」[12]他們在狩獵的同時，臺灣原住民還養豬和飼養雞、鴨等家禽，但「食豕不食雞，蓄雞任自生長，惟拔其尾飾旗，射雉亦只拔其尾。」[13]或者作爲給荷蘭人的貢品或商品交換物。原住民開始飼養家畜不僅擴大了食物來源，其他的生活資源也增多了。

　　原住民的飲食比較簡單，「除了在水中煮沸的米粥外（米粥煮很久，讓人感到沒有食欲），就看不到他們準備一餐較豐盛的飯菜，他們吃飯時碗內放一塊綠薑（這種薑他們那裡很多），和一條小鹹魚。魚是女人晚上在河邊用籃子抓的，此外還有變質的不適宜人吃的豬肉。」[14]魚的

---

[9] 1628 年 12 月 27 日，新港。Reverend Georgius Candidius 牧師的談話摘要。包樂史等編《臺灣人的遭遇：臺灣原住民社會的紀錄（選自荷蘭檔案館文件資料）》，第一冊，臺北，順益臺灣原住民博物館出版，1999 年，第 116 至 117 頁。

[10] 1623 年福爾摩莎島 傳教綜合報告。伯饒爾編《西班牙人在臺灣 1582-1641》第一冊，臺北，南天書局有限公司，2001 年，第 180 頁。

[11] 1623 年位於 Liaqueo Pequeno 島上 Souiang 村子的詳細情況。包樂史等編《臺灣人的遭遇：臺灣原住民社會的紀錄（選自荷蘭檔案館文件資料）》第一冊，臺北，順益臺灣原住民博物館出版，1999 年，第 16 頁。

[12] 1633 年 11 月 Claes Bruyn 司令對於小琉球島地點和情況的簡短描述。包樂史等編《臺灣人的遭遇：臺灣原住民社會的紀錄（選自荷蘭檔案館文件資料）》第二冊，臺北，順益臺灣原住民博物館出版 2000 年，第 6 頁。

[13] 陳第：《東番記》，沈有容《閩海贈言》，臺北，臺灣文獻叢刊第五六種，臺灣中華書局，1959 年，第 26 頁。

[14] 1624 年 2 月 16 日，巴特維亞，在大員港附近被當地人稱為 Soulang 城的情況。包樂史等編《臺灣人的遭遇：臺灣原住民社會的紀錄（選自荷蘭檔案館文件資料）》第一冊，臺北，順益臺灣原住民博物館出版 1999 年，第 28 頁。

加工十分簡陋，沒有把魚鱗和內臟去掉，就用鹽醃制，醃制較長一段時間後，連同髒東西跟魚肉一起吃下去，「當他們從罐子裡取出醃魚時，有時你簡直看不出是魚，因爲魚上面滿是蟲和蛆，但他們對此無所謂，把醃魚當作美味食物。」[15]鹿肉也是他們主要的食品，「社社無不飽鹿者，取其餘肉，離而臘之，篤嗜鹿腸，剖其腸中新咽草旨瞰之，名百草膏。」[16]原住民的主要飲料是酒，「采苦草，雜米釀，間有佳者，豪飲能一斗，時燕會則置大罍團坐，各酌以竹筒，不設肴。樂起跳舞，口亦烏烏若歌曲。」[17]他們既在集會時豪飲，以酒助興作樂，同時也作爲上墓的祭品或待客的禮品，他們在死者的墳周圍放兩種特別的酒，一種酒的味道很怪。另一種酒乳白色，不透明，酒裡有許多米粒，這種酒是用米蒸餾發酵後製作的，這兩種酒容易使人醉。醉酒對他們來說是很平常的事，他們屢次勸我們喝酒，硬把酒灌進我們嘴裡，他們認爲這是一種好客的表現。[18]臺北地區原住民也很喜歡酗酒，飲宴日夜進行，長達三天，除了唱歌喝酒什麼事都不做，有些人醉倒，醒了再喝，他們不停地喝，地上到處都是酒甕。[19]

　　原住民的住房大多用毛竹和茅草蓋成的小屋及棚子，「其地多竹，大至數拱，長十丈，伐竹構屋，而茨以茅，廣長數雉，聚族以居。」[20]肖壟村房子的形狀很像顛倒的船，房子約有一個人高，建在泥土的地基上，抹得很平，看起來巧妙而整潔，似乎不是非文明人所建，而是歐洲大工藝師的建築品。房子地板可以比作荷蘭船的甲板，房子的形狀很像

---

[15] 1628 年 12 月 27 日　新港 Reverend Georqius Candidius 牧師的談話摘要。包樂史等編《臺灣人的遭遇：臺灣原住民社會的紀錄（選自荷蘭檔案館文件資料）》第一冊，臺北，順益臺灣原住民博物館出版 1999 年　第 116 頁。

[16] 張燮：《東西洋考》卷 5，東番考，北京中華書局，1981 年版，第 106 頁。

[17] 陳第：《東番記》，沈有容《閩海贈言》，臺北，臺灣文獻叢刊第五六種，臺灣中華書局，1959 年，第 25 頁。

[18] 1623 年位於 Liaqueo Pequeno 島上 Souiang 村子的詳細情況。包樂史等編《臺灣人的遭遇：臺灣原住民社會的紀錄（選自荷蘭檔案館文件資料）》第一冊，臺北，順益臺灣原住民博物館出版，1999 年，第 22 頁。

[19] 1623 年福爾摩莎島，傳教綜合報告。伯饒爾編《西班牙人在臺灣 1582-1641》第一冊，臺北，南天書局有限公司 2001 年第 180 頁。

[20] 張燮：《東西洋考》卷 5，東番考，北京中華書局，1981 年版，第 106 頁。

荷蘭船，前面是圓的，其曲線像船頭和船尾。地基上有三根大柱子支撐
屋頂，柱子牢固得幾乎可以作為某種中型船的桅杆。柱子按大小排列，
就像船的前桅、中桅一樣排列著。這些支柱的頂端被鋸開後和長而窄的
房梁連在一起，房梁作為房子的屋頂從房子前面延伸到後面，就像船底
部的龍骨一樣。屋頂用竹子架設，每邊鋪三到四根，竹上再鋪茅草，草
長約一至一英尺半。房子較牢固，雨水滲不進去，風也不能損壞房子。
房子有兩扇門，前門和後門，有的還有邊門，通過木板樓梯，可從任何
一門進入房子，他們用各種樹葉裝飾樓梯扶手。房子內隔成兩間、三間
或更多間，每個房間有兩扇門，門無門框，彼此相連，門不能關，故無
個人隱私可言。[21]

新港村的房子沒有樓層，但有四個門，即東南西北門，有的房子有
六個門，二個門在東面，二個在西面，南北各一個，他們把房子建在高
地上，他們先在地上鋪一層黏土，然後在土上建起房子。[22]而小琉球島
上原住民的房子又是另一種樣子。當地的村落，建設的像那些印度人的
村莊，位於山頂部的西南邊，一點也不像新港人和其它福爾摩沙人的村
落，所有的房子排成兩排，中間留下很闊的街道，就像是市場。在村落
的後面，有一個神奇的洞穴，據說是當他們遭到敵人襲擊時，攜帶財產
躲藏的地方。[23]臺灣東部原住民的房子，有的像西部平原的房子一樣，
如 Pimaba 把村社也是建在平地上，房子是用茅草做屋頂，並四周種竹
子，而且整個村社均由竹林包圍，與新港村社的房子很像，但房子沒有
那麼大和乾淨。[24]有的又與西部村落的房子不一樣，如 Tawaly 村落是建

[21] 1623 年位於 Liaqueo Pequeno 島上 Souiang 村子的詳細情況。包樂史等編《臺灣人的遭遇：
　　臺灣原住民社會的紀錄（選自荷蘭檔案館文件資料）》第一冊，臺北，順益臺灣原住民博
　　物館出版，1999 年，第 15 頁。

[22] 1628 年 12 月 27 日 新港 Reverend Georqius Candidius 牧師的談話摘要。包樂史等編《臺灣
　　人的遭遇：臺灣原住民社會的紀錄（選自荷蘭檔案館文件資料）》第一冊，臺北，順益臺
　　灣原住民博物館出版，1999 年，第 l28 頁。

[23] 1633 年 11 月 Claes Bruyn 司令對於小琉球島地點和情況的簡短描述。包樂史等編《臺灣人的
　　遭遇：臺灣原住民社會的紀錄（選自荷蘭檔案館文件資料）》第二冊，臺北，順益臺灣原
　　住民博物館出版 2000 年，第 4 頁。

[24] 1638 年 1 月熱蘭遮駐軍指揮官 Johan Jurriaensz.van Linga 前往 Pimada 的日記節選。包樂史等

在一座高山的斜坡上，入口處被石頭和竹子包圍，在山腳下約 10 英尺高的地方建第一排房子，另一排房子位於與前一排房子平行但更高的地方，就像平行的街道一樣，一排排房子平行升高，直到村社的最頂部。在兩排房子之間用平整的石頭豎立起 8 至 10 英尺的胸牆，起保護村社的作用。[25]

　　為了滿足衣食住的生活需要，同時隨著生產力的提高，一個人已不能同時進行多樣的生產活功，於是臺灣原住民開始進行第二次社會分工現象[26]，出現了家庭手工業的萌芽。如女人負責釀酒，他們的製作方法是：先用煙熏稻米，再放到米臼裡不斷舂，直到變成米團。然後拿一些米粉放在口中咀嚼，咀嚼好後吐到一個小碗內，當積滿一小碗時，倒入米團，不斷進行揉搓，使米液均勻合在米團中，做完這些他們把米團放在大罐內，加上水，然後存放兩個月，就成了令人喜愛的、很好的、味道很濃郁、使人易醉的酒，他們必須把釀制的新酒存放在大桶內，存放時間久，酒味就越香，酒性就越強，如存放一年、五年、十年、二十年、甚至三十年，酒才能至善至美。當他們喝這種酒時，酒看起來有二層，上面一層是清純的液體，像自來水一樣，而下面的一層較濃，像米粥一樣，如果他們想喝下面的濃酒時，就得用勺子把濃酒取出來，因為酒太濃，還得加水才能喝。當他們去田裡幹活時，他們帶上一壇或一竹筒的濃酒和一竹筒的水，這樣酒和水就成為他們那天的食物和飲料。[27]他們做衣服的布料，除了向漢人換取外，還自己編織，「當地人的布是用樹

編《臺灣人的遭遇：臺灣原住民社會的紀錄（選自荷蘭檔案館文件資料）》第二冊，臺北，順益臺灣原住民博物館出版 2000 年，第 199 頁。

[25] 1638 年 1 月熱蘭遮駐軍指揮官 Johan Jurriaensz.van Linga 前往 Pimada 的日記節選。包樂史等編《臺灣人的遭遇：臺灣原住民社會的紀錄（選自荷蘭檔案館文件資料）》第二冊，臺北，順益臺灣原住民博物館出版 2000 年，第 188 頁。

[26] 恩格斯：《家庭、私有制和國家的起源》。《馬克思恩格斯選集》第四卷，北京，人民出版社，1972 年版，第 159 頁。

[27] 1628 年 12 月 27 日，新港 Reverend Georqius Candidius 牧師的談話摘要。包樂史等編《臺灣人的遭遇：臺灣原住民社會的紀錄（選自荷蘭檔案館文件資料）》第一冊，臺北，順益臺灣原住民博物館出版，1999 年，第 115 頁。

皮和樹根製成的，這些布料是他們擁有的唯一財產。」[28]

原住民的社會組織

　　由於農業及其他各項生產的發展，臺灣原住民過定居的生活，建立了氏族村落，以及由幾個氏族組成的部落村莊。部落有共同的利益和聚居區，有自己的首領和民主議事會，有共同的節日和活動。

　　部落內部各成員是平等的。他們共同擁有生產資料、共同參加勞動，共同分配生產品，共同遵守氏族習慣。在他們中間沒有身份高低之別，沒有僕人和主人之分，大家都是平等，所以他們語言中也沒有主人和僕人的詞語。儘管如此，他們彼此間還是以他們自己的方式表示尊敬和禮貌，他們對人表示尊敬並非因爲人的威信、聲望、地位或財富高於他人，而是因爲他們年齡上的差別，當他們在街上見面時，年少者要讓路給年長者，並轉過身，直至年長者走過去爲止。當年長者叫年少者做某事時，甚至要叫年青人到相隔幾英里外的地方辦事時，年輕人不能拒絕。當年長者出現在年少者面前時，年少者不敢說話，當大家一起吃飯喝酒時，年少者也要禮讓年長者。[29]張燮《東番考》也有同樣記載「人遇長老則背身而立，俟過乃行。」[30]陳第《東番記》則更具體「道路以目，少者背立，長者過，不問答。」[31]恩格斯讚歎道:「這種十分單純質樸的氏族制度是一種多麼美妙的制度啊！沒有軍隊、憲兵和警察，沒有貴族、國王、總督、地方官和法官，沒有監獄，沒有訴訟，而一切都是

---

[28] 1623 年位於 Liaqueo Pequeno 島上 Souiang 村子的詳細情況。包樂史等編《臺灣人的遭遇：臺灣原住民社會的紀錄（選自荷蘭檔案館文件資料）》第一冊，臺北，順益臺灣原住民博物館出版 1999 年，第 14 頁。

[29] 1628 年 12 月 27 日 新港 Reverend Georqius Candidius 牧師的談話摘要。包樂史等編《臺灣人的遭遇：臺灣原住民社會的紀錄（選自荷蘭檔案館文件資料）》第一冊，臺北，順益臺灣原住民博物館出版 1999 年，第 123 頁。

[30] 張燮：《東西洋考》卷 5，東番考，北京中華書局，1981 年版，第 105 頁。

[31] 陳第：《東番記》，沈有容《閩海贈言》，臺北，臺灣文獻叢刊第五六種，臺灣中華書局，1959 年，第 26 頁。

有條有理的。」[32]

　　臺灣原住民在共同勞動中，「由於性別和年齡的區別，會有一種自然的分工產生，那純然是在生理的基礎上發生的。」[33]這種分工比較簡單，「女子健作，女常勞，男長逸。」[34]男人對家不關心，因為男人整天打獵、打仗。女人則打掃房子，她們做家務很熟練，一天打掃房子很多次，他們煮菜做飯，把米煮成粥狀。她們在樹林裡採果子，在海邊、河邊撿牡蠣、貝殼和小魚。她們飼養馴服的豬，所有這一切使她們一天從早忙到晚。有些較窮和沒有地位的婦女，在沒有男人的陪伴下，到海水漫過脖子的海邊抓水母、海螺或其它可以吃的水產品，有些婦女則待在家裡織草，以遮蓋她們或她們小孩身上的敏感部位，一些老年婦女把樹根劈細，變成為線狀物，然後把線狀物搓在一起，其動作就如我們水手搓繩一樣。[35]由此可見，臺灣原住民的勞動關係是一種原始的分工合作關係，一般是身強力壯的男子負責打獵、打仗，保衛部落的安全。女子負責採集野生果實、捕撈水產品，還要管理家務，即燒飯、打掃衛生、縫製衣服。婦女擔負十分繁重的勞動，對整個社會起著重大的作用。

　　隨著社會經濟和氏制的發展，「一切親屬之間都禁止結婚，其數量（指禁規）多至數百種，由於這種婚姻禁例日益錯綜複雜，群婚就越來越不可能，群婚就被對偶家庭排擠了。」[36]這種家庭是「建立在一男一女相婚配的基礎之上的，因而具有若干專偶制家族的特點，這時婦女不僅是其丈夫的主妻，她也是他的伴侶。」[37]但是，這種由一對配偶組成

---

[32] 恩格斯：《家庭、私有制和國家的起源》。《馬克思恩格斯選集》第四卷，北京，人民出版社，1972 年版，第 92 頁。

[33] 馬克思：《資本論》第一卷，北京，人民出版社 1963 年版，第 374 頁。

[34] 陳第：《東番記》，沈有容《閩海贈言》，臺北，臺灣文獻叢刊第五六種，臺灣中華書局，1959 年，第 26 頁。

[35] 1623 年位於 Liaqueo Pequeno 島上 Souiang 村子的詳細情況。包樂史等編《臺灣人的遭遇：臺灣原住民社會的紀錄（選自荷蘭檔案館文件資料）》第一冊，臺北，順益臺灣原住民博物館出版，1999 年，第 16 頁。

[36] 恩格斯：《家庭、私有制和國家的起源》。《馬克思恩格斯選集》第四卷，北京，人民出版社 1972 年版，第 42 頁。

[37] 路易士·亨利·摩爾根：《古代社會》第四章，偶婚制家族和父權制家族，北京，商務印書館 1983 年，第 459 頁。

的家庭還很脆弱，很不穩定，還沒有獨立的家庭經濟，不成爲社會經濟的基本單位，不是社會的基本細胞。在對偶婚初期，夫妻各住在自己的母系氏族中，婚姻關係通常採取丈夫拜訪妻子的形式，每天晚上到妻子家居住，天亮前回去，一直要到孩子出生後，才能長住妻子家中。這種對偶婚家庭在臺灣的原住民中是很普遍的，「男子惟女所悅，娶則視女可室者，遺以瑪瑙一雙，女不受則他往，受則夜抵其家，彈口琴挑之。口琴薄鐵所制，齧而鼓之，錚錚有聲。女延之宿，未明便去，不謁女父母，自是宵來晨去，必以星。」[38]這種夫妻分居的生活一直要到孩子出生才結束，「迨產子女，婦始往婿家迎婿，如親迎，婿始見女父母，遂家其家，養女父母終身，其本父母不得子也。故生女喜倍男，爲女可繼嗣，男不足著代故也。」[39]對於臺灣原住民的婚姻情況，荷蘭人有更詳細的記載：當青年男子愛上一年輕女子時，會叫他的母親、姐妹或其他女性朋友送禮物到他所愛的少女家中，送禮者徵求女方父母親、朋友的意見，並把禮物拿給他們看，如果這少女的父母和朋友同意，送禮者就把男人送的禮物留在女方家中，婚事就定了。男方送女方的禮物因人而異，有些人較富裕，送的東西也較多。最富有的人送的禮物有：7 至 8 件裙子及同樣數量的上衣，300 或 400 個竹子做的手鐲，10 或 12 個由金屬或鹿角做的戒子，4 至 5 個粗亞細麻做的腰帶，10 或 12 匹狗毛製成的布，4 至 5 副鹿皮做的圍腿，以上是最富有的人送的禮物，約值 40 里爾。較窮的人送的禮物有：300 或 400 個竹子做的手鐲，2 件或 3 件裙子及相同數量的上衣，這些東西約值 2 至 3 里爾。

　　結婚時他們沒有舉行任何儀式和婚慶活動，訂婚後第二天晚上男女雙方就可以同居，但他們的習慣是女方不住在男方的房子裡，女方住在她自己的房子（衣食住在那裡），男方也住在他自己的房子，但到夜裡，丈夫才到妻子的房子。男的像賊似的偷偷溜進女的房子。如果他想點煙或要其他東西，不能說出聲來叫女的給他，只要咳嗽一聲，妻子就把丈

[38] 張燮：《東西洋考》卷 5，東番考，北京中華書局 1981 年版第 105 頁。

[39] 陳第：《東番記》，沈有容《閩海贈言》，臺北，臺灣文獻叢刊第五六種，臺灣中華書局，1959 年，第 25 頁。

夫所想要的東西給他，然後立即回到原地方，只有在房裡其他人離開後，才能與丈夫睡在一起。第二天凌晨破曉前，丈夫起床沒有說一句話就像貓一樣溜掉了，白天是不允許丈夫到妻子房子的。

結婚後妻子仍和她的親人住在一起，耕種她家自己的地以維持生計，所以女的和家人吃住在一起，男的也一樣，妻子不必關心丈夫，丈夫也無需照料妻子。每個房子的人只關心他們自己，丈夫白天在他的田裡幹活，妻子也一樣幹自己的活。男女雙方白天不在一起，除非在某個秘密地點見面，有別人在場的公共場所夫妻難得說上幾句話。在偶然情況下，丈夫白天要進妻子的房間，只有妻子一人在房內才行。進房前還要先叫人入內告訴妻子說，他在外面等待，請讓他進去，如妻子同意，就帶丈夫進房，否則，丈夫只能繞過房子走過去。

當他們有孩子時，孩子住在妻子家裡，如孩子長大後，才可到父親那裡去，但在結婚後很長一段時間，夫妻沒有孩子，因為他們的習俗規定，夫妻在 35、36 或 37 歲前不得有孩子，即使妻子懷孕了也要叫女巫婆把孩子打掉。只有到 38 歲以後才允許有孩子，直到丈夫 50 歲時，夫妻才能住在一起，但也經常不住在家裡，因每天的大半時間在田裡幹活，他們在田邊搭個小房，晚上就在那裡睡覺。

夫妻結婚後，並不一定會白頭偕老，如果丈夫不喜歡妻子，就可以離婚，與別的女人結婚。如果丈夫離婚的理由僅僅是不喜歡妻子，而沒有其他原因，丈夫必須把原先送給妻子的東西留在妻子那裡，如果丈夫離婚有其他理由，比如妻子與其他男人有不正當關係，又如妻子毆打丈夫或其他類似的壞行為，丈夫可以把原先送給妻子的東西拿回去[40]。儘管這種婚姻關係不是很牢固，但這種家庭是建立在一女一男為配偶對象的基礎上的，形式上已是個體婚制，具備一夫一妻制的若干特徵。對於這種越來越排除血緣親屬結婚的婚姻關係，摩爾根在《古代社會》中給予充分的肯定，他說「把沒有血緣關係的人帶入婚姻關係之中，這種新

---

[40] 1628 年 12 月 27 日，新港 Reverend Georqius Candidius 牧師的談話摘要。包樂史等編《臺灣人的遭遇：臺灣原住民社會的紀錄（選自荷蘭檔案館文件資料）》第一冊，臺北，順益臺灣原住民博物館出版 1999 年，第 124 頁至 127 頁。

的做法的影響必然給社會帶來巨大的衝擊，它有利於創造一種在體力和智力兩個方面更爲強健的種族。不同種族的結合所帶來的利益，給人類的發展帶來了巨大的影響。」因爲當兩個具有強健體力與智力處於開化中的部落結合在一起的時侯，「新生一代的顱骨和腦髓將擴大到相當於兩個部落才能的總和，這樣的種族當然是以這兩個種族爲基礎的一種改良種族，其優越性可以通過智力和人口的增加表現出來。」[41]

對偶婚家庭是以性爲基礎的最基本和最小的社會組織，若干個母系家庭組成爲一個同一血緣的氏族，若干個氏族又組成更大的社會組織——部落。當時臺灣島上到處都分佈著這種原住民部落，「東番夷人不知所自始，居澎湖外洋海島中，起魍港、加老灣、曆大員、堯港、打狗嶼、小淡水、雙溪口、加哩林、沙巴里、大幫坑，皆其居也。斷續凡千餘里，種類甚蕃，別爲社，社或千人，或五六百，無酋長，子女多者眾雄之，聽其號令。」[42]臺灣北部地方同樣有許多原住民部落，「雞籠山、淡水洋在彭湖嶼之東北，故名北港，又名東番雲，深山大澤，聚落星散，凡十五社，（《名山記》云：社或千人，或五六百。）無君長、徭賦，以子女多者爲雄，聽其號令。」[43]如新港地區有七個原住民村子，每個村就是一個單位，但這七個村落沒有一個頭領統一管理村民，可見還未形成部落聯盟。村裡有一個由十二個人組成的議事會，這種議事會的成員每兩年換一次，村裡那些四十歲左右的人被作爲侯選人，雖然他們並沒有計算年齡的方法，也沒有人知道某人的年齡到底有多大，儘管如此，他們對某人何年何月何日出生記得很清楚。當一屆兩年任滿期時，每個成員都在額頭和兩邊太陽穴或者在頭兩旁拔掉一些頭髮，表示他曾當過村議會成員。於是村裡又在相似年齡人挑選新的議會成員，這些村議員的權力和威望是村民認可的。

---

[41] 路易士·亨利·摩爾根：《古代社會》第三編，第四章，偶婚制家族和父權制家族，北京，商務印書館，1983 年，第 464 頁。

[42] 陳第：《東番記》，沈有容《閩海贈言》，臺北，臺灣文獻叢刊第五六種，臺灣中華書局，1959 年　第 24 頁。

[43] 張燮：《東西洋考》卷 5，東番考，北京中華書局，1981 年版，第 105 頁。

　　村議會的工作是當村裡發生大事時就開會討論該怎麼辦，會議結束後，他們在全村最大的會場召開全村的村民大會，把問題交給大家討論，讓村民進行半小時的辯論，如某人講完或講累了，另一個人就接著講，他們會用許多理由說服別人，直至別人同意為止，他們開會的秩序很好，當有人發言時，其他人都靜靜地聽。他們辯論中所表現出來的雄辯及才能使旁聽的荷蘭牧師都很驚奇，Reverend Georgius Candidius 牧師說：我想恐怕連古希臘的演說家德摩斯梯尼也不能像他們那樣雄辯，說得如此滔滔不絕。當所有人的發言結束時，村民們對討論的問題要作出決定，如大家贊同提議，就算決定通過，如有人不贊成也沒有關係，因為沒有人強迫他們同意。[44]摩爾根認為儘管這種「民主政治也像其他重要的原則一樣，是發展的很不完備的，但是，它卻能在人類各部落中都以具有極其古老的淵源而自豪。」[45]

　　村議會的另一項工作是執行女巫師提出的要求，以阻止那些惹神發怒的事情，如果村裡某人因為做錯了事，得罪了他們的神，或者損害了大家的利益，這十二個村議員有權作出處罰決定，他們對肇事者進行懲罰，但不是把肇事者投進監牢監禁，也不進行肉體上的折磨，更不會處以死刑，而是根據事情的嚴重程度，處罰此人一匹布，一張鹿皮或一壇酒。比如他們認為在一年中的某段時間，（約三個月時間）大家要赤裸走路，才會風調雨順，如果不這樣做，神就不准下雨，田裡的水稻就會絕收，所以在此時間段內當村議員發現有人穿衣服時，有權叫此人把衣服脫下並處罰他二張鹿皮或稻米、酒等。所以每天早上及晚上，當村民去田裡幹活或從田裡幹活完回村時，村議員就要坐在村民經過的路口，檢查是否有人穿衣服，如果有人被查到，就叫此人脫下衣服並處以罰款。有一次，荷蘭的 Reverend Georgius Candidius 牧師在從新港到麻豆

[44] 1628 年 12 月 27 日，新港 Reverend Georqius Candidius 牧師的談話摘要。包樂史等編《臺灣人的遭遇：臺灣原住民社會的紀錄（選自荷蘭檔案館文件資料）》第一冊，臺北，順益臺灣原住民博物館出版 1999 年 121 頁。

[45] 路易士·亨利·摩爾根《古代社會》第二編，第四章，易洛魁人的部落，北京，商務印書館，1983 年，第 114 頁。

的路上就親眼目睹了這一現象，他說：在路上我遇見幾個來自麻豆村的
人，他們正從地裡幹完活回家，其中有一人穿著衣服，當他看到村議員
坐在路口時，他脫下衣服請我幫他帶過去，直到他走過路口爲止，以免
受罰。當我拿著衣服經過村口時，村議員強迫我把衣服扔掉，並要我說
出是誰的衣服。我拒絕這樣做，到村裡時，我把衣服還給這位村民，他
很高興，感謝我幫他做了一件大好事。[46]再比如在另外某個時期，村議
會禁止村民吃某些東西，當稻子長到一半高時，禁止村民喝酒、吃甘蔗、
香蕉或其它油膩食物。Reverend Georgius Candidius 牧師問他們爲何這
樣做，他們說如果此時吃了這些東西，鹿和野豬就會竄進稻田，把水稻
毀了。臺北地區原住民也有此種說法，例如他們相信如果吃某種食物而
不吃他種食物的話，野豬會破壞田地，或者田地會乾枯，或者會得病，
或者會受重傷。[47]

　　此外，臺灣原住民還有其他一些不成文的習慣法，他們雖然沒有制
定針對殺人、搶劫、通姦的法律，但卻有許多公認的、自覺遵守的不成
文法，如當一個人偷了別人的東西，這個人就聲名狼藉，被偷者和他的
朋友闖入偷東西人的房子，拿走他認爲是合理的或別人認可的盡可能多
的東西。如果別人不同意他這樣做，他就用刀劍或用武力取走東西，叫
他同村的人和他的朋友與偷東西的人進行一場私人械鬥。同樣，當一男
子發現妻子與另一男人有不軌行爲時，他就竄進這男人的房子，從豬圈
裡抓走兩三頭豬，作爲對通姦行爲的懲罰。臺北地區原住民如果發現偷
情行爲，通姦者要給抓奸人珍貴石頭或彩色的石頭串來解決。[48]還有，
當一個人被殺死，事情暴露後，殺人者立即逃跑，否則，會被受害者的
朋友殺死。同時殺人者與被害者的雙方朋友彼此商量，要殺人者補償多

[46] 1628 年 12 月 27 日　新港 Reverend Georqius Candidius 牧師的談話摘要。包樂史等編《臺灣
人的遭遇：臺灣原住民社會的紀錄（選自荷蘭檔案館文件資料）》第一冊，臺北，順益臺
灣原住民博物館出版 1999 年　121 至 122 頁。

[47] 1623 年福爾摩莎島，傳教綜合報告。伯饒爾編《西班牙人在臺灣 1582-1641》第一冊，臺北
南天書局有限公司，2001 年，第 180 頁。

[48] 1623 年福爾摩莎島，傳教綜合報告。伯饒爾編《西班牙人在臺灣 1582-1641》第一冊，臺北
南天書局有限公司，2001 年，第 179 頁。

少頭豬或多少張鹿皮，直至被害者的朋友滿意，這樣殺人者就可以回家了[49]

　　臺灣原住民村落成員之間有相互援助，共同保護的義務。因為在原始社會中，個人的安全是要依靠他的部落來保護的，侵犯了個人就是侵犯他的部落，為了保衛部落的安全，他們每天在村子的公共場所進行操練，他們賽跑，力爭跑過別人，他們用蘆杆和棍棒練習進攻和防守，試圖戰勝對手。男男女女圍坐在訓練場周圍，其中有一個鼓手在擂著用鹿皮面做的鼓，就像我們荷蘭人訓練時打鼓和吹喇叭那樣。年青男人沒有穿衣服，他們用樹葉圍頭，腰和手臂，看起來像巴克斯神，其他的人用扁平的鹿尾巴做成環形物，再塗上各種顏色，圍著頭、手和腰。在戰鬥中擊敗敵人最多並取得敵人人頭最多的人受到極大的尊敬，並被認可為村裡七個最重要的人之一。此人的權利是可優先挑選獵物，並取得重要席位。他的職責是每天日出前在鼓手擊鼓時召集大家到公共場地進行選舉，身份低的人和身份最高的人都有相同的選舉權，沒有因能力和身份的不同被歧視。[50]同樣，在張燮《東番考》和陳第的《東番記》中均有類似的記載，「村落相仇，訂兵期而後戰，勇者數人前跳，被殺則皆潰。其殺人者，賀之曰『壯士』，前殺人也，見殺者，亦賀之曰『壯士』，前故見殺也。次日即解嫌，和好如初。」[51]「鄰社有隙則興兵，期而後戰，疾力相殺傷，次日則解怨，往來如初，不相讎，所斬首，剔肉存骨，懸之門，共門懸骷髏多者，稱壯士。」[52]特別是受到外族人的欺侮或殺害時，那麼被害者的部落成員必須實行血族復仇，荷蘭人侵佔臺灣，受到臺灣原住民的強烈反抗，如 1629 年 11 月 5 日有一個駐守在赤崁新造房

---

[49] 1628 年 12 月 27 日，新港 Reverend Georqius Candidius 牧師的談話摘要。包樂史等編《臺灣人的遭遇：臺灣原住民社會的紀錄（選自荷蘭檔案館文件資料）》第一冊，臺北，順益臺灣原住民博物館出版，1999 年，123 頁。

[50] 1623 年位於 Liaqueo Pequeno 島上 Souiang 村子的詳細情況。包樂史等編：《台灣人的遭遇：臺灣原住民社會的紀錄（選自荷蘭檔案館文件資料）》第一冊，台北，順益臺灣原住民博物館出版 1999 年，第 19 頁。

[51] 張燮：《東西洋考》卷 5，東番考，北京中華書局，1981 年版，第 105 頁。

[52] 陳第：《東番記》，沈有容《閩海贈言》，臺北，臺灣文獻叢刊第五六種，臺灣中華書局，1959 年，第 24 頁。

子的荷蘭士兵，要出去射擊幾個野人（原住民）時，被 4、5 個麻豆人打死，頭被砍下帶走，他們爲此舉行一場盛大的慶典。[53]西班牙入侵雞籠、淡水，欺壓當地原住民，也受到強烈反抗，1636 年西班牙人因缺糧下鄉徵購糧食，因經常欺詐原住民，引起不滿和反抗，駐守淡水的西班牙 Tamsui 隊長派遣 20 個士兵和 40 個工人去保護 Luis Muro 神父和將糧食運回城堡時，300 個原住民埋伏在山邊，突然襲擊西班牙人，殺死 12 個士兵，一些工人和神父。原住民死亡 1 人，兩三個人受傷。原住民將神父的頭、手臂砍下，屍首在那裡放 12 天，因爲原住民人數遠超過我們，沒有人敢前去收屍。[54]

總之，臺灣原住民以血緣關係爲基礎的社會組織體現了人類原始社會的特點，雖然當時的社會經濟有所提高，但人民的生活條件仍然十分艱苦，社會組織仍然是落後的、狹隘的。

原住民的精神文化

精神文化是一種社會意識形態，在原始社會由於受較落後的物質生產、生活的局限，人們的精神文化活動比較單調。

原始宗教。宗教的發生與發展是與人類社會的發展緊密相關的，在原始社會，生產工具十分簡陋，生產水準低下，人們面對複雜多變的自然環境而無能爲力，又無法作出正確的解釋，就產生了超自然力量的神秘感，希望借助這種超自然的力量來解決生活中的各種困難，實現自己的夢想，於是自然會把各種無法解釋的現象和某些自然物神化起來作爲崇拜物件，從而產生了原始宗教。臺灣原住民乞靈許多他們崇拜的神，其中對二位神最虔誠，一位住在南方，叫 Tamagisangach 神，他們認爲此神不僅創造人類，還能使人變得好看、美麗。另一位神住在東方，是

---

[53] 江樹聲譯注：在中國沿海處理事務的日誌摘錄 《熱蘭遮城日誌》第一冊，台南市政府發行 2000 年，第 3 頁。

[54] Muro 神父在 1636 年 3 月被原住民殺害的報告。伯鏡爾編《西班牙人在臺灣 1582-1641》第一冊，臺北，南天書局有限公司，2001 年，第 244 頁。

Tamagisangach 神的妻子，叫 Tekarukpada 神。當東方響雷時，他們認爲是女神與她丈夫談話，責怪丈夫沒有把雨水送過來，丈夫聽到妻子發怒後就立即下雨。他們（尤其是女人）最崇拜女神和她的丈夫，給這兩位神準備許多祭品。除這兩位神外，還有一個叫 Sariasang 神，住在北方，不僅對人們沒有幫助，還使人變醜，變成滿臉麻點，畸形怪狀。他們之所以祭拜此神是因爲害怕，但 Tamagisangach 神是最大的神，能管制 Sariasang 神，所以更加崇拜 Tamagisangach 神。他們打仗時還崇拜另外兩位神，一位叫 Tacafulu 神，另一位神叫 Tupaliape 神，這是男人最崇拜的兩位神，此外他們還崇拜其他許多神。

　　他們對神的崇拜包含兩個方面，一是供物，二是祈禱，這兩種方式是互相聯繫的，因爲當他們拜神時首先要有供品，他們先殺豬，把豬的一部分作爲供品，他們還擺上點上香的米飯、檳榔子和許多酒，供神享用，他們一般是把其他供品放在鹿頭和豬頭面前。擺上供品後，有一、二個女巫婆站著喃喃低語，乞求神的保佑，在乞神過程中，女巫婆的眼珠轉個不停，女巫婆跪在地上，等待神的到來，一會兒神來了，她們躺在地上像死去似的，她們無法站立，即使有五、六人在旁邊攙扶著也醒不過來。後來他們醒了，渾身發抖，喘不過氣，不久據說神來了，她們中的一些人站在旁邊哭叫著，抽泣著。大約過一小時後，女巫婆爬上屋頂，每個屋頂站著一個女巫婆，又要對神乞求很長時間。求神結束後，她們脫下圍在腰間的祭服，把身上的敏感部位暴露給神看，並叫人拿水洗身子，她們在眾人面前赤裸地站著，當然站在旁邊的大部分是女人。55

　　南部原住民的每個房子內都設有他們崇拜的神位，當他們發生比較嚴重的事故時，就請女巫婆到房內拜神，拜神的儀式很複雜。女巫婆除了乞神保佑外，還預測人的好運或壞運，預示下雨或好天氣的到來，對不詳之地也要請女巫婆把惡魔驅逐出（他們認爲周圍有很多惡魔），驅

55 1628 年 12 月 27 日，新港 Reverend Georqius Candidius 牧師的談話摘要。包樂史等編《臺灣人的遭遇：臺灣原住民社會的紀錄（選自荷蘭檔案館文件資料）》第一冊，臺北，順益臺灣原住民博物館出版，1999 年，131 至 132 頁。

逐惡魔時女巫婆怒氣衝衝，大喊大叫，手中揮舞著拔出鞘的日本短刀，經過長時間的追逐，最終將惡魔趕到水裡淹死。[56]

臺灣北部原住民也是多神靈崇拜，他們崇拜很多東西，從某些小鳥的叫聲、蒼鷹、好夢、惡夢，甚至打噴嚏，他們認為世間有善的靈魂和邪惡的靈魂，前者帶來健康和興旺，後者帶來厄運和疾病，生病時，他們請女巫婆與惡魔溝通，巫婆說生病的人需要供奉一隻豬和舉行酒宴，才能驅除惡魔，恢復健康。女巫婆不是用草藥或毒液等其他藥物治病，而是舉行一些儀式，她先吸吮病人的身體，再俯臥在鋪了毯子的地上，向一盤米飯吐口水，口裡喃喃念著沒有人聽懂的咒語，然後將病人身上的石頭 chicubises 拿走，並要病人親吻她，接著女巫婆拿一把大刀放在病人的頭下面，命令病人三天不准吃任何食物，如果病人死了，女巫婆拿著大砍刀或者樹枝圍繞著死者的房子在上空不斷揮砍，驅逐惡魔，保護其他人平安。[57]

臺灣原住民有了靈魂觀念以後，進一步產生鬼魂崇拜。他們認為靈魂附在人的肉體上，死後就變成鬼魂，出於對死人的恐懼和對陰間生活的幻想，從而產生了各種葬法和葬禮。當他們村落有人死亡時，既不像世界大多數人那樣進行埋葬，也不採用火化，而是先舉行儀式（一般是在人死後第二天進行的），再把屍體放屋子裡用竹子做成的屍架上，屍架離地面約半米多高，他們把死者的手腳綁好，固定在屍架上，再在屍體斜下方點燃火堆，使屍體乾燥。然後為死者舉行慶祝活動，殺豬設宴（有時殺豬多達 9 隻，其數量一般依財力而定），大吃大喝。屍體經過九天烘乾後，移到另一個屍架上，這個屍架比第一個高，鋪上草席，四周遮蓋幾塊布，像帳篷一樣，在裡面放三年時間，再把已剩下的骨骸埋在房間內。臺灣原住民的這種葬法在《東番記》中也有記載，「家有死

---

[56] 1628 年 12 月 27 日，新港 Reverend Georqius Candidius 牧師的談話摘要。包樂史等編《臺灣人的遭遇：臺灣原住民社會的紀錄（選自荷蘭檔案館文件資料）》第一冊，臺北，順益臺灣原住民博物館出版，1999 年，133 頁。

[57] 1623 年福爾摩莎島，傳教綜合報告。伯饒爾編《西班牙人在臺灣 1582-1641》第一冊，臺北，南天書局有限公司，2001 年，第 179 至 180 頁。

者，擊鼓哭，置屍於地，環焗以烈火，乾，露置屋內，不棺。屋壞重建，坎屋基下，立而埋之，不封，屋又覆其上，屋不建，屍不埋。然竹楹茅茨，多可十餘稔，故終歸之土不祭。」[58]

為了祭拜死者的靈魂，他們在房屋前搭一個平臺，做一個袖珍小房子，小房子四周用樹葉或其他東西裝飾，小屋四周插上小旗。小屋內放置一個用胡蘆做的水壺，裡面裝滿水，旁邊放一個用竹筒做的勺子，他們認為死者的靈魂每天會到這小屋洗澡。他們還認為人在世間的好壞，死後的靈魂會得到不同的獎賞或懲罰。他們說，一個人在世時無論人品好不好，死後都將面臨一條又寬又臭的壕溝，溝上有一座用竹子架設的窄橋，每個靈魂必須過橋，那些在世時人品好的靈魂將會走過橋，到達天堂，即希望之地。而那些在世時人品不好的靈魂過橋時，橋面將會倒塌，靈魂掉進溝裡受苦受難。[59]

臺北地區原住民的死者也被同村落的人埋葬在房屋的地下或附近，墳墓裡先鋪上一層棕櫚葉子，防止屍體潮濕。然後將死者彎一個弓身屈膝的姿勢放進像小洞的墳墓中，頭旁邊放置米飯作為食物，死者的弓箭、箭筒、陶罐、石頭和其他值錢的東西放在墳墓上面。[60]

原始藝術。藝術來源於人類社會生產生活的實踐活動，隨著勞動生產的發展和社會的進步不斷向前發展。當原始人類從生產勞動的實踐中得到的認識，情感和思想越來越複雜時，原始藝術的內容和表現形式也越來越豐富起來。如臺灣原住民通過對石器的磨光、穿孔和染色，開始產生了色彩、形狀等美的觀念，在此基礎上逐漸有意識地製作一些裝飾品，以豐富和美化自己的生活。這種裝飾品分二類，一類是固定在身上的，如剪髮、紋身、穿耳、缺齒，「男子剪髮，留數寸，披垂。女子則

---

[58] 陳第：《東番記》，沈有容《閩海贈言》，臺北，臺灣文獻叢刊第五六種，臺灣中華書局，1959 年，第 25 頁。

[59] 1628 年 12 月 27 日，新港 Reverend Georqius Candidius 牧師的談話摘要。包樂史等編《臺灣人的遭遇：臺灣原住民社會的紀錄（選自荷蘭檔案館文件資料）》第一冊，臺北，順益臺灣原住民博物館出版，1999 年，130 頁。

[60] 1623 年福爾摩莎島，傳教綜合報告。伯鐃爾編《西班牙人在臺灣 1582-1641》第一冊，臺北，南天書局有限公司，2001 年，第 180 頁。

否；男子穿耳，女子斷齒，以爲飾也。」[61]「手足則刺紋爲華美，眾社畢賀，費亦不資。貧者不任受賀，則不敢更言刺紋。」[62]有的部落很重視頭髮的修飾，他們用一種叫 parang 的短刀，將頭髮放在木板上進行切割，把頭髮剪得很好看，讓頭髮不長過耳朵。他們還用竹子削成的尖片，用來刮鬍子和拔身上的長毛。[63]有的部落則將顏色塗在最勇敢人的脖子和手臂上，以凸顯其身份。[64]

另一類是包裝、穿戴或懸掛的裝飾物。如他們的標槍、劍和斧頭的手柄都用鹿皮包裹裝飾，他們尤其擅長在柄上鑽孔及雕刻，很好看。他們房子裡外的門框、支柱或其他可掛物的地方都掛上鹿角、鹿顎骨或其他裝飾性的東西。他們的女孩子喜歡用手鐲、珠子進行打扮，經常在手臂上、肩膀上佩戴各種裝飾物。他們的男孩子用綠樹葉圍著頭、腰和手臂，看起來像肖像中的巴克斯神，其他男子用扁平的鹿尾巴做成環形物，塗上各種顏色，戴在頭上或圍在腰和手臂，並以此引爲自豪。[65]他們的戒指是用鹿角做的，把鹿角的二個尖角切掉，中間弄直，這種戒指很大很寬，以致把手指的關節都蓋住，有時用一根狗毛做的細繩穿過戒指，然後戴在手婉上作爲裝飾物。[66]

臺灣原住民的歌舞與其他原始藝術一樣，也起源於生產生活的社會實踐，他們在勞動中發出有節奏的喊聲，產生出最基本的聲樂。當歡樂或悲傷時，因感情激動自然會用歌聲來表達和抒發自己的情感，形成了

---

[61] 陳第：《東番記》，沈有容《閩海贈言》，臺北，臺灣文獻叢刊第五六種，臺灣中華書局，1959 年，第 25 頁。

[62] 張燮：《東西洋考》卷 5，東番考，北京中華書局，1981 年版，第 105 頁。

[63] 1628 年 12 月 27 日，新港 Reverend Georqius Candidius 牧師的談話摘要。包樂史等編《臺灣人的遭遇：臺灣原住民社會的紀錄（選自荷蘭檔案館文件資料）》第一冊，臺北，順益臺灣原住民博物館出版，1999 年，124 頁。

[64] 1623 年福爾摩莎島，傳教綜合報告。伯饒爾編《西班牙人在臺灣 1582-1641》第一冊，臺北，南天書局有限公司，2001 年，第 181 頁。

[65] 1623 年位於 Liaqueo Pequeno 島上 Souiang 村子的詳細情況。包樂史等編《台灣人的遭遇：臺灣原住民社會的紀錄（選自荷蘭檔案館文件資料）》第一冊，台北，順益臺灣原住民博物館出版，1999 年，第 16、17、19 頁。

[66] 1628 年 12 月 27 日，新港 Reverend Georqius Candidius 牧師的談話摘要。包樂史等編《臺灣人的遭遇：臺灣原住民社會的紀錄（選自荷蘭檔案館文件資料）》第一冊，臺北，順益臺灣原住民博物館出版，1999 年，125 頁。

喜樂和悲樂。如臺灣北部原住民在稻子收成或獵頭後，常常用飲酒作樂進行慶賀，為了這種場合的歡慶，他們唱一首專門的歌。此外，當有親戚來訪時，在家族年老婦女的建議下他們也會喝酒唱歌，進行狂歡。[67]舞蹈也成為原住民感情衝動的一種抒發，當他們在獲取獵物，作物豐收，迎接客人，祭拜神靈，婚娶喜慶，甚至舉辦喪事都會手舞足蹈地跳起舞來。每年他們有幾天公共節日，那時就會高高興興地聚集在一起，吃一些好東西，然後到祠堂去跳舞，跳上跳下地進行各種令人驚奇的表演。[68]臺灣北部原住民是在殺豬時舉行酒宴，所有男子手牽手圍成圓圈跳舞，女巫婆則在舞蹈中舉行殺豬儀式。[69]他們不僅在喜慶中跳舞，辦喪事也跳舞，當聽到村落內有人去世的鼓聲時，每個女人帶上一壇酒去參加，喝酒後她們在死者面前跳舞，他們用一棵大樹做成大木盆，倒扣在地上，有的女人們在木盆上跳舞，因木盆是空的，跳舞時發出咚咚的聲音，還有的女人在木盆前排成二排，每排四人，背靠背地跳舞，當跳舞的人跳累時，其他的人就來替換跳，這種舞蹈要跳二個小時才結束，這是他們為死者安排的一種儀式。[70]對於臺灣原住民的原始歌舞，陳第《東番記》和張燮《東番考》均有生動的描繪，「時燕會，則置大罍團坐，各酌以竹筒，不設肴，樂起跳舞，口亦烏烏若歌曲。」[71]以上事實說明，臺灣原住民從社會生產和社會活動中已經感受到美的享受，因此產生了原始藝術。這種藝術雖然簡單、粗糙，但卻表現了他們對於自然和勞動生活的熱愛，這對他們的生產和生活起著積極的鼓舞和促進作用。

---

[67] 1623 年福爾摩莎島，傳教綜合報告。伯饒爾編《西班牙人在臺灣 1582-1641》第一冊，臺北，南天書局有限公司，2001 年，第 180 頁。

[68] 1628 年 12 月 27 日，新港 Reverend Georqius Candidius 牧師的談話摘要。包樂史等編《臺灣人的遭遇：臺灣原住民社會的紀錄（選自荷蘭檔案館文件資料）》第一冊，臺北，順益臺灣原住民博物館出版，1999 年，128 頁。

[69] 1623 年福爾摩莎島，傳教綜合報告。伯饒爾編《西班牙人在臺灣 1582-1641》第一冊，臺北，南天書局有限公司，2001 年，第 180 頁。

[70] 1628 年 12 月 27 日，新港 Reverend Georqius Candidius 牧師的談話摘要。包樂史等編《臺灣人的遭遇：臺灣原住民社會的紀錄（選自荷蘭檔案館文件資料）》第一冊，臺北，順益臺灣原住民博物館出版，1999 年，129 頁。

[71] 陳第：《東番記》，沈有容《閩海贈言》，臺北，臺灣文獻叢刊第五六種，臺灣中華書局，1959 年，第 25 頁。

三、荷據時期漢族移民與臺灣原住民關係

荷據時期漢族移民除一部分集中居住在熱蘭遮城附近之外，許多人散居於各原住民地區，與當地居民朝夕相處，共同開發臺灣，反對荷蘭殖民統治。本文主要探索當時漢族移民的移動、分佈及與當地原住民的關係。

大陸漢族人民向臺灣的移動

早在荷據時期以前，大陸漢族移民已到達澎湖、臺灣。宋元時期，漢族人民移居台澎已經有了較明確的記載。如樓鑰《汪大猷行狀》云：「乾道七年四月起知泉州，到郡……郡實瀕海，中有沙洲數萬畝，號平湖，忽爲島夷號毗舍耶奄至，盡刈所種，他日又登海岸殺略，禽四百餘人，殲其渠魁，余分配諸郡。」[1]又如周必大的《汪大猷神道碑》也有同樣的記載：「乾道七年……四月起知泉州，海中大洲號平湖，邦人就植粟、麥、麻。」[2]此外，我們從地下出土文物也可以證明宋代漢族人民已遷居澎湖、臺灣。早在康熙五十六年（1717 年）由周鐘瑄主修，陳夢林編纂的《諸羅縣誌》記載：「鄭氏時，目加溜灣開井，得瓦瓶，識者云是唐宋以前古窯，惜其物不傳，亦不知此瓶瘞自何時。」[3]雖然瓦瓶沒有保存下來，但目加溜灣，即今台南縣安定鄉一帶，靠近古大員港附近，此地發現古瓷是極可能的事。乾隆三十七年（1772 年）曾任臺灣海防同知的朱景英在《海東劄記》中說：「臺地多用宋錢，如太平、元祐、天禧、至道等年號錢，錢質小薄，千錢貫之，長不盈尺，重不逾二斤，相傳初辟時，土中有掘出古錢千百甕者。」[4]所謂宋錢的「太平」即爲「太平興國」年號，「天禧」爲宋真宗年號，「元祐」爲宋哲宗年號，

---

[1] 樓鑰：《攻媿集》卷 88，15 冊，商務印書館，1936，第 1199 頁。
[2] 周必大：《文忠集》卷 67，《文淵閣四庫全書》1147 冊，臺灣商務印書館，1983 年版，第 771 頁。
[3] 周鐘瑄：《諸羅縣誌》卷 12，《臺灣文獻叢刊本》，第 290 頁。
[4] 朱景英：《海東劄記》卷 4，《臺灣文獻叢刊本》，第 52 頁。

「至道」爲宋太宗年號，都屬北宋時期，說不定在北宋末年已有漢族人民移居臺灣了。元代漢族人民遷居台澎的情況已經有更明確的記載，元順帝時，江西南昌人汪大淵，附搭海船，從泉州出海，遠遊南洋各國，回國後，他根據耳聞目睹的情況寫成了著名的《島夷志略》一書，該書拋棄了《隋書・流求傳》的陳套，真實地記載了澎湖、臺灣的情況。

　　《島夷志略》彭湖條云：「島分三十有六，巨細相間，坡隴相望，乃有七澳居其間，各得其名，自泉州，順風二晝夜可至，有草無木，土瘠不宜禾稻，泉人結茅爲屋居之，氣候常暖，風俗樸野，人多眉壽，男女穿長布衫，系以土布。煮海爲鹽，釀秫爲酒，採魚、蝦、螺、蛤以佐食，蒸牛糞以爨，魚膏爲油，地產胡麻、綠豆，山羊之孳生，數萬爲群，家以烙毛刻角爲記，晝夜不收，各遂其生育，工商興販，以樂其利。」[5]

　　從汪大淵記載的「自泉州，順風二晝夜可至，有草無木，土瘠不宜禾稻，泉人結茅爲屋居之」看來，當時遷居澎湖的主要是福建泉州人，因泉州離澎湖最近，當地居民又有漂洋出海的習慣，故泉州人遷居澎湖的記載是完全可信。再從「風俗樸野，人多眉壽，男女穿長布衫，系以土布，煮海爲鹽，釀秫爲酒」的記載可以看出，泉州人遷居澎湖並不是暫時居住，而是定居下來，才能織造土布，釀造土酒，過著男耕女織的生活，以至於出現「山羊之孳生，數萬爲群」的記載，表明當時的居民一定不少。《島夷志略》除了記載澎湖的情況外，還記載了當時臺灣的情況，書中寫道：「地勢盤穹，林木合抱，山曰翠麓，曰重曼，曰斧頭，曰大崎。其峙山極高峻，自澎湖望之甚近，余登此山則觀海潮之消長，夜半則望暘谷之日出，紅光燭天，山頂爲之俱明。土潤田沃，宜稼穡，氣候漸暖，俗與彭湖差異，水無舟楫，以筏濟之，男子婦人拳發，以花布爲衫。煮海水爲鹽，釀蔗漿爲酒，知番主酋長之尊，有父子骨肉之義。他國之人倘有所犯，則生割其肉以啖之，取其頭懸木竿。地產沙金，黃

---

[5] 汪大淵：《島夷志略》，彭湖條，中華書局 1981 年版，第 13 頁。

豆，黍子，硫黃，黃蠟，鹿、豹、麂皮。」[6]從「余登此山則觀海潮之消長，夜半則望暘谷之日出，山頂為之俱明」看來，汪大淵曾親歷其地，並不是道聽塗說，此記載是比較真實可靠的，因此，郭廷以認為，我們可以推知在他之前必有內地民人來過臺灣，或遷往臺灣，澎湖既有民戶，進而入居臺灣，是很自然的，汪大淵之登山觀覽可能即係由當地漢人引導，至於內地商人之早已到台販賣，似更無可疑。[7]曹永和也認為，漢人開拓澎湖，成為漁業根據地以後，其捕撈的範圍自不限於福建、澎湖間的海域，越此界而拓展至澎湖、臺灣間的海面，嗣後順次擴張至臺灣西南部的沿岸乃為極自然之事。[8]我們從汪大淵初到臺灣就能登臨極為高峻的大崎山，日觀海潮之消長，夜看日出之壯觀的情形看來，只有經當地漢人的指引才能做到，因此郭廷以等人關於元代已有漢人遷居臺灣西南部之推測是可信的。

到元末明初，澎湖的人口已有相當的數量，明代泉州府志云：「東出海門，舟行二日程曰澎湖嶼，在巨浸中，環島三十六，如排衙然，昔人多僑寓其上，苫茅為廬，推年大者為長，不蓄妻女，耕漁為業，牧牛羊，散食山谷間。」[9]由此可見，已出現聚族而居的現象。至明代中葉，台澎地區不僅成為大陸海盜商人的根據地，而且大陸漁民也常常到臺灣海峽捕魚，其中一部分人定居於此，成為當地的居民，如澎湖，萬曆四十五年（1617 年）「倭流劫大金，所餘船突犯泊此，遷延至十餘日始徙去，漁寮中人云，每倭足跡所到，舉網輒多得魚，亦時從漁民索酒，持杯向笑，摩手若胥慶，漁黠者欲麻而醉之，而擒以獻官，然竟不果，既去住東番竹篸港」[10]。可見當時大陸到澎湖捕魚的漁民已在島上搭寮居住了。所以顧祖禹的《讀史方輿紀要》也說：「龍門有原泉，舊為居民聚落，萬曆三十五年（疑為四十五年之誤）倭流劫大金，所餘船突犯泊

---

[6] 汪大淵：《島夷志略》，琉球條，中華書局 1981 年版，第 16 頁。

[7] 郭廷以：《臺灣史事概說》，第 1 章第 2 節，正中書局，1954 年版，第 11 頁。

[8] 曹永和：《早期臺灣的開發與經營》，《臺灣早期歷史研究》，第 118 頁。

[9] 引自陳懋仁：《泉南雜誌》（據曹永和考證，此府志應為隆慶或嘉靖府志。）卷上，商務印書館，1936 年，第 17 頁。

[10] 陳仁錫：《皇明世法錄》卷 75，《四庫全書叢刊》，北京出版社，1998 年，第 223 頁。

此嶼。」[11]此外，澎湖族譜也有記載，如沙港時峙里陳氏，「明萬曆年，金門水頭鄉九世陳振遙開基沙港，其後族人陸續來澎」，又如岐頭陳氏「開澎始祖陳雅，自漳州府島嶼橋圍仔頭鄉徒來，雅生於明萬曆十二年，卒於天啓三年」，再如湖西龍門陳氏「明天啓金門下坑十三世，陳弘標開基湖西，弘標系單身來澎」[12]。同時，在外國史料中也可以找到同樣的記載，天啓二年（1622 年）荷蘭長官 Cornelis Reijersz 率領艦隊到達澎湖，他在日記中寫道：「七月十一日，星期一上午，諸船駛向海濱，正午三桅帆船吉裡克海號（Zierickkzee）停靠在深約八尋的地方，並用小船劃向小堂（Kercken），發現有三個漢人看守小堂，又在該處發現有數只山羊和豬，牛四隻，據說在島的北面還有許多漁夫居住。」[13]這時澎湖不僅已有眾多漁夫，而且還飼養山羊、豬和牛，可見他們是比較固定地居住在島上了。再如臺灣也有定居的大陸漁民，《春明夢餘錄》云：「臺灣在澎湖島外，水路距漳泉約兩日夜，其地廣衍高腴，可比一大縣……，初，窮民至其處，不過規魚獵之利已耳，其後見內地兵威不及，往往聚而爲盜。」[14]Cornelis Reyersen 繼續寫道：「七月二十一日，星期四，晨，有一個在福爾摩沙島（Formosa，葡萄牙航海家對臺灣島的稱呼，意爲「美麗」）上捕魚二年的中國人來到我們船上，他說對福爾摩沙島的情形很熟悉，在大員（Teyoan）灣有很好的停船的地方，而且還有淡水，如果我們願意，他可以帶我們去觀察。」[15]後來，他們到達台窩灣（安平）港附近時，果然發現有許多大陸移民與當地土著居民住在一起，如安平港附近有一條街，「在此村男子所住家中，有中國人一、三人或五、六人同居」。不僅南部安平，北部基隆也有許多大陸移民，伊能嘉矩《日本地名辭書續編》基隆堡條云：「西曆 1626 年（天啓六年）西班牙人初據基隆港時，港岸已有漢族移民部落」[16]。再如台東

[11] 顧祖禹：《讀史方輿紀要》卷 99，第 4096 頁。
[12] 李紹章等：《澎湖縣誌》卷 3，第 3 節，成文出版社，1960 年，第 13 頁。
[13] 村上直次郎譯：《ベタウイア 城日記序說》第 10 頁。
[14] 孫承澤：《春明夢餘錄》卷 42，北京古籍出版社，1992 年，第 822 頁。
[15] 同 13：第 11、12 頁。
[16] 伊能嘉矩：《日本地名辭書續編》，中華書局，1974 年，第 7285 頁。

卑南地區也有漢族移民。可見當時漢族已遍佈臺灣各地了。

　　除了民間移民外，明朝政府也有募民到澎湖墾荒的措施。萬曆二十年（1592 年）福建巡撫許孚遠「募民墾海壇地八萬三千有奇，築城，建營舍，聚兵以守，因請推行于日南、澎湖，及浙中陳錢，金塘，玉環，南麂諸島，皆報可」。[17]雖然，我們還未找到募民到澎湖墾荒的具體資料，不清楚當時的詳細情況，但許孚遠這個建議已得到明朝中央政府的批准，他本人在福建任職三年，在此期間，一定會有一部分福建農民被許孚遠招募到澎湖墾荒的。

　　由於民間的遷移和政府的招募，在荷蘭人到達臺灣以前，已有許多漢族人民定居台澎了。所以，日本學者中村孝志肯定地指出：「中國之知有臺灣，已是很早的事情，在荷蘭人到臺灣時，已有相當多數的中國人定居於台南附近，例如 Comelis Reijersz 艦隊的船員，在 1623 年（天啓三年）3 月，從一個中國官員那裡，已經聽到在臺灣有許多中國人和當地的婦女結婚，又在蕭壠則有通中國話的土人，皆可爲證。」[18]

　　天啓二年（1622 年）荷蘭東印度公司派遣艦隊入侵澎湖，在紅木埕登陸，築城據守，引起明朝政府的強烈反對，天啓四年（1624 年）被迫退往臺灣，在大員灣建立熱蘭遮城，從此進入荷據時期，直至 1662 年被鄭成功驅逐出臺灣爲止，荷蘭在臺灣整整統治三十八年。

　　在荷蘭佔領時期，大陸移民不僅沒有停頓，而且出現了更大規模的移民運動，這是由於明末清初大陸戰火連綿，沿海喪失土地的破產農民冒險橫越海峽到臺灣謀生，如崇禎十三年（1640 年）吏部都給事中王家彥所云：「閩省海壖，地如巾帨，民耕無所，且沙礫相薄，耕亦弗收，加以年荒賦急，窮民緣是走海如鶩，長子孫于唐市，指窟穴於臺灣。」[19] C.E.S.在《被遺誤的臺灣》也記載說：「有許多中國人爲戰爭逐出大陸而移住臺灣，在臺灣設立一個殖民區，除了婦孺以外，人數有二萬五千之多，他們從事於商業和農業，種植了大量的稻子和甘蔗，不但足以

---

[17] 《明史》卷 283，許孚遠傳。

[18] 中村孝志：《荷領時代之臺灣農業及其獎勵》（《臺灣經濟史初集》）。

[19] 孫承澤：《春明夢餘錄》卷 42，北京古籍出版社，1992 年，第 823 頁。

供給全島人民的需要，而且每年用許多船裝運到其他印度諸國去。」[20]這裡特別需要指出的是鄭芝龍在協助大陸饑民移往臺灣中起了很大的推動作用。「崇禎間，熊文燦撫閩，值大旱，民饑，上下無策，文燦向芝龍謀之，芝龍曰『公第聽某所爲』，文燦曰『諾』，乃招饑民數萬人，人給銀三兩，三人給牛一頭，用船舶載至臺灣，令其發舍，開墾荒土爲田，厥田惟上上，秋成所獲，倍於中土，其人以食之餘，納租鄭氏。」[21]魏源的《聖武記》也說：「鄭芝龍者，泉州人，初附倭，家於臺灣，倭敗去，芝龍以其人眾，舟楫橫行於海，崇禎中，巡撫沈猶龍招降之，屢平劇盜，積官至都督同知，會閩大旱，芝龍言于巡撫熊文燦，以舶徙饑民數萬至臺灣，人給三金一牛，使墾島荒，漸成邑聚，時鄭氏已去臺灣，惟荷蘭夷兩千踞城中，流民數萬，散屯城外，荷蘭專治市舶，……鴻荒甫辟，土膏憤盈，一歲三熟，厥田惟上上，漳泉之人，赴之如歸市。」[22]儘管有人否定這條記載[23]。但我們認爲雖然移民人數不一定那麼多，但鄭芝龍運送大批饑民到臺灣墾荒應該是肯定的。

現將《熱蘭遮城日誌》中有關漢族移民比較多的年份整理列表如下[24]

單位：人數

月份	一六三七年			一六三八年		
	去臺灣	回大陸	留臺灣	去臺灣	回大陸	留臺灣
一月份				452	1716	-1264
二月份				360	1138	-778
三月份				469	440	29
四月份				690	369	321
五月份				799	697	102
六月份	484	251	233	1369	895	474
七月份	523	164	359	350	331	19
八月份	1017	127	890	28		28

---

[20] C.E.S.《被遺誤的臺灣》（《臺灣經濟史》三集44頁）。

[21] 黃宗羲：《賜姓始末》，臺灣文獻叢刊本，第6頁。

[22] 魏源：《聖武記》卷8，中華書局，1984年版，下冊，第336頁。

[23] 《重修臺灣省通志》卷3，《住民志‧人口篇》，臺灣省文獻委員會，第67頁。

[24] 根據江樹生譯注：《熱蘭遮城日誌》第一、二、三冊有關資科整理。臺灣台南市政府發行 2000年、2002年、2003年版。

九月份	621	1285	-664	35	105	-70
十月份	701	499	202	856	567	289
十一月	340	132	208	914	240	674
十二月	1260	190	1070	13		13
合　計	4946	2648	2298	6335		-163

單位：人數

月份	一六三九年			一六四三年		
	去臺灣	回大陸	留臺灣	去臺灣	回大陸	留臺灣
一月份						
二月份						
三月份	264	166	98	571	514	57
四月份	480	417	63	258	884	-626
五月份	514	263	251	332	1028	-696
六月份	79	295	-216	246	278	-32
七月份	289	145	144	43	966	-923
八月份	500	309	191	366	350	16
九月份		34	-34	190	675	-485
十月份	101	142	-41	593	301	292
十一月				826	238	588
十二月				3498	145	3353
合　計	2227	1771	456	6923	5379	1544

單位：人數

月份	一九四四年			一九四五年		
	去臺灣	回大陸	留臺灣	去臺灣	回大陸	留臺灣
一月份	457	412	45			
二月份	229	305	-76			
三月份	671	530	141	1578	479	1099
四月份	431	667	-236	886	998	-112
五月份	354	254	100	820	286	534
六月份	51	527	-476	1006	638	368
七月份	376	251	125	214	607	-393
八月份	338	590	-252	432	745	-313
九月份	346	589	-243	604	726	-122
十月份	746	254	492	1033	301	732
十一月	939	260	679	243	74	169
十二月						
合　計	4938	4639	299	6816	4854	1962

單位：人數

月　份	一六四六年			一六四七年		
	去臺灣	回大陸	留臺灣	去臺灣	回大陸	留臺灣
一月份						

二月份		336	-336			
三月份	365	261	104	97	126	-29
四月份	1285	351	934	614	495	119
五月份	900	624	276	995	956	39
六月份	341	722	-381	709	550	159
七月份	1128	486	642	701	817	-116
八月份	441	548	-107	353	413	-60
九月份	680	676	4	713	278	435
十月份	1204	407	797	476	273	194
十一月	23	25	-2	670	273	397
十二月				2178	180	1998
合　計	6367	4436	1931	7506	4361	3136

單位：人數

月份	一六四八年			一六五零年		
	去臺灣	回大陸	留臺灣	去臺灣	回大陸	留臺灣
一月份		75	-75			
二月份	299	56	243			
三月份	1101	467	634	157	632	-475
四月份	1545	1008	537	924	742	182
五月份	2585	986	1599	656	639	17
六月份	1053	1160	-107	311	521	-210
七月份	1495	1201	294	879	790	89
八月份	1802	1854	-52	773	914	-141
九月份	994	1495	-501	237	329	-92
十月份	620	474	146	710	597	113
十一月						
十二月						
合　計	11494	8776	2718	4647	5164	519

單位：人數

月　份	一六五一年			一六五四年		
	去臺灣	回大陸	留臺灣	去臺灣	回大陸	留臺灣
一月份						
二月份	117	592	-475			
三月份	695	391	304	239	417	-178
四月份	969	724	245	777	791	-14
五月份	285	172	113	687	655	32
六月份	635	994	-359	39	816	-777
七月份	1310	877	433	959	487	472
八月份	421	944	-523	565	375	190
九月份	474		474	1303	980	323
十月份	318		318	792	447	345

十一月	1393		1393	690	187	503
十二月						
合　計	6617	4694	1923	6051	5155	896

單位：人數

	一六五五年					
月　份	去臺灣	回大陸	留臺灣			
一月份						
二月份						
三月份	766	403	363			
四月份	1235	378	857			
五月份	1102	1019	83			
六月份	450	777	-327			
七月份	970	222	748			
八月份	676	633	43			
九月份	1345	373	972			
十月份	326	595	-269			
十一月	163	76	87			
十二月						
合　計	7033	4476	2557			

　　根據上表統計數字，從一六三七年、一六三八年、一六三九年、一六四三年、一六四四年、一六四五年、一六四六年、一六四七年、一六四八年、一六五零年、一六五一年、一六五四年、一六五五年等有比較詳細記載的十三年中，漢族人共去臺灣人數八萬一千九百人，平均每年約去臺灣六千三百人。其中每年去臺灣人數超過六千人的有五年，超過七千人的有二年，而一六四八年人數最多，高達一萬一千餘人。從月份來看，每月一千人以上有十五個月，一六四七年十二月去臺灣二千一百七十八人，而一六四三年十二月去臺灣達三千四百九十八人。

　　荷據時期漢族移民第一個特點是絕大部分是漳泉的閩南人，移出地集中在廈門、金門、烈嶼、漳州海澄、泉州安海等地，同時還有福州和廣東沿海，甚至還有從馬尼拉，巴達維亞移居臺灣的漢族移民，如一六四零年「8 月 15 日有一艘中國人的戎克船載著 21 個中國難民從馬尼拉逃來魍港」[25]。一六五一年「6 月 3 日有一艘屬於安海幾個中國商人的

[25] 江樹生譯注：《熱蘭遮城日誌》第一冊。臺灣台南市政府發行，2000 年版，第 474 頁。

戎克船從馬尼拉來此入港（指大員港），搭 103 個中國人」[26]。同年「7月 3 日又有一艘戎克船從馬尼拉來此地靠岸，搭 78 個中國人」[27]。同年「7 月 8 日又有一艘很大的戎克船從馬尼拉來此入港，搭有 126 個中國人。……7 月 15 日又有一艘相當大的安海商人派出的戎克船從馬尼拉來此入港，搭有 80 個中國人」[28]。僅七月份一個月就有二百八十四人從馬尼拉到達臺灣。此外還有從巴達維亞過來的中國移民，一六五一年「6 月 24 日有一艘戎克船從巴達維亞來到此地，是由幾個中國商人從那裡派來此地的，搭 19 個中國人」[29]。6 月 26 日「又有一艘大戎克船持總督閣下的通行證從巴達維亞來到此地，……搭有 59 個中國人」[30]。一六五四年八月十七日「今天也有一艘戎克船從巴達維亞來到此地，搭 40 個男人」[31]。

　　其次，在臺灣移民史中首次出現大陸漢族移民婦女和兒童的記載。當時除了男子移民臺灣外，還有婦女和兒童一起乘船去臺灣，說明有一些移民已是整家遷居臺灣。大陸婦女最早移民臺灣見於一六四六年到一六四七年已出現居住臺灣的記載，當年六月二十日「有一艘戎克船從中國沿海來到此地，搭 75 個人……上述戎克船也載 3 個中國婦女要來此地居住」[32]。到一六四八年來台的漢族移民中的婦女和兒童已越來越多，幾乎每個月都可見到記載。如二月二十五日有二個婦女隨船來到臺灣，三月二日有一個婦女來台，四至九日有六個婦女來台，十一日又有一個婦女來台，二十四日有五個婦女來台，二十八日有十一個婦女和三個小孩來台，僅三月份已有二十六個婦女移民臺灣[33]。其中婦女、兒童移民人數比較多的有一六四八年「5 月 15 日有 9 艘戎克船從中國沿海來此

[26] 江樹生譯注：《熱蘭遮城日誌》第三冊。臺灣台南市政府發行，2003 年版，第 218 頁。
[27] 江樹生譯注：《熱蘭遮城日誌》第三冊。臺灣台南市政府發行，2003 年版，第 227 頁。
[28] 江樹生譯注：《熱蘭遮城日誌》第三冊。臺灣台南市政府發行，2003 年版，第 229、230 頁。
[29] 江樹生譯注：《熱蘭遮城日誌》第三冊。臺灣台南市政府發行，2003 年版，第 223 頁。
[30] 江樹生譯注：《熱蘭遮城日誌》第三冊。臺灣台南市政府發行，2003 年版，第 224 頁。
[31] 江樹生譯注：《熱蘭遮城日誌》第三冊。臺灣台南市政府發行，2003 年版，第 382 頁。
[32] 江樹生譯注：《熱蘭遮城日誌》第二冊。臺灣台南市政府發行，2002 年版，第 649 頁。
[33] 江樹生譯注：《熱蘭遮城日誌》第三冊。臺灣台南市政府發行 2003 年版，第 1 至 26 頁。

入港，合計搭 419 個男人、31 個女人和 29 個小孩」[34]。同年 8 月 4 日、
5 日兩天「有一艘戎克船從中國沿海來此入港，搭 45 個男人、14 個女
人和 26 個小孩」[35]。同年 9 月 2 日、3 日兩天「有 13 艘戎克船從中國
沿海來此入港，合計搭 440 個男人，其中有 16 個女人和 7 個小孩」[36]。
從大陸來的婦女和小孩絕大部分居住在臺灣島內，只有極少數返回大
陸，從《熱蘭遮城日誌》中只找到一、二條婦女移民返回大陸的記載，
如一六五零年的 6 月 10 日、11 日「有 3 艘戎克船出航前往中國，合計
搭 180 個男人和 2 個女人」[37]，這也說明她們中的大多數人是跟隨男人
移民臺灣並定居臺灣的。

第三個特點是臺灣漢族移民的流動性大，在臺灣永久定居的比例並
不高，大部分移民在臺灣居住一段時間後又返回大陸，因此在《熱蘭遮
城日誌》中既有移民臺灣的記載，同時也有許多返回大陸的記載，據以
上表格統計，十四年間從臺灣返回大陸的移民有五萬一千九百三十四
人，平均每年返回三千七百一十人左右，約占去臺灣人數的百分之六十
三。特別是大陸漁民，他們在臺灣作短暫停留以後，又返回大陸，在下
一年捕魚季節，再次趕臺灣捕魚，這部分人從嚴格意義上講不屬於移
民，但又確實有部分漢族漁民定居臺灣或較長期在臺灣居住。因此我們
也把他們列入移民的統計數字。

分佈在原住民地區的漢族移民

移居臺灣的漢族移民除部分居住在熱蘭遮城附近外，大部分散居島
內各原住民生活的地區內。我們以熱蘭遮城為基點，分成熱蘭遮城周邊
各社和熱蘭遮城以南、以北、以東四個地區的漢族移民進行論述。

---

[34] 江樹生譯注：《熱蘭遮城日誌》第三冊。臺灣台南市政府發行 2003 年版，第 43 頁。
[35] 江樹生譯注：《熱蘭遮城日誌》第三冊。臺灣台南市政府發行 2003 年版，第 69 頁。
[36] 江樹生譯注：《熱蘭遮城日誌》第三冊。臺灣台南市政府發行 2003 年版，第 83 頁。
[37] 江樹生譯注：《熱蘭遮城日誌》第三冊。臺灣台南市政府發行 2003 年版，第 138 頁。

（一）熱蘭遮城周邊各社的漢族移民。

　　熱蘭遮城周邊各社主要是指新港、麻豆、蕭壟、目加溜灣等各原住民部落。早在荷蘭人侵佔臺灣以前，已有大陸漢族移民定居此地，與當地原住民共同相處，1623 年 9 月駐在澎湖的荷蘭艦隊司令雷約茲（Cornelis Reyersen）寫給巴達維亞荷蘭總督彼得‧德‧卡本特（Pieter de Carpentier）的信中說：「有許多中國人住在大員」[38]。荷蘭人還注意到「中國人每天都用 Wancan 船從大陸運鹽賣給當地人」[39]。據荷蘭人從蕭壟村得到的消息，「此地中國移民超過一千甚至一千五百人。因當地人沒有船隻，這些中國移民就乘船沿臺灣海岸到臺灣各地做生意以獲利」[40]。1624 年 9 月荷蘭人佔領臺灣，在鯤身島北端的高地上建築城堡，不久，荷蘭駐臺灣長官宋克（Martinus Sonck）訪問蕭壟、新港、目加溜灣各社，瞭解各原住民村社的情況，同年 12 月 12 日他寫信給巴達維亞荷蘭總督彼得‧德‧卡本特，提出統治這些村社的對策，「為了讓我們能與當地土人及中國移民相處，我們一定要叫公司的年青人學習當地語言及漢語，讓青年人儘快學起來」[41]。從宋克要求荷蘭的年青人學習原住民的語言和漢語，可以看出蕭壟、新港、目加溜社已有相當多的漢族移民。同時，宋克還在這些村社看到「大約有一百艘漁船在這裡捕魚，許多中國人隨船到這裡，他們已深入到島的內陸地區購買鹿皮和鹿肉，以便運到中國去」[42]。1625 年 9 月有三艘中國商船停泊在麻豆社的河口，

---

[38] 1623 年 9 月 26 日，澎湖，司令官 Cornelis Reyersen 致總督 Pirter de Carpentier 函。包樂史等編：《臺灣人的遭遇：臺灣原住民社會的紀錄（選自荷蘭檔案館文件資料）》第一冊，臺北，順益臺灣原住民博物館出版，1999 年，第 4 頁。

[39] 1623 年位於 Liaqueo Pequeno 島上 Soulang 村子的詳細情況。包樂史等編《臺灣人的遭遇：臺灣原住民社會的紀錄（選自荷蘭檔案館文件資料）》第一冊，臺北，順益臺灣原住民博物館出版，1999 年，第 14、21 頁。

[40] 1623 年位於 Liaqueo Pequeno 島上 Soulang 村子的詳細情況。包樂史等編《臺灣人的遭遇：臺灣原住民社會的紀錄（選自荷蘭檔案館文件資料）》第一冊，臺北，順益臺灣原住民博物館出版，1999 年，第 14、21 頁。

[41] 1624 年大員 Martinus Sonck 長官致致總督 Pirter de Carpentier 函。包樂史等編：《臺灣人的遭遇：臺灣原住民社會的紀錄（選自荷蘭檔案館文件資料）》第一冊，臺北，順益臺灣原住民博物館出版，1999 年，第 36 頁。

[42] 1624 年，大員 Martinus Sonck 長官致致總督 Pirter de Carpentier 函。包樂史等編：《臺灣人

這些到麻豆社經商的中國海商「甚至住在當地人的房子裡」[43]。據第二任荷蘭駐臺灣長官韋特（With）向巴達維亞荷蘭總督彼得‧德‧卡本特報告，1626 年初又有三個中國商人在麻豆社，「這三個人一直住在他們的房子裡，我們告訴他們我們不願看到這種情況，他們應把中國人趕出去，同時我們派 Orangie 號船及 20 名船員到河上巡邏。如有機會的話，對中國海盜發動攻擊，但海盜作戰英勇，我們只好撤退，這樣就使我們與村民的關係淡化」[44]。由此可見，這三個中國商人已在麻豆社居住比較長時間，與麻豆社民建立比較深的感情，因此當荷蘭人要趕走中國商人時，才會引起當地居民的不滿，從而淡化與麻豆社原住民的關係。除了從事漁業、商業活動的中國人外，還有一批移民在蕭壠、新港、麻豆、目加溜灣等村社附近開墾土地，從事農業生產，由於漢族移民侵犯了當地社民的利益，引起他們的不滿，如 1643 年新港社等原住民「抱怨中國人開墾的土地太接近他們的村社」[45]。荷蘭人不得不作出決議，從 1644 年開始，在一年內不允許漢族移民繼續開墾土地，這一規定通過張貼佈告讓漢族移民和當地原住民知道，但是荷蘭人又不願意放棄從漢族移民開墾土地中獲取利益，口頭指示商人 Cornelis Caesar 去瞭解當地原住民的看法，這個商人召集新港等各社的首領聽取意見，然後報告說：「新港人和 Tavocan 人因他們土地很少，要求中國人被完全禁止在他們村社附近進行開墾。而其它三個村社擁有比較多的土地，可以允許中國人繼續在那裡開墾，條件是中國人要從他們自己耕種的土地中後退，並且永

的遭遇：臺灣原住民社會的紀錄（選自荷蘭檔案館文件資料）》第一冊，臺北，順益臺灣原住民博物館出版，1999 年，第 36 頁。

[43] 1623 年 2 月 3 月，福爾摩薩，一般信件。包樂史等編：《臺灣人的遭遇：臺灣原住民社會的紀錄（選自荷蘭檔案館文件資料）》第一冊，臺北，順益臺灣原住民博物館出版，1999 年，第 47 頁。

[44] 1626 年，大員 Gerrit Frederricksz de Witt 長官致總督 Pirter de Carpentier 函。包樂史等編：《臺灣人的遭遇：臺灣原住民社會的紀錄（選自荷蘭檔案館文件資料）》第一冊，臺北，順益臺灣原住民博物館出版，1999 年，第 48 頁。

[45] 1644 年 10 月 31 日，大員，會議決議。包樂史等編：《臺灣人的遭遇：臺灣原住民社會的紀錄（選自荷蘭檔案館文件資料）》第二冊，臺北，順益臺灣原住民博物館出版，2000 年，第 493 頁。

遠不再侵佔他們的土地」。根據原住民的意見，議會作出決議通知漢族移民不要在新港和 Tavocan 社附近開墾，只允許他們收穫以前地裡的作物，但時間最長只能到明年四月，在此之後還想從事耕種的移民必須遷到 Saccam 去，「其它移民可以暫時留在村子裡用其它方式謀生」[46]。從這些材料反映出有許多漢族移民在熱蘭遮城周邊的各社從事農耕生產。

（二）熱蘭遮城南部各社的漢族移民。

琅喬（Lonckjouw）是臺灣南部較大的原住民部落，包括十六個村社，西部與 Pangzoya 相鄰，東部與 Pimaba 社相連，是進入台東地區的主要通道之一，當時一些漢族移民通過此地到台東與各原住民部落進行商品交易活動，為了能順利進入臺灣東南部地區，「在（台島）東邊山地進行貿易的中國人要向 Lonckjouw 的頭人送禮，一方面是因為需要淡水，另一方面他們還可以在發生事情時得到當地人的保護」[47]。其中有一部分漢族移民居住在 Lonckjouw 各社從事捕魚或商貿活動，1642 年一些漢族漁民住在 Pangsoya 附近捕魚，因與當地居民發生矛盾，引起爭議，「使 Lonckjouw 頭人帶領族人殺死四名中國漁民」[48]。1643 年 6 月 4 日荷蘭人 Caiiocalle 從 Lonckjouw 返回大員，他報告說：「當他 6 月 1 日到達 Lonckjouw 附近的海灣時，遇到了所有在 Lonckjouw 的奴隸和兩名帶著兩筐 cangans 的中國人在附近的村社進行鹿皮的交易」[49]。

---

[46] 1644 年 10 月 31 日，大員，會議決議。包樂史等編：《臺灣人的遭遇：臺灣原住民社會的紀錄（選自荷蘭檔案館文件資料）》第二冊，臺北，順益臺灣原住民博物館出版，2000 年，第 493 頁。

[47] 1636 年 4 月 22 日，尤紐斯（Robertus Junius）給荷蘭長官漢斯·普特曼斯（Hans Putmans）的信。包樂史等編：《臺灣人的遭遇：臺灣原住民社會的紀錄（選自荷蘭檔案館文件資料）》第二冊，臺北，順益臺灣原住民博物館出版 2000 年，第 62 頁。

[48] 1643 年 1 月 8 日，大員，議會的決定，包樂史等編：《臺灣人的遭遇：臺灣原住民社會的紀錄（選自荷蘭檔案館文件資料）》第二冊，臺北，順益臺灣原住民博物館出版，2000 年，第 335 頁。

[49] 1643 年 6 月 13 日，中士 Christiaen Smalach 給議長 Maximiliaen Lemaire 的信，包樂史等編：《臺灣人的遭遇：臺灣原住民社會的紀錄（選自荷蘭檔案館文件資料）》第二冊，臺北，順益臺灣原住民博物館出版，2000 年，第 335 頁。

在熱蘭遮城東南方向的海上有一個小島，稱爲小琉球島，島上居住小琉球人，他們在此地生生息息，過著簡單而和平的生活，自從荷蘭人佔領臺灣以後，對居住在島上的原住民多次進行討伐，他們大肆殺人放火，搶奪財物，給小琉球人造成很大的災難，但是，租賃小琉球土地的漢族移民與當地人和平相處，據一位到過小琉球的商人說「租下小琉球並在那裡居住的中國人經常與殘留的小琉球人對話」，甚至有的還與小琉球女孩結婚生子，「在一個中國人的房子內，發現一個小琉球的女孩，她在那裡住了兩年，並和一個中國人結婚」[50]，當荷蘭人入侵時，他們爲小琉球人通風報信，如 1643 年 6 月 2 日荷蘭軍官少尉 Jurriaen Smith 由兩名士兵帶路上小琉球島，在島上遇到三名勇敢的琉球人，他們說：「已從中國人那裡得知我們到達的消息」[51]，大部分人已躲藏起來。因此，當荷蘭軍官少尉與小琉球人 Pieter 進入樹林，卻沒有遇到一個人。除了琅喬、小琉球島之外，南部各社均散佈著一些漢族移民，我們從荷蘭駐臺灣長官法蘭科斯·卡郎（Francois Caron）給商人 Antony Boey 的指示中可以看到在南方村社從事各種職業的漢族移民。這位荷蘭商人 Antony Boey 是作爲行政管理者到南方各村社巡視的，當他到達南方 JacKam、Tancoya 村社時，在 Tamsuy 河岸及出海口附近發現有「沿著海邊捕魚的中國人，在那裡伐木的中國人和約 30 名在 Swatalauw 等田野上捕鹿的中國人，在南部從事耕種的 25 名中國農民和被允許在這一地區從事貿易活動的中國人」[52]。這位荷蘭商人兼任行政管理者，荷蘭長官要求他在北部季風時期，道路比較乾燥好走，每個月要去各社巡視二次，而在南部季風時至少每個月要去巡視一次，「這樣才能對當地居民有及時

---

[50] 1642 年 12 月 28 日，1643 年 2 月 11 日，熱蘭遮城日誌節選，關於小琉球，包樂史等編：《臺灣人的遭遇：臺灣原住民社會的紀錄（選自荷蘭檔案館文件資料）》第二冊，臺北，順益臺灣原住民博物館出版，2000 年，第 342、348 頁。

[51] 1642 年 12 月 28 日，1643 年 2 月 11 日，熱蘭遮城日誌節選，關於小琉球，包樂史等編：《臺灣人的遭遇：臺灣原住民社會的紀錄（選自荷蘭檔案館文件資料）》第二冊，臺北，順益臺灣原住民博物館出版，2000 年，第 342、348 頁。

[52] 1644 年 12 月 13 日，長官 Francois Caron 給商人 Antony Boey 的指示，包樂史等編：《臺灣人的遭遇：臺灣原住民社會的紀錄（選自荷蘭檔案館文件資料）》第二冊，臺北，順益臺灣原住民博物館出版，2000 年，第 510 頁。

監管」[53]。由於荷蘭商人每月要去南部各社巡視一至二次，因些他看到的漢族移民的情況是比較可信的。

（三）熱蘭遮城北部各社的漢族移民。

住在北部各社的漢族移民除了與南部漢族移民從事相同的職業如捕魚、狩獵、經商以外，還有一些人從事燒石灰的簡單礦物加工業，1635年11月18日荷蘭人與麻豆人訂立條約時，對住在麻豆社以北的 Wancan 社的漢族移民有條文規定，即「所有住在 Wancan 或其它地方燒石灰的中國人以及爲了進行鹿皮交易而需要穿過低地的中國人，我們都要在任何方向給予通行，任何隱藏在附近的中國海盜、荷蘭逃亡者、逃跑的奴隸，我們不能提供幫助，並應在要求下把他們送往城堡」[54]。儘管這是荷蘭人與麻豆社訂立的條約，但從條文中透露出有燒石灰的工人、捕鹿的獵人以及經商的海盜等各類漢族移民生活在麻豆社北邊的 Wancan 社及其他各社。Wancan 是靠近海邊的地方，因此還有一些漢族移民在此地以捕魚爲生，1634年11月9日荷蘭議會作出決議「因爲在 Wancan 燒石灰與捕魚的中國人，以及在赤嵌農地耕種的中國人，遭受麻豆人與蕭壟人很大的騷擾，決定要發准照給他們，使他們不受妨礙地從事他們的工作」[55]。1636年10月2日荷蘭人又有記載「因爲一些 Vavorolangh 的居民對在 Wancan 捕魚的中國人有敵意，同時還有謠言說他們計畫反對我們在 Wancan 的防禦工事，議會覺得有必要給他們一點教訓」[56]。從荷蘭議會的決議文中，我們看到的確有一些漢族移民在 Wancan 從事

---

[53] 1644年12月13日，長官 Francois Caron 給商人 Antony Boey 的指示。包樂史等編：《臺灣人的遭遇：臺灣原住民社會的紀錄（選自荷蘭檔案館文件資料）》第二冊，臺北，順益臺灣原住民博物館出版 2000年，第510頁。

[54] 1635年11月18日，臺灣長官與麻豆社頭人訂立的條約。包樂史等編：《臺灣人的遭遇：臺灣原住民社會的紀錄（選自荷蘭檔案館文件資料）》第二冊，臺北，順益臺灣原住民博物館出版，2000年，第16頁。

[55] 江樹生譯注：《熱蘭遮城日誌》第一冊。臺灣台南市政府發行，2002年版，第189頁。

[56] 1636年10月2日，議會決議，包樂史等編：《臺灣人的遭遇：臺灣原住民社會的紀錄（選自荷蘭檔案館文件資料）》第二冊，臺北，順益臺灣原住民博物館出版，2000年，第102頁。

捕魚活動。在 Wancan 附近的 Vavorolangh 也是漢族移民比較集中的地區，1637 年 6 月 13 日據荷蘭人 Eynden 報告：Vavorolangh 村社儘管表示服從荷蘭人的統治，但最近又「攻擊在當地生活的中國漁民、獵人和燒石灰者，這些漢人都有公司的執照」[57]。1640 年 1 月 28 日荷蘭海軍少尉 Thomas Pedel 從 Wancan 發來的信說「瞭解到 Davolee（一個離 Vavorolangh 約 15 英里的小村）的住民把在 Vavorolangh 田野上捕鹿的中國人都趕跑了」[58]。從上可見，在 Vavorolangh 社生活著一批漁民、捕鹿的獵人和燒石灰的漢族移民。從 Vavorolangh 再往北一直到臺北地區各原住民村社均有漢族移民在活動。據西班牙人的記載，在淡水 Tamsui 附近「漢人正在建立一個他們自己的小村莊（八聯 parian）漢人會陸續前來墾地，種甘蔗，人數肯定會繼續增加。漢人甚至表示今年他們會多給日本佃農土地耕種，而不向他們收取額外租金，對日本農夫來說，他們在日本收穫的稻米和水果，需要付六成稅給皇帝，他們在日本受到迫害，但是在此地受到歡迎」[59]。從西班牙史料反映出臺北淡水一帶已有相當多的漢族移民在開墾土地種植甘蔗，才能把多餘的土地出租給日本人耕種。此外還有一部分漢族移民到臺北從事貿易活動，1631 年「通常有 20、25 或 30 艘中國船載運絲、cangan 布匹、麵粉和其他貨品到雞籠交易」[60]。

（四）熱蘭遮城東部各社的漢族移民。

指分佈在熱蘭庶城以東及台東的大陸漢族移民，他們要到臺灣島東

---

[57] 1637 年 6 月 13 日，熱蘭遮城日誌，包樂史等編：《臺灣人的遭遇：臺灣原住民社會的紀錄（選自荷蘭檔案館文件資料）》第二冊，臺北，順益臺灣原住民博物館出版，2000 年，第 153 頁。

[58] 1640 年 1 月 28 日，Joan van der Burch 給巴城總督 Anthonio van 包樂史等編：《臺灣人的遭遇：臺灣原住民社會的紀錄（選自荷蘭檔案館文件資料）》第二冊，臺北，順益臺灣原住民博物館出版，2000 年，第 153 頁。

[59] 1632 年，福爾摩莎島，傳教綜合報告。伯饒爾編：《西班牙人在臺灣 1582-1641》第一冊，臺北，南天書局有限公司，2001 年，第 185 頁。

[60] 1631 年，荷蘭人有關西班牙人在臺灣島北部的資訊。伯饒爾編：《西班牙人在臺灣 1582-1641》第一冊，臺北，南天書局有限公司，2001 年，第 148 頁。

部山地各原住民村落，一般要經過琅喬地區才能繞道到東部，爲此要先
向琅橋部落頭人送禮，這樣做「一方面是因爲需要淡水，另一方面他們
（指漢人）還可以在發生事情時得到當地人的保護，要和當地人議和的
原因是可以使通往找到金子的地方的路（指到台東的路）可以暢通」[61]。
除從琅喬進入台東之外，還有一部分漢族移民從臺灣中部翻越高山進入
東部，荷蘭人在途經此路時遇到這些漢族移民，1639 年 5 月 11 至 21
日荷蘭下級商人 Maerten Wesselingh 經由臺灣中部山脈，去探險臺灣東
部海邊的日記中寫道：14 日我們離開 Duckeduck 前往小 Taccareyang，
我們又很遲到達此地。我們休息後問一個中國人是否知道繞過山的道
路，他給我們肯定的答覆。我請求他爲我們帶路並付給他錢，「他表示
明天會陪我們去 Tarroquan，在那裡有更多的中國人，那個村社距離我
們向上走的路很近，我們對前景很滿意，並在中國人住的地方過夜」[62]。
由於漢族移民比較長期住在台東各社，對各地的物產尤其是東部產金的
情況比較瞭解，當荷蘭人要到台東去尋找金子時不得不從當地的移民那
裡瞭解情況，1641 年 2 月 1 日荷蘭商人 Maerten Wesselingh 前往東部
Pimaba 和產金的村社，他曾一度到距離 Quelang 有半天路程的地方去探
險，但沒有發現金礦的確切位置，只遇到一些佩戴著薄金片的人，並拿
出一些樣品，他詢問這些金子的來源，他們指著一座山說在那裡居住一
個人，是這個人爲他們打制佩戴的薄金片，但他們說沒有路通向那個地
方，也沒有人去過，後來這位荷蘭商人從一名叫 Thosin 的中國人那裡
得到證實，「此中國人告訴我們 Quelang 的 Castilian 人每年都用約值四
里爾的銀子交換約一里爾的純金子，金子是由 Cauwelangh 山裡的居民
拿到 Quelang 的」[63]。同年 6 月份這個中國人再次報告說，Cauwelangh

---

[61] 1636 年 4 月 22 日，尤紐斯給普特曼斯的信，包樂史等編：《臺灣人的遭遇：臺灣原住民社
會的紀錄（選自荷蘭檔案館文件資料）》第二冊，臺北，順益臺灣原住民博物館出版，2000
年，第 63 頁。

[62] 1639 年 5 月 11 日至 21 日，下級高商人 Maerten Wesselingh 前往東部海邊的日記，包樂史等
編：《臺灣人的遭遇：臺灣原住民社會的紀錄（選自荷蘭檔案館文件資料）》第二冊，臺
北，順益臺灣原住民博物館出版，2000 年，第 233 頁。

[63] 1641 年 10 月 30 日，長官 Paulus Traudenius 給阿姆斯特丹議院的信，包樂史等編：《臺灣人

山地住民確實一年兩次下山到 Quelang，目的是賣他們的金子，此位中國人還報告說每次這些人來，都帶來大約重 3000 里爾的金子，「據此中國人說從這些人身上還能得到銀子，而且據說小額數量的金子可以在 Takelis 或者 Lilauw 附近流入大海的河口沙灘上找到。在那個地方，被河流沖刷下來的金子可以在沙灘上發現，當地人用小籃子和木盤收集到一些」[64]，如果這位漢族移民不是長期居住在此地，沒有長期與當地原住民打交道，是不可能那麼詳細地瞭解台東出產金子及金銀交換的情況，由此可知，確實有一部漢族移民已到達台東各原住民村社，並長期在那裡生產生活。

漢族移民與原住民的和諧與矛盾

漢族移民與原住民關係比較複雜，既有相互幫助，互相支持，共同開發臺灣，反抗荷蘭人的殖民統治。又有相互猜疑，爭奪生產生活資源的鬥爭，甚至受荷蘭殖民者挑撥離間而相互殘殺。

（一）漢族移民與原住民的和睦相處。

早在荷蘭人佔領臺灣以前，漢族移民已經到達臺灣從事商業貿易、農業開墾、捕獲野鹿和捕魚等活動，他們與當地原住民和睦共處，共同開發臺灣。當荷蘭人踏上臺灣島時，發現「中國移民種植他們帶來的水果樹種，如橙、桔子、西瓜、香蕉等」[65]。在勞動中他們與原住民建立良好的關係，以至於引起荷蘭人的妒忌，「我們希望經過一段時間後，

的遭遇：臺灣原住民社會的紀錄（選自荷蘭檔案館文件資料）》第二冊，臺北，順益臺灣原住民博物館出版 2000 年，第 272 頁。

[64] 1642 年 6 月 28 日，巴城總督 Anthonio van Diemen 給長官 Paulus Traudenius 的信。包樂史等編：《臺灣人的遭遇：臺灣原住民社會的紀錄（選自荷蘭檔案館文件資料）》第二冊，臺北，順益臺灣原住民博物館出版，2000 年，第 297 頁。

[65] 1624 年 11 月 4 日，Pieter Jansz.Muyser 致總督 Pieter de Carpentier 的函。包樂史等編：《臺灣人的遭遇：臺灣原住民社會的紀錄（選自荷蘭檔案館文件資料）》第一冊，臺北，順益臺灣原住民博物館出版，2000 年，第 32 頁。

能把他們（指原住民）對中國移民的好感移到我們這邊來」[66]，「其目的在於適當時機，把他們與中國人做的鹿皮交易轉到我們這邊來」，從此挑撥他們之間關係。

　　由於荷蘭人侵犯了漢族移民和原住民的利益，破壞了他們原來和睦共處的生活，激起他們的共同抗擊，原來的情況是「當地土人如女人耕田、播種、紡線，男人則從事打仗」，中國商人向他們收購鹿皮、鹿肉乾等，而賣給他們鹽、布匹、農具等生活生產用品，荷蘭人的入侵打破這種交易方式，引起中國商人的強烈不滿，「他們試圖挑動土人與我們作對，因爲他們怕我們也做鹿皮、鹿肉、魚貿易，從而搶了他們的生意，我們知道，這裡每年產有二十萬張鹿皮，數量極多的鹿肉乾和魚乾，這些東西能爲我們提供許多物質供應」[67]。漢族移民的反抗得到原住民的同情和支持，1625 年 12 月 20 日荷蘭指揮官 Gerrit Fredericksz de Witt 寫給住在 Wancan 村的 Packan 號和 Orangie 號船長的信中提醒道：「今日收到你們 19 日信，我知道你們在麻豆村和中國海盜船發生衝突，但你們不能靠近他們的船，因爲中國人在河流的狹窄處打上木樁，並且我們擔心麻豆村民會幫助中國人」[68]。後來的事實也確實證明麻豆村村民掩護了漢族移民，1630 年 3 月份荷蘭長官 Putmans 帶領一批最擅長打仗的士兵趕到麻豆村，「目的是搜查住在 Baccaluan 村的叫 Hoytche Cabessa 的中國人（我們懷疑此人是殺死我們 63 名士兵的策劃者，此謀殺是不久前麻豆村和 Baccaluan 村的村民幹的）」，並尋找一名最近住在麻豆村的 Bandanese 逃亡者，長官很希望能抓到這二個人，但當長官一行人趕到 Baccaluan 村叫 Hoytche Cabessa 的中國人住的房子時，假裝要請此中

---

[66] 1624 年 11 月 5 日，Martinus Sonck 長官致總督 Pieter de Carpentier 的函。包樂史等編：《臺灣人的遭遇：臺灣原住民社會的紀錄（選自荷蘭檔案館文件資料）》第一冊，臺北，順益臺灣原住民博物館出版，2000 年，第 34 頁。

[67] 1625 年 4 月 9 日，Martinus Sonck 長官的有關情況。包樂史等編：《臺灣人的遭遇：臺灣原住民社會的紀錄（選自荷蘭檔案館文件資料）》第一冊，臺北，順益臺灣原住民博物館出版，2000 年，第 42 頁。

[68] 1625 年 12 月 20 日，指揮官 Gerrit Fredericksz de Witt 寫給住在 Wancan 村的 Packan 號和 Orangie 號船長的信。包樂史等編：《臺灣人的遭遇：臺灣原住民社會的紀錄（選自荷蘭檔案館文件資料）》第一冊，臺北，順益臺灣原住民博物館出版，2000 年，第 46 頁。

國人做飯，房主人回答說 Hoytche Cabessa 已到麻豆村去了，當他們趕
到麻豆村打聽此人的去向時，有人說他現在住在一所新建的房子裡，新
房子距離舊房子不到一英里路，於是長官一行人又趕到新房子那裡去，
命令把此人交出來，否則要放火燒掉新房子，就如以前把村子裡燒掉舊
房子一樣，「房主人說此人早已跑掉了」[69]，使荷蘭長官又撲一個空，在
原住民的掩護下荷蘭人始終沒有抓到這個漢族移民，可見他與當地原住
民的關係是何等的密切。除了這個例子之外，最典型的例子是新港村和
麻豆村的原住民多次掩護漢族商人。1634 年 4 月 11 日荷蘭人接到情報
說：海盜（指中國海商）已在 Jockan 附近的河岸乘坐平底船上岸了，
麻豆村的人已跟海盜聯繫，他們要和海盜聯合起來，攻佔我們的城堡，
把新港人和荷蘭人趕走。其實，不僅麻豆村的人要與中國海商聯合起
來，實際上新港人也並不與荷蘭人站在一起，4 月 12 日 Junius 牧師寫
給 Putmans 長官的信中說本來要動員新港村和 Baccaluan 村的村民與荷
蘭一起攻打中國海商，「我們對這些村子的人已做了許多工作，我們也
高興地看到這些村民已有了與我們和好的跡象，但我們白等了他們的和
好」，最終的結果使荷蘭人不得不承認「我們（指荷蘭人）盡力說服原
住民與海盜對抗，我們無法說服麻豆村打擊海盜，因為當地人都說他們
同情海盜」[70]。新港村的村民也同樣對荷蘭人採取消極應付的態度，儘
管荷蘭人每天要新港人出去尋找中國海商的下落，但「我們認為新港人
找海盜不賣力」。在麻豆村和新港村村民的掩護和幫忙下，中國海商安
全地在熱蘭遮城附近的幾個原住民村莊活動。

　　由於漢族移民與臺灣原住民長期和睦相處，逐步取得他們的信任，
在原住民與荷蘭人的談判中不僅充當翻譯，還代表他們與荷蘭人進行交
涉，1641 年 12 月 10 日尤紐斯給長官 Paulus Traudenius 的信中說「晚上

---

[69] 1630 年 4 月 17 日，熱蘭遮城日誌。包樂史等編：《臺灣人的遭遇：臺灣原住民社會的紀錄
（選自荷蘭檔案館檔資料）》第一冊，臺北，順益臺灣原住民博物館出版，2000 年，第 175
至 176 頁。

[70] 1634 年 4 月 12、14 日，Reverend Robertus Junius 牧師至 Putmans 長官信。包樂史等編：《臺
灣人的遭遇：臺灣原住民社會的紀錄（選自荷蘭檔案館文件資料）》第一冊，臺北，順益
臺灣原住民博物館出版，2000 年，第 235 至 237 頁。

一名中國人作為 Dovalee 的所有村社的代表出現在蕭壠，他說 Dovalee 人打算締結和平條件，所以他們願意前來與公司談判，並鄭重要求一根公司的權仗作為提供他們保護的象徵」。信件接著寫道「昨天是星期一，兩名中國人再次前來，拿著我前次寄給你的兩支箭（安全的標誌）。他們是作為 Zamkin 和 Kalakiou 兩社的使者前來的。這兩個村社位於 Gielim 的北部，和前面提到的 Dovalee 社一樣，這兩社的居民也要求公司的權仗並願意簽訂和平條約」[71]。這幾位漢族移民既然能作為 Dovalee、Zamkin 和 Kalakiou 三社的使者與荷蘭人談判，說明他們與當地原住民的關係相當密切，同時在原住民中已有了一定的威望。

（二）漢族移民與原住民的矛盾與衝突。

臺灣的原住民與大部分漢族移民是和睦相處的，但在爭奪生產和生活資源中難免發生一些矛盾和爭奪，有時這種爭奪還相當激烈。1633 年 11 月一批漢族漁民在 Wancan 村附近捕魚時，Wancan 部分村民「擾亂中國漁民，搶走他們的東西，更為嚴重的是剪掉其中一個中國漁民的頭髮，把頭髮作為勝利的象徵」[72]。1635 年 2 月在 Wancan 村再次發生麻豆村民攻擊漢族移民的事件，「幾個中國移民在 Wancan 村為我們公司燒石灰時，麻豆村民把我們發給中國移民的許可證搶去，把許可證撕成碎片後扔掉」[73]。尤其是麻豆村的頭領 Taccaran 還勒索中國商人的錢財，「他為了商品許可證和某些商品，對住在 Wancan 村從事漁業和貿易業生意的中國商人勒索錢財，對那些經常到岸上做生意的人也不放過，他

---

[71] 1641 年 12 月 10 日，尤紐斯給長官 Paulus Traudenius 的信。包樂史等編：《臺灣人的遭遇：臺灣原住民社會的紀錄（選自荷蘭檔案館文件資料）》第一冊，臺北，順益臺灣原住民博物館出版，2000 年，第 275 頁。

[72] 1633 年 11 月 25 日，尤紐斯給至 Putmans 長官的信，包樂史等編：《臺灣人的遭遇：臺灣原住民社會的紀錄（選自荷蘭檔案館文件資料）》第一冊，臺北，順益臺灣原住民博物館出版，2000 年，第 223 頁。

[73] 1635 年 2 月 20 日 Putmans 長官致總督 Hendrick Brouwer 的信，包樂史等編：《臺灣人的遭遇：臺灣原住民社會的紀錄（選自荷蘭檔案館文件資料）》第一冊，臺北，順益臺灣原住民博物館出版，2000 年，第 268 頁。

還對那些看來無錢財的人進行威脅和毆打」[74]，Taccaran 的這種威脅和毆打的勒索行為，給當地漢族移民造成很大的不安和困擾。更為嚴重的還出現打死漢族移民的事件，1638 年 10 月 25 日大員議會收到從 Vavorolangh 寄來的信件，信中說「他從村民處得知一些土著人誘抓了 10 名正在 Vavorolangh 的土地上捕獵的中國人，其中七名中國人受傷，三人被箭射死，後來我們從受傷的中國人處進一步證實了這一消息，但他們只知道此暴力行為是由當地土著所為，但不知道這些罪犯是從海上來的，還是 Vavorolangh 的武士所為，我們還得知所有的捕獵者都離開了 Vavorolangh 的土地而跑到了 Wancan」[75]。1640 年 1 月份在 Davolee 村也發生打死漢族移民的命案，「他們打死了兩名中國人，並把其餘的中國人從 Vavorolangh 的田野上趕跑」，到此年三月份 Davolee 村的人「還繼續在 Vavorolangh 的田野上毆打和驅趕中國獵人」[76]。1642 年在臺灣南部的 Lonckjouw 村同樣也發生原住民殺害漢移族移民的事情，「Lonckjouw 統治者的一些屬民殺死了四名中國人（這些中國人得到公司的許可在 Pangsoya 附近捕魚）」[77]。由於漢族移民屢遭原住民的殺害，激起了漢族移民和原住民之間的矛盾，在荷蘭人的挑潑和唆使下有一部分漢族移民參加對原住民的圍剿。1641 年 11 月 20 日荷蘭軍隊討伐 Vavorolangh 村和 Davolee 村，出動 280 名士兵、100 名水手和工匠，還有一批軍官，「總共約有 400 名荷蘭人乘坐超過 300 名中國船員駕駛的 74 艘中國舢板向 Wancan 進軍」，第二天到 Poncan 河，再向上航行約二

---

[74] 1633 年 3 月 10 日至 7 月 23 日 Nicolaes Couckebacker 所做的決議，包樂史等編：《臺灣人的遭遇：臺灣原住民社會的紀錄（選自荷蘭檔案館文件資料）》第一冊，臺北，順益臺灣原住民博物館出版，2000 年，第 207 頁。

[75] 1638 年 10 月 25 日，大員議會決議 包樂史等編：《臺灣人的遭遇：臺灣原住民社會的紀錄（選自荷蘭檔案館文件資料）》第二冊，臺北，順益臺灣原住民博物館出版，2000 年，第 216 頁。

[76] 1640 年 3 月 20 日 Paulus Traudenius 給巴城總督 Anthonio van Diemen 的信 包樂史等編：《臺灣人的遭遇：臺灣原住民社會的紀錄（選自荷蘭檔案館文件資料）》第二冊，臺北，順益臺灣原住民博物館出版，2000 年，第 216 頁。

[77] 1642 年 12 月 15 日至 1643 年 1 月 8 日議會的決定，包樂史等編：《臺灣原住民社會的紀錄（選自荷蘭檔案館文件資料）》第二冊，臺北，順益臺灣原住民博物館出版，2000 年，第 333 頁。

英里後，在岸邊建立橋頭堡，拖上舢板和部分彈藥，留下 20 名強壯的
士兵作為守衛，「隨後讓 150 名中國人幫助扛著供給品和彈藥，與我們
一起前進，剩餘的中國人則與留守的士兵和舢板在一起」，11 月 24 日
開始進攻 Davolee 村，殺死了 30 多人，燒毀了村社，砍倒所有的果樹，
接著又進攻 Vavorolangh 村「幾乎完全燒毀了此社」[78]，在這次荷蘭人
圍剿 Vavorolangh 村和 Davolee 村的戰鬥中，部分漢族移民充當了荷蘭
人的幫手。第二年 1 月荷蘭長官 Paulus Traudenius 率領 353 名的軍士前
往臺灣東部討伐 Tammalaccauw 村，1 月 11 日從大員出發，24 日遭遇
laccauw 武士的伏擊，經過激烈的戰鬥，荷蘭人殺死 27 名村民，「第二
天，儘管敵人們進行了頑固的抵抗，他們位於高山上的整個村社被毀掉
了」[79]。在這次攻打臺灣東部 Tammalaccauw 村時，又有 110 名漢族移
民參加，扮演了不光彩的角色。漢族移民為什麼會與原住民發生矛盾和
衝突，這是多方面原因造成的，首先，是漢族移民的開墾或捕獵等活動
侵犯了原住民的屬地，引起他們的不滿，造成了矛盾衝突，如新港村民
的「女人如沒有在田裡幹活或沒有釀酒時，他們就劃舢板船下海去抓
魚、蝦、牡蠣、螃蟹等，他們認為這些水產品是僅次於稻米的食物」[80]，
可見魚蝦等水產品是他們主要食物來源，漢族移民捕撈技術又比原住民
好，大量捕獲水產品必然會衝擊原住民的生活，1636 年 10 月在新港的
Junius 牧師與兩名村社長老開船出去時，遇到一名中國人正在離該村不
遠的河裡捕魚，當他們乘小船回來時，又遇到另一名漢族漁民，問他為
什麼不在該村河裡捕魚，他說「新港人不高興，因為認為此河是屬於他

---

[78] 1641 年 12 月 22 日 Paulus Traudenius 給巴城總督 Anthonio van Diemen 的信，包樂史等編：
《臺灣人的遭遇：臺灣原住民社會的紀錄（選自荷蘭檔案館文件資料）》第二冊，臺北，
順益臺灣原住民博物館出版 2000 年，第 279 頁。

[79] 1642 年 3 月 16 日 Paulus Traudenius 給巴城總督 Anthonio van Diemen 的信，包樂史等編：《臺
灣人的遭遇：臺灣原住民社會的紀錄（選自荷蘭檔案館文件資料）》第二冊，臺北，順益
臺灣原住民博物館出版，2000 年，第 281 頁。

[80] 1628 年 12 月 27 日 Candidius 牧師的談話摘要，包樂史等編：《臺灣人的遭遇：臺灣原住民
社會的紀錄（選自荷蘭檔案館文件資料）》第一冊，臺北，順益臺灣原住民博物館出版，
2000 年，第 115 頁。

們捕魚的地方」，「新港人希望中國人能被禁止在此河捕魚」[81]。原住民不僅反對漢族移民在他們屬地內捕魚，更反對在他們村落或周圍開墾，因稻米已成爲他們更主要的食物，特別是熱蘭庶城周邊的村落，1644年荷蘭議會決定，「由於蕭壠、新港、Bacaluan、麻豆、Tavocan 等社住民抱怨中國人開墾的土地太接近他們的村社，我們決定從現在起一年內不允許中國人開墾土地」，後來經過調查，「主要是新港人和 Tavocan 人（因爲他們的土地很少）要求中國人被完全禁止在他們村社附近開墾，但是其它三個村社可以允許中國人繼續在那裡開墾，條件是中國人要從他們自己耕種的田地中後退，並且永遠不再侵佔他們的土地」[82]。由此可見，土地資源的爭奪已成爲漢族移民和當地原住民的主要衝突根源。

其次，漢族移民與原住民的矛盾和衝突的另一個主要原因是荷蘭人實行分而治之引起的。荷蘭人爲了鞏固在臺灣的殖民統治既需要漢族移民從大陸運來各種生活用品和與日本、東南亞交易的商品，需要漢族移民捕獲鹿的鹿皮、鹿肉和水產品，需要漢族移民開墾荒地，種植稻米和甘蔗，供其食用和出口貿易，因此不反對漢族移民，甚至鼓勵漢族移民臺灣。但同時又擔心漢族移民與原住民聯合起了反抗他們的殖民統治，這種擔心在他們還未踏上臺灣本島就存在著，1623 年 9 月 26 日司令官 Cornelis Reyersen 從澎湖寫給 Pieter Carpentier 總督的信中說「許多人住在大員，他們會煽動土人與我們作對，這對我們很不利」[83]。1624 年荷蘭人剛踏上臺灣本島，遇到原住民的激烈抵抗，「他們用鏢槍、弓箭猛烈攻擊我們，我們只好拿起武器還擊，後來我們只好撤回船上，上船時我們有 3 人被打死，其中兩人是士兵，一個是助手，在戰場另一邊，我

---

[81] 1636 年 10 月 22 日 Junius 牧師從新港給 Putmans 長官的信，包樂史等編：《臺灣人的遭遇：臺灣原住民社會的紀錄（選自荷蘭檔案館文件資料）》第二冊，臺北，順益臺灣原住民博物館出版，2000 年，第 129 頁。

[82] 1644 年 10 月 31 日，議會決議，包樂史等編：《臺灣人的遭遇：臺灣原住民社會的紀錄（選自荷蘭檔案館文件資料）》第二冊，臺北，順益臺灣原住民博物館出版，2000 年，第 493 頁。

[83] 1623 年 9 月 26 日，澎湖 Cornelis Reyersen 寫給 Pieter Carpentier 總督的信，包樂史等編：《臺灣人的遭遇：臺灣原住民社會的紀錄（選自荷蘭檔案館文件資料）》第一冊，臺北，順益臺灣原住民博物館出版，2000 年，第 4 頁。

們有 4 人被打死，7 人嚴重受傷」，對於這次原住民的抗抵，「我們（指
荷蘭人）認爲是中國人挑撥引起的……今後無論我們到哪裡，只要那裡
有中國人做生意，我們就得小心」[84]。因此，荷蘭人佔領臺灣以後處處
防止漢族移民與原住民的親密接觸，實行分而治之的兩種統治政策[85]，
甚至挑撥他們之間的關係。1642 年荷蘭長官 Paulus Traudenius 向議會報
告說「過去幾年住在大員北部和南部較偏遠的臺灣原住民村社中的很多
中國人對公司有破壞行爲，目前中國人幾乎每天都會帶來不愉快的結
果，中國人不僅知道如何利用土著，還知道如何離間荷蘭人與土著之間
的關係，……現在情況已清楚了，中國人變成對公司在臺灣統治有害，
他們很多人與土著婦女結婚生子，而且他們很容易在村社中獲得權力，
以實現他們的願望」[86]。爲了離間漢族移民與原住民的親密關係，荷蘭
議會做出四條決議：第一條，任何中國人，不論是何身份，出於何種原
因，都不得在麻豆和 Tirosen 以北的村社居住和獲取他們的物品，和當
地土著進行貿易的人必須得到公司的許可證，如果沒有許可證進行貿
易，第一次沒收舢板及上面所有物品，還要罰 50 里爾，第二次將受到
體罰。第二條，任何中國人都不許住在南部的村社，但如果他們還想繼
續在當地貿易，他們可以在舢板上或陸地上進行交易，但必須遵守前面
條件，並按上面的解釋進行罰款。第三條，任何帆船不論大小，沒有我
們的特別執照（每張 10 里爾），不許到東部和西部任何港灣和港口進行
貿易，違者第一次罰款 100 里爾的現金和沒收所有船隻及所有財物，第
二次則會受到議會認爲最合適的體罰。第四條，住在蕭壠、目加溜灣、
麻豆、Tavocan、新港、Tirson、Tevorang 的中國人必須等候總督和議員

---

[84] 1624 年 1 月 25 日，澎湖 Cornelis Reyersen 寫給 Pieter Carpentier 總督的信，包樂史等編：《臺
灣人的遭遇：臺灣原住民社會的紀錄（選自荷蘭檔案館文件資料）》第一冊，臺北，順益
臺灣原住民博物館出版 2000 年，第 25 頁。

[85] 參見楊彥傑：《荷據時期臺灣史》第三章第三節，對原住民和漢族人民的統治，江西人民出
版社，1992 年，第 85 頁。

[86] 1642 年 12 月 12 日，長官 Paulus Traudenius 的信和議會決定，包樂史等編：《臺灣人的遭遇：
臺灣原住民社會的紀錄（選自荷蘭檔案館文件資料）》第二冊，臺北，順益臺灣原住民博
物館出版，2000 年，第 337、338 頁。

們進一步通知，那些不允許住在前面提到其它北部和南部村社的中國人，可以住到 Saccam、大員及其它附近的村莊，條件是要付固定的費用，這個規定在公佈後一個月生效[87]。荷蘭人想憑這一紙決議完全隔開漢族移民與原住民當然是辦不到的，漢族移民與原住民仍然會一起攜手開發臺灣。

---

[87] 1642 年 12 月 12 日，長官 Paulus Traudenius 的信和議會決定，包樂史等編：《臺灣人的遭遇：臺灣原住民社會的紀錄（選自荷蘭檔案館文件資料）》第二冊，臺北，順益臺灣原住民博物館出版，2000 年，第 337、338 頁。

四、十七世紀初基督文化在臺灣的傳播

（一）

　　17 世紀前後的台灣，社會經濟已有一定程度的發展，由大陸移居而來的漢民與當地的原住民一起披荆斬棘，開發寶島。東南沿海的私人海上貿易商人和漁民也經常出沒於澎湖及台灣的各個港灣，進行商業貿易活動，明朝政府在澎湖重建巡檢司，進行不定期的巡航，但是從總體上看，當時台灣社會經濟比較落後，還處於早期的開發階段。

　　對於這樣一個社會經濟不發達的島嶼，爲什麼會引起西方殖民者的垂涎，妄圖把它變成東亞傳播基督文化的據點呢？這要從台灣的地理位置和當時的國際大環境來考察。

　　台灣島在我國東南沿海中，東臨太平洋，可直航美洲，東北與琉球群島相接，毗鄰日本、朝鮮半島，南隔巴士海峽，與菲律賓群島和南洋各國相連，西隔台灣海峽，與福建相聯繫，是我國南方和北方之間的海上交通咽喉，也是國際航運的要道。台灣獨特的地理位置不僅形成我國東南的屏障，也成爲外國勢力爭奪的目標，妄圖把它變成窺伺中國大陸，進行經濟掠奪與文化侵入和爭奪東亞各國的基地。

　　16 世紀是西方殖民勢力紛紛由大西洋向印度洋和太平洋擴張時期。1481 年約翰第二登上葡萄牙王位以後，努力探索繞過非洲到達東方的航路，1497 年達‧伽瑪船隊馳過好望角，進入印度洋到達東非馬迪，再從馬迪出發，橫渡印度洋，抵達印度卡里庫特。自從達‧伽瑪新航路發現後，葡萄牙商人歡喜若狂，接著一支支遠征隊，越過印度洋向太平洋進軍。1509 年塞克拉到達麻六甲，不久，占領摩鹿加群島的德那弟島和中國的澳門等據點。與葡萄牙同時崛起的西班牙，在占領海地、墨西哥、秘魯以後，也把矛頭指向菲律賓群島。1521 年 3 月 16 日，麥哲倫率領的遠征隊，經過漫長的航行，終於到達菲律賓的三描島，揭開了西班牙人征服東方的序幕。17 世紀初期擺脫了西班牙統治的荷蘭

也踏上了征服東方的旅途，1606 年成立了荷蘭東印度聯合公司，在印度洋和南洋各地積極進行活動，建立各種貿易站和堡壘，他們在占領巴達維亞以後，把矛頭指向中國。1601 年萬涅克派遣格羅次保根率船隊到中國沿海，要求通商貿易，沒有得到明朝政府的允許。1604 年麻韋郎在福建商人李錦、潘秀和郭震的導引下首次到達澎湖群島，妄圖把澎湖作爲永久根據地，明朝政府不僅拒絕通商要求，並派都司沈有容率兵收復澎湖。爲了打開中國大門，1622 年荷印總督庫恩派遣雷約茲再次進攻澎湖，由於明朝防守力量單薄，澎湖失陷了。他們以此爲據點，在中國沿海搶劫來往商船，燒毀村莊，激起了中國政府和人民的憤怒。1624 年，福建巡撫南居益派遣王夢熊率舟直搗澎湖，荷蘭人自揣寡不敵眾，退出澎湖，轉而侵占台灣。

隨著西歐航海貿易勢力的東來，西方的基督文化也向東方擴展，一批批搭乘商船的傳教士開始到亞洲各地進行傳教活動。首先到東方的傳教士是耶穌會士沙勿略。1542 年 5 月他到印度果阿，1545 年到達麻六甲，後來在日本人安吉祿的帶領下於 1549 年 8 月到日本鹿兒島，在那裡他感到在日本傳教最好的辦法是先到中國傳教，因爲中國是日本文化與思想的策源地[1]，因此於 1551 年 12 月到達廣東沿海的上川島，打算進入廣州城未遂，後來想去暹羅，冒充公使進入中國也宣告失敗，最後病死在上川島。三年後葡萄牙的另二個傳教士巴來托和克盧斯也到達上川島，試圖進入廣州傳教也未能成功，只好在澳門進行傳教活動，到 1563 年澳門已有 8 個耶穌會士。從此澳門成爲葡萄牙傳教士進入中國大陸的橋頭堡。

與此同時，西班牙的傳教士也在菲律賓進行傳教活動，首先強迫宿霧酋長成爲教徒，然後命令宿霧本島和附近島嶼的酋長都要奉宿霧酋長爲國王，所有的居民要先交出一切偶像，信仰天主教，如果不這樣做的話，就沒收財產，燒毀房屋，甚至處以死刑。他們征服菲律賓以後，把矛頭指向中國，1572 年傳教士拉達給墨西哥總督的信中說：「爲了征服

---

[1] 裴化行：《天主教十六世紀在華傳教士》上篇第 3 章 69 頁，商務印書館，1936 年版。

中國必須派兩個修道士到中國去傳布福音，替我主效力，順利打開大門。」剛好此時中國海盜商人林鳳攻襲馬尼拉，明朝把總王望高追捕林鳳也到達馬尼拉，受到菲律賓省督的接待，要求他帶幾名公使和幾個傳教士到中國去，1575 年 7 月 5 日，傳教士拉達和馬林到達廈門，後經泉州到福州，謁見福建巡撫劉堯誨，要求在福建占據一塊地方，長期進行貿易和傳教活動。劉堯誨答覆：「可以將此事向上呈報，但未接到北京的同意之前，他本人無權決定」。過一段時間，告訴他們說：「眾教士請求在中國居住，以爲宣傳教律。此事必須得到朝廷允許，爲能迅速答覆你們所帶來的馬尼拉總督的信札，現在你們可以返回呂宋」[2]。他們不得不於同年 9 月 14 日回馬尼拉。但是，西班牙傳教士並不死心，1579年阿爾豐索神父和其他五個傳教士及三個士兵乘船私自闖入廣州，當地官員問他們爲什麼來廣州，他們說：「我們是西班牙人，來此地爲了使本地人信奉天上真主」。翻譯員認爲，如果將此話據實說出來，當地官員會以彼等宣傳異教，而立即驅逐出境，於是改口說：「他們從呂宋赴義洛東省，中途遭遇暴風，全船覆沒，同伴等大多葬身魚腹，彼等叩天特佑，攀登救生船上，免得一死，隨波逐浪，漂到此地」，事後，翻譯員警告他們說：「沒有在中國站穩，及沒有學會中國話之前，千萬不要發表自己到這裡來是爲了勸化中國人信從基督的教理」。他們在廣州待了七個月，無計可施，最後，只好返馬尼拉，阿爾豐索哀嘆道：「凡我們所能作的，我們都作過了，可是上主仍然不欲這裡的大門開放，什麼時候開放呢？那只有上主知道」[3]。

　　西班牙傳教士打不開中國的大門，在日本也遭挫折。德川家康時代爲了充實幕府的財力而積極獎勵海外貿易，隨著海外交通的發展，西方傳教士也進入日本。德川家康知道，天主教發展很快，關原戰後，全日本有教徒 70 餘萬，特別是公元 1612 年發現駿府城內德川家康的親信中也有教徒時，大爲震驚，非常恐懼，立即下令禁止天主教在駿府、京都

---

2 裴化行：《天主教十六世紀在華傳教士》上篇；第 7 章 145 頁；商務印書館，1936 年版。
3 裴化行：《天主教十六世紀在華傳教士》上篇；第 8 章 167 頁，商務印書館，1936 年版。

等幕府的直轄領地內活動，第二年，又下令全國禁止天主教。自此以後，對天主教的迫害日益殘酷，特別是德川家康死後，禁教的措施更加嚴厲。爲防止天主教進入日本，宣布所有外國（中國船除外）船只許開進平戶和長崎，其他港口一律禁止靠岸，後來又進一步發展到驅逐葡萄牙人和西班牙人。據《巴達維亞城日記》載：「在日本的羅馬教信徒受到日益嚴重的迫害，朝廷正式下令禁止葡萄牙人及西班牙人居住日本」[4]，甚至不許在外國居住五年以上的日本人回國，若違犯此禁令回國者處以死刑[5]。

　　西方傳教士在日本站不住腳，又無法進入中國大陸，於是把台灣作爲傳播基督文化的基地，妄圖以此爲跳板，向中國大陸、日本和朝鮮各地進行滲透，不斷擴大在東亞的傳教圈。如最初來台從事傳教的多明我會士馬地涅（B.Martines）就是爲了進入中國大陸傳教而到台灣的。再如傳教士愛斯基委（J.Esquivel）在台數年，其最終目的也是爲了進入日本或到中國大陸傳教。爲此，他設立一個教會學校，先教之以教理，再教拉丁語、文藝和神學等，他希望這所學校培養的學生，將來能到中國或日本傳教。另一位傳教士基洛斯（Dios）也有同樣的企圖，把台灣作爲潛入中國、日本傳教的跳板。他於 1639 年寫給馬尼拉多明我會司教的信中說：「曾因費用關係，本國派來的宣教師雖有減少，而中國、日本等地仍需要極多人員，故在此地爲中、日兩國人民設立一學堂，在學生中選擇其優秀者來擔任宣教師，其他的學生亦可使當傳道者，這確是一辦法」[6]。後來英國人也有同樣的看法，他們認爲台灣是到中國、日本與馬尼拉的中繼站[7]。從上可以看出台灣不僅是當時東西方海上貿易勢力交匯的焦點，而且也是西方殖民者設想基督文化在東亞傳播的樞紐。基督教在台灣的傳布就是在這種國際大背景下進行的。

---

[4] 村上直次郎譯注：《巴達維亞城日記》第 1 冊 86 頁。平凡社，1972 年版。

[5] 井上清：《日本歷史》上冊 331 頁。天津人民出版社。1974 年版。

[6] 中村孝志：《十七世紀西班牙人在台灣的布教》，（載賴永祥《台灣史研究初集》三民書局，台北，1970 年版。

[7] 《十七世紀台灣英國貿易史料》13 頁，台銀本，1959 年版。

（二）

　　基督教在台灣的傳播主要分南北兩區，北部主要是西班牙的傳教範圍，中南部則是荷蘭傳教士的活動基地。

　　荷蘭人占領台灣後，該國的傳教士立即跟隨而來，第一個到達台灣的傳教士是甘第丟斯（G.Candidins），他於 1627 年 5 月 4 日到達安平。接著另一個傳教士尤紐斯（R.Junius）也於 1629 年 3 月底到達台灣。他們以新港為基地，「每日傳教，並經村會議決定放棄異教的迷信，使老婦、巫女等失去職業」[8]。除他們兩人，荷蘭據台期間，到達台灣的傳教士還有赫葛斯丹（A.Hoogestyn），林德波翁（J.Lindeborn），利衛士（N.Mirkinius）等。1636 年，林德波翁和赫葛斯丹同時抵台，兩位傳教士性格固執，又拒絕學土語。1637 年林德波翁被撤職，赫葛斯丹病死於目加溜灣。1637 年利衛士到達台灣，他先在熱蘭遮城內擔任教師，學習新港語，後來被派往新港。1639 年蘇格塔努斯代替利衛士在熱蘭遮城傳教。1640 年巴維斯到達台灣，駐在蕭壠，1648 年柏倫（S.V.Breen）來台，駐安平城及新港。1644 年哈巴丟斯（J.Happartius）到台後，傳教區略作調整，哈巴丟斯代替柏倫駐安平城並負責新港、大目降、目加溜灣教務，巴維斯仍駐蕭壠，兼管大武壠、麻豆、哆囉國、諸羅山等地，柏倫被派至較遠的法波蘭地方[9]。

　　經過這幾批傳教士的努力，台灣的佈教有較大的發展，據荷蘭長官保魯斯‧特羅登紐斯（G.paulus Traudenius）的報告：傳布很快，每日有許多人洗禮[10]。1641 年 2 月尤紐斯與商館長卡倫視察麻豆、蕭壠、目加溜灣、新港等各村社時，為男女村民和小孩 380 多人洗禮，據他估計全島受洗禮者有 4～5 千人[11]。到 1643 年尤紐斯離開台灣時，布教地區南到琅嶠，北至雞籠淡水附近，僅由他一人洗禮的信徒就達 5 千 9 百多

8　《巴達維亞城日記》第 1 冊 133 頁。
9　賴永祥：《明末荷蘭駐台傳教之陣容》、《台灣風物》16 卷 3 期。
10　《巴達維亞城日記》第 2 冊 32 頁。
11　《巴達維亞城日記》第 2 冊 130 頁。。

人。

　　正當荷蘭人在南部傳教之時，西班牙的傳教士也在北部積極活動。1626 年西班牙侵略軍占領雞籠時，同時有 5 名傳教士登陸，不久，派一名傳教士回馬尼拉報告情況，建議派更多的傳教士來台，駐馬尼拉大主教塞拉諾（M.G.Serano）因菲律賓的傳教士人數不多，寫信給菲力普四世，要求從西班牙本土增派一批傳教士東來。他在信中說：「台灣人口稠密，占領以來，即由多明我會神父執行教務，惟因感宣教師不足，傳教事恐有中斷之虞，今雖有十八名乃至二十名神父來菲，但或因死亡，或因菲島自身需要，均不能送往台灣，如有可能者，請陛下允許，多選送神父住台」[12]，以便開闢新的教區。

　　西班牙傳教士占領雞籠後不久，向台灣西北部淡水方向擴展，最早到達淡水的是馬地涅斯基委（B.Martinez），他企圖在淡水附近村落傳教，但未見什麼結果，卻遭遇不測而死。接著，愛斯基委（J.Esquivel）來到淡水，致力於傳教工作，他在散拿（Senan）村建立一個教堂，舉行盛大典禮，並派二個神父常駐其地，從事傳教工作，他自己努力學習當地語言，並編成《淡水語辭匯》一書，又譯《淡水語教理書》。經過他的努力，到 1632 年，淡水附近的傳教工作已有相當發展，城南板頭（現北投）酋長自稱是西班牙人的兒子，請求派遣神父，爲其子弟洗禮，同年又在台灣設立馬尼拉支會。到 1633 年，除原來雞籠、大巴利兩教堂外，又新設基毛里，淡水兩教堂。接著又向台灣東海岸地區進展，1634 年加爾施亞（Carcia）首先到三貂角傳教，第二年馬尼拉管區會議承認三貂角的聖多明我小教堂，命名爲聖老楞佑區，不久基洛斯（M.Dios）也進入三貂角、哈仔難一帶傳教，據他報告。僅由他給洗禮者達 600 多人以上[13]。此外，西班牙傳教士還向東南發展，據荷蘭長官布德曼士得到的報告說：近來西班牙人即雞籠的「巴多禮」，爲了對蒙昧的異教徒進行熱心傳布羅馬教，已到達台窩灣北部 20 里至 25 里的 Girim 地方（即

---

[12] 中村孝志：《十七世紀西班牙人在台灣的布教》。
[13] 中村孝志：《十七世紀西班牙人在台灣的布教》。

彰化縣二林鎮），要將該地各村民置於西班牙統治之天下[14]。以上可見，無論是中南部的荷蘭人或是北部的西班牙人，他們的傳教活動已得到較大的發展，全島信教的人數不斷上升，布教的地區也不斷擴大。

　　為什麼西方傳教士在台灣傳教的初期能取得較大擴展呢？主要是由於以下兩個原因造成的，首先，他們採用在世界各地傳教的相同做法，即用武力擴張爲傳教開闢道路，然後再用布教鞏固已占領的地區。如新港地區，雖然經過甘地丟斯和尤紐斯的努力，成績不太理想，他們一度「對新港人的教化已經失望，後來由於進行軍事討伐，傳教之事漸有希望，據說，締結和平村莊達 22 處」。征服新港以後，繼續用武力討伐蕭壠、諸羅山及其附近各村以及南部琅嶠的十六村，迫使他們與荷蘭人締結和平條約。到 1636 年 11 月計有 57 村歸順，統治的境界擴充到熱蘭遮城南端，使教化工作再見推進[15]。對於台灣東部卑南覓的傳教也是以武力爲後盾的，1637 年 2 月，在傳教士尤紐斯的策劃下，通過琅嶠領主向當地酋長「提議和平，如果對方不答應，即可由彼等共同與之交戰，令其服從」。[16]接著荷蘭派遣一個中尉前往琅嶠，調查該地及卑南覓的情況，然後準備用武力進行征討，爲傳教掃清道路。

　　對於已經歸順的村落，爲了鞏固其傳教的結果，也不惜動用武力。1641 年 11 月大波羅及華武壠村發生動亂，台灣荷蘭長官帶領荷蘭軍隊 4 百多人，乘船由台窩灣出發，於 11 月 23 日由笨港登陸，在其海岸用三板船構築防衛工事，留下一部分糧食及軍用品，再帶領全軍前進，「黃昏時，牧師尤紐斯帶領騎兵 15 人和從歸順 10 個村落中召集的武裝土兵 1 千 4 百人與軍隊會合，同月 25 日下午抵達大波羅」，[17]當地居民稍作抵抗，陣亡 30 人後而逃亡。侵略軍占領該村莊，將 150 間房屋，小谷倉 4 百個當即燒毀，砍倒全部果樹。次日向華武壠進攻，該村有房屋 4 百間與小穀倉 1 千 6 百個，盡管未遭抵抗，他們仍然數次放火，是夜在

---

[14] 《巴達維亞城日記》第 1 冊 260 頁。

[15] 《巴達維亞城日記》第 1 冊 279 頁。

[16] 《巴達維亞城日記》第 1 冊 297 頁。

[17] 《巴達維亞城日記》第 2 冊 185～186 頁。

風頭安營，第二天繼續放火，使這個美麗村落，除二、三區的 10 幾戶之外，全被燒毀。經過這次征討，周圍的各村落居民，十分恐怖，從而鞏固當地的傳教事業。

西班牙人在台灣北部地區也是採用同樣的方法，用武力征討爲傳教開路。馬地涅到淡水傳教就是跟隨遠征隊到該地，建造城寨，駐紮守兵，然後向附近村落布教。1634 年羅米洛（A.G.Romero）任雞籠守將，派遣西班牙士兵 2 百名，土著兵 4 百名，討伐哈仔難地區，並留若干兵士駐札其地。這次遠征使東北沿海地方置於西班牙勢力之下，神父加爾施亞立即跟隨入其地開始傳教。[18]

西班牙人一方面用武力爲傳教開路，另一方面又用傳教鞏固已征服的地區。他們在雞籠十八年間，經常與淡水土著居民交戰，據 1644 年台灣的報告書說：四年前，當地居民殺死西班牙人 40 人，其餘 12 至 15 人乘三板船逃亡，後來西班牙人爲了報復，由波翁（Boon）上尉帶領 1 百名兵士捕殺重要土著 14 人，其餘枷鎖而奴役之。當地土著民也謀求報復，他們僞裝受牧師洗禮，然後在一天夜裏，襲擊西班牙人，焚燒其城，殺 70 人，當地形勢一直處於不穩定狀態，後來經過傳教士的努力，才使本地土著民歸順[19]。由此可見，武力征討與傳教是相輔相成的。

西方傳教士在台灣傳教的第二個手段是創辦各類學校，灌輸宗教思想，這是在台灣的特殊環境下採取的措施，因爲當時的台灣開發較晚，居民的文化水準很低，絕大部分人是文盲，對接受宗教思想有很大的困難，爲了掃除障礙，傳播基督教，不得不從教育入手，創辦各類學校。

1636 年，傳教士尤紐斯首先在台灣開辦學校，召集少年 71 人，教授羅馬字和數理，接著大目降、目加溜灣、蕭壠、麻豆等亦開辦學校，據 1639 年巡視報告，各社就學兒童的人數分別爲：新港社 45 名，大目降社 38 名，目加溜灣 87 名，蕭壠社 130 名，麻豆社 140 名，共計 440

---

[18] 賴永祥：《明末荷蘭駐台傳教之陣容》、《台灣風物》16 卷 3 期。
[19] 《巴達維亞城日記》第 2 冊 281 頁。

名[20]。除少年學校外,後來還開辦20歲至35歲的成年男子學校和同年齡段的成年女子學校,這三種學校是每日都要上課,成年男子班在天明以前上課,接著兒童班上課,接連上二小時,成年女子班安排在傍晚上課[21]。據1647年12月5日的視察報告書記載,新港少年學校學生110人,主要教授荷蘭文的讀法和拼法,禱告較熟練,年齡最大的已學到《問答書》第18問。成年男子學校有學生58人,禱告與問答之進度與前述少年學校相同,成年女子學校學生164人,其中多數未能作禱告,其餘與成年男子班同一進度,大目降社的少年學校學生78人,其中有若干新生較好,其餘學生在拼法、讀法及書寫方面不夠熟練,祈禱還可以,進度最快的已學會《問答書》第15至16問,目加溜灣的少年學校有學生103人,拼法與讀法不熟練,書寫及祈禱告還可以,新《問答書》進步較快,成績最好的已學完第50問乃至第60問,其中有一人已學到75問,成年男人學校有60人,成年女子學校有110人,祈禱與問答之進步較快,成績最好的男子已學到第30問乃至第40問,女子則第20問至25問,除這三種學校的學生外,其餘居民每6星期要進學校一星期,學習祈禱和《問答書》。蕭壠社的少年學校有141人,沒有其他學校,但有幼稚園,內有小孩253人,麻豆社的少年學校有145人,讀法、拼法及書寫均可以,特別是祈禱較好,除少年學校外,將居民分成7組,每7週做一次祈禱[22]。從上可見,荷蘭傳教士在台灣從幼稚園到少年班,從成年男人到成年女子,以至對全體居民都進行以宗教教理為主要內容的奴化教育。

　　除了以上各種學校以外,我們特別要指出的是1657年在麻豆興辦的原住民教師訓練學校,因為這種學校主要是培養既熟悉當地語言和風俗習慣又懂宗教教理的本地教師、以進一步提高布教的效果。因此,荷蘭教會評議會特別重視。在校址選擇上,原來準備在蕭壠或新港,後來評議會認為建在麻豆社的諸河中央是最合適的地點,既可以利用又急又

---

[20] 《巴達維亞城日記》第2冊序說15頁。
[21] 里斯:《台灣島史》第8章8頁,《台灣經濟史三集》。台銀本,1956年版。
[22] 《巴達維亞城日記》第3冊第372～373頁附錄一,教會及學校觀察年報。

深的河流隔離學員與親友的見面，防止他們逃跑，又可以切斷與外界的接觸，以精進學問，便於早日進入「主之神聖領域」。在學員的選擇上，從各村少年班中，選擇品質善良，記憶力好，理解力強，能熟記祈禱及宗教原理，初步學會荷蘭語的讀法和書法的少年，特別要選 10 歲至 14 歲的孤兒或極貧窮之兒童。評議會認爲學員數需要保證在 30 人以上，如有死亡，品行不良或逃亡引起減員，要及時補足人數。在學校管理上設校長一人，副校長一人，教學安排爲上午練習本地語，下午學習荷蘭語，上午從 6 時至 8 時，及 9 時至 11 時上課，下午上課時間爲 3 時至 5 時。校長，副校長親自上課，每日上午第一節課由副校長講解荷蘭語，再用本地語講授教義問答。校長負責第二節課，重點講解教義問題。荷蘭語的教材用《語學入門》。此外，教會評議會還爲學員制訂以下幾條規則：第一，副校長要監督學員，每天日出前起床穿衣，洗臉梳髮，然後跪下作晨間祈禱。第二，上午或下午上課前後必須作規定之祈禱與謝恩。第三，早餐、十二時之午餐及六時之晚餐，每次就食前要做規定之祈禱及謝恩。第四，午餐及晚餐之際應誦讀聖經第一章。第五，就餐時，誦讀聖經及餐前、餐後之祈禱與謝恩，應由學員輪流擔任。第六，除非校長許可，學員不准擅自出校外。第七，對做惡事之學員，副校長可用鞭抽打。第八，未經批准的時間，在外住宿要受處罰。第九，每日兩人輪流值班，記錄在校內未講荷蘭語及犯過失者，並呈報副校長。第十，副校長應使學員不污損衣服，做好校內清潔工作，按時作息[23]。從上可以看出，這所學校的教學內容是學書荷蘭語和聖經爲主。教學方法採取強制訓練。教學目標，是爲荷蘭人培養一批適合當地布教的宣教人員，最後達到深入傳播基督教的目的。

（三）

爲了廣泛深入傳教，把台灣變成東亞傳教的聖地，西方殖民者可謂

---

[23] 《巴達維亞城日記》第 3 冊第 376～379 頁附錄一，台窩灣教會評議會決議案。

煞費苦心，但是效果並不太理想。比如新港地區是荷蘭傳教士重點經營的地方，可是當地居民仍然「對抗尤紐斯神父的命令，決定按照舊的習慣祭祀神明，即舉行 Limgout 的祭典，後因主謀者被捕才被迫中止」[24]。再如新大目降地區的 60 多人，在荷蘭長官特羅登紐斯時代，為接受基督教的教育，遷居到新港居住，後來多次提出申請搬回原地，都未得到批准，於是偷偷跑回大目降修建房屋，開墾種田。荷蘭人為了表示懲戒，鞏固新港教區，把大目降的房屋燒毀，破壞水田，強迫他們遷回新港居住，並將二個主謀枷鎖懲罰[25]。此外，在南部地區也不順利，據 1645 年 12 月荷蘭長官法蘭索斯‧卡郎的報告，傳教效果很不理想，尤其是南部地區，雖然有眾多教徒，但徒具虛名而已，他不得不哀嘆道：「這項值得稱讚的事業（指傳教）終於漸次衰頹」[26]。到了 50 年代，情況更加不妙，1653 年荷蘭駐台第十任長官古拉斯‧費爾堡離任返回巴達維亞，第二年他向荷蘭東印度總督及評議會提出關於台灣教化的意見書中說：我們四年時間觀察台灣的教化事業，發現成績頗令人悲觀。青年有如鸚鵡說話，僅知暗記落干教義，對其真正意義不能理解，加之，改編後之信條，對原住民而言，實高深莫測，兼以宣教師之亡故，使教化事業陷於荒廢。他在意見書中舉一個例子說，笨港河北方之 Favorlang，Tackeijs 地區，宣教師之傳教已達九年之久，但至今尚無一人真正信教[27]。

再看北部西班牙人的傳教，雖然花費很大力氣，但不能從根本上改變當地居民的真正信仰，經常發生抗教的事件。隨馬地涅一同到達台灣的傳教士伐愛士（F.Vaez）在淡水附近的散拿村傳教，引起當地人民的反感，1633 年 1 月 27 日一批被西班牙人處罰的村民，埋伏路旁，乘伐愛士路過時，突然襲擊，把他殺死，並切斷其右腕，斷其首級，然後逃亡山中。1635 年赴台受命的傳教士幕洛（L.Muro），繼續到淡水河流域一帶傳教，當他離開城內帶領士兵到各村去籌借糧食時，當地住民見其

---

[24] 《巴達維亞城日記》第 1 冊 261 頁。
[25] 《巴達維亞城日記》第 2 冊 279 頁。
[26] 《巴達維亞城日記》第 2 冊 354 頁。
[27] 中村孝治：《荷蘭人對台灣原住民的教化》。載賴永祥《台灣史研究初集》

兵力薄弱，乘機蜂起，殺死幕洛[28]。

　　西方傳教士苦心經營的學校也沒有完全達到奴化教育的目的，前面講過西班牙傳教士愛斯基委在雞籠辦學校，教以拉丁語神學及文藝，他很希望此學校所養成的子弟，將來或者能在中國或日本傳教，然而實際上，這學校也一直到愛斯基委潛入日本時，似乎沒有達到任何效果。荷蘭人利用原住民教師進行教學也收效甚微，據 1643 年 11 月 25 日熱蘭遮城議會之議事錄記錄，安平附近的六社共有 54 名土著教員，每人每月領到 1 利亞爾銀幣的津貼，後來因所領津貼不夠生活，有些教師不得不去耕作或狩獵而忽略了學校的授課，所以第二年就將土著教師名額從 54 名減爲 17 名、而每月津貼從 1 利亞爾提高到 4 里爾，這些人員在蕭壠受尤羅伯牧師指導，使用《大問答書》，講授教理，而期待他們能成爲同胞的好教師，然而據 1648 年 11 月 3 日台灣中會致阿姆斯特丹大會印度委員會函云：利用土著來教育其同胞的計劃可謂完全失敗[29]。

　　西方傳教士在台灣傳教活動的初期，取得較大的進展，但自 50 年代開始走下坡，原因何在呢？主要是兩種文化衝突的結果，盡管他們動用武力，創辦學校，妄圖將基督文化散布在台灣的田野上，但兩種文化畢竟相差太遠，在宗教觀上，中國人是崇拜多神教的，而基督文化只接受崇拜天主，把其他一切神明視爲異端，甚至連祖宗也不能祭祀，這是中國人絕對不能接受的。在倫理觀上，中華文化注重人際關係的協調，而基督文化突出個人利益的重要性，因此在價值觀上，中國人民是主張禁欲的，壓制個人利益去適應社會。而西方人是主張縱欲的，鼓勵人們去追求個人的幸福，實現個體的價值。由於兩種文化的差異因此盡管在武力高壓下，信教的人數暫時會有所增加，但其內心的信仰卻很難改變，一旦失去武力爲後盾，在台灣的西方宗教立即土崩瓦解。這一點，我們在鄭成功收復台灣時看的很清楚。據一個名叫斯蒂芳・盎茨（Stephen Yansz）報告說：「1661 年 5 月 17 日（星期二）好些居住山區

---

[28] 中村孝治：《十七世紀西班牙人在台灣的布教》
[29] 賴永祥：《明末荷蘭駐台灣傳教人員之陣容》。

和平原的居民及其長老，還有幾乎所有住在南部的居民，都投降了國姓爺，每位長老獲賞一件淺色的絲袍，一頂裝有金包頂球的帽子和一雙中國靴，這些傢伙如今辱罵起我們努力傳播給他們的宗教真理，他們因不用上學而興高采烈，到處破壞書本和教會用具，又恢復其原來異教風俗和習慣了，他們聽到國姓爺來了的消息，就殺了一個我們荷蘭人，像往日處理被打敗的敵人一樣，把頭顱割下，大家圍著跳舞、狂歡」[30]。當地居民的抗教行動使荷蘭教士聞風喪膽，紛紛從各地撤退。如駐在北部的荷蘭人，聽說國姓爺登陸的消息，有 116 人從各村集合到蕭壠，其中牧師 4 人，政務員 5 人及家眷，牧師中有上述的漢布魯克，由於他們不受村民歡迎，又與敵人靠近，就由該地轉到麻豆，再由麻豆轉移到哆囉國，又由哆囉國轉到北方諸羅山，因為哆囉國十分危險，食品開始缺乏，村民又失去熱情的緣故，他們在諸羅山接到代司令奉國姓爺命令所寫的信件，告訴他們所面臨的困境，士兵及其他人都不服從命令而互相爭吵，於是決定投降，到普羅文查荷蘭人那裡去，還有教師和 10 至 12 名士兵留在沙河北面，然後轉到雞籠[31]。最後，隨著荷蘭殖民者被鄭成功趕出台灣，跟隨武力而來的西方宗教也就壽終正寢了。雖然後來西班牙傳教士還想捲土重來，1673 年 4 名傳教士由馬尼拉出發到達安平，想上岸傳教，但是鄭經見這批教士們沒有攜帶國書，故不許謁見，而且認為是馬尼拉派來的間諜，拘禁於獄中，他們在獄中渡過了四個月，眼看傳教無望，又無船可往福建，只好灰溜溜地返回馬尼拉去了。至此，西方傳教士想把台灣變成東亞傳教根據地的美夢徹底破滅。

　　（刊《台灣研究集刊》1994 年 1 期）

---

[30] 甘為霖：《台灣島基督教會史》，《鄭成功收復台灣史料選編》305 頁，福建人民出版社，1982 年版。

[31] 《巴達維亞城日記》第 3 冊 306 頁。

五、十七世紀荷蘭殖民者的武力征服與原住民的反抗鬥爭

台灣原住民長期處於氏族社會，過著簡單但平和的生活，但到十七世紀，西方殖民者相繼入侵台灣，1604 年 8 月荷蘭人麻韋郎（Wijbrand Van Waerwijk）率領船隊占領台灣，福建浯嶼把總沈有容迫退荷蘭侵略者。1622 年 7 月荷蘭人雷約茲（Comelis Reijersz）再次率領船隊占據澎湖，1624 年 8 月福建巡撫南居益命令副將俞咨皋等進攻澎湖，荷蘭人無力抵抗，被迫撤出澎湖，轉而入侵台灣本島，從此，在台灣殖民統治三十八年。荷蘭殖民者的武力征服和強制統治引起台灣原住民和漢族移民的強烈反抗。

荷蘭殖民者征服前的台灣社會經濟

十七世紀的台灣，無論是社會經濟，還是社會文化均比較落後。島上的原住民還處於氏族社會階段，對偶婚家庭是最基本和最小的社會組織，若干母系家庭組成爲一個同一血緣的氏族，若干個氏族又組成更大的社會組織——部落。當時台灣島上到處都分布著這種原住民部落，「東番夷人不知所自始，居澎湖外洋海島中，起魍港、加老灣、歷大員、堯港、打狗嶼、小淡水，雙溪口、加哩林、沙巴里、大幫坑、皆其居也。斷續凡千餘里，種類甚蕃，別爲社，社或千人，或五六百、無酋長，子女多者衆雄之，聽其號令」[1]台灣北部地區同樣有許多原住民部落，「雞籠山、淡水洋在澎湖嶼之東北，故名北港，又名東番云，深山大澤，聚落星散，凡十五社，（《名山記》云：社或千人，或五六百。）無君長、徭賦，以子女多者爲雄，聽其號令。」[2]如新港地區有七個原住民村子，每個村就是一個單位，但這七個村落沒有一個頭領統一管理村民，可見

---

[1] 陳第：《東番記》，沈有容《閩海贈言》，台北，台灣文獻叢刊第五六種，台灣中華書局，1959 年，第 24 頁。

[2] 張燮：《東西洋考》卷 5 東番考，北京中華書局，1981 年版，第 105 頁。

還未形成部落聯盟。村裡有一個由十二個人組成的議事會，這種議事會的成員每兩年換一次，村裡那些四十歲左右的人被作爲候選人，雖然他們並沒有計算年齡的方法，也沒有人知道某人的年齡到底有多大，盡管如此，他們對某人何年何月何日出生記得很清楚。當一屆兩年任期滿時，每個成員都在額頭和兩邊太陽穴或者在頭兩旁拔掉一些頭髮，表示他曾當過村議會成員。於是村裡又在相似年齡人挑選新的議會成員，這些村議員的權力和威望是村民認可的。

村議會的工作是當村裡發生大事時就開會討論該什麼辦，會議結束後，他們在全村最大的會場召開全村的村民大會，把問題交給大家討論，讓村民進行半小時的辨論，如某人講完或講累了，另一個人就接著講，他們會用許多理由說服別人，直至別人同意爲止，他們開會的秩序很好，當有人發言時，其他人都靜靜地聽。村議會的另一項工作是執行女巫師提出的要求，以阻止那些惹神發怒的事情，如果村裡某人做錯了事，得罪了他們的神，或者損害了大家的利益，這十二個村議員有權作出處罰決定，他們對肇事者進行懲罰，但不是把肇事者投進監牢監禁，也不進行肉體上的折磨，更不會處以死刑，而是根據事情的嚴重程度，處罰此人一匹布，一張鹿皮或一壇酒。此外，台灣原住民還有其他一些不成文的習慣法，他們雖然沒有制定針對殺人、搶劫、通奸的法律，但卻有許多公認的、自覺遵守的不成文法，如當一個人偷了別人的東西，這個人就聲名狼藉，被偷者和他的朋友闖入偷東西人的房子，拿走他認爲是合理的或別人認可的盡可能多的東西。如果別人不同意他這樣做，他就用刀劍或用武力取走東西，叫他同村的人和他的朋友與偷東西的人進行一場私人械鬥。同樣，當一男子發現妻子與另一男人有不軌行爲時，他就竄進這男人的房子，從豬圈裡抓走兩三頭豬，作爲對通奸行爲的懲罰。

台灣原住民村落成員之間有相互援助，共同保護的義務。因爲在原始社會中，個人的安全是要依靠他的部落來保護的，侵犯了個人就是侵犯了他的部落，爲了保衛部落的安全，他們每天在村子的公共場所進行

操練，他們賽跑，力爭跑過別人，他們用蘆杆和棍棒練習進攻和防守，試圖戰勝對手。男男女女圍坐在訓練場周圍，其中有一個鼓手在擂著用鹿皮面做的鼓，就像我們荷蘭人訓練時打鼓和吹喇叭那樣。年輕男人沒有穿衣服，他們用樹葉圍頭，腰和手臂，看起來像巴克斯神，其他的人用扁平的鹿尾巴做成環形物，再塗上各種顏色，圍著頭、手和腰。在戰鬥中擊敗敵人最多並取得敵人人頭最多的人受到極大的尊敬，並被認可為村裡七個最重要的人之一。此人的權利是可優先挑選獵物，並取得重要席位。他的職責是每天日出前在鼓手擊鼓時召集大家到公共場地進行選舉，身份低的人和身份最高的人都有相同的選舉權，沒有因能力和身份的不同被歧視。[3]

可見，台灣原住民以血緣關係為基礎的社會組織體現了人類原始社會的特點，社會組織仍然是落後的、狹隘的，當時的社會經濟也比較落後，人民的生活條件仍然十分艱苦。

台灣原住民的生產活動主要是以原始農業與狩獵業為主。當時島內「無水田，治畬種禾，山花開則耕，禾熟拔其穗，粒米比中華稍長。」[4]荷蘭人剛來到蕭壠（Soulang）時，他們看到「村子的土壤肥沃」，「他們不必操心播種太多的大米或小米，因為中國移民供給他們米和鹽。除此之外他們讓庄稼自然成長，然後坐享其成。這裡有許多 Sirih、檳榔、椰子、香蕉、檸檬、酸橙、甜瓜、甘蔗和其他令人喜愛的果樹，但果樹沒有修剪、整理。他們也不知道如何利用椰子樹和棕櫚樹。」[5]在另一

---

[3]　1623 年 位於 Liaqueo Pequeno 島上 Souiang 村子的詳細情況。Edited by Leonard Blusse,Natalie Everts & Evelien Frech《THE FORMOSAN ENCOUNTER：Notes on Formosa's Aborigmal Socioty(A Selection of Documents from Dutch Archival Sources)》Volume 1，Published by Shung Ye Museum of Formosa Aborigines Taipei 1999 p19〔包樂史第編《台灣人的遭遇：台灣原住民社會的記錄（選自荷蘭檔案館文件資料）》第一冊，台北，順益台灣原住民博物館出版，1999 年，第 19 頁（後面引用該書的注釋僅用中文）〕。

[4]　陳第：《東番記》，沈有容《閩海贈言》台北，台灣文獻叢刊第五六種，台灣中華書局，1959 年，第 25 頁。

[5]　1624 年 2 月 16 日在大員港附近被當地人稱為 Soulang 的情況。包樂史等編《台灣人的遭遇：台灣原住民社會的記錄（選自荷蘭檔案館文件資料）》第一冊，台北，順益台灣原住民博物館出版，1999 年，第 29 頁。

個原住民的村落新港（Sinckan）村的情況也大致相同，「他們種田不用牛、馬、犁等，而用鋤頭，這樣他們幹農活很費時間。當播種的稻苗生長疏密不均時，他們就得調整，這樣又花費許多勞力。當稻子成熟時，他們不使用鐮刀收割，而使用一種類似刀的工具，他們用這種工具一把一把地將稻子從稻穗下割斷。」[6]盡管台灣原住民的農業耕作比較簡單，但農業生產爲他們提供比較有保障的生活資源，可以不必經常遷移，能夠比較長期地定居下來，這對於生產的發展和社會的進步是很有意義的。

　　台灣原住民除了進行簡單的種植業之外，狩獵業是另一重要的生產活動，特別是捕捉野鹿，因爲當時台灣生態保持很好，到處是茂密的樹林和叢林，「山最宜鹿，儦儦俟俟，千百爲群。」據荷蘭人記載「這裡的鹿確實很多，因爲你到大員一上岸穿過路時，很多鹿就像野豬一樣，在你眼前一躍而過，其數量之多，我們認爲沒有幾個國家能與之相比。」[7]豐富的野生動物資源爲台灣原住民提供豐富的食物來源，獵取鹿必然成爲重要的生產活動，他們的捕鹿方法是「冬，鹿群出，則約百十人即之，窮追既及，合圍衷之，鏢發命中，獲若丘陵，社社無不飽鹿者。」[8]台灣原住民捕鹿的工具主要用鏢和弓箭。鏢和弓箭的使用增強了人類征服自然的能力，恩格斯指出：「弓箭對於蒙昧時代，正如鐵劍對了野蠻時代和火器對於文明時代一樣，仍是決定性的武器。」[9]鏢和弓箭的使用，導致當時的漁獵生產的快速發展。此外，住在沿海的原住民還到海岸邊撿海產，如蕭壠村的「有些較窮和沒有地位的婦女，在沒有男人

---

[6]　1628 年 12 月 27 日新港 Reverend Georqius Candidius 牧師的談話摘要。包樂史等編《台灣人的遭遇：台灣原住民社會的記錄（選自荷蘭檔案館文件資料）》第一冊，台北，順益台灣原住民博物館出版，1999 年，第 114 頁。

[7]　1623 年 位於 Liaqueo Pequeno 島上 Souiang 村子的詳細情況。包樂史等編《台灣人的遭遇：台灣原住民社會的記錄（選自荷蘭檔案館文件資料）》第一冊，台北，順益台灣原住民博物館出版，1999 年，第 21 頁。

[8]　陳第：《東番記》，沈有容《閩海贈言》台北，台灣文獻叢刊第五六種，台灣中華書局，1959 年，第 26 頁。

[9]　恩格斯：《家庭、私有制和國家的起源》。《馬克思恩格斯選集》第四卷，北京，人民出版社，1972 年版，第 19 頁。

的陪伴下，她們到海水漫過脖子的海邊抓水母、海螺或其他可吃的水產品。」[10]小琉球島的原住民以打漁為主，他們使用的竹筏或雙體船，船頭傾斜，以便能經受翻騰海浪的沖擊，但盡管他們有足夠的木材和其他材料，他們並不建造其他類型的船舶。[11]他們在狩獵的同時，台灣原住民還養豬和飼養雞、鴨等家禽，但「食豕不食雞，蓄雞任自生長，惟拔其尾飾旗，射雉亦只拔其尾。」[12]或者作為給荷蘭人的貢品或商品交換物。原住民開始飼養家畜不僅擴大了食物來源，其他的生活資源也增多了。

原住民的飲食比較簡單，「除了在水中煮沸的米粥外（米粥煮很久，讓人感到沒有食慾），就看不到他們準備一餐較豐盛的飯菜，他們吃飯時碗內放一塊綠薑（這種薑他們那裡很多），和一條小鹹魚。魚是女人晚上在河邊用籃子抓的，此外還有變質的不適宜人吃的豬肉。」[13]魚的加工十分簡陋，沒有把魚鱗和內臟去掉，就用鹽腌制，腌制較長一段時間後，連同髒東西跟魚肉一起吃下去，「當他們從罐子裡取出腌魚時，有時你簡直看不出是魚，因為魚上面滿是蟲和蛆，但他們對此無所謂，把腌魚當作美味食物。」[14]原住民的住房大多用毛竹和茅草蓋成的小屋及棚子，「其地多竹，大至數拱，長十丈，伐竹構屋，而茨以茅，廣長數雉，聚族以居。」[15]蕭壠村房子形狀很像顛倒的船，房子約有一個人

10　1623 年，位於 Liaqueo Pequeno 島上 Souiang 村子的詳細情況。包樂史等編《台灣人的遭遇：台灣原住民社會的記錄（選自荷蘭檔案館文件資料）》第一冊，台北，順益台灣原住民博物館出版，1999 年，第 16 頁。

11　1633 年 11 月 Claes Bruyn 司令對於小琉球島地點和情況的簡短描述。包樂史等編《台灣人的遭遇：台灣原住民社會的記錄（選自荷蘭檔案館文件資料）》第二冊，台北，順益台灣原住民博物館出版，2000 年，第 6 頁。

12　陳第：《東番記》，沈有容《閩海贈言》台北，台灣文獻叢刊第五六種，台灣中華書局，1959 年，第 26 頁。

13　1624 年 2 月 16 日 在大員港附近被當地人稱為 Soulang 的情況。包樂史等編《台灣人的遭遇：台灣原住民社會的記錄（選自荷蘭檔案館文件資料）》第一冊，台北，順益台灣原住民博物館出版，1999 年，第 28 頁。

14　1628 年 12 月 27 日 新港 Reverend Georqius Candidius 牧師的談話摘要。包樂史等編《台灣人的遭遇：台灣原住民社會的記錄（選自荷蘭檔案館文件資料）》第一冊，台北，順益台灣原住民博物館出版，1999 年，第 116 頁。

15　張燮：《東西洋考》卷 5．東番考，北京中華書局，1981 年版，第 106 頁。

高，建在泥土的地基上，抹得很平，看起來巧妙而整潔，似乎不是非文明人所建，而是歐洲大工藝師的建築品。房子地板可以比作荷蘭船的甲板，房子的形狀很像荷蘭船，前面是圓的，其曲線像船頭和船尾。地基上有三根大柱子支撐屋頂，柱子牢固得幾乎可以作為某種中型船的桅杆。柱子按大小排列，就像船的前桅、中桅一樣排列著。這些支柱的頂端被鋸開後和長而窄的房樑連在一起，房樑作為房子的屋頂從房子前面延伸到後面，就像船底部的龍骨一樣。屋頂用竹子架設，每邊鋪三到四根，竹上再鋪茅草，草長約一至一英尺半。房子較牢固，雨水滲不進去，風也不能損壞房子。房子有兩扇門，前門和後門，有的還有邊門，通過木板樓梯，可從任何一門進入房子，他們用各種樹葉裝飾樓梯扶手。房子內隔成兩間、三間或更多間，每個房間有兩扇門，門無門框，彼此相連，門不能關，故無個人隱私可言。[16]

　　面對台灣這種比較落後社會經濟狀況，西方殖民者採取他們在非洲、美洲對待黑人、印第安人同樣的手段進行征服，他們一方面用武力進行燒殺、擄掠台灣原住民，另一方面又用欺騙、傳教等手段攏絡原住民，以達到長期霸占、統治台灣的目的。

荷蘭殖民者以武力為後盾的野蠻征服

　　荷蘭殖民者統治台灣的過程就是武力征服的過程。1624 年當荷蘭長官宋克（Martinus Sonck）剛登上台灣島時，他發現島上的原住民「沒有受到任何法律和規章的約束，每個人都處於自由自在的環境中」，為了統治這些自由自在的原住民，宋克認為首先必須在心理上給原住民產生威懾力量，因此，1625 年他給巴達維亞的荷蘭總督彼德·卡本特（Pieter de Carpentier）寫信，要求「閣下能否給我們一些帶馬鞍和繮繩的馬，因馬能給我們帶來很高的威望，在危機時對我們幫助很大。騎馬時我們

---

[16] 1623 年 位於 Liaqueo Pequeno 島上 Souiang 村子的詳細情況。包樂史等編《台灣人的遭遇：台灣原住民社會的記錄（選自荷蘭檔案館文件資料）》第一冊，台北，順益台灣原住民博物館出版，1999 年，第 15 頁。

在田野上對土人和其他敵人有一種居高臨下的感覺。」[17]然而，原住民並不害怕他們的威脅，甚至拿起鏢槍和弓箭等簡陋的武瓷器進行反抗，於是荷蘭殖民者決定用武力進行鎮壓和征服。荷蘭人在大員附近的村社中首先對最不聽話的麻豆社開刀，1630 年大員評議會作出了關於麻豆社（Mattau）村民進行懲罰性討伐的決定：「由於麻豆社村民傲慢無禮，他們乃每天在村裡炫耀他們繳獲的一些武器、衣服及死去的 Jacob Hooman 的人頭。他們說了許多侮辱性和醜惡的話，表明他們對我們國家的蔑視態度，他們還說出其它村子罵我們的話，更為糟糕的是他們沒有遵守同我們簽訂的協議，協議規定他們應到我們這裡來二、三次，但他們不履行，從不到我們這裡來。總督勛爵在信中指示我們說，他們必須嚴格遵守協議，如果他們不遵守，我們就要狠狠懲罰他們。」[18]遵照荷蘭巴城總督的指示，荷蘭軍隊制訂了作戰計劃，進攻前將用二只平底船滿載戰鬥器械、糧食和其必需品秘密抵達 Wancan，荷蘭士兵用船運抵蕭壠河上游，然後悄悄步行到麻豆村周圍埋伏，進攻時，命令運載武器的平底船從 Wancan 出發，逆河而上，在距離麻豆村四分之一英里的地方，把船上的武器及其他戰鬥物資搬下船，荷蘭士兵取出戰鬥武器開始進攻。1630 年 12 月 29 日「我們的船、裝備及人員終於出發了，但不巧碰上大浪，以致我們的船無法繼續行駛」[19]，最終以失敗而告終。後來荷蘭人又幾次策劃進攻麻豆村的計劃，甚至利用偷襲方法消滅麻豆，1633 年 5 月 31 日巴城總督對大員長官漢斯·普特曼斯（Hans Putmans）指示說，你要親自指揮攻打金獅島（Gouden leeuwseiland，今琉球嶼），要求麻豆村派人支援，在攻下金獅島回大員的路上，乘其不

---

[17] 1625 年 2 月 19 日宋克 Martinus Sonck 致總督彼德·卡本特 Pieter de Carpentier 的信，包樂史等編《台灣人的遭遇：台灣原住民社會的記錄（選自荷蘭檔案館文件資料）》第一冊，台北，順益台灣原住民博物館出版，1999 年，第 39 頁。

[18] 1630 年 12 月 17 日 大員評議會的有關決議，包樂史等編《台灣人的遭遇：台灣原住民社會的記錄（選自荷蘭檔案館文件資料）》第一冊，台北，順益台灣原住民博物館出版，1999 年，第 181 頁。

[19] 1631 年 2 月 22 日 Hans Putmans 長官寫給 Jacpues Specx 總督的信，包樂史等編《台灣人的遭遇：台灣原住民社會的記錄（選自荷蘭檔案館文件資料）》第一冊，台北，順益台灣原住民博物館出版 1999 年，第 189 頁。

備，突襲麻豆村，「這樣就更有把握，更有成效」，然後把麻豆村全部燒
掉，把俘虜分散到新港村去，可是，麻豆村民並不上當，不僅不願意出
兵攻打金獅島，而且還挑動新港村民不信基督教，引起荷蘭人更大憤
怒，不僅荷蘭長官要攻打麻豆村，荷蘭傳教士也加入到征討麻豆的隊
伍，成為荷蘭殖民者的幫凶，1633 年 11 月 25 日尤紐斯（Reverend
Robertus Junius）牧師寫給漢斯・普特曼斯（Hans Putmans）的信中說「我
們拖延時間對麻豆的復仇，這對於我們新港的傳教是非常不利的，如果
這些壞人沒有受到懲罰，我們的傳教將無法繼續下去」，「如果我們懲罰
了麻豆村民，像這種產生極壞後果的事情肯定要被制止，啊！如果能讓
上帝高興，我們一定要打敗麻豆村人」[20]。同年，另一個牧師甘第丟斯
（Reverend Georgius Candidius）寫給漢斯・普特曼斯（Hans Putmans）
的信中提出更具體的攻打麻豆村的理由，他說「首先，在我承擔這裡的
傳教的四個月中，根據我所見所聞及我的親身經歷，我從心裡感覺到，
我們的復仇不僅是為了在這些異教徒中傳播基督教，而且此事還意味
著，如果麻豆村民沒有受到懲罰，我們今後的傳教工作將無法進展，我
們的傳教成果將付之東流」。「其次，我完全相信，如果我們沒有及時對
麻豆村發動攻擊，並以此威攝周圍的村民，那麼我們在新港的朋友將害
怕麻豆村人，將屈從於他們，與新港村人共謀把我們在新港的荷蘭人打
死，繼續與我們為敵，這樣他們將阻止任何荷蘭人再到他們村子去住」。
「再次，我認為有必要維護我們國家在全世界所享有的崇高聲譽，但這
種聲譽在這裡被他們踐踏，以致他們把我們當作傻瓜，嘲笑我們。這樣，
我們荷蘭人的名聲被他們搞臭，我們成了他們的笑料。」[21]

　　在兩位傳教士的極力慫恿下，巴城總督本想在 1634 年指令大員長
官普特曼斯進攻麻豆村，後因當年派不出兵力而作罷。1635 年台灣島
內爆發天花流行病，許多原住民死亡，對麻豆村也傷害很大，「這二個

---

[20] 1633 年 11 月 25 日 Junius 牧師和 Candidius 牧師寫給 Hans Putmans 長官的信，包樂史等編
　　《台灣人的遭遇：台灣原住民社會的記錄（選自荷蘭檔案館文件資料）》第一冊，台北，
　　順益台灣原住民博物館出版，1999 年，第 224、226、227 頁。
[21] 同上註。

月來，此病在麻豆村中那些最優秀最勇敢的人中流行，這種病現仍在他們村中半數人中蔓延，那些幹壞事的主要行兇者，事端挑動者都因此病而死亡。」獲知這一信息，荷蘭人興災樂禍，十分高興，「看來，現在我們征服、摧毀麻豆村的時機已成熟」[22]。11 月 21 日大員議會作出決定：後天如天氣好，我們要以上帝的名義出發對麻豆村征討。23 日荷蘭長官普特曼斯帶領五百名士兵，分成七個縱隊對麻豆村進行懲罰性的討伐，共殺死 26 個男女村民和小孩，「整個村莊被放火燒毀，夷爲灰燼」。12 月 3 日麻豆村被迫接受荷蘭人提出的協定，該協定內容包括：一，交出被殺害的荷蘭士兵的遺骨和遺物；二，交給種在陶鉢裡的小檳榔樹和小椰子樹，表示將土地獻給荷蘭人；三，不再用武器對抗荷蘭人及荷蘭人的盟友；四，打仗時要與荷蘭人並肩作戰；五，不得干擾到魍港燒石灰或進入內地收購鹿皮的中國移民，讓他們自由通行；六，若被召喚，村社長老必須立即趕來城堡，聽從命令；七，在每年犯罪的那一天送一隻大公豬和一隻大母豬給荷蘭人，作爲認罪的表示。接著 12 月 22 日普特曼斯繼續率領五百多個士兵討伐塔加里揚村社（Taccareyan），該村社位於大員東南方 12 至 13 英里，這個村社也被夷爲平地。1636 年 1 月 8 日又討伐蕭壠社，有七個曾參與襲擊荷蘭人的村民被交出來斬首，然後荷蘭軍隊又去山裡討伐大武壠社（Tevorang），一直到 1 月 13 日普特曼斯才回到大員[23]。

　　荷蘭人在征服台灣中部法沃蘭社（Vavorolang），魍港（Wankan），南部琅喬（Lonckjouw）各村社，北部淡水（Tamsui）各村社，東部 Tawaly、Pimaba 各村社時，均以武力爲開路先鋒，他們一路砍殺而來，搶劫、兇殺、燒毀整個村莊，給台灣原住民帶來很大的災難。特別是在征服金獅島（Gouden leeuws eiland，今琉球嶼）時，推行種族滅絕的惡毒政策，

[22] 1635 年 10 月 23 日，Hans Putmans 長官致阿姆斯特丹議院的函，包樂史等編《台灣人的遭遇：台灣原住民社會的記錄（選自荷蘭檔案館文件資料）》第一冊，台北，順益台灣原住民博物館出版 1999 年 第 291 頁。

[23] 1636 年 1 月 18 日，Hans Putmans 長官致巴城總督 Brouwer 的函，江樹聲譯注《熱蘭遮城日志》第一冊，台南，台南市文獻委員編，2000 年，第 222 頁。

手段更加殘暴。金獅島位於屏東高屏溪出海口東港鎮南方的海面上，氣候溫暖多雨，植物茂盛，景色迷人，荷蘭人也承認，「金獅島很美，島上有很多椰子樹，有馬鈴薯、高粱、還有其它農作物，島的周圍大部分是懸崖峭壁，島的南邊和北邊有一個小海灣，我們就從海灣的沙灘登陸，沙灘上有卵石，環繞海灣的大部分地方是寬約一百至一百五十步長的小樹林，走過小樹林就看到耕作平整的農田，我們荷蘭人都說以前從未見過這樣漂亮的地方」[24]。早在 1630 年荷蘭人已注意到這個美麗的小島，派人偷偷偵察，以做好侵占的準備工作，據偵察員回來報告說「在環繞該島航行時所能看到的情況是到處都生長著茂密的樹林，肥沃的土地，在那裡看見兩個住民，也看見許多地方有炊煙，但沒有看見船隻，只看見住民用來捕魚的兩條竹筏，在島的西北方，距離岸邊約半個滑膛槍的射程處，測量水深是 26 潯。」[25]居住在島上的原住民世世代代過著安靜的農家生活，不允許外人破壞他們寧靜的生活，一旦有人侵犯他們的領地，按照「出草」的風俗，毫不客氣一律砍殺。荷蘭船員上岸時也曾遭殺害，於是荷蘭人就以此為藉口，決定對金獅島進行滅絕性的征服，1633 年 5 月 12 日巴城總督給高級商人 Nicolaes Couckebacker 的信中說「我們決定派一艘戰船到您那裡去，命令戰船的人不失時機地為被金獅島人殺害的荷蘭商人 Mathijs Jacobsz 及我們幾個士兵報仇，我們對金獅島的復仇由於時機不成熟而拖延下去，但考慮到要維護我們公司的地位，要捍衛我們國家的尊嚴，要使我們的基督教傳播工作順利進行，所以不管情況如何，我們的復仇計劃不能再拖延下去。我們決定徹底摧毀金獅島，讓它渺無人跡，以此告誡島上的人。我們要在最方便的時機，並使我們的士兵在傷亡人數最少的情況下執行此計劃。」[26]經過簡單的

---

[24] 1633 年 11 月 18 日 日志，江樹聲譯注《熱蘭遮城日志》第一冊，台南，台南市文獻委員編，2000 年，第 136 頁。

[25] 1630 年 5 月 13 日 日志，江樹聲譯注《熱蘭遮城日志》第一冊，台南，台南市文獻委員編，2000 年，第 27 頁。

[26] 1633 年 5 月 12 日，巴城總督 Brouwer 寫給高級商人 Nicolaes Couckebacker 的信，包樂史等編《台灣人的遭遇：台灣原住民社會的記錄（選自荷蘭檔案館文件資料）》第一冊，台北，順益台灣原住民博物館出版 1999 年，第 208 頁。

備戰，1633 年 11 月 8 日大員議會決議要派三百個白人加上一些新港人與蕭壠人去攻打金獅島，11 日 12 日早晨快艇 Wieringen 號與 Belyswijck 號及四艘戎克船出航前往金獅島，由指揮官 Bruyn 指揮，他偕同胞瓦斯先生及其他軍官，用武力攻擊該島。18 日其中一艘戎克船回來報告說：我們在島上一條小路行軍時，有一個荷蘭人及一個新港人被打死，因此，新港人、蕭壠人及中國人通通逃走了，但荷蘭人趕上去立即把那些島民打跑，他們都逃入洞穴藏起來，未再出來，我們放了火燒毀村子裡所有房子，還殺死很多豬，此外，我們對他們沒辦法採取進一步行動了。[27]這一次進並沒有達到消滅金獅島原住民的目的，荷蘭人並不死心，1635 年 9 月，根據大員議會的決定，從澎湖調三百名士兵到大員，在這裡休整一段時間後，將對金獅島再次發動攻擊，「我們要採用讓金獅島上的人挨餓或其它辦法，把他們趕出山洞，我們要把島上的壞人清除乾淨，以便我們日後占領及使用該島。」[28]

　　荷蘭人經過比較充分的準備，1636 年 4 月至 5 月對金獅島進行反復的掃蕩。4 月 21 日荷蘭軍隊剛上岸就遇到二十多人的強烈抵抗，打退原住民的抵抗後，放火燒毀村社所有的房子，後因找不到水源而被迫離開金獅島。26 日荷蘭軍隊再次發動攻擊，在島上一個洞穴找到很多躲藏在裡面的原住民，荷蘭軍隊立即在洞口用大石封閉起來，派四十個士兵守衛，阻斷他們的飲食供應，然後用毒煙燻他們，迫使他們投降，洞裡面大部分是婦女及小孩。後來據進入洞穴的荷蘭人報告，洞中約有540 人，活捉 323 人（包括 52 名男人、125 名婦女，其餘均為小孩），其餘二百多人均被活活燻死。[29]除了用毒煙燻山洞之外，荷蘭人還搜捕、追殺躲在樹林中的原住民，到 6 月初據不完全統計島上有一千多人，被

---

[27] 1633 年 11 月 12 日 日志，江樹聲譯注《熱蘭遮城日志》第一冊，台南，台南市文獻委員編，2000 年，第 135 頁。

[28] 1635 年 9 月 19 日 Hans Putmans 長官致巴城總督 Brouwer 的函，包樂史等編《台灣人的遭遇：台灣原住民社會的記錄（選自荷蘭檔案館文件資料）》第一冊，台北，順益台灣原住民博物館出版 1999 年，第 284 頁。

[29] 1636 年 5 月 7 日 日志，江樹聲譯注《熱蘭遮城日志》第一冊，台南，台南市文獻委員編，2000 年，第 234 頁。

活捉 483 人，即有 134 個男人，157 個女人和 192 個小孩，其餘的人不
是被殺死，就是被毒煙燻死，可見荷蘭人是何等的殘忍。經過這一次大
屠殺，島上的原住民已為數不多了，但對少數原住民荷蘭人也要趕盡殺
絕，無論是大員議會的決議或大員長官寫給巴城總督的信中均提到「要
用一切方法抓住藏在灌木叢中或是其他地方的原住民，直到最後一
個」，「我們不會讓任何人留在島上，要用各種可能的手段把該島的居
民，或殺或抓，全部清除。」[30]果然，7 月 7 日荷蘭中尉再次帶領三十
個士兵前往金獅島，殺死三十個原住民。9 月 13 日該中尉又從島上抓
捕一百個原住民，這一次「只得到一個頭顱，沒有看到其他任何人了，
顯然在這島上的人已經非常少」[31]。對於被抓的原住民全部運回大員，
然後將大部分男人，每兩個人編成一組，戴上鎖鏈，在魍港 Wankan 從
事修築城堡，或者為公司幹其他苦活，甚至八九歲的小孩也為公司幹
活，只不過不必戴上鎖鏈而已。另一部分人被送到巴城服勞役，其中也
有婦女和小孩，如 1636 年 10 月就有 191 人，包括男人、女人和小孩用
船運去巴城，由於過重的勞役，加上不適應當地炎熱的氣候，大部分原
住民都死亡。還有一部分婦女和小孩被安插在大員附近的新港社，這樣
既可增加勞動力，又便於荷蘭人控制[32]。總之，經過荷蘭人的多次圍剿
和強制移民，金獅島的原住民被徹底清空，達到荷蘭殖民者的征服目的。

台灣原住民反抗荷蘭殖民者的英勇鬥爭

　　那裡有征服者就有反征服者，有壓迫就有反抗。台灣原住民面對荷
蘭殖民者的武力征服，進行頑強的反征服鬥爭，這種鬥爭基本上分兩種

---

[30] 1636 年 7 月 5 日 日志，江樹聲譯注《熱蘭遮城日志》第一冊，台南，台南市文獻委員編，
　　2000 年，第 247 頁。

[31] 1636 年 7 月 22 日 日志，江樹聲譯注《熱蘭遮城日志》第一冊，台南，台南市文獻委員編，
　　2000 年，第 259 頁。

[32] 1636 年 10 月 7 日 Hans Putmans 長官致巴城總督 Brouwer 的函，包樂史等編《台灣人的遭遇：
　　台灣原住民社會的記錄（選自荷蘭檔案館文件資料）》第二冊，台北，順益台灣原住民博
　　物館出版，2000 年，第 119 頁。

方式，一種是武力反抗，開展針鋒相對的武力反征服鬥爭；另一種是採取不配合的軟反抗形式。

荷蘭殖民者的入侵破壞了台灣原住民的寧靜生活，侵占他們最基本的生產資料和生活資料，使他們無法繼續生活下去，必然引起他們強烈的反抗斗爭。據 1629 年 9 月在新港傳教的荷蘭牧師甘第丟斯來信，台灣原住民在麻豆村和目加溜灣村一條河的支流上殺死我們七十多人，他們殺人後止立即衝到新港，想尋找（荷蘭）長官，看看是否已被殺死，但長官在約半小時前得到消息後已逃走了，這些村民既然沒法殺死 Nuyts 長官，他們就毀壞房子，殺死牲畜，他們放火燒掉長官在新港的房子及我的住房（我住在那裡進行傳教），然後他們跑到 Saccam 村，（我們公司的羊、鵝、馬等牲畜都在那裡，）打死牲畜並把所有牛、羊棚、馬廄燒毀，還打死三匹馬。同一天蕭壠村的村民殺死一個叫 Jan Harmensz 的荷蘭人，被殺的還有一個年青人、一個水手。[33]爲了把荷蘭人趕走，緊接著，10 月 9 日麻豆村和目加溜灣村共五百多人又來到荷蘭人住地附近，準備在夜裡燒毀荷蘭人最近蓋的房子，他們不願意荷蘭人在那裡砌磚造屋，並包圍了這座城堡，當荷蘭人走出城堡時，原住民群起攻擊，投射了一百枚以上的箭和標槍。11 月 5 日有一個荷蘭士兵被五六個麻豆村民打死，他們爲此舉行一場盛大的典禮。[34]金獅島的原住民在反征服斗爭中雖然寡不敵眾，但總要有機會就起來反抗，1636 年 5 月 22 日有一艘戎克船運送在金獅島被俘的原住民到下淡水的途中，他們謀劃把荷蘭人推進海裡，奪取船隻，進行反抗。計劃暴露後，跳海逃走，有六個原住民被打死，五個負傷，雖然這次逃亡沒有完全成功，但也表現了原住民不屈不撓的反抗精神。[35]荷蘭人在征服台灣島其

[33] 1629 年 9 月 14 日 Reverend Georqius Candidius 牧師的信摘要。包樂史等編《台灣人的遭遇：台灣原住民社會的記錄（選自荷蘭檔案館文件資料）》第一冊，台北，順益台灣原住民博物館出版 1999 年，第 153 頁。

[34] 1629 年 10 月 9 日、16 日、12 月 5 日 日志，江樹聲譯注《熱蘭遮城日志》第一冊，台南，台南市文獻委員編，2000 年，第 2、3 頁。

[35] 1636 年 5 月 22 日 日志，江樹聲譯注《熱蘭遮城日志》第一冊，台南，台南市文獻委員編，2000 年，第 240 頁。

他地方時，也不斷遭到原住民的頑強反抗，在台灣東部 Pimaba 附近的一個山地小村落 Sipien 村民不堪荷蘭人的盤剝，於 1644 年 9 月 7 日殺死荷蘭下士 Alber Thomassen，此下士是在另一個荷蘭人 Cornelis van der Linden 死後接替監管公司在當地的小額貿易的，其他幾個與他在一起的人負了重傷，但設法逃脫了。[36]1646 年荷蘭人從 Pimaba 繼續行軍，到達 Sakiraya、Talleroma、Vadan 村社時，雖然有一些村民來歡迎，但很快發現只是虛假表現，他們不給荷蘭人提供任何補給品，甚至連一滴水也不給，迫使荷蘭人只好到另一個地方去找水。[37]在台灣南部的荷蘭人也不得安寧，1645 年 3 月 22 日荷蘭高級商人 Philips Schillemans 帶領五十名士兵到南部去時，經常在路上或田裡受到原住民的武裝襲擊，一些與荷蘭人達成和平協議的村社也不遵守諾言，他無賴地感嘆道：「南部地區的形勢並不令人滿意。」[38]

　　台灣原住民除了進行武力反抗外，還經常採用不信教、不納稅、不配合的軟反抗形式。荷蘭人為了長期霸占台灣，他們用各種方法傳播基督教，每占領一個村社就派牧師去傳教，通過建教堂、設學校極力傳播基督文化，同時，還嚴禁原住民信仰原來宗教，荷蘭人的這一做法受到原住民的強烈抵制，即使是荷蘭人下最大力氣傳教的新港村，效果也不太理想，甘第丟斯牧師也承認：他們不願意照我們說的去做，他們乃在鹿頭、豬頭前面擺上豬肉、魚、牡蠣、米飯、烈酒等供物。他們乃按照自己習俗，如用鳥的飛翔與歌唱及似乎數不清的想像來指導及進行他們的行動，他們不願意拋棄迷信和崇拜偶像，因為，第一、他們這些傳統習慣是從他們祖先那裡沿襲下來的，他們不想反對它。第二、他們的巫

---

[36] 1644 年 10 月 25 日 Francois Caron 長官致巴城總督 Anthonio van Diemen 的函，包樂史等編《台灣人的遭遇：台灣原住民社會的記錄（選自荷蘭檔案館文件資料）》第二冊，台北，順益台灣原住民博物館出版，2000 年，第 490 頁。

[37] 1646 年 1 月 31 日 Francois Caron 長官致總督 Comelis van der Lijn 和巴城議會的函，包樂史等編《台灣人的遭遇：台灣原住民社會的記錄（選自荷蘭檔案館文件資料）》第二冊，台北，順益台灣原住民博物館出版，2000 年，第 576 頁。

[38] 1645 年 10 月 25 日 Francois Caron 長官致總督 Comelis van der Lijn 和巴城議會的函，包樂史等編《台灣人的遭遇：台灣原住民社會的記錄（選自荷蘭檔案館文件資料）》第二冊，台北，順益台灣原住民博物館出版，2000 年，第 562 頁。

師每天與神對話，她知道傳統的戒律，她就如我們的長者那樣，把這些戒律教給我們。第三、如果他們拋棄這些習俗，他們就會感到羞恥，就會受到同輩人的鄙視。第四、如拋棄習俗，神將發怒，可能不給他們稻米，會讓敵人打他們，到時會被趕走、被殺死。甘第丟斯牧師無可奈何地說，「村里有幾個人相信我的傳教，但當這些人與其他人接觸後就不再聽我的話，我在十個小時所傳教的東西，被他們在不到一小時中毀壞掉。」[39]被移民到新港村的麻豆村村民責問荷蘭人說「你們的宗教和我們有什麼關係？你們不允許我們在木盆上跳舞，所以我們要離開新港回麻豆去。」[40]在屢次要求搬回麻豆村被拒絕後，他們毅然自己返回舊住所，在麻豆村蓋起新房子和開墾稻田。到 1645 年巴城總督承認在台灣的傳教因遭受原住民的抵制而失敗，他在寫給大員長官的信中說，「福爾摩沙地區的傳教工作每年的花費超過二萬荷蘭盾，如果這些錢能像牧師們在過去幾年所聲稱的那樣，帶來信教人數的增長，我們還可以接受，但是據我們所知，連他們自己也懷疑自己傳教工作的成果，很多人只是名義上的基督徒。」[41]由此可見，荷蘭人的傳教很難改變原住民的內心信仰，一旦失去以武力為後盾，西方基督教立即土崩瓦解，這一點我們在鄭成功收復台灣時看得很清楚，據一位叫斯蒂芬·盎茨報告，1661年 5 月 17 日好些居住山區和平原的居民及其長老，還有幾乎所有住在南部的居民都投降了國姓爺，這些傢伙如今辱罵起我們努力傳播給他們的宗教，他們因不用上學而興高采烈，到處破壞書本和教會用具，又恢復原來異教風俗和習慣，他們聽到國姓爺來了的消息，就殺了一個荷蘭人，像往日處理被打敗的敵人一樣，把頭顱割下，大家圍著跳舞狂歡。

---

[39] 1628 年 8 月 20 日 新港 Reverend Georqius Candidius 牧師致總督 Jan Pietersz Coen 的函。包樂史等編《台灣人的遭遇：台灣原住民社會的記錄（選自荷蘭檔案館文件資料）》第一冊，台北，順益台灣原住民博物館出版，1999 年，第 86、87 頁。

[40] 1633 年 11 月 25 日 Junius 牧師寫給 Hans Putmans 長官的信 包樂史等編《台灣人的遭遇：台灣原住民社會的記錄（選自荷蘭檔案館文件資料）》第一冊，台北，順益台灣原住民博物館出版 1999 年，第 223 頁。

[41] 1645 年 7 月 31 日 總督 Comelis van der Lijn 給 Francois Caron 長官的函 包樂史等編《台灣人的遭遇：台灣原住民社會的記錄（選自荷蘭檔案館文件資料）》第二冊，台北，順益台灣原住民博物館出版，2000 年，第 552 頁。

42

　　對於荷蘭人的行政統治，原住民也採取抵制和不配合的做法，荷蘭
人每征服一個村社，都要強迫原住民訂立不平等的所謂和平協議進行統
治，台灣原住民盡量拖延並討價還價，如 1629 年 12 月 2 日荷蘭人與目
加溜灣社和麻豆社談判，荷蘭人提出六項條件：一、必須歸還被他們殺
害時奪去的所有頭顱和骸骨；二、必須歸還被他們奪去的所有武器；三、
必須每年向我們納貢；四、必須交出名叫 Hoytsee 的中國移民頭領，他
被認定是造成這場衝突的煽動者；五、必須交出我方被殺害的同等人數
的年青人，照巴城總督的意見處理；六、必須派出跟我方人員去他們各
社人數相等的人質，以便我們能自由平安地進出這些村子。對於荷蘭人
提出的這些苛刻條件，兩村社的人堅決不同意，最終只答應三項，即第
一、二和第三項，至於其他各項始終沒有達成協議，從而挫敗了荷蘭人
完全控制原住民的陰謀。[43] 荷蘭人為了全面控制台灣，還把全島劃分為
四個區，每年舉行一次「土地日」會，由村社首領報告各自事務，荷蘭
長官任命或更換村社首領，各村社重新宣示對荷蘭人的服從，對於這種
制度各村社首領也十分反感，他們採取種種辦法和以抵制，如 1644 年
南部「土地日」時，幾個重要村社如 Doretoc、Toutsikadangh、Talasuy、
Potlongh、Tarkavas、Papaverouw、Caraboangh、Varangit 的首領本來保
證一定要來參加南部的「土地日」會，後來藉口大雨河水暴漲而無法前
來參加。以此同時，幾乎東部地區的所有村社，除了 Pimaba 社及其鄰
社外，都沒有出席「土地日」會，有些村社以路途過於遙遠，現在又是
播種季節無法前來開會，還有一些村社由於 Vadan 和 Talleroma 兩社社
民的阻撓而無法前來，[44] 由於大部分村社的抵制和缺席，使這一年「土

---

[42] 甘為霖：《台灣島基督教會史》《鄭成功收復台灣史料選編》，福建人民出版社，1982 年，
　　第 305 頁。

[43] 1629 年 12 月 2 日，日誌，江樹聲譯注《熱蘭遮城日志》第一冊，台南，台南市文獻委員編 2000
　　年，第 6 頁。

[44] 1644 年 10 月 25 日 Francois Caron 長官致巴城總督 Anthonio van Diemen 的函　包樂史等編《台
　　灣人的遭遇：台灣原住民社會的記錄（選自荷蘭檔案館文件資料）》第二冊，台北，順益
　　台灣原住民博物館出版 2000 年，第 487 頁。

地日」的效果大打折扣。不僅村社首領以各種藉口不出席「土地日」會，各村社村民也用各種辦法拒交貢稅，1645 年 4、5 兩個月荷蘭人派 Theodore 和兩位土兵及日本人 asinto 去收繳 Cavalangh 地區的稅收，結果只收到很少村社的貢稅。位於南部的村社中也有 Kalika Rusudt 四個村社共六十間住房的村民不交稅。[45]台灣東部地區不交稅的原住民村社更多，如 Talleroma 不僅自己不交稅，還叫別人也拒絕交稅；Vadan 拒絕交稅，也唆使北部較遠地區的村社也不要交稅；Tamalaccouw 和其他村社一起拒絕交稅，使荷蘭人沒有收到任何稅收。「那些 Sakiraya 的村民和 Pimaba、Vadan 一起參加了對 Pisanan 的襲擊，這是由他們一個長老 Alibanbangh 鼓動他們的，他們不僅拒絕交稅，還在 Soupra，Darcop，Pallan 的村民向荷蘭人交稅時進行威脅。」[46]從上可見，台灣原住民從不屈服荷蘭殖民者的統治，他們利用各種方式進行反抗和鬥爭，最終，在鄭成功的統領下，與大陸人民一起趕走了荷蘭人，收復了寶島台灣。

---

[45] 1645 年 6 月 28 日 初級商人 Jan van Keijssel 給 Francois Caron 長官的函 包樂史等編《台灣人的遭遇：台灣原住民社會的記錄（選自荷蘭檔案館文件資料）》第二冊，台北，順益台灣原住民博物館出版，2000 年，第 544 頁。

[46] 1645 年 11 月 27 日 Francois Caron 長官給高級商人 Comelis Caesar 等的信 包樂史等編《台灣人的遭遇：台灣原住民社會的記錄（選自荷蘭檔案館文件資料）》第二冊，台北，順益台灣原住民博物館出版，2000 年，第 570、571、572 頁。

六、鄭芝龍的海洋精神

安平海商鄭芝龍是一個有爭議的歷史人物，許多人認為他降明投清，表現了反覆無常的態度，故持批評的意見。我認為儘管在論理道德上鄭芝龍有些缺陷，但從當時的歷史條件來看，他敢於對抗西方貿易勢力的挑戰，努力兼併其他海商，擴大海商資本，成為東南海域上資本最雄厚、貿易範圍最廣泛的海商集團，從而表現出他敢於冒險和勇於拼博、開拓進取，追求利潤的海洋精神。

（一）鄭芝龍的海洋精神主要體現在三個方面

第一，敢於對抗西方貿易勢力的挑戰，努力保持在臺灣海峽的貿易優勢。十六、十七世紀是東西方海上貿易勢力在東亞進行激烈爭鬥的時代。最早來到東亞的是葡萄牙海盜商人，自從瓦斯科・達伽瑪（Vasco de Gama）繞過非洲好望角，跨過印度洋，在印度南部沿海柯欽（Cochin）建立第一個據點以後，每年都有商隊穿過麻六甲海峽到達東方，正德八年（1513 年）他們來到廣東珠江口的屯門島，嘉靖元年（1522 年）妄圖重新佔據屯門島時，在西草灣受到明朝軍隊的重創，然而他們並沒有放棄佔領中國東南沿海貿易據點的願望，一部分船隊沿著海岸北上，佔據浙江雙嶼港，與其它各國海盜商人在浙江沿海進行走私貿易活動。另一部人留在廣東沿海尋找新的貿易據點，他們在屯門島站不住腳，就改佔領上川島，建立臨時商場進行走私貿易，接著又佔領接近澳門的浪白澳，進一步「入濠鏡澳（即澳門）築室以便交易」。葡萄牙海盜商人佔領澳門以後，他們以此作為開展東亞貿易據點，進行中國、日本、呂宋、南洋群島的三角貿易。

與葡萄牙同時崛起的西班牙，在佔領南美洲以後把進軍矛頭指向菲律賓群島，1521 年 3 月 16 日麥哲倫遠征隊到達三描島，揭開西班牙征服東方的序幕，1571 年西班牙人又強佔呂宋的馬尼拉，把它建成西班牙東方殖民帝國的中心，再以此為據點從事與東亞各國的貿易和掠奪活

動。

十七世紀初，擺脫西班牙統治的荷蘭也踏上征服東方的征途，他們在佔領印尼巴達維亞後，也派船隊到東亞進行活動。1604 年第一次佔領澎湖，被明朝軍隊趕走後，1622 年再次佔據澎湖，1624 年福建巡撫南居益派遣王夢熊率軍直搗澎湖，荷蘭人自揣寡不敵眾，退出澎湖，轉而侵佔臺灣島，建立赤嵌城，從此把臺灣建成爭奪東亞貿易的新據點。

此外，日本海盜商人也繼續在臺灣海峽從事走私貿易活動。面對如此眾多的國際海盜商人，鄭芝龍繼承中國海上私商的經商傳統和智慧，與各國海商進行周旋，以爭取獲得最大的商業利益。

鄭芝龍與各國海商的爭奪中主要對手是盤踞在臺灣的荷蘭人。荷蘭人到達東南沿海以後千方百計要打開中國貿易的大門，直接到沿海港口進行貿易，然而始終未能得逞，史學界一向認爲這是明清封建政府鎖國政策造成的，其實還有另外一個更重要原因是中國海上私商已建立了中國與東亞的貿易綱絡，不願意讓既無商品和又無資金而專門從事轉口貿易的西方商人插手中國與東亞及東南亞各國貿易，因此當荷蘭人想到大陸沿海港口進行貿易時遭到鄭芝龍等中國海商的強烈抵制和反對。

反抗手段之一是以武力對抗武力威脅，在荷蘭人的炮艦面前決不退讓。1628 年 7 月荷蘭駐臺灣長官彼得·納茨（Piter Nuyts）率海船 Woerden 等四隻船前往大陸漳州灣，在那裡與中國海商進行交易，購入大批生絲，鄭芝龍對此十分不滿，鄭芝龍「令人阻止這些商人與我們往來，沒收其貨物，將他們趕走。納茨對其做法表示反對，雙方因此發生爭執，一官命令我們的人，次日即離開那裡，不然將用火船將我們趕走」[1]。納茨不得不返回大員。不久又率領船隊到漳州灣，要求與鄭芝龍會談，當鄭芝龍登上荷蘭船時，被納茨扣押，同時迫使鄭芝龍簽訂爲期三年的貿易協定。然而鄭芝龍並不履行被迫簽訂的協定，繼續壟斷漳州灣的貿易，不允許沿海「私商肆意帶貨物上船」，與荷蘭人交易，「甚至連定做必要的裝載生絲用的木板也不允許購買」，對此，荷蘭人十分不滿，經

---

[1] 程紹剛譯注：《荷蘭人在福爾摩沙》聯經出版事業公司，2000 年，第 89 頁。

過幾年的努力，荷蘭人仍然打不開對大陸的直接貿易，他們決定發起一場戰爭，以獲得所希望的自由的中國貿易。經過長期的策劃和準備，荷蘭人決定用武力對付鄭芝龍，1633 年 7 月 12 日荷蘭駐臺灣長官普特曼斯（Hans Putmans）率五隻艦船突襲廈門港，猛烈炮轟鄭芝龍毫無準備的船隊，燒毀停泊在岸邊的船隻，並把停泊在海面上的其他船隻砍破，讓它沉入海底。據荷蘭人估計，共擊毀鄭芝龍船隊的大船 25 至 30 隻，小船 20 至 25 隻。對此，鄭芝龍十分惱火，他寫信給荷蘭人說，你們趁我沒有準備，進行偷襲是很不光彩的事，也不算是真正的勝利，並要求荷蘭人賠償被燒毀的船，同時要求荷蘭人撤回大員，警告荷蘭人這是「唯一的一條路，別無他途」。荷蘭人不僅不撤兵，還提出在鼓浪嶼建房子、在廈門附近自由貿易、不允許中國商船航行馬尼拉等一系列苛刻的要求。

鄭芝龍一方面與荷蘭人周旋，一方面做好迎戰的準備，首先，在軍事佈置上，在漳州海澄準備 19 隻大戰船和 50 隻火船，在廈門翔安劉五店準備 50 隻火船、在廈門石潯再準備 50 隻火船、在泉州安海準備 16 隻大船，在廈漳泉沿海各地共佈置了各種船四百多隻。在軍用物質上，要求沿海每家每戶繳納一擔木材或茅草，準備供火船使用。第三，發佈殺敵獎勸政策，凡燒毀敵船一隻，獎勵 200 兩精銀，割取荷蘭人首級一顆，獎 50 兩銀子[2]。

1633 年 8 月荷蘭人再次攻擊廈門時，遭到鄭芝龍的有力回擊，鄭芝龍出動了 100 多隻戰船和火船，利用佔領上風的有利位置，火攻荷蘭船，取得了勝利。荷蘭人雖被打敗，但沒有退回大員，繼續在福建沿海進行搶劫，10 月又從東山返回廈門沿海，停泊在料羅灣。22 日晨鄭芝龍船隊將荷蘭船隊團團包圍，鄭軍船隊有 140 至 150 隻船，其中 50 隻是特大的戰船，第一船隊搶佔上風，第二船隊從後面包抄，每隻船都配備相當的大炮和士兵，戰鬥一開始，鄭軍三隻船同時鉤住荷蘭的一隻快艇，並點火燃燒，雖然荷蘭用步槍等各種火器拼死抵抗，但都無法擺脫，

---

[2]　江樹聲譯注：《熱蘭遮城日誌》台南市政府發行，2000 年，第一卷，第 112 頁。

最終爆炸沉入海底。另一隻快艇也被釣住，鄭軍士兵跳上快艇，強行奪船，荷蘭長官普特曼斯見形勢不妙，立即率領其餘的快艇倉皇外逃[3]。鄭芝龍的這次勝利使荷蘭人遭受重創，普特曼斯召開秘密會議，承認要再度向中國發動戰爭，鑒於我們目前力量薄弱，要暫時延緩。1634 年他們進一步認識到「我們去年發動戰爭結果足以表明，自由無限制的中國貿易憑武力和強暴是無法獲得的，大員長官和評議會已深深意識到這點」[4]。自此以後，荷蘭人雖然還經常在大陸沿海進行搶劫，但已無力組織大規模的軍事進攻。

　　反抗手段之二是在與荷蘭人貿易中，堅持以我為主，爭取利潤的最大化。荷蘭人佔領臺灣早期，臺灣海峽除了鄭芝龍海商集團外，還有其他許多海商集團，荷蘭人利用各海商集團的矛盾，採取挑撥離間，各個擊破的策略，爭取最大的海上商業利益。但自 1640 年中國另一海商 Hambuan 落海溺死後，鄭芝龍獨霸一方，有更大的力量與荷蘭人對抗，如在對日貿易中，鄭芝龍一方面與荷蘭人達成協議，答應不再到日本貿易，並阻止其他中國海商前去日本。作為交換條件，荷蘭人要免費為他運送 5 萬里爾的貨物去日本[5]。另一方面鄭芝龍開通安海到日本長崎的直達航錢，繼續把大批貨物運送到日本貿易，據《長崎荷蘭商館日記》記載，僅 1641 年 6 月 26 日、7 月 1 日、7 月 4 日三天，就有鄭芝龍的三隻船到達長崎，運去白生絲 25，700 斤、黃生絲 15，550 斤、各種紡織品 140，760 匹、各種磁器 2597 件及土茯苓等其他商品[6]。1643 年中國商人運到長崎的生絲和極有用處的絲織物，價值 4 百 50 萬盾，「其中一官占三分之二的比例，同時一官還運往馬尼拉相當數量的貨物」，可見鄭芝龍並不與荷蘭人訂立協定而放棄去日本貿易，而且在日本的經商規模還是相當大的。

---

[3]　江樹聲譯注：《熱蘭遮城日誌》台南市政府發行，2000 年，第一卷，第 132 頁。
[4]　程紹剛譯注：《荷蘭人在福爾摩沙》聯經出版事業公司，2000 年，第 147 頁。
[5]　程紹剛譯注：《荷蘭人在福爾摩沙》聯經出版事業公司，2000 年，第 227 頁。
[6]　村上直次郎譯：《長崎荷蘭商館日記》岩波書店刊行，1956 年，第一輯第 50、52、55 表列數字整理。

　　此外，在商品價格上，鄭芝龍也有很大的發言權。荷蘭人抱怨道，由於鄭芝龍控制了對日貿易，「他在日本享受巨額利潤，不允許我們獲得絲毫的好處，在他支付現金和得到用於日本的貨物之前，為顯示他與人為善，先將其過剩的貨物運到大員，而且要我們視之為相當貴重的貨物支付現金」[7]。1643 年 12 月據大員的荷蘭人報告，從大陸運至臺灣的貨物不斷減少，是由於「那些作惡之徒，特別是貪得無厭的一官，故意以各種藉口不輸出其貨物和黃金，以達到他壟斷貿易的目的，迫使我們出高價購買貨物」[8]。儘管荷蘭人對鄭芝龍提高貨物價格十分不滿，甚至想用武力迫使鄭芝龍降價並要他將貨物運到大員，但已經無能為力了。

　　第二，巧妙借助明朝政府的力量，不斷壯大自己的海商勢力。對於鄭芝龍被明朝招撫，授予海防遊擊一事，歷來受到責難，認為鄭芝龍從此失去了獨立的自由海商的身份，這是一種誤解。鄭芝龍投奔明朝政府，是一種發展海商勢力的策略，是一種假投降，其真實用意想借明朝政府的力量，一方面與荷蘭人抗爭，另一方面兼併其他海商集團，從而不斷擴大的自己的海商資本。因為鄭芝龍興起初期，東南沿海還有許心素，楊六、楊七等海商集團，他們的勢力並不小於鄭芝龍，鄭芝龍明白僅靠自己的力量是無法消滅他們的，因此，鄭芝龍「百計求撫」，崇禎元年（1628 年）初，鄭芝龍「犯金門獲遊擊盧毓英，芝龍縱之還，且曰，朝廷苟一爵相加，東南可高枕矣」[9]。九月「芝龍舉其眾降」，並一再表示「願充轅門犬馬投效，所有閩粵海上諸盜，一力擔當平清」，福建巡撫熊文燦接受鄭芝龍的投降，並「題委為海防遊擊」。但鄭芝龍受撫後，並沒有完全聽從明朝政府的調遣，而是保持很大的獨立性，凡是符合其海商利益的事就做，凡是不符合其海商利益的事就不做，如崇禎十五年（1642 年）明朝軍隊在遼東松山大敗，戰事吃緊，大學士蔣德琛向朝庭建議「令芝龍以海師援遼」，但鄭芝龍「戀閩憚行，遂輦金京

7　程紹剛譯注：《荷蘭人在福爾摩沙》聯經出版事業公司，2000 年，第 247 頁。
8　程紹剛譯注：《荷蘭人在福爾摩沙》聯經出版事業公司，2000 年，第 252 頁。
9　徐鼒：《小腆紀年》卷 63。

師，議遂寢」[10]。可見鄭芝龍雖投降明朝，並沒有改變他以海商利益爲中心，獨自行事的海洋性格。

鄭芝龍利用明朝發展海商勢力還表現在擁立及控制南明隆武朝廷上。研究南明史的學者一般均認爲隆武唐王是南明諸王中的一個封建小朝廷，其實不然，我們只要考察隆武朝的建立及運作，就可以發現唐王僅僅是一個傀儡，實際掌權者是鄭氏海商家族，因此隆武朝在某種意義上可說是一個海商政權。鄭芝龍的弟弟鄭鴻逵早在南京時就認識唐王朱聿鍵，弘光政權垮臺後，朱聿鍵逃到杭州，路遇鄭鴻逵，「戶部主簿蘇觀生、翰林張家玉等咸以王可濟大業」，於是鄭鴻逵將朱聿鍵接往福建，遂受當地官紳擁戴即位，以福州爲天興府，改元隆武元年（1645年）。朱聿鍵自立唐王后立即封鄭鴻逵爲靖虜侯、鄭芝龍爲平虜侯、鄭芝豹爲澄濟伯、鄭彩爲永勝伯，鄭氏家族權勢大增，控制了隆武小朝廷的一切權利，當時「兵餉戰守事宜，俱鄭芝龍爲政」，史稱隆武政權「內外大權，盡歸芝龍」[11]。朱聿鍵雖有抱負，也很想有所作爲，但大權旁落，不過是一個「祭則寡人」的傀儡而已，因此當朱聿鍵想組織軍隊從福建向江西出征時，鄭芝龍不願離開福建沿海的海上貿易基地，而加以阻撓，所以，鄭芝龍軍隊長期停頓在閩贛交接處，沒有進展。而鄭彩的軍隊也「久駐邵武，不肯出關，有詔切責，亦不從」。以上可見，無論是對明朝中央政府的假投降，還是擁立南明小王朝，鄭芝龍並不是想協助朝庭中興明王朝，而是借助明王朝的力量，擴充自己的勢力，明王朝僅僅是他謀取海商家族利益棋盤上一個棋子而已。

爲什麼明王朝願意接受鄭芝龍的假投降呢？這是當時內外局勢迫使明王朝不得不接受的。明朝末年，吏治敗壞，國力衰落，豪強驕橫，百姓痛苦不堪，社會矛盾十分尖銳，天啓七年（1627年）西北地方已拉開明末農民大起義的序幕，與此同時，東北邊境上滿洲貴族向明朝軍隊發起全面進攻，東南沿海的海面上西方海盜、日本海盜與中國海盜同

10　邵廷案：《東南紀事》，卷11，鄭芝龍。
11　《明季南略》卷7，鄭芝龍議戰守條。

時出現，也給明王朝造成很大威脅，當時的形勢是「東南海氛之熾，與西北之虜，中原之寇，稱方今三大患焉」[12]。面對這種三面受敵的嚴重局面，明朝政府為了集中力量鎮壓西北的農民大起義，不得不接受鄭芝龍的假投降，企圖利用鄭氏海商集團的力量平定東南沿海海盜的騷擾，從而解除明王朝的後顧之憂。

第三，不斷兼併其他中國海商集團，逐步形成臺灣海峽的貿易壟斷地位。

鄭芝龍受撫之後，在明朝政府的支持下，展開一場兼併或消滅其他海商集團，逐步控制東南沿海制海權的鬥爭。首先消滅李魁奇海商集團，李魁奇本是鄭芝龍的同夥，後因「爭分賊資以不平而激變」，崇禎二年（1629 年）鄭芝龍聯合鐘斌在廈門攻擊李魁奇，李敗逃，乘小艇登陸，被鐘斌所擒。消滅李魁奇以後，鄭芝龍乘勝追擊，經過二年的戰鬥，逐個消滅楊六、楊七、鐘斌等海商集團，吞併他們的船隻和資財，進一步擴大鄭氏海商集團的勢力。此時，能與鄭芝龍抗衡的還有劉香海商集團，劉香，漳州海澄人，「劫掠商船，突起猖獗，聚眾數千，有船大小百餘號」[13]，面對這個強大的對手，鄭芝龍在明政府的支持下六破劉香集團，「一破之於石尾，再破之於定海，三破之於廣河，四破之於白鴿，五破之於大擔，六破之於錢澳」[14]。經過六次打擊，在大大削弱劉香集團勢力的基礎上，崇禎八年（1635 年）鄭芝龍最終消滅了劉香海商集團，大大地擴展了海上勢力範圍。此時，在臺灣海峽還有一個大商人 Hambuan 與鄭芝龍爭奪對荷蘭人的貿易，鄭芝龍採取既聯合又競爭的策略與之周旋，崇禎十三年（1640 年）Hambuan 在海裡溺死，從此以後，鄭氏海商集團「雄踞海上」，完全控制於東南沿海的制海權，「獨有南海之利」，「海舶不得鄭氏令旗，不能往來，每舶稅三千金，歲入千萬計」，使鄭氏家族成為擁有巨大經濟實力的海商集團。

---

[12]　《明清史料》乙編　第 8 本，「海寇劉香殘稿二」。
[13]　江日升：《臺灣外紀》卷 1，第 40 頁。
[14]　《明清史料》乙編，第 7 本，「海寇劉香殘稿一」。

（二）

鄭芝龍這種敢於冒險、不畏強權和勇於拼博、開拓進取、謀取最大利潤的海洋精神的形成決不是偶然的，他既是繼承和發揚了安平海商性格，同時又與他受西方文化的影響分不開。

安平歷來有經商的傳統，早在宋代海外貿易已開始活躍起來，據《讀史方輿紀要》記載，「安海鎮府南二十里，古名灣海，宋初始改爲安，曰安海市，西曰新市，東曰舊市，海舶至，州遣吏榷稅於此，號石井津，建炎四年，置石井鎮」[15]。從此條史料可以看出宋代安海市發展很快，舊市已不能容納各地來的眾多商人和新增加的商鋪，所以在西邊再建一個新市。到建炎四年（1130 年）又把安海市升爲石井鎮，並在鎮上設置課稅的官員，表明安海的海外貿易已比較繁榮。到了元代，把在南安縣的石井巡司移置到晉江安海，加強對安海的管理，也說明安海在泉州的海外貿易中佔有重要的地位。

明代安海的海外貿易發展更快，尤其在隆慶萬曆以後，安平海商出海貿易蔚然成風，他們泛海揚帆，爭利於東亞、南洋各地，其勢力足與當時著名的徽州商人相匹敵，何喬遠在《鏡山全集》中寫道：「吾郡安平鎮之爲俗，大類徽州，其地少而人稠，則衣食四方，第徽以一郡，而安平人以一鎮，則徽人爲多，是皆背離其家室者，十家而七，故今兩京、臨清、蘇杭間多徽州、安平之人」[16]。安平海商不僅經營國內貿易，而且更重要的是經營海外貿易。他們「挾重貲浮海島外爲業」，「或沖風突浪，爭利於海島絕夷之墟，近者歲一歸，遠者數歲始歸，過邑不入門，以異域爲家」[17]。如呂宋就是安平海商重要的貿易地區，李光縉在《景璧集》中指出：「安平之俗好行賈，自呂宋交易之路通，浮大海趨利，十家而九」[18]。到萬曆年間呂宋已有大批的華人華商，據估計，萬曆十

---

[15]　顧祖禹：《讀史方輿紀要》卷 99。

[16]　何喬遠：《鏡山全集》卷 48，壽顏母序。

[17]　李光縉：《景璧集》卷 4，史母沈儒人壽序。

[18]　李光縉：《景璧集》卷 14，二烈傳。

九年（1591 年）在華僑集中區「八聯」已有華僑店鋪二百餘家，華僑兩千餘人，郊區華僑達三萬餘人[19]，其中絕大部分是漳泉商人，因此萬曆三十一年（1603 年）西班牙人在菲律賓對華僑的大屠殺中，許多安海商人受難，此事不僅在安海族譜中有記載，在安海著名文人李光縉的《景璧集》中也有明確記載：「是以呂宋癸卯九月四日之變，……安平巷哭」[20]。從此也反映出眾多安平海商在海外經商活動的艱辛。

在安平濃厚的經商風氣的影響下，不僅平民百姓出海經商，甚至文人學士也紛紛棄儒入賈。楊喬「安平人，十歲通經史大義，會父及伯兄繼歿，仲兄遭宿疾，不任治生，乃輟儒從賈」[21]。在安海像楊喬這種「初治鄒魯家言，後乃棄去從賈」的現象很普遍，可見，在海外謀利的引誘下，許多文人學士不再顧什麼名節，擠身於一向被視為末業的海外商場，追求發財致富，這種新變化值得引起重視。安平海商還隨著海商資本的不斷積累和擴大開始從下賈逐漸發展成為中賈以至變成大賈，如李光縉的「兄伯年十二，逐從人入粵」成為下賈的小商人，後來遷居南澳，「與夷人市」，因「能夷言，收息倍於他氏，以致益饒為中賈」。不久，「呂宋澳開，募中國人市，鮮應者，兄伯遂身之大海而趨利」[22]，終於發展成為富商的「上賈」。再如海商史小樓也是這樣發家致富的，剛開始經商時，他以「積居轉換為業，始窺邑市，歲貨所出入，贏待三之，為小賈」，隨著商業規模的不斷擴大，「賈行遍郡國，歲轉穀以百數，贏得五之，為中賈」，最後，積極開展海外貿易，「四方郡國無所不至」，大規模地經營海外商品，如珠璣、犀角、岱瑁、絲貨等，「轉穀千萬數，贏得十之」[23]成為著名的富商大賈。

鄭芝龍出生及生活在海外貿易十分發達，民風活潑開放，人人「爭利於海島絕夷之墟」的安海鎮，自小耳濡目染這種經商風氣，必然對他

---

[19]　《菲律賓群島》卷 1，第 30 頁。

[20]　李光縉：《景璧集》卷 14，柯烈婦傳。

[21]　乾隆：《泉州府志》卷 59，明篤行。

[22]　李光縉：《景璧集》卷 3，寓西兄伯壽序。

[23]　李光縉：《景璧集》卷 4，史母沈儒人壽序。

海洋性格的形成產生重大的影響。鄭芝龍與安海商人有密切關係，鄭芝龍的母舅黃程就是在香山澳經商的著名海商，由於受母舅的影響，他自幼「性情蕩逸，不喜讀書，有膂力，好拳棒」。鄭芝龍的繼妻顏氏家族也是安海的著名海商，顏氏家族後來也成為鄭成功的五大商業集團之一。

鄭芝龍海洋性格的形成與他受西方文化的影響也有關係。鄭芝龍從小「性情蕩逸，不喜讀書」，十八歲時跑到廣東香山澳投靠母舅黃程，黃程見到鄭芝龍十分高興，但同時也指責他說，「當此年富，正宜潛心，無故遠遊，擅離父母」，鄭芝龍詭辯說，「思慕甚殷，特侯起居，非敢浪遊，程留之」[24]。從此可見，鄭芝龍從小對傳統的封建倫理為主要內容的禮教就不感興趣，他受封建禮教束縛很少，更不遵守「父母在，不遠遊」的傳統道德標準，獨身一人跑到香山澳去。香山澳被葡萄人佔領後，既是對外貿易的商港又是西方基督文化傳入中國內地的橋頭堡，鄭芝龍到達香山澳後，一方面從事一些外貿活動的訓練，為他日後從事海上貿易打下基礎，另一方面又接觸基督文化的薰陶，據說他曾接受天主教的洗禮，日後回到安平，也常在家中做彌撒等儀式，從這些舉止可見鄭芝龍受西方文化影響之深遠。

西方文化在對外擴張開拓海外市場上與中國傳統封建儒家思想截然不同。中國封建帝王自封天主，中國是宗主國，與周圍國家是朝貢關係，但對待其人民與中國人民基本上是平等的。明代永樂帝對外國使者說：「朕君臨天下，撫治華夷，一視同仁，無間彼此，推古聖帝明王之道，以合乎天地之心，遠邦異域，咸欲使之，各得其所，蓋聞風而慕化者非一所也」[25]。永樂帝認為我雖為天主，但對華夷視為一家，不分彼此，這是遵守中國自古以來聖帝明君的做法，也是符合天理的，這種對外國平等相待的思想與西方殖民者用暴力擴張的思想南猿北撤。為了吸引外國前來朝貢，甚至用簿來厚往的賞賜方法，用價值大大高於貢品的

---

[24]　江日升：《臺灣外紀》卷 1。

[25]　《明太宗實錄》卷 183，永樂十四年十二月丁卯條。

賜品回贈給朝貢國，因此，有些國家很願意前來朝貢，以表面的效忠換取極大的物質利益，如嘉靖二年日本貢使在寧波發生了「爭貢之役」就是這樣發生的。在這種思想指導之下，中國歷代王朝與周圍國家建立藩屬關係主要是滿足於天朝大國的自大心理需要，而不是去佔領別國獲取巨大的物質利益。而西方恰恰相反，正如西方學者布勞特（J.M.Blaut）指出，歐州文化具有進取、掠奪和貪婪的基本本質，這是其他文化少見的，這種本質在封建社會形成一種具有壓迫性的階級結構，進一步發展成爲資本主義原型，在這種制度下，人們可以不惜任何代價，採取任何手段以獲得利潤[26]。從這種思想出發，中世紀後期歐州出現一股追求財富，奢華消費的思潮，大多數人把財富放在第一位，著名思想家孟德斯鳩說，因爲按君主政體的政制，財富的分配很不平均，所以奢侈是必要的，要是有錢人不揮霍的活，窮人便要餓死[27]。荷蘭哲學家斯賓諾沙宣稱，人們都有一種欲望要追求對自己有利的東西，並且自己意識到這種欲望，因此，人們以追求於有利了自己的東西爲目的[28]。正是在這種重金重商思想指導下，西方商人把海上貿易利益放在第一位，爲掠奪財富而去殖民全世界。鄭芝龍受西方這種重商主義文化的影響較深，具有早期西方海盜商人原始資本積累的貪婪和野性，因此他不惜採取一切手段，擴大海上貿易，積極積累海商資本，從而發展成爲當時東南沿海最大的海商集團。

26　布勞特：《殖民者的世界模式－地理傳播主義與歐州中心史觀》261 頁，社會科學文獻出版
　　社，2000 年。
27　孟德斯鳩：《論法的精神》99 頁，商務印書館，1982 年。
28　斯賓諾沙：《倫理學》184 頁，商務印書館，1958 年。

七、論清代臺灣社會的轉型

關於清代台灣社會發展變遷的討論是近年來海峽兩岸學術界的熱點之一，發表了一批論文和專著，[1]歸納起來，主要有三種觀點：「內地化」、「土著化」和「雙向型」。主張「內地化」的學者認為：清代台灣社會發展的趨勢是內地化，即台灣社會變遷在取向上以中國本部各省的社會形態為目標，轉變成中國本部各省完全相同的社會，內地化的結果是台灣成為中華文化的文治社會。主張「土著化」的學者不同意上述觀點，他們認為，清代台灣漢人社會的發展模式是「土著化」，由移民社會走向土著社會，土著化的結果是台灣社會與中國本土社會逐漸疏離。第三種意見是「雙向型」，認為台灣移民社會一方面日益接近大陸社會，一方面日益紮根於台灣當地。

分歧的焦點

以上三種觀點分歧的焦點主要在二個方面，即台灣社會轉型的前提和標誌。關於轉型的前提，第一種和第三種觀點均認為，台灣社會轉型前的社會是非內地型的移墾社會（或稱移民社會），這種社會的特點是男女性比例嚴重失調，社會上養子成風，地緣關係重於血緣關係，社會底層是流浪漢，社會上層是豪強等等。清代初期的台灣社會的確存在這些現象，但這些現象不是社會構成的基本要素，更不能用這些現象來說明清代初期台灣社會與大陸社會本質上的差異。第二種觀點認為，清代初期的台灣移民社會是中國大陸傳統社會的連續和延伸，我們認為這種看法是可取的（具體論述詳見第四部分）。關於台灣社會轉型的標誌，第一種觀點把家族制度變化和士紳階級的形成看成為台灣社會「內地

1　李國祁：《中國現代化的區域研究——閩浙台地區 1860—1916》（台北）中研院近代史所專刊(44)1982。陳其南：《土著化與內地化：論清代台灣漢人社會的發展模式》《中國海洋發展史論文集》（台北）中研院中山人文所（1984）。陳孔立：《移民社會向定居社會發展模式》《清代台灣移民社會研究》廈門大學出版社 1990。

化」的主要標誌，而第二種觀點認為台灣社會轉型變遷的標準是社會群體構成的認同意識，即祖籍人群械鬥是由極盛而趨於減少，同時，台灣宗族活動前期的返大陸祭祖轉變為對開台始祖的奉祀，其次，本地寺廟神的信仰逐步形成為跨祖籍人群的祭祀圈。第三種觀點認為社會結構轉變為以宗族關係為主進行組合是台灣社會轉型的主要標誌，而宗族械鬥逐漸取代分類械鬥，超越祖籍人群祭祀圈的出現是社會轉型的次要標誌。以上三種觀點主要是從歷史學或人類學角度提出社會轉型的標誌，都有一定道理，但均不夠全面，我認為研究台灣社會的轉型應該用社會學的方法來確定台灣初期社會的性質並提出社會的標準。[2]

研究的方法

社會學是一門研究社會構成及其運行規律的獨立基礎性學科，它的研究對象是社會的整體結構和運行過程，具體來說，就是研究構成社會的各種要素，各個部分的結構關係以及這種結構關係的運動變化過程。因此要研究台灣社會變遷，首先要研究台灣社會的結構，即研究社會的構成要素及這些要素之間的相互關係模式，其研究的主要內容包括台灣社會群體、社會組織、社會分層、社會制度等。從而揭示這些社會要素如何構成台灣特定的社會有機體，以及是如何形成這種特定的社會秩序。其次，要研究台灣社會的運行及其規律性，

所謂社會運行，是指社會內部的不同領域、不同部分、不同方面、不同層次的構成要素之間交互作用的社會活動過程和功能發揮過程，以及由這些活動所引起的社會變遷。

那麼清代初期漢人社會構成的要素是什麼呢？從社會存在和發展的最基本的物質生產條件和精神生產條件的角度來看，台灣社會的基本要素是自然環境、人口因素、文化因素等。如果從社會形態的角度來考

2　本文的社會學觀點和方法主要參考吳增基主編《現代社會學》（上海人民出版社 1997）。
　　〔法〕艾德加‧莫蘭《社會學思考》（上海人民出版社 2001）具體出處恕不一一註明。

察，台灣社會的基本要素可以分爲經濟基礎、上層建築和意識形態三個方面。但在台灣社會整體的結構中，人口與自然環境是社會存在的兩個最基本的要素，在一定的社會形態中，人和自然的相互聯繫、相互作用構成一定的生產力，在一定的生產力發展的基礎上又產生了一定的經濟基礎以及與之相適應的政治上層建築和思想文化，因此，在一定的社會形態中，構成台灣社會的基本要素主要是自然環境、人口因素、經濟因素、政治因素和思想文化因素，本文將從這方面來研究清代初期社會的性質。

清代初期社會的性質

自然環境包括人類生活的一定生態環境、生物環境和地下資源。生態環境是指直接影響人民生活的地理空間、地形、地貌、土壤、氣候等。生物環境是指直接或間接影響人民生活的各種生命物質的總和，只要有人類活動的地方，就有各種生命的物質存在，人類是和各種生物處於共生共存環境之中。地下資源環境是指人類生活空間範圍下的各種礦物元素的總和。由以上三個方面構成的自然環境是構成台灣社會的基本要素，在社會結構中占重要地位。因爲自然環境直接影響著社會的存在和發展，如肥沃的土壤、水資源、動植物、各種礦藏直接提供了社會生產和生活資料的來源。同時自然環境還會直接影響生產部門的佈局和生產發展的方向，從自然環境來看，清代閩粵社會與台灣初期社會基本相同。台灣與閩粵兩地在緯度位置上同處於北迴歸線附近，台灣島內以山地丘陵爲主，西部的平原、台地和丘陵可供農業開發利用，閩粵地形也是以山地丘陵及河谷盆地爲主，整個地勢由西北向東南呈階梯狀下降，在東部沿海多平原，是主要農業區。台灣氣候高溫多雨，季風盛行，按我國氣候區的劃分，屬於暖亞熱帶和暖熱帶範圍。閩粵依山臨海，武夷山脈阻擋北方南下的寒潮，氣候以受海洋調節爲主，又處於北迴歸線附近，形成亞熱帶海洋性氣候，雨量充沛，有利亞熱帶作物生長。台灣的

土壤，山地以黃壤、黃棕壤為主，丘陵台地以紅壤為主，平原地區主要
是沖積土。閩粵地區的山地主要是灰棕壤，適合於林木生產，黃壤主要
分佈在盆地、谷地，沿海平原主要是磚紅壤，由於海峽兩岸的生態環境
相似，因此，生物環境也基本相同，兩地因雨量充沛，多山地，森林十
分密茂，都是我國主要林區之一。丘陵、谷地多種植茶葉和柑桔、龍眼
等亞熱帶水果，是我國主要茶葉和水果產區。沿海平原適宜種植水稻、
甘蔗、甘薯、花生，又是我國主要水稻、甘薯等糧食作物區和甘蔗、花
生等經濟作物區。地下礦產資源，福建出產鐵煤等，但儲量小，台灣地
區也產煤、硫磺等。從上可見，海峽兩岸的自然環境基本相同。

　　人口是社會的主體，是構成社會的中心因素。人口構成主要是包括
自然構成、社會構成和地域構成。自然構成是指人的性別和年齡等生物
因素而形成的人口社會分佈和組合方式，比如性別構成、年齡比例等。
在人口自然構成方面，清代初期台灣男性人口多於女性人口，青壯年多
於老人和兒童，與大陸確有不同，但自然構成及地域構成不是人口構成
的主要因素，對社會影響不大，對社會影響較大的是人口的社會構成，
如階級構成、職業構成、民族構成等。在階級構成上，清代台灣有業
戶──佃戶──現耕佃人之分，出現大租戶、小租戶，即一田二主制。
但在閩南地區同樣存在大小租戶，甚至出現一田三主現象，因此海峽兩
岸並沒有質的區別。在職業構成上，台灣與大陸社會一樣主要從事農業
生產的農民為主，同時還有小手工業者、小商販、商人等。雖然台灣出
現一批無業的遊民，但遊民是一個極不穩定的階層，一旦找到職業，就
不成為遊民，因此，遊民不斷處於分化、重組過程，遊民的出現會影響
社會的安定，但在社會結構中並不是主要因素[3]。

　　構成社會的經濟、政治、文化因素，基本上可以概括為社會生活方
式，因為從廣義的理解，社會生活方式包括人們在物質生活和精神生活
領域所從事的一切活動方式，馬克思在《政治經濟學批判》中也把物質
生活、社會生活、政治生活、精神生活都包括在整個社會生活中。社會

---

[3]　林仁川、朱建新：《略論清代台灣社會的失調與控制》福州大學學報 2002 年 1 期。

生活的基本內容主要是指勞動生活方式、物質資料的消費方式、精神生活方式以及閒暇生活方式四個方面。勞動生活方式包括勞動就業方式、勞動條件、勞動時間以及勞動態度、勞動習慣等。在這方面海峽兩岸並沒有太大的區別，特別是廣大的農民成年累月過著日出而作、日落而息的繁重而低效率的體力勞動。消費方式包括消費水平、消費結構和消費觀念，在海峽兩岸同處於自然經濟時代，消費水平都很低，在消費結構中，必要的消費資料，如衣、食在兩岸均佔極大比重，而享受消費資料和發展消費資料均佔很小的比例。在精神生活方式和閒暇生活方式方面，海峽兩岸也沒有太大的差別，比如在文化娛樂方面，兩岸都有愛看戲，喜熱鬧的民風，明清時期，漳泉一帶民間文娛活動十分活躍，每當歲時、節日都盛演八仙、竹馬等戲，「踵門呼舞，鳴金擊鼓，喧鬧異常」[4]。台灣的文化娛樂方式也主要是觀看各種民間戲劇。如諸羅縣「演戲，不問晝夜，附近村莊婦女輒駕車往觀，三五成群坐車中，環台之左右，有至自數十里者，不豔飾不登車，其夫親爲之駕」[5]。所以朱景英在《海東札記》中指出：「神祠、里巷靡日不演戲，鼓樂喧闐，相續於道」。

從以上構成清代台灣初期社會的自然環境、人口因素和社會生活等各方面來看，當時台灣社會與大陸閩粵社會沒有多少本質的區別，都是中國傳統農業社會，因此，「土著化」論者認爲清代初期社會是中國大陸傳統社會的連續和延伸是比較符合歷史實際的。

清代台灣社會的變遷

社會是一個不斷運動和變化的過程，我們既要從相對靜態的角度來考察台灣社會的結構問題，又要從動態的角度考察台灣社會的運行和變遷。那麼處於 18、19 世紀的台灣社會是如何發展變化的呢？「內地化」論者從社會、人口、政治、宗教、親屬、教育、習俗等各個層面論述台

---

[4]　王相：《平和縣誌》卷 10。
[5]　周鐘瑄：《諸羅縣誌》卷 8。

灣社會逐步轉變成與中國本部各省完全相同的社會，也就是從移墾社會轉變爲我國本部的傳統社會，他們研究的角度是對的，但前提和結論值得商確。「土著化」論者的前提是正確的，但用社會群體的「認同意識」作爲社會變遷的主要標誌，似乎又過於偏窄，並用此標誌來說明台灣社會的變化是朝著認同台灣本土的「土著化」結論，是作者不敢苟同的。

　　我們認爲研究清代台灣社會的發展變遷，首先要進行整體性和綜合性的考察，即包括人口、地理環境以及政治、經濟、思想文化等各種要素在內的社會整體性單位和社會綜合性現象的系統變化，而不是指某些單一性的要素的變化。其次，要側重從宏觀的角度研究社會變化的本質和一般規律，而不是去研究社會微觀領域的具體變化過程，如具體研究如何從分類械鬥轉變爲同類械鬥的轉變過程。第三，馬克思主義社會學還認爲，社會進化的總趨勢是由低級向高級發展的過程，在社會進化向前發展的總趨勢是改變不了的。第四，社會的進化變遷由人們消極地適應社會走向自覺地改造社會，在人類社會早期，社會力量完全像自然力一樣支配著人們活動，在這種情況下，社會進化在很大程度上表現一種自發過程，但是到近代，隨著西方殖民者的擴張，把比較先進的生產力也帶到到東方，逐步打破原來傳統的社會格局，在出現負面影響的同時，也給社會的發展變遷帶來一定的正面的影響。根據以上的觀點，我們認爲清代台灣社會自 19 世紀 60 年代以後，已被迫捲入了世界性潮流之中，開始從傳統的農業社會向近現代社會發展變化。

　　社會現代化作爲一場深刻的社會變革，起始於 16 世紀的歐洲，經過二、三個世紀，歐洲列強就把世界其他國家遠遠拋在後面，他們開始在全世界進行殖民擴張，建立殖民地，開拓海外貿易市場，用洋槍洋炮打開古老東方國家的大門。清代台灣社會就是在這種國際潮流下，出現了從傳統的社會向現代社會轉型的特殊變遷過程，儘管這種轉型是痛苦的，曲折的。

　　清代台灣社會的現代化主要表現在以下幾個方面：

　　（1），科學技術的現代化。科學技術的現代化是社會現代化的重要

內容。在清代初期社會，工農業生產是靠傳統的生產技術，到十九世紀八十年代，已引進新式的機器設備和生產技術，逐漸用機器生產代替手工業生產，如光緒十一年（1885 年）在台北城北門設立機器局，用 8 萬 4 千餘白銀到國外購買機器。新式的蒸氣機也於光緒二年（1876 年）運抵基隆煤礦，成爲我國第一座用機器開採代替手工開採的新礦場。同時，向英國、德國購買鐵軌、火車，聘請外國工程師，引進國外技術開始修建鐵路。在海上交通方面，也向英國購買駕時、斯美號兩條輪船，這種船長 250 英尺，航速每小時 15 海哩，比原來的木帆船運輸先進快捷。電報是工業革命後的產物，它作爲一種先進的信息通訊技術，很快爲西方各工業國家廣泛應用，對促進世界市場的形成和發展起一定促進作用。1886 年台北設立電報總局，駕設水陸電線 1400 多華里，大大縮短了各種信息傳遞的時間，爲經濟現代化提供便捷的條件。在製茶、糖等傳統產業上，原來均爲傳統的手工生產，此時，茶商李春生採用新技術焙製茶葉，沈鴻杰購買德國製糖設備，創辦新式糖廠[6]。使台灣的製茶、製糖技術出現新的發展。

　　（2）經濟發展的工業化。以現代工業爲核心的經濟體系取代傳統農業爲核心的傳統經濟體系的變革過程，這既是社會現代化的基礎，又是社會現代化的核心內容。清代台灣初期社會的經濟體系主要是以稻米[7]、甘蔗種植業爲主，雖然製糖業較爲發達，但仍是傳統的手工業生產。到近代，現代工業已逐步在台灣興起。台灣最早創設的是基隆煤礦，光緒二年（1876 年）英國工程師帶領工人，先在八斗子開採，第二年已掘進 269 尺，發現煤層厚達 3 尺的優質煤礦。爲了進一步擴大生產，成立了礦務局，後改稱煤務局。光緒六年（1880 年）年產量達 41,236 噸，第二年又增加到 53,606 噸。1886 年在滬尾設立官辦硫磺廠，1887 年，又設立官辦機器鋸木廠，每年爲修建鐵路提供 800 塊枕木。在官辦工業的同時，民營工業也已出現，如民辦煤礦在中法戰爭時因劉銘傳害怕資

---

[6]　《台灣省通志稿》卷 7。
[7]　林仁川：《明清時期台灣的稻米生產》中國農史 2002 年 3 期。

敵，下令關閉，但戰後，各民營煤礦又恢復開採，同時還有許多人申請開辦新的煤礦，一時間民營煤礦如雨後春筍般地發展起來，雖然，民窯資本少、規模小，但總產量頗為可觀，光緒十二年（1886年）產煤17,000噸，其中大部分為民窯生產。[8]1888年基隆台商開辦發昌煤廠，用機器製造煤磚。1891年，台商引進外國製糖鐵磨，供糖戶使用，1893年苗栗地區有商人從日本引進腦灶，生產樟腦。[9]

　　（3），社會生活空間城市化。主要表現在兩個方面：（一）台灣人口的流動方向受到外貿興盛與經濟發展的影響，從過去向洪荒地區流動變為向台北經濟發達地區流動。清代初期大陸移民在平原地帶開墾之後，大部分轉向尚未開發的丘陵、台地進發；在西部開發以後又越過台灣東北角山地，進入尚未開發的東部宜蘭地區進行開墾。而到近代隨著茶葉貿易的發展，開始向台北經濟較發達的地區流動。（二）台北都市化的出現。台北地區雖然早在康熙年間陳賴章已承墾開發，但在咸豐以前，僅有新莊和艋舺兩地形成較大的市鎮，到光緒年間，因茶葉貿易的繁榮，大稻埕成為繁華的市鎮，接著，清政府又在大稻埕與艋舺之間修建府城，從而形成艋舺、府城、大稻埕三街市鼎立局面，據H.B.Morse估計，光緒十七年（1891年）台北都市人口已達10萬餘人。中法戰爭以後，劉銘傳招募蘇浙富紳到台北開設興市公司，開馬路，裝電燈，當地巨紳林維源、李春生亦仿西洋建築，合建千秋、建昌二條街道，於是洋商聚居，市面繁榮，是台灣最具現代化的都市。同、光年間，台北地區另一新興市鎮是淡水，咸豐十年（1860年），開為商埠，設立海關，商務蒸蒸日上，到1865年，人口已達6千餘人。基隆自同治九年（1870年）開採煤礦以後，中外輪船來此購煤，人口增加，光緒十二年（1886年）敷設至福州的海底電纜，光緒十三年（1887年）又修通鐵路，使基隆港日益繁榮，到中日戰爭時，基隆市人口已達9500餘人，超過淡水。[10]

8　黃嘉謨：《甲午戰前之台灣煤務》第216頁。
9　陳孔立：《台灣歷史綱要》第304頁。
10　李國祁：《中國現代化的區域研究——閩浙台地區1860—1916》第474頁。

　　（4），社會價值觀念和生活方式的現代化。我國傳統農耕社會由於生產力低下，商品經濟不發達，長期形成寧靜敦厚的社會風氣，崇儉尚樸的生活習慣。到了近代，由於經濟的發展，對外開放，舊有的農業社會的崇儉道德逐漸喪失，整個社會風氣趨向奢侈，追求物質享受，與此同時，寧靜敦厚的農業社會的人際關係也逐漸爲競爭之風所取代。尤其在台灣北部都市化程度較大的地區，由於人民生活水平提高，消費的增加，每年從海關進口大量的奢侈品。同時，清代後期台灣的婚姻禮俗也相當奢靡，如嘉義地區，聘金多至二三百元，少則二三十元。[11]

　　從以上四個方面可以看出，經過二三十年的經營，台灣出現了全國最早的電報業和新式郵政，最早投資的新式煤礦，全省出現了第一條鐵路，第一台電話，第一枚郵票，第一盞電燈，第一所新式學校。台灣後來居上，成爲全國洋務運動的先進省份。所有這些都表明：清代台灣社會已逐漸從傳統社會向現代社會轉型。但是，社會的現代化最重要的是制度的現代化和人的現代化，恰恰在這一點，台灣社會現代化的阻力最大，如基隆煤礦盡管購買了外國先進機器，聘請外國工程技術人員，但在管理及人事制度上仍沿用舊的一套，管理官員因循苟且，中飽私囊，人浮於事，生產效率低下，致使每月虧損。

　　雖然進行了官辦、官商合辦等改革，仍然無法扭虧爲盈，陷於半停頓狀態，由此可見，社會現代化最根本的問題在於人的現代化，正如美國社會學家、斯坦福大學教授英格爾斯在《人的現代化》一書中指出：「一個國家可以從國外引進作爲現代化最顯著標誌的科學技術，移植先進國家卓越有成效的工業管理方法」，但是「如果執行和運用這些現代制度的人，自身還沒有從心理、思想、態度和行爲方式上都經歷一個向現代代的轉變，失敗和畸型發展的悲劇是不可避免的。再完美的現代制度和管理方式，再先進的技術工藝，也會在一群傳統人民的手中變成廢紙一堆」。[12]

---

[11] 莊金德：《清代台灣的婚姻禮俗》台灣文獻 14 卷 3 期。
[12] 英格爾斯：《人的現代化》殷陸君譯，四川人民出版社，1985，第 4 頁。

（刊《中國社會經濟史研究》2003 年 4 期）

臺灣經濟形態編

一、荷據時期臺灣的社會構成和社會經濟

（一）階級構成

　　階級首先是一個經濟範圍，階級結構根源於社會的經濟結構。英國古典經濟學家亞當·斯密和大衛·李嘉圖已經提出社會劃分爲階級的根源在經濟關係，但他們主要用產品分配的形式來劃分階級，我們認爲領取社會財富的方式和多少不同，確實是構成不同階級的重要因素，然而，階級劃分的最主要標準應是對生產物資佔有的多少，有的集團佔有生產資料，有的集團不佔或很少佔有生產資料，從而構成不同的階級。在荷蘭佔領台灣時期，他們將最主要的生產資料土地（即所謂王田）、獵場、漁場據爲己有，任何耕種土地、狩獵，捕魚的台灣人民都必須向荷蘭殖民者繳納租稅。

　　台灣農民耕種農地，都必須向荷蘭人繳納稻作稅，稅制採用分成租，一般來說 1644 年以前徵收二十分之一，1644 年以後，提高到十分之一，但各地、各年份的徵稅率也不盡相同。如以 1645 年爲例，Delft 地段，農田面積 13.5morgen[1]，課稅面積 13.5 morgen，稅率爲每 morgen 徵收 3.9 里爾[2]；Sonck 地段，農田面積 93.4 morgen，課稅面積 63.4 morgen，稅率爲每 morgen 徵收 4.1 里爾；Hoorn 地段，農田面積 84.5 morgen，課稅面積 61 morgen，每 morgen 徵稅 4.3 里爾；middelbureh 地段，稅率爲每 morgen 徵收 4.9 里爾，有的地段稅率在 5.3 里爾，5.5 里爾，6 里爾，6.3 里爾，最高的達 7 里爾，如 koecke backer 地段，農田面積 282.6 morgen，課稅面積 103 morgen。稅率爲 morgen 徵收 7 里爾。[3]

　　荷蘭人不僅將耕地收歸王田，而且還霸佔鹿場，凡是到山上捕鹿，

---

[1]　Morgen，荷蘭中世紀的地積制度，即一個農夫在 1 日所能耕種的面積。

[2]　1 里爾約等於 0.73 兩銀子。

[3]　中村孝志：《荷蘭統治下台灣的地場諸稅》（下）《日本文化》：第 42 號，1964 年。

都必須向荷蘭人領取許可證，他們規定，用罟捕鹿的許可證每月繳納 1
里爾，用陷阱捕鹿的許可證每月繳納 15 里爾。起初發放許可證是沒有
任何限制的，後因大量捕殺，鹿的數量急劇下降，1640 年 12 月不得不
下令 1641 年一年內不准掘穴及張網捕鹿[4]。1642 年雖然開放捕鹿，但規
定只能用罟，不能用陷阱，而且，對鹿皮和鹿肉加收一成的出口稅[5]。
1644 年 12 月原來打算發放許可證 4 百份，但到第 2 年，實際上只發放
364 份，北部 331 份，南部 33 份，比原來減少 36 份，「其原因是鹿的
數量在減少，二十多年來每年捕獲 5 萬、7 萬、10 萬頭，所以明顯減少，
現在僅僅少數地區還有鹿在生存」。卡郎認為不實行狩獵二年，停止狩
獵一年的辦法，台灣的鹿就會絕種[6]。荷蘭殖民者禁止過分捕鹿當然不
是為了保護生態環境，而是為了能源源不絕地獲得狩獵稅和鹿皮。

　　荷蘭殖民者還向在台灣近海及內河捕魚的漁民徵收漁業稅。漁民必
須先向荷蘭人領取執照，然後到各個漁場從事捕魚，最後再回到大員繳
納什一稅，如 1632 年 12 月 31 日有戎克船二艘自魍港到達，該船在魍
港獲烏魚 1 千條，為繳納什一稅來大員。1633 年 1 月 2 日至 3 日，自
南方漁船 4 艘到達大員，向徵收稅處繳納捕獲烏魚 2 百條的什一稅，第
4 日又有南方漁船 7 艘到達大員，繳納烏魚 2 千條的什一稅[7]。1650 年
以後，還把近海漁業與內河漁業稅區分開來，當年徵收漁業稅 6165 里
爾。

　　荷蘭人除霸佔生產資料，徵收稻作稅、狩獵稅、漁業稅之外，還挨
家挨戶搜查登記，徵收人頭稅，凡是台灣的漢族居民，都要領取居住許
可證，換證時繳納人頭稅，起初每人每月 1/2 里爾，從 1640 年 8 月 1
日開始每人每月徵收 1/4 里爾，到 1650 年又增加 1/2 里爾，一直到郭懷
一起後，才再降到 1/4 里爾。

　　台灣的廣大人民，無論是原住民或是漢族移民都是被統治被剝削階

4　《巴達維亞城日記》第 2 冊 34 頁。
5　《巴達維亞城日記》第 2 冊 153 頁。
6　《巴達維亞城日記》第 2 冊 338 頁。
7　《大員商館日記》（曹永和《明代台灣漁業誌略補說》《台灣早期歷史研究》178 頁）。

級，他們不僅失去勞動生產資料，被迫向荷蘭殖民者繳納各種稅收，而且還要服各種勞役，如修路、築橋等。即使是一些稅收的承包人，盡管他們在產品的分配領域能得到一定的利益，但並沒有生產資料的所有權，而且在人身上也受到荷蘭殖民者的嚴格控制，隨時都有被撤換的危險。由此可見，荷據時期台灣的社會構成是以佔有生產資料的荷蘭殖民者為一方的統治階級與台灣人民為一方的被統治階級。

（二）職業構成

　　荷據時期台灣人民的職業構成有從事漁業為主的漁夫，從事貿易的商人，從事狩獵的獵人，從事農耕的農民和從事手工業的工匠等等。

　　1.從事貿易的商人，台灣商人又可分為海盜商人，承包商及小商小販。早在荷蘭據台之前，中國東南沿海的海盜商人集團已經常出沒在台灣的各個港口，甚至將台灣作為貿易據點，如萬曆二年六月林鳳海商集團被福建總兵打敗，撤至澎湖，十月自澎湖轉往東番魍港（台灣），以魍港為據地，在台灣海峽從事走私貿易活動。如 1644 年 4 月，在琅嶠地區，以 Kunwangh 為首的一群海盜商人遭到荷蘭人的圍攻。[8]在台北淡水附近也有一群以 Kimwangh 為首的海盜商人在進行貿易，後來雖然被荷蘭人捕殺，但其部下在 Twacan 帶領下轉移到澎湖進行活動[9]。第二種商人是承包商，荷蘭人佔領台灣之前，漢族商人直接進入山地，與原住民進行以物易物，用瑪瑙、瓷器、食鹽、布等交換鹿皮、鹿角、鹿脯、黃金、琉璜等[10]。荷蘭人據台以後，為了控制漢族商人與原住民的直接貿易，實行贌社制度，凡是要進行貿易的漢族商人，必須要提出申請，經過投標中選者才能進行村社貿易，這種商人稱為社商，其具體做法為每年五月初二日，「將各社港餉銀之數，高呼於上，商人願意則報名承應，不應者減其數而再呼，至有人承應為止，隨即取商人姓名及所認餉

---

[8]　《巴達維亞城日記》第 2 冊 252 頁。
[9]　《巴達維亞城日記》第 2 冊 290—291 頁。
[10]　陳第：《東番記》，（沈有容《閩海贈言》第 25 頁）。

額書之於冊，承其街市鋪戶保領，就商徵收，分為四季。商人既認之後，率其伙伴至社貿易。凡番之所有，與番之所需，皆出於商人之手，外此無敢買，亦無敢賣」。[11]一般來說，能中標承包商都是比較大的商人，如 Siamsiac 曾承包琉球嶼，並從事大規模的硫磺貿易。另一位承包商 Tohip，還充當過漁稅、宰豬稅的承包人或擔保人。第三種是小商小販，他們活動於台灣的各個角落，為漢族移民和荷蘭人提供日常用品和食品，如 1638 年，Mickinius 購買纏布、酒、及燭燭，付款 3 又 3/4 里爾。Pietersen 在麻豆為看管馬匹的荷蘭人及黑奴，付款 11 又 1/2 里爾，購買米，鹽魚和二頭豬。1639 年，奉總督的命令，Jaost 在 Tejouan 地方購買外衣二件、旗一條、手杖二根。以上這些商品都是向居住於台灣的小商小販購買的[12]。

2.從事捕撈業的漁民。捕撈海上及內河的魚類是當時台灣人民的又一項重要職業。台灣盛產各種魚類，沿島海域是著名的鯔魚場，鯔魚又稱烏魚，產於海者曰海烏，產於河內者曰溪烏，《諸羅縣誌》云：「冬至前後，北風正烈，結陣游於內海，累至水底，漁師燎而網之，一罟以百計。腎臟似蕉極白。雌者子兩片似通印子而大，薄醃曬乾，明於琥珀，肫圓如小錠，鮮食脆甚」[13]。內河烏魚以大肚溪的溪烏最為上品，台灣的原住民「居島中，不能舟，酷畏海，捕魚則於溪間。」[14]荷蘭人佔領台灣以後，蕭壠附近的婦女還用竹籠於夜間到河中捕魚。沿海的海島，因捕捉較為困難，必須有較大型的海船和漁網，幾乎為漢族漁民所獨自佔有，早在荷蘭人入據澎湖時，已發現有許多漁夫居住，後來派甲必丹，翻譯人員和士兵進行調查，發現有個漁村，每一村莊約住五、六十人，他們都以漁業為生的。[15]荷蘭人佔領台灣以後，從大陸來的漁民更多。據曹永和先生統計，自大員往台灣各地的漁船，1636 年 69 艘，1637 年

---

[11] 黃叔璥：《台灣使槎錄》164 頁。
[12] 平山勳編譯：《台灣社會經濟史全集》（11）53 頁，（《台灣文獻》10 卷 4 期）。
[13] 《諸羅縣誌》卷 121 外記。
[14] 陳第：《東番記》，沈有容《閩海贈言》第 25 頁。
[15] 中村孝志：《荷領時代台灣南部之鯔魚漁業》（《台灣經濟史》2 集 43 頁）。

128 艘，1638 年 189 艘；從台灣沿海各地返回大員的漁船，1636 年 3 艘，1637 年 167 艘，1638 年 186 艘[16]。由此可見，台灣的漁業十分發達，從事捕魚的人數很多，盡管其中有許多人是大陸漁民，但也有相當多是已經定居於台灣從事捕魚職業的漢族移民。

3.從事農業的農夫。荷蘭人侵佔台灣以前，部分原住民已從事原始農業，他們將耕田和種稻當做主要的職業，荷據初期，他們過著粗放的農耕生活，「他們雖然有很多的土地可用，然而所播種的東西，只能以維持生活的分量爲限，不肯多種」，「稻子成熟以後，他們就收起來藏在家裡，到需要時才打下來，在要吃的時候才搗所需的份量」，[17]原住民的農業生產工具和勞動效率均十分落後，他們不用馬、牛或犁，普通都是用鶴嘴耕地，所以要花很多時間，稻子成熟時，也不用鐮刀收割，而用「小刀似的器具，割其穗部」。他們還種植「甘蔗和一些青菜」[18]。到1650 年原住民的農耕技術已有較大提高，甚至已使用鋤頭和車。

農業也是漢族移民的重要職業，荷據台灣以前，只有少數農民耕種大員附近的土地，荷蘭人侵佔台灣以後，由於大量的漢族移民來入台，台灣的農業得到較快的發展。許多漢人開墾土地，興修水利，舖設道路，種植稻米、甘蔗、大麥、豆類、棉、麻、煙草、藍、蔬菜、生薑等，其中以甘蔗生產規模最大，《巴達維亞城日記》記載：1645 年 3 月「赤坎附近能生產白糖 1 百萬斤，今年稻米也豐收，因此，中國人很熱心耕作，忙於開墾荒地，擴展田園」[19]

4.從事狩獵業的獵人。台灣未開發以前，古樹參天，叢林茂密，生長大批野鹿，處於原始社會後期的原住民將狩獵作爲主要的謀生手段，每當多季「鹿群出，則約百十人即之，窮追既及，合圍衷之，鏢發命中，獲若丘陵，社社無不飽鹿者」[20]。漢族移民也有以狩獵爲生的，但他們

[16] 曹永和：《明代台灣漁業誌略補說》（《台灣早期歷史研究》229、230 頁）。
[17] C、E、S：《被遺誤的台灣》（《台灣經濟史三集》37 頁）。
[18] 甘為霖：《荷蘭人侵佔下的台灣》（江樹生《清領以前台灣之漢族移民》《史學匯刊》3 期）。
[19] 《巴達維亞城日記》第 2 冊 339 頁、356 頁。
[20] 陳第：《東番記》，沈有容《閩海贈言》第 25 頁。。

的捕鹿方法比較先進，已放棄窮追射箭法，改用罟法或陷阱。罟法，就是張網捕鹿；陷法，就是鹿經過的路上挖一個大的深井，上面覆蓋草皮，旁邊再圍上一層竹篾，因鹿性多疑，用角觸篾動，不敢出圍，沿竹篾向前走，「至陷皆墜矣」。每年獵期一到，他們向荷蘭人領取許可證，紛紛到各個鹿場去捕鹿。

5.從事各種手工業的工匠。荷蘭人佔領台灣以後，在澎湖、大員建築城堡、商館、倉庫、教堂，要大量的技術工人，於是大陸的石匠、木匠、石灰匠等絡續移居台灣。如 1624 年 8 月，荷蘭人建築熱蘭遮城時，該地有一個每天能製造 2 千個磚的磚工。1636 年為建築笨港堡壘，要求漢族工匠燒製大量磚瓦。1644 年，上尉 Captain Boon 到淡水修建城堡時，從安平帶去磚匠。這些石匠、木匠、石灰匠不僅從事建築業，也從事其他的木工或製造家俱等工作。根據 1638 年 11 月至 1639 年 Tayouan 會計簿記錄：1639 年 1 月 8 日支付給開鑿台維斯住房屋的地窖，拆除廚房，製作椅子的中國工匠的工錢 1 又 1/2 里爾。2 月，支付修理小屋的中國木工 2 天的工資 1/2 里爾，8 月，支付中國打鐵匠 4/5 里爾[21]。

此外，還有一些台灣漢族移民從事搖舢板，挑夫職業，他們在沿海岸或河內經營舢板業，運送荷蘭人及其他中國移民到台灣各地。荷蘭人每次出征隊中的中國人，實際上就是隨隊的船夫或挑夫，如 1640 年 9 月 6 日，荷蘭人以 470 里爾購買雞籠號及淡水號戎克船，命令威里斯（Marten Gerritsen Vnies）為指揮，搭載荷蘭人 35 人及中國船夫 25 人到台灣北部偵察西班牙人的防備情況。

荷據時期的台灣人民雖然有從事農業的農夫、從事商業的商人、從事狩獵的獵人之分，但他們之間的職業並沒有嚴格的劃分，如從事耕作的農民，他們在農閒時往往上山打獵，把狩獵業作為他們的副業。再如，沿海從事捕魚的漁夫，也往往經營商業貿易，販賣一些土特產品，所以，我們在《巴達維亞城日記》或《大員商館日記》中，往往能看見同一條漁船內，裝載有魚、蘇枋木，甚至砂糖、生絲等貨。如 1632 年 12 月

---

[21] 郭水潭：《荷蘭人據台時期的中國移民》（《台灣文獻》10 卷 4 期 38 頁）。

26 日，有戎克船二艘裝載鹽魚、鹿肉和蘇枋木向安海出發。正午，自北方開始有強風吹來，因之，該二船又回至大員[22]，從此船可以看出，他們既從事捕漁業，也從事貿易業。

（三）社會群體與社區

　　荷據時期的台灣原住民處於原始氏族社會的後期，分成許多互不統屬的部落。大量的漢族移民也剛剛來到台灣，聚落而住，因此，當時社會基層是由許多的基本群體所組成的，尚未形成為追求特定目標，有固定的成員和權力結構的社會組織。

　　原住民的部落都有自己的一定領域，部落內部由一個由 12 個人組織的 QUATY 領導，QUATY 的成員必須是 40 歲以上的人，任職期為二年，二年後，其他同等年齡的人被選出來後，就要離職。QUATY 的權力不是至高無上的，他們的決議或訓令，民眾沒有必須遵守的義務。他們的權力主要是向民眾提供意見，每當有什麼有關公益的事要舉辦或停止時，QUATY 先開會，討論用什麼辦法最好，如果意見一致，就召集所有的村民開會，把所討論的事情向村民說明，然後用半小時向他們說明對於各個問題的贊成和反對的意見，並發表討論，以求村民支持他們的決議。發言人都講完後，村民可以在討論會上提出各種看法，如果大家贊成 QUATY 的決議，就照樣實行，如果不同意，就遵守大眾的意見辦事。

　　QUATY 還有一種群體的控制職能，也就是與此相關聯的獎懲制度，任何村民在與神或有關公益事項上做了錯事，QUATY 或是 12 個成員有權處罰他，這處罰當然不是監禁，鐐銬或體罰，更不會判處死刑，而是罰他一件棉衣，一張鹿皮，一包米或一壺酒。[23]

　　從以上可以看出這種部落群體有幾個特徵，首先，群體內有幾個核

---

[22] 曹永和：《明代台灣漁業誌略補說》。

[23] C、E、S：《被遺誤之台灣》（《台灣經濟史三集》39 頁）。

心人物，成形成群眾領袖，指揮著群體的活動，但尚未完全形成集中在首腦人物的個人手中，更談不上有一個權力和地位的分層體系，有力地控制和指導群體活動。其次，在這種部落群體內，每個成員都受到重視，都參與群體的互動，由於成員間通過語言，動作直接進行面對面的互動，信息傳遞不需要經過中間環節，因此，關係比較密切。但群體內沒有嚴格的組織紀律，加入和退出都不要履行一定的手續。

荷蘭殖民者爲了改變這種部落群體的組織結構，派遣傳教士到各鄉村傳播基督教，並設立各種學校，強迫他們每天去上課，同時，由台灣荷蘭長官任命一個最年長的人做全村的首長，授予象徵權力的藤杖，每年到大員去見荷蘭長官，報告情況，從而建立初級的行政管理系統，但仍然無法完全破壞原住民的這種基層社會結構。

漢族移民到達台灣以後，逐漸形成以各種職業爲主要紐帶的聚落型態—漁村、農村、狩獵村等基本群體。早在萬曆年間，大陸漁民已在澎湖搭寮居住，到荷蘭人入侵時，已在島的北部出現漁夫居住的村落。同時在台灣本島的打狗、下淡水、笨港、二林、大員等地，形成許多漁夫搭寮居住的小村落。約在 1626 年西班牙人所畫的《台灣島的荷蘭人港口圖》中，在赤坎有 6 間小屋，旁邊注曰「赤坎中國漁夫及盜賊的村落」。《熱蘭遮城日記》1643 年 3 月 21 日條下亦有記載「打狗有小屋四間，有許多中國人（大多數是漁民）睡於其中」。再如中國頭人蘇鳴崗召集一批農民，從事甘蔗和稻米的種植，形成一個以種植業爲主的農村社區。赤坎地方由於是大陸與台灣通航的主要港口和台灣各地貨物的集散地，商人雲集，成爲以商貿爲中心的社區。由此可見，荷據時代漢族移民的基本群體主要是以職業劃分的，有漁村、農業社區、商業社區等。

漢族移民爲什麼會形成以職業爲主的基本群體？它的功能又是什麼呢？首先這是生產的需要，因爲人的生產需求是在他所屬的基本群體中實現的，個人在群體內與他人合作，在他人配合和幫助下，才能進行生產，如用陷阱捕鹿，必須挖坑，沿海捕魚，必須張網，這些工作都必須幾個人合作才能完成的。再如開墾荒地，興修水利，也要依靠集體的

勞動。

　　其次，基本群體還是個人在生活上獲得支持和幫助的重要來源。漢族移民到達台灣，人地生疏，生活上可能遇到各種各樣的困難。最可能給他幫助的就是與他同來的同行伙伴，因爲他們彼此最了解，也最能夠及時給予有效的幫助。

　　第三，安全上的需要，當時台灣尚處於開發初期，雜草叢生，疫疾流行，隨時可能碰到兇猛的野獸，爲了共同抵抗惡劣的自然環境，預防其他社會群體和野獸的侵襲，他們也必須聚落而居，因爲居住在村莊裡總比孤門獨戶更安全些。

　　第四，精神生活的需要。除了物質生活和安全以外，人還必須有精神生活，精神生活也是一種社會生活。漢族移民大多數是單身男子，他們身處異鄉，經常產生的痛苦和憂愁總是要發泄出來，取得他人的共鳴，同情和支持，這樣才能在精神上得到安慰，但要表達情感尤需要有對象，因此，他們必須聚落而居，大家在一起交談，聊天，一起進行一些娛樂活動。由於以上種種原因，移居台灣的漢族移民結成各種社會群體，這些社會群體爲將來以追求特定目標的社會組織的形成準備了條件。

（四）以糖米為主的農業生產

　　荷據時期台灣農民種植的農作物主要以甘蔗和水稻爲主。經過台灣農民的辛勤勞動，到 1636 年，甘蔗生產已初具規模，據《巴達維亞城日記》載，當年荷蘭人從農民手中收購白砂糖 1 萬 2 千 42 斤，黑砂糖 11 萬 4 百 61 斤，準備銷往日本。預計第二年生產的白、黑砂糖可達 30－40 萬斤。隨著水稻生產的發展，荷蘭人準備在東部建立糧倉，以每 Last，40 里爾的價格收購糧食。1637 年，赤坎及其附近的稻田有較大的擴展，1640 年甘蔗果然獲得豐收，當年生產的白砂糖和黑砂糖達 40－50 萬公斤。水稻雖經農民的努力耕耘，但效果還不大。1641 年，甘

蔗種植又有所增加，到當年 5 月份可收購白砂糖和黑砂糖 50 萬公斤以上。不僅耕地面積擴大，耕作技術也有顯著進步，估計明年可收獲砂糖 70－80 萬公斤，稻米 250Last[24]。到 1644 年，台灣農民的甘蔗生產仍保持在 30 萬斤左右，水稻生長良好。1645 年 3 月許多農民忙於開墾荒地，擴大耕地面積，預計可產白砂糖 1 百萬斤及大量稻米。[25]

　　1650 年以後台灣發生幾次大的自然災害，再加上 1652 年郭懷一起義後荷蘭殖民者的鎮壓和破壞，使台灣的米糖生產受到很大的摧殘，稻米和甘蔗的種植面積呈下降趨勢，以上是台灣米糖的最大產區赤坎附近的生產情況，此外，荷蘭人佔領雞籠、淡水以後，漢族移民也開始申請執照前往該地區進行農業墾殖。同時，各地的原住民在漢族移民的幫助下，也擴大稻作生產，如 1648 年居住在麻豆的原住民每戶向荷蘭人上繳稻 1600 束，共折米 8 擔。

　　除了稻米、甘蔗以外，台灣人民還種植大麥、甘蔗、水果、蔬菜各種農作物，其中有的品種是從大陸移植過去的，有的是從南洋各國傳入的，此外，我們在台灣的地方誌中還可以看到其他作物的種植情況，如荷蘭豆「種出荷蘭，可充菰品熬食，其色味香嫩」，香芥藍：「似茶，葉藍，其紋紅，根亦紅，種久蕃茂，團結成頂，層層包裹，彩色照耀，一名番牡丹，種出咬留吧」（《台灣采風圖》）。

　　為了發展農業，台灣農民還十分重視興修水利。如參若埤，在文賢里。「自紅毛時有佃農姓王名參若者，築似儲水灌田，遂號為參若埤」[26]。荷蘭陂，在新豐里，「鄉人築堤，蓄雨水以灌田，草潭通北」。[27]同時，原住民也開始修建水利設施，如「諸羅山蕃社，有紅毛井古跡，云系荷蘭時所鑿，在東郊有一莊曰紅毛埤，又在大肚溪北岸有王田莊，在舊嘉祥里有王田陂」。[28]

---

[24] 《巴達維亞城日記》第 2 冊 34 頁、129、153 頁。
[25] 《巴達維亞城日記》第 2 冊 339 頁。
[26] 蔣毓英：《台灣府誌》卷 3 水利。
[27] 陳文達：《台灣縣誌》卷 2 水利。
[28] 奧田彧等：《荷領時代之台灣農業》（《台灣經濟史初集》45 頁）。

　　台灣農民生產出來的大批蔗糖和稻穀，被迫賣給荷蘭東印度公司，收購價格是由荷蘭人指定的，每當收獲季節，許多農民用肩挑或牛車運送到赤坎城外的農產品交易市場，換取貨幣。1644 年因新港地區稻作及甘蔗生長良好，獲得豐收，而運往赤坎的道路過分狹小，十分擁擠，決定拓寬道路到 60 英尺，兩旁還修寬 3 英尺的深渠，並架設二座拱橋，從此，「車馬易行，行人也十分方便」[29]。原住民生產出來的農產品一般以自給自足為主，即使有拿到市場出去賣，也是採取以物易物的交換方式。

（五）以絲、糖、瓷器為主要貨品的轉口貿易

　　荷據時代的台灣處於開發的起步階段，人口比較稀少，物產也比較缺乏，島內的市場不大，當時，能夠輸出的產品，只有鹿皮、硫磺以及後期的部分砂糖。

　　早在荷蘭人佔領以前，台灣的鹿皮已開始輸向日本，每年有日本船二，三艘來到大員進行採購。荷蘭人佔領台灣以後，鹿皮仍然是輸出的主要土特產品，1634 年有 11 萬餘張鹿皮銷往日本，1638 年上升到 15 萬張。由於濫捕的結果，從 1641 年開始下降，當年只出口 5 萬餘張，第二年下跌到 1 萬 9 千餘張，在以後的十餘年時間裡，每年輸往日本的鹿皮不超過 10 萬張，一直到 1655 年才達到 10 萬零 3 千張，但 1656 年又下降為 7 萬餘張，從此到 1661 年都保持在 6 萬到 9 萬張左右[30]。

　　硫磺產於台灣北部，是台灣輸出的第二種主要產品。1642 年 1 月，在大員的中國商人手中有粗硫磺 20 萬到 25 萬斤，因缺少椰子油，沒有辦法進行精製。1644 年 4 月有一名中國官員到大員提出歸還攻打雞籠時捕獲的兩艘戎克船，准其輸出粗硫磺 10 萬斤的要求，同時，鄭芝龍也因戰爭需要，從台灣輸出 10 萬斤硫磺。1645 年 3 月，大陸的兩條船

---

[29] 《巴達維亞城日記》第 2 冊 292 頁。
[30] 中村孝治：《十七世紀台灣鹿皮之出產及其對日貿易》（《台灣經濟史八集》）。

到雞籠、淡水，從事硫磺貿易。福州商人也運 1 千 3 百籠瓷器到大員，交換了一部分硫磺。[31]除了以上兩種商品以外，台灣的三大出口商品——絲，糖和瓷器有相當大的部分是通過臺灣轉口輸出的，因此，荷據時期臺灣的出口貿易是大陸海上貿易的組成部分，大員是中國對外貿易的一個轉運中心。

1、絲的轉口貿易：

絲綢是中國著名的產品，明朝末年，除了通過呂宋到美洲的大帆船貿易和通過澳門、果阿、里斯本轉販到歐洲外，台灣是中國生絲又一個轉售中心，每年有大批的生絲和絲絹品販運到大員，然後再通過大員轉售日本及歐洲各國。1624 年 2 月荷蘭人與中國官員訂立一個臨時動議時，已提出「中國人要攜帶與我們所帶資本相等之商品及絹織品，前來台灣（大員）」。1625 年 1 月荷蘭人剛佔領台灣不久，已有一艘船運載 6 千 1 百 77 斤半的絹絲和各種絹織品到巴達維亞。據一位中國商人說，如果荷蘭人願意以每百斤 140 兩至 160 兩買進的話，則可在台灣交貨 10 萬至 15 萬斤。1634 年 2 月，在廈門和安海，有 6 或 7 艘船，載運相當數量的商品及約 5 萬斤的絹絲，開往大員[32]。同年 4 月，又有 6 艘船從大陸沿海載運絹絲 2 萬 6 千斤到大員。1635 年 12 月 6 日從安海出發的一艘船抵達大員，運來絹絲 4 萬 4 千 4 百斤，黃金 115 塊。1637 年 1 月，中國商人 Hambuan 離開大員回大陸採購價值 177 萬 4 千 2 百 68 盾的白色絹絲和黃色絹絲，準備用四艘船裝運，盡量趕回大員，然後於 8 月份運往日本[33]。1640 年 12 月，3 艘船從安海到達大員，船貨為白絹絲 5 萬斤，黃絹絲 2 萬 5 千斤及大量的廣東織品及其他類織品，金 35 個，價值達 160 萬盾。1641 年 12 月，從中國大陸有 4 條船到達大員，運來白絹絲 4 萬斤及一批絲織品，準備運往巴達維亞，轉售荷蘭[34]。從上可

---

[31] 《巴達維亞城日記》第 2 冊 204、250、349 頁。

[32] 《巴達維亞城日記》第 1 冊 41、61、66、171 頁。

[33] 《巴達維亞城日記》第 1 冊 178、234、258、259 頁。

[34] 《巴達維亞城日記》第 2 冊 106、154 頁。

見，每年都有許多大陸商船到達大員，運去大量的絲絹，然後轉售日本或巴達維亞。

2、瓷器的轉口貿易：

我國陶瓷製造業歷來居世界首位，精美的瓷器早就成爲重要的出口商品，到了明代中後期，由於民營瓷窯的發展，陶瓷的產量和質量都有顯著的提高，大量價廉物美的陶瓷產品源源不斷地銷售世界各地，據T‧佛爾克《瓷器和與荷蘭東印度公司》一書的統計，明末清初，經荷蘭東印度公司之手，我國輸出的瓷器竟達 1 千 6 百萬件以上，其中有很大一部分就是通過大員轉售出去的。從《巴達維亞城日記》可以看到從中國大陸駛往台灣大員的商船一般都運載大量瓷器，1634 年 4 月，中國商人 Hambuan 從漳州運一批瓷器及其他貨品到達大員，1636 年 4 月又有 3 艘船載運各種上等瓷器從大陸到大員[35]。這些瓷器一部分運往日本，如 1635 年 8 月 13 日至 31 日，從台灣運往日本的瓷器 135,803 件，其中有青花碗 38,863 件，紅綠彩盤 540 件，青花盤 2,050 件，飯盅和茶盅 94,350 件。但大部分瓷器是從台灣轉運到荷蘭東印度總公司總部—巴達維亞，按最保守的估計，每年運到巴達維亞的瓷器有 15 萬件，除日本瓷器及東京瓷器之外，大部分是中國瓷器，他們再以巴達維亞爲據點，銷往南洋各地，當時每月都有瓷器從巴達維亞運往爪哇的萬丹、齊里彭、亞拍拉、弟加爾、貝加龍干和柔丹、峇里島、安汶島、蘇門答臘的詹卑、英德拉哥里、西里巴、舊港、婆羅洲的蘇丹那、馬塔甫拉和文那馬神等地，還有一部分瓷器從巴達維亞直接運回荷蘭，據統計，1636 年運回 259,380 件，1637 年運回 210,000 件，1639 年運回 366,000 件，從 1602 年到 1657 年，前後半個世紀左右，運到荷蘭的中國瓷器總數在 3 百萬件以上[36]。

---

[35] 《巴達維亞城日記》第 1 冊 179、259 頁。

[36] 參見陳萬里：《宋末—清初中國對外貿易中的瓷器》（《文物》1963 年 1 期）。

3、糖製品的轉口貿易：

荷蘭東印度公司所販運的各種糖製品主要仰仗於中國沿海地區。
1628 年，鄭芝龍與台灣荷蘭商館簽訂的三年購貨合同中，除絹綾重量
不計外，在全部貨物的重量中，糖及糖貨佔百分之八十。當時從大陸沿
海駛向台灣大員的每一艘船，幾乎都裝有砂糖，如 1631 年 11 月，有 2、
3 個大員商人用胡椒和現金在漳州採購大量砂糖，運回台灣。1636 年 1
月有一艘船到達大員，運來砂糖 3 萬 7 千斤及其他貨物。同年 2 月又有
2 艘船到達大員，運來砂糖 4 萬斤。1638 年 11 月及 12 月從廈門有 22
隻船到達大員，均運載砂糖等貨物，這一年從大陸向台灣輸入台砂糖、
冰糖、棒砂糖高達 2 百萬斤，下一季度將再輸入 50 至 60 萬斤[37]。1637
年從廈門、泉州、廣東有 104 艘船到達大員，運來各種砂糖及糖製品。
1638 年，從廈門、泉州、金門、海澄及其他口岸，又有 82 艘船運各種
砂糖到達台灣[38]。

從大陸運來的大量砂糖一部分銷往日本，但大部分轉售於波斯及歐
洲各國。早在 1623 年，荷蘭剛與波斯建立貿易關係時，荷蘭商務員維
士寧（Huyberto Visnigh）自甘隆（Gamron）寫給總督的有關波斯市場
所需商品的報告中，就列有中國砂糖。在 1628 年荷蘭東印度公司的烏
特勒希德號和布魯瓦斯哈芬（Brouwershaven）號等船隻載往波斯的船
貨單上有中國粉砂糖 36,404 斤。再如 1637 年 1 月 25 日駐在甘隆的商
務員哈第尼斯（Arent Gardenijs）送給阿姆斯特丹總公司的報告中說：

該年 1 月 22 日，自蘇拉特（Surat）開往甘隆的荷蘭商船阿美利亞
王子號（Prins Amilia）所載的貨物中，有中國砂糖 19,100 斤，這一年
運回荷蘭本國的中國白砂糖達 110 萬鎊以上[39]。1640 年 1 月 8 日自巴達
維亞發出的一份報告說，上年 12 月 3 日有 Band 號及 Vigende hert 號自
台灣開出，駛向印度西海岸的 Wingubla Surat 和波斯方面，其中有砂糖

---

[37] 《巴達維亞城日記》第 1 冊 115、235、258、278 頁。
[38] 曹永和：《明代台灣漁業誌略補說》。
[39] 曹永和：《從荷蘭文獻談鄭成功之研究》（《台灣早期歷史研究》390 頁）。

431,657 斤，冰糖 10,728 斤。[40]一直到 1640 年以後，由於大陸砂糖供應的減少，台灣本地生產的砂糖的增加，輸出結構才發生變化[41]。

從上可見，明朝末年中國私人海上貿易的三大出口商—絲、糖和瓷器有相當大的部分是對外貿易的一個轉運中心。

（刊《中國社會經濟史研究》1997 年 1 期）

---

[40] 岩生成一：《荷鄭時代台灣與波斯間之糖茶貿易》（《台灣經濟史二集》）。

[41] 楊彥杰：《荷據時期台灣歷史》第 4 章第 3 節（江西人民出版社，1992 年版）。

二、荷據時期活躍於臺灣海峽的中國海商

十七世紀初，當荷蘭人來到臺灣海峽時，西班牙人已佔領呂宋，葡萄牙人已佔領澳門，中國海商活躍於臺灣海峽，控制著東南沿海與日本、馬尼拉、南洋群島的貿易主導權。荷蘭人佔領臺灣以後，爲了打破這種貿易格局，採取種種策略，力圖建立以臺灣爲中心的貿易據點，控制台灣海峽的海上貿易，卻遭到中國海商的強烈反抗。

（一）荷蘭人佔領臺灣前的海上貿易形勢

十五世紀，世界開始進入大航海時代。我國偉大的航海家鄭和從永樂三年（1405 年）至宣德八年（1433 年）先後七次率領規模浩大的船隊，訪問了亞非三十多個國家和地區，在世界航海史上留下光輝燦爛的篇章。不久，西方的冒險家也紛紛東來，1481 年葡萄牙國王約翰第二努力探索繞過非洲的航線，派遣迪亞斯向南方航行，到達好望角。1497 年達・伽瑪船隊駛過好望角到達東非馬林迪，第二年抵達印度卡里庫特港。達・伽瑪新航路的發現使葡萄牙商人歡喜若狂，一支支遠征隊駛向東方，1513 年以阿爾佛來斯爲首的船隊穿過麻六甲海峽到達廣東沿海。接著，他們一步步地佔據澳門，並以此爲據點進行與東西洋和中國的貿易活動。他們把從中國大陸收購的瓷器和絲織品運往日本和馬尼拉，換回日本和墨西哥的白銀，他們還把大宗的中國生絲、絲織品和瓷器，經過麻六甲海峽，運到果阿，再分銷南亞、非洲和歐洲各國。

與此同時，西班牙人也來到東方。1521 年 3 月費迪南・麥哲倫遠征隊經過漫長的環球航行，到達菲律賓群島的三描島，1567 年第五支遠征隊在黎牙實備的率領下，佔領了宿務，1571 年又佔領馬尼拉。西班牙人一到呂宋就急於想打開中國大陸市場，他們派遣拉達到福建，向當地政府提出在沿海開放一個港口，讓西班牙人自由通商。他們的要求被明朝政府嚴詞拒絕，只能以馬尼拉爲據點，依靠華商進行中菲貿易。據記載，這些中國商船多數來自福建漳州和廈門，運來各種布匹、瓷器、

絲綢，也運來金、鐵、雨傘、硝石、麵粉、各色紙張、各種雕刻和油漆極為精美的木器，帶回用貨物換來的西班牙銀幣。福建海商運去的大批貨物，不僅保證菲律賓本土生活的需求，也為西班牙人的大帆船貿易提供充足的貨源。

當西方海商來到臺灣海峽時，中國海商已經活躍在東南沿海各地，控制著海上貿易的主導權。早在明朝初期，東南沿海人民已開始衝破明王朝的海禁，下海通番。明朝中葉，隨著東南沿海地區商品經濟的高度發展，私人海上貿易得到飛速發展，主要表現在：第一，出海貿易的規模很大，海商活動範圍十分廣闊，除了到日本、菲律賓外，在東南亞開闢了許多貿易據點。第二，海商人數眾多，如到呂宋的商販者至數萬人，其中福建漳州海商占百分之八十。浙江海商也很多，「大群數千人，小群數百人」。當時東南沿海從事海上貿易的人相當普遍，上至地方官員，下至平民百姓，均紛紛下海經商。第三，出現新的貿易商港，宋元時期的官方朝貢貿易主要集中在寧波、泉州、廣州等地，而明代私人海上貿易初期因是非法的，不得不在港汊曲折，隱蔽性好的港灣、島嶼開闢新的貿易中心，如浙江雙嶼港、福建漳州月港、廣東南澳島等。第四，已形成資本雄厚、船多勢大的海上貿易集團。他們「或五隻、或十隻、或十數隻，成群分黨，紛泊各港」，既去東洋各國，也去西洋各地經商，如嘉靖時期住在雙嶼港的許二、李光頭，橫港陳思盼、以及後來的王直、徐海、陳東、葉麻、毛海峰、洪迪珍、張維、吳平、曾一平等。如被稱為「五峰舡主」的王直是嘉靖時期這些海上貿易集團中商船最多、勢力最大的海商集團，他往返於日本和中國沿海之間，進行頻繁的海上貿易活動。萬曆、天啓年間，李旦、顏思齊、鄭芝龍海商集團相繼興起。李旦，泉州人，曾在馬尼拉經商後到日本，住在平戶，是當地華商的領袖，擁有大批的船舶，主要從事日本與福建沿海的貿易。顏思齊，海澄人，也是當時重要的海商集團，天啓年間鄭芝龍相繼繼承和接納了李旦、顏思齊海商集團的資產，逐步發展成為一個獨立的海商集團。除此之外，當時活動在臺灣海峽的海商集團還有李魁奇、劉六、劉七、鐘斌、劉香

等。

從上可見，當荷蘭人到達臺灣海峽時，中國海商集團群雄鼎立，各自佔有一定的市場份額。面對這種情況，荷蘭人以澎湖及臺灣爲據點，採取了和戰結合，挑撥離間，各個擊破等各種策略，企圖打破已有的貿易格局，從而引起了中國海商的奮力抗爭。

（二）中國海商抗擊荷蘭人的鬥爭

爲了保住臺灣海峽的貿易權，中國海商與荷蘭人進行針鋒相對的鬥爭。

（1）進行武裝反抗。在當時的海商集團中以鄭芝龍的規模最大，武裝力量最強，對荷蘭人的武力反抗也最激烈。荷蘭人認爲：如果我們想享受優惠和自由，對中國人要用暴力和武力制服，這對於減輕公司無法承受的沉重負擔，增加對日本貿易，是極爲必要的。於是，1633 年 4 月 30 日大員議會作出決定，要對中國發起一場嚴酷的戰爭，以獲得所希望的自由的中國貿易，爲此，荷蘭大員長官普特曼斯多次親自到福建沿海進行偵察和騷擾。同年 7 月 22 日突襲在廈門沿海的鄭芝龍船隊，用炮火猛烈轟擊，並燒毀停泊在岸邊的船，據荷蘭人估計，共擊毀鄭芝龍大船二十五至三十隻，小船二十至二十五隻。鄭芝龍十分惱怒，寫信給荷蘭人說，你們乘我沒有準備進行偷襲是很不光榮的事，也不算是真正的勝利，並要求荷蘭人賠償被燒毀的船，荷蘭人不僅不撤兵，還提出要在鼓浪嶼建貨棧及自由貿易等一系列無理要求，鄭芝龍一方面與荷蘭人談判，一方面做好迎戰的準備，首先，在兵力佈置上：在海澄準備十九隻大戰船和五十隻火船，在劉五店準備五十隻火船，在廈門的後方石潯準備五十隻火船，在安海也準備十六隻戰船，大約在各地準備各種船隻四百多隻。其次，在軍用物資上，要求沿海每家每戶繳納一擔木頭或茅草，準備用於火船上。第三，公佈獎勵政策，給每個參戰的士兵獎勵二兩銀子，如燒毀敵船一隻，賞二百兩精銀，如取得一顆荷蘭人的首級，

嘗銀五十兩。

8 月 11 日荷蘭人發動第二次攻打廈門，受到鄭芝龍的強烈抵抗，當荷蘭士兵登陸時，鄭兵從四面八方向他們衝殺過來，荷蘭人不得不退到海邊，上船逃跑。8 月 14 日鄭芝龍進行全面反攻，出動一百多隻戰船，大部分都配備火船，利用佔領上風的有利條件，用火船攻擊荷蘭船，取得首戰勝利。荷蘭人雖然被打敗，但不肯退回大員，仍在福建沿海騷擾，10 月 16 日荷蘭人從東山返回廈門附近，停泊在料羅灣，尋找戰機，要決一死戰。鄭芝龍早已做好準備，10 月 22 日晨，荷蘭人發現已被鄭軍團團包圍，鄭芝龍出動大小戰船一百五十隻，其中有五十隻是特大的戰船，鄭軍採用分頭包抄的戰術，擊毀多隻荷蘭人的船隻，荷蘭長官普特曼斯見形勢不妙，立即倉皇外逃。這一仗使荷蘭人受重創，普特曼斯召集秘密會議，決議認爲，要向中國再次發動戰爭，鑒於目前我們的力量薄弱，是辦不到的。第二年進一步認識到，我們去年發動戰爭結果足以表明，自由無限制的中國貿易僅憑武力和強暴是無法獲得的，大員長官和評議會已深深意識到這點。自此以後，荷蘭人雖然還經常派兵在大陸沿海進行搶劫，但已無力再組織大規模的軍事進攻。

（2）進行貿易談判。中國海商一方面反抗荷蘭人的武裝侵略，另一方面也與荷蘭人進行貿易談判，甚至締結貿易條約，1628 年荷蘭長官彼得‧納茨與鄭芝龍簽訂爲期三年的貿易協定，鄭芝龍每年向大員的荷蘭公司供應生絲一千四百擔，每擔價格一百四十兩。糖五千擔，每擔價格三里耳。白色吉郎綢四千件，每件十四錢銀。紅色吉郎綢一千件，每件十九錢銀。蜜羌一千擔，每擔四兩，總價值三十萬里耳。鄭芝龍將獲得胡椒三千擔，每擔十一里耳，其餘貨款由現金支付。

荷蘭人雖然與鄭芝龍訂立了貿易協定，但並沒有達到完全自由貿易的目的，妄圖利用鄭芝龍與其他各海商的矛盾，採取挑撥離間，各個擊破的策略，爭取最大的海上商業利益。1628 年 10 月鄭芝龍部將李魁奇率領一半以上的船隊與裝備叛鄭離去，給鄭芝龍造成重大損失，從此，鄭、李兩家成爲冤家對頭。荷蘭人一方面拉攏李魁奇，另一方面又積極

與鄭芝龍聯繫，想利用鄭芝龍的力量消滅李魁奇的勢力，從而達到控制鄭芝龍的目的，而鄭芝龍爲了報李魁奇叛走之仇，將計就計也同意與荷蘭人談判，1628 年 12 月 29 日荷蘭長官普特曼斯從大員航行到圍頭灣，要與鄭芝龍商討圍攻李魁奇的計畫，荷蘭人提出把李魁奇趕走，讓鄭芝龍恢復在廈門勢力作爲條件，要鄭芝龍答應以下幾條要求：（1），鄭芝龍獲勝之後，讓我們在漳州河進行自由貿易，不得限制其他商人與我們的任何貿易，還要熱心負責向當地官員爭取長期的自由貿易。（2），擄掠到的李魁奇的船，我們要選取最好的三、四隻，並取得船內所有的商品，而剩下的船及武器給鄭芝龍。（3），不允許中國商船去馬尼拉、雞籠、淡水、北大年、暹羅、柬埔寨等地貿易。（4），不允許任何葡萄牙人或西班牙人在中國沿海貿易，要在所有的海面上防止他們，阻止他們。（5），以上條件鄭芝龍終生不得違背，他的繼承人還要繼續遵守履行。從上述條欸可以看出，荷蘭人不僅想通過鄭芝龍得到與中國沿海的自由貿易權，還想壟斷中國海商與其他各國各地區的貿易。鄭芝龍早已識破荷蘭人的陰謀，但爲了消滅李魁奇的勢力暫時同意荷蘭人的條件，待打敗李魁奇以後，鄭芝龍只部分答應荷蘭人的要求，對於放棄與其他各國各地區的貿易，他堅決不同意，據荷蘭人的記載，「至於要禁止中國商船前往馬尼拉等其他我們敵人的地方之事，他不敢承諾，因爲他們持有軍門的通行證航行，已繳納很多稅，對此他無能爲力，如果現在去干擾他們，必將違抗軍門，召來極大的憤怒，所以這一項絕對不能考慮，他寧可死也不會去做這件事。」可見鄭芝龍很善於同荷蘭人周旋，既利用荷蘭人的力量，消滅異己，又不落入荷蘭人的圈套，千方百計保護獨立的海上貿易權。

（三）中國海商始終控制台灣海峽的貿易主導權

自從荷蘭人到達臺灣海峽開始，就想與中國大陸沿海進行完全直接

的自由貿易，以獲取最大的商業利益，但是，中國官方不准外國商人直接登陸進行商品交易，中國海商也不允許外商直接插手進出口貿易，因此，荷蘭人到達臺灣海峽後，只能通過中國海商從事貿易活動。早在1603 年他們在大泥認識了當地華商李錦等人，在華商的帶領下佔據了澎湖，作爲對華貿易的據點。韋麻郎入據澎湖後，又派遣李錦等人潛回漳州，打算用賄賂手段打通稅監高寀，取得到漳州的貿易許可，但遭到大部分官員的反對，明朝官員不僅逮捕了李錦等人，而且派遣把總沈有容率水師到澎湖驅逐荷蘭人，這一次荷蘭人的陰謀沒有得逞。1622 年，荷蘭人再次來到臺灣海峽，希望通過中國海商李旦打通與中國的貿易，儘管他們並不太信任李旦，認爲李旦極爲狡猾，不太可靠，但除了李旦別無他人可用，只好把李旦作爲他們與中國貿易的仲介商，1624 年 8月 17 日李旦自臺灣到達澎湖，對荷蘭人說：你們若願意從澎湖撤退，我願意仲介你們與中國人進行貿易，若你們對中國使用武力，我將撒手不管回日本去。李旦的提議給荷蘭人極大的衝擊，荷蘭長官召開會議進行討論，最後形成決議：委託李旦去福建談判，如果允許我方跟他們進行貿易，則請李旦遊說，以便讓我們取得優厚的條件，另外，請他盡力請求中國官方釋放我方被中國俘虜之人員。9 月 12 日李旦出發去福建，11 月 14 日李旦從廈門返回大員，他說因病滯留在廈門，無法單獨去福州，他只帶回廈門都督的信件，而非福建官方發行的正式貿易許可證。第二年荷蘭人從漳州的一位船主那裡瞭解到，李旦在廈門用三萬兩的資金，購買生絲和其他商品運往日本，至此，荷蘭人才發現，李旦聲稱要仲介荷蘭人與中國人進行貿易，實際上幾乎設有進行，他是爲自身利益而工作。可見以李旦爲仲介開啓荷蘭人占預之臺灣與中國大陸間貿易的嘗試，毫無成果。李旦回到日本後不久就因病去世，接替他的仲介角色的是其代理人許心素，爲了採購中國大陸的生絲，荷蘭人預付給許心素四萬里爾的購物款，可是貨物遲遲未送到大員，1625 年 2 月荷蘭人甚感不安，派遣船隻到廈門，許心素才交給生絲二百擔。此時，福建官員要求荷蘭人立刻離開廈門，以後不要再來。對此，荷蘭人十分不滿，他

們在寫給本國董事會的信中說：中國只授與許心素交易許可證，而他只運來相當於預付款數量的貨物，訂購的貨物又要耗時很久才會送到，如約定一個月至一個半月交貨，實際上要費三個月才能收到，使我們在大員的收支出現不平衡。荷蘭人對許心素的不滿還不止於此，因許心素違反和約，派三十隻船去馬尼拉貿易，他的弟弟載八十擔生絲到日本長崎交易。這種情況一直到 1627 年才有好轉，許心素的五隻船運二百多擔的生絲到大員，總算把預付款還清。1628 年鄭芝龍攻佔廈門，許心素被捕殺，此後進入鄭氏海商集團控制台灣海峽時期。

　　如前所述，鄭芝龍在與荷蘭人進行武裝鬥爭和貿易談判的同時，進行著海峽兩岸的貿易，特別是在消滅李魁奇、鐘斌、劉香等海商集團後，完全控制了臺灣海峽的貿易主導權。自此以後，鄭芝龍兄弟「雄踞海上」，「獨有南海之利」，「海舶不得鄭氏令旗，不能往來，每一舶例入二千金，歲入千萬計，芝龍以此富敵國。」荷蘭人不得不最後放棄強迫中國開放通商口岸的打算，轉而與鄭芝龍重修舊好，依靠鄭氏海商集團進行對中國大陸的海上貿易，1640 年鄭芝龍與荷蘭人達成關於海上航行和對日貿易的若干協定：鄭氏將生絲及其他中國特產運到臺灣，由荷蘭以相當價格收購後轉販日本，並每年預付信用貸款一百萬佛蘭棱薩金幣。但是，鄭芝龍並不甘心讓荷蘭人獨佔對日貿易的利益，除了部分商船開往臺灣外，還開闢一條自安海直通日本長崎的海上航線，把中國絲綢及其他商品運銷日本，此外，又與葡萄牙人和西牙人秘密合作，把澳門貨物運往日本，把日本貨物運往呂宋，售給西班牙人。從 1641 年至 1646 年期間，鄭氏商船川梭於臺灣海峽，出沒於日本、臺灣、呂宋、澳門和東南亞各個港口，絡繹不絕，據不完全統計，當時進出日本的中國商船比荷蘭船多出七至十一倍，其中絕大部分是鄭氏海船。對此，荷蘭人十分惱火，曾數次考慮使用武力，但鄭芝龍表示絕不畏懼，並且揚言要用鑿沉滿載石塊之大船堵塞大員港口，並阻止各種商品運往臺灣，甚至出兵攻擊在臺灣之荷蘭城堡。在鄭氏海商集團的強大實力面前，荷蘭人始終不敢輕舉妄動。

　　隆武二年（1647）、清軍奪關入閩，形勢發生了急劇的變化，唐王小朝廷迅速瓦解，鄭芝龍降清。雖然鄭氏海商集團的頭號人物被清政府挾持而去，但對鄭氏海商集團的影響不大，因爲鄭成功不僅繼承家業，保存鄭芝龍原來的海商資本，還千方百計加以擴大和發展。鄭成功起兵之後，爲了擴大勢力，接連併吞了鄭彩、鄭聯的海商集團。1650 年鄭成功佔領廈門後，立即採納馮澄世的建議，委派富有經商經驗的鄭泰和洪旭專管海上貿易，並下令採購木材，建造航海大船，通販日本、呂宋、暹羅、交趾各國，另一方面，又專設山海路五大商，派人在沿海各地秘密收購貨物，出海貿易。由於鄭成功的大力經營，鄭氏海商資本發展很快，財雄勢大，顯赫一時，是東南沿海最大的海商集團。鄭氏海商資本的發展也引起荷蘭人的不安，1654 年荷蘭人刁難到臺灣的中國商船，同時還在海上進行搶劫，妄圖破壞阻撓鄭氏海商與日本及東南亞各國貿易往來，鄭成功爲了反擊荷蘭人的挑戰，保護自己的海上商業利益，下令各港澳商船不准到臺灣貿易，「由是禁絕二年，船隻不通，貨物湧貴，夷多病疫。」由此可見，鄭氏海商在臺灣海峽的貿易活動中起了舉足輕重的重要作用。

　　除了鄭氏海商集團外，還有 Hambuan、Jocksim、Lotsui、Benjock、Sansoe、Peco 等眾多華商穿梭於臺灣海峽，從事海峽兩岸的貿易活動，如華商 Hambuan 於 1634 年 12 月 30 日從大員回南安水頭購貨，第二年 1 月 22 日傳回消息說，在 12 至 15 天內會帶領三、四隻裝滿貨品的大船前來大員。他還在信中告訴荷蘭人，已在水頭見過幾位地方官員，也見到鄭芝龍本人，已準備了很多商品要運來此地，足夠公司一年的需要。可是，貨物遲遲沒有送來，據說是他的夥伴鼓動說，我們暫不發貨，要等荷蘭人再次來催貨時才發送，那時，就可以用高價格賣出，對此，荷蘭人只好接受。再如 1638 年當 Hambuan 運大量貨物到大員時，荷蘭人以沒有足夠的現款爲由，進行拖欠，Hambuan 提出對欠款要支付百分之三的月息，而荷蘭人只願意支付百分之一的月息，雙方談判陷入僵局，Hambuan 宣佈，如果荷蘭人不按百分之三的月息支付，他將向所有

的華商宣佈，把已運來的絲織品及其他貨物運回大陸，等到荷蘭人有現
款支付時，再把貨物運到大員。後來經過四輪的談判，荷蘭人不得不接
受按百分之三的月息付款。從上可見，中國海商始終牢牢地掌握住臺灣
海峽的貿易主動權。

參考資料

林仁川，《明末清初私人海上貿易》華東師範大學出版社，1987 年。

林仁川，《福建對外貿易與海關史》鷺江出版社，1991 年。

林仁川，《試論鄭氏海商的興衰》《鄭成功研究論文集》江西人民出版社，
　　　1989 年。

林仁川，《明代的安平海商》《安平港研究論文集》福建教育出版社，1989
　　　年。

林仁川，《評荷蘭在臺灣海峽的商戰策略》《中國社會經濟史研究》2004
　　　年第四期。

曹永和，《臺灣早期歷史研究》聯經出版事業公司，1979 年。

曹永和，《臺灣早期歷史研究續集》聯經出版事業公司，2000 年。

楊彥傑，《荷據時代臺灣史》江西人民出版社，1992 年。

許賢瑤譯，《荷據時代臺灣史論文集》，佛光人文社會學院，2001 年。

江樹生譯，《熱蘭遮城日誌》三冊，台南市政府，2000 年，2002 年，2004
　　　年。

程紹剛譯，《荷蘭人在福爾摩莎》，聯經出版事業公司，2000 年。

三、評荷蘭在臺灣海峽的商戰策略

十七世紀初,當荷蘭人來到台灣海峽時,西班牙人已佔領菲律賓,進行馬尼拉與漳州、日本的貿易。葡萄人已佔領澳門,除了與中國、菲律賓進行貿易外,穿過台灣海峽北上,與日本建立貿關係。中國海商活躍在台灣海峽,牢牢控制東南沿海與日本、馬尼拉、南洋群島的貿易主導權。荷蘭人佔領台灣以後,為了打破這種貿易格局,採取種種策略,力圖建立新的海上商業霸權。本文將對台灣海峽的形勢及荷蘭的商戰策略及其效果進行評述。

(一)十六世紀台灣海峽貿易形勢

十五世紀,世界進入了大航海時期。我國偉大的航海家鄭和,從明朝永樂三年(1405 年)至宣德八年(1433 年)先後七次率領規模浩大的船隊,訪問了亞非三十多個國家和地區,在世界航海史上留下光輝燦爛的篇章。與此同時,西方的冒險家也紛紛東來。1521 年 3 月費迪南・麥倫哲(Ferdinand Magellan)遠征隊經過漫長的環球航行,到達了菲律賓群島的三描島(Samar),不久,就在目坦島(Moctan)被馬來人擊斃,1567 年,第五支遠征隊在黎牙實備(Miguel Lopez de Legazpi)的帶領下,佔領了宿霧(CCbu),1571 年又佔領馬尼拉。西班牙人一到菲律賓就急於打開中國市場,派遣拉達(Rada)到福建,向當地政府提出在沿海開闢一個港口,讓西班牙人自由通商,西班牙人的要求受到明朝政府的嚴詞拒絕,不得不同意中國海商直接到菲律賓貿易,因此,西班牙人佔領菲律賓以後,中菲貿易十分繁榮,據一位在馬尼拉居住十八年的神甫記載:「海上交通,重要的仍在華人之手,每年的十二月杪或正月杪,他們結集二十或三十船隻,載上果子及各種有價值的貨物來到呂宋。這些中國商船,多數來自福建漳州和廈門。福建濱海與菲島遙遙相望,他們運售各種果品……也運來各種布匹……普通瓷器也有運售,但非常精美,……他們也運來珠、金、鐵、麝香、雨傘、假寶石、硝石、麵粉、

各色紙張以及其他雕刻油漆極爲精美的木器」。他還說：「中國商船每年三月間由呂宋歸國，他們帶回用貨物換來的西班牙銀幣，他們也運回用爲染料的一種木料。中國商人運售其貨，今年若得利，明年必繼續進行」。[1]

福建海商運去的大批貨物，不僅保證了菲律賓本土的生活需要，也爲西班牙人與南美洲殖民地之間的大帆船的貿易，提供了充足的貨源，當時從馬尼拉運往墨西哥阿卡普爾科港（Acapulco）的船貨，絕大部分是中國商品，張蔭桓在《三洲日記》中寫道：「查墨國記載，明萬曆三年，即西曆一千五百七十五年，曾通中國，歲有飄船數艘，販運中國絲綢、瓷、漆等物，至太平洋之亞冀巴路商埠（即阿卡普爾科港）分運西班牙各島，其時墨隸屬西班牙，中國概名之爲大西洋」。[2]由此可見，中菲貿易對西班牙保持殖民地的繁榮是十分重要的。

在西班牙人佔領菲律賓之前，葡萄牙人已穿過麻六甲海峽到達廣東沿海。1513 年以阿爾佛來斯（Jorge Aloares）爲首的所謂旅行團進駐珠江口外的屯門島，他們在島上建立一根刻有葡萄牙國王標誌的石柱，並把同船商人的貨物賣出去，獲得一筆可觀的收入。1519 年，另一個葡萄牙人西蒙（Simao de Andrade）也來到屯門，他們在島上建築城寨，架起大炮，以此爲據點進行走私貿易，不僅拒絕向中國交納關稅，甚至毆打中國官吏，引起廣東守軍的憤怒，1521 年廣東海道副使汪鋐帶兵驅逐佔據屯門的葡萄牙殖民者。第二年，另一支葡萄牙艦隊，妄圖重新佔領屯門島，在西草灣雖然受到明朝軍隊的重創，但並沒有放棄侵略中國計劃，一部分沿海岸北上，佔領浙江雙嶼港，與其他各國海盜商人一起在浙江沿海進行頻繁的走私貿易活動，當時曾到過雙嶼港的葡萄牙人賓托（Fernao Mendez Pinto）在《游記》中寫道：「雙嶼港總人口三千多人，其中葡萄牙人占一半以上，還有房屋一千餘幢，有的房屋建築費達三、四千金，還有教堂三十七所，醫院二所，每一年進出口貿易額達三

---

[1] 菲律賓喬治：《西班牙與漳州之初期通商》，《南洋問題資料譯叢》1957 年第 4 期。
[2] 張蔭桓：《三洲日記》卷 5。

百多萬葡幣，其中很大一部分是用日本銀錠作貨幣的」。他還說：「由於二年前發現與日本的交易，貿易發展更快，這是葡萄牙在東方最富庶的殖民地港口」。[3]雖然賓托的描繪，可能有某些誇大之處，但當時雙嶼港的繁榮是無可置疑的。

在西草灣受到打擊的另一部分葡萄牙人繼續留在廣東沿海，尋找新的貿易據點，他們在屯門島站不住腳，就改住台山縣的上川島，建立臨時商場，進行走私貿易，但上川島離珠江口太遠，貿易不方便，又逐漸移到靠近澳門的浪白澳，然後又從浪白澳進一步佔據澳門。至此，他們以澳門為據點，進行與東西洋和中國的貿易活動。在東洋方面，葡萄牙商人把從中國大陸收購的絲織品及瓷器以及從西洋運來的胡椒、蘇木、象牙等運往日本和馬尼拉，換回日本的銀子和墨西哥的白銀。在西洋方面，他們同樣把大宗的中國生絲、絹織品、瓷器通過麻六甲，運到果阿，銷往世界各國。

正當西方海盜商人來到台灣海峽時，中國海商早已活躍在東南沿海各地，控制著東亞貿易的主導權，如至呂宋的中國「商販者至數萬人」，其中福建漳州海商占「十之八」，[4] 1547 年前往日本貿易的福建海商，因遇颱風，被漂流到朝鮮的就有一千多人。[5]浙江沿海的海商也很多，「大群數千人，小群數百人，比比蝟起，而舶主推王直為最雄，徐海次之，又有毛海峰、彭老不下十餘師」，有一天，航行於舟山群島的商船就達「一千三百九十餘艘」[6]。廣東沿海也出現同樣的情況，「有司將領……稱賊首為翁，相對宴飲歡笑為賓主」，高供十分感慨地說：廣東「何民之不為賊也，而廣之遍地皆賊」，[7]甚至宦官內臣也派人下海通番，廣東市舶太監韋眷「招集無賴駔儈數百十人，分佈郡邑，專魚鹽之利，又私與海外諸番貿易，金繒、寶石、犀角、珍玩之積，郿塢不如也」[8]。可

---

[3] 引自張天澤：《中葡通商研究》第 77 頁。
[4] 《明史》卷 323《呂宋》。
[5] 道光：《福建通誌》通紀九‧明二。
[6] 朱紈：《朱中丞覽余集》《明經世文集》卷 205。
[7] 高供：《高文襄公文集》《明經世文集》卷 302。
[8] 《明史》卷 304《梁芳傳》。

見，當時東南沿海從事海上貿易的海商相當普遍。

當時從事海上貿易不僅人數眾多，而且逐漸形成資本雄厚、船多勢眾的海上貿易集團。他們「或五隻、或十隻、或十數隻，成群分黨，紛泊各港」[9]，這些海上貿易集團，不僅雇用中國的舡工、水手，而且還「哄帶日本各島貧窮倭奴，借其強悍，以為護翼」，有的海商還「糾合富實倭奴，出本搭附買賣」[10]。他們既去東洋各國，也去南洋各地做買賣，如嘉靖時期住在雙嶼港的許二、李光頭、橫港的陳思盼，以及後來的王直、徐海、徐惟學、陳東、葉麻、毛海峰、葉宗滿、洪迪珍、張維、吳平、曾一本等，如被稱為「五峰舡主」的王直，則是嘉靖時期這些海上貿易集團中商船最多，勢力最大的海商集團，他們往返於日本與中國沿海之間，進行頻繁的海上貿易活動。萬曆、天啓年間，李旦、顏思齊、鄭芝龍海商集團相繼興起。李旦，泉州人，曾在馬尼拉經商後到日本，住在平戶，是當地華商的領袖，擁有大批的船舶，主要從事日本與福建沿海的貿易。顏思齊海澄人，也是當時一個重要的海商集團。天啓年間鄭芝龍相繼繼承和接納了李旦、顏思齊兩個海商集團的資財，消滅許心素後逐步發展成為一個獨立的海商集團。除此之外，當時活動在台灣海峽的海商集團還有李魁奇、劉六、劉七、鐘斌、劉香等，他們時而聯合、時而分離，為爭奪東南制海權進行錯綜複雜的鬥爭。[11]

（二）荷蘭的商戰策略

從上可見，當荷蘭商人到達台灣海峽時，各國海商集團已經群雄鼎立，各自占有一定的市場份額，形成相對固定的貿易格局。面對這種情況，荷蘭人以澎湖及台灣為據點，採取一系列商戰策略，企圖打破已有的貿易格局，在東亞的貿易網絡上占有一席之地。

---

[9] 范表：《玩鹿亭稿》卷5。
[10] 同上。
[11] 林仁川：《明末清初私人海上貿易》第3章，華東師大出版社1987年。

1.和戰結合

荷蘭人佔據澎湖時期主要通過李旦，與明政府周旋，1624 年佔領台灣以後，通過許心素開展對華貿易。不久，鄭芝龍繼承李旦資產以後，迅速崛起。初起時，「不過數十船耳」，「未及一年，且至七百，今且千矣」。1627 年初，消滅許心素，佔其財產，勢力進一步擴大，成為東南沿海最重要的海商集團。自此以後，荷蘭人為了爭奪海上貿易，對鄭芝龍海商集團採取既聯合又鬥爭的策略。1628 年 8 月荷蘭駐台灣長官彼得‧納茨（Piter Nuyts）率 4 隻海船前往漳州灣，在那裡與中國海商進行交易，購入大量生絲，鄭芝龍對此十分不滿，「令人阻止這些商人與我們往來，沒收其貨物，將他們趕走。納茨對其做法表示反對，雙方因此發生爭執。一官（鄭芝龍）命令我們的人，次日即離開那裡，不然用火船將我們趕走」，納茨不得不返回大員。不久，又率領 9 隻船回到漳州灣，要求與鄭芝龍會談，當鄭芝龍登上荷蘭快船 Texel 時，被納茨扣押，威脅他說：「直到他准許我們的人自由貿易才能予以釋放」，鄭芝龍雖然對此十分不滿，但也不得不下令准許所有商人與荷蘭人貿易，使荷蘭人的貿易立即繁盛起來，共購入 277,000 噸貨物。同時還迫使鄭芝龍與納茨簽訂為期三年的貿易協定，規定鄭芝龍每年必須向大員荷蘭公司供貨 1400 擔生絲，價格為 140 兩一擔；5000 擔糖，價格為 3 里爾一擔；1000 擔蜜薑，價格為 4 兩一擔；4000 擔白色吉郎綢，14 錢銀一件；1000 紅色吉郎綢，19 錢一件，總價值 300,000 里爾。鄭芝龍將得到 3000 擔胡椒，價格每擔 11 里爾，其餘貨款由現金支付。[12]

然而，鄭芝龍並不履行被迫簽訂的協議，繼續壟斷漳州灣的貿易，不允許「私商肆意帶貨上船，甚至連訂做必要的裝絲箱的木板也不允許購買」。對此，荷蘭人十分惱火，他們認為應吸收西班牙、葡萄牙人用武力征服的經驗，「西班牙人在獲得從漳州到馬尼拉的自由貿易之前，曾在中國陸地和沿海大舉侵犯數年之久，中國人驚慌失措，被迫准許他

---

[12] 程紹剛譯注：《荷蘭人在福爾摩莎》第 89 頁，台灣聯經出版事業公司，2000 年。

們在海上自由通行。西班牙人在獲准落腳澳門之前，也是採用武力行動在中國沿海張揚他們的名聲。」由此，他們得出的結論是：「如果我們想享受優惠和自由，對中國人要用暴力和武力制服，這對於減輕公司無法承受的沉重負擔，增加日本貿易，是極為必要的」。[13]於是，在 4 月 30 日大員議會作出決定，要對中國發起一場嚴酷的戰爭，以獲得所希望的自由的中國貿易。為此，荷蘭大員長官普特曼斯（Hans Putmans）多次親自到大陸沿海進行偵察和騷擾。1633 年 7 月 22 日突然襲擊廈門，「猛烈炮轟上述那些戎克船（指鄭芝龍的船），直到最後從那些戎克船都沒有抵抗了」，並命令所有的小船、小艇，去燒毀泊在岸邊的那些戎克船，並把停在海面上的那些戎克船砍破，使之沉入海底。據荷蘭人估計，共擊毀鄭芝龍大船 25 至 30 隻，小船 20 至 25 隻[14]。鄭芝龍十分惱火，寫信給荷蘭人說，你們趁我沒有準備，進行偷襲是很不光榮的事，也不算是真正的勝利，並要求荷蘭人賠償被燒毀的船隻，同時，把軍隊撤回大員，這是「唯一的一條路，另無他途」，荷蘭人不僅不撤兵，還提出苛刻的要求：（一）我們要在鼓浪嶼建造一所堅固的房子，進行交易和貯藏貨物。（二）要允許我們有 8 至 10 人可在海澄、漳州、安海、泉州及其鄰近地區毫無阻礙地進行自由貿易。（三）我們的船可以在鼓浪嶼、廈門、烈嶼、浯嶼及其他優良港口停泊。（四）不允許任何大陸商船前往馬尼拉、雞籠或其他我們敵人的地方，只允許去巴達維亞。（五）我們在廈門或其他鄰近地方，也要具有法律權益，對所有舊負債者提出控訴及償還，如負債者已死亡，由其遺產繼承者及朋友償還。（六）我們可雇請 3、4 人作為代理人駐在福州，處理兩國之間意外事故。（七）我們只與完全授權有權決定的國王特使談判。（八）我們攻打中國船，那完全是應得懲罰，咎由自取。[15]鄭芝龍一方面與荷蘭人和談，一方面做好迎戰的準備。首先，在軍事布置上，在海澄準備 19 隻大戰船和 50 隻火船，在劉五店準備 50 隻火船，在廈門後方的石潯準備 50 隻火船，

---

[13] 程紹剛譯注：《荷蘭人在福爾摩莎》第 120 頁，第 126 頁。

[14] 江樹生譯注：《熱蘭遮城日誌》第 1 冊第 105 頁，台南市政府發行 2000 年。

[15] 江樹生譯注：《熱蘭遮城日誌》第 1 冊第 110 頁至 111 頁，台南市政府發行 2000 年。

在安海準備 16 隻船，大約在各地準備 400 隻船。其次，在軍用物資上，要求沿海每家每戶繳納一擔木頭或茅草，準備用於火船。第三，制訂獎勵政策，每個士兵獎勵 2 兩銀子，如果燒毀敵人一隻船，獎勵 200 兩精銀，取得一顆荷蘭人的首級，贈於 50 兩銀子。

8 月 11 日荷蘭人發動第二次攻擊廈門，並從廈門島的後方沿著排頭，劉五店，繼而從金門與烈嶼之間一路攻擊下去，把所遇到的船全部毀壞。但是，當他們進入廈門時受到中國人的激烈抵抗，荷蘭人登陸以後，中國人從廈門市郊的四個角落向他們衝殺過來，荷蘭人不得不退到海邊，上船逃跑。8 月 14 日，鄭芝龍進行全面反攻，出動 100 多隻戰船，其中有 10 隻廣東的戰船和 10 至 12 艘大戰船，大部分都配備火船，利用占領上風的有利位置，用火船進攻荷蘭船，取得了勝利。荷蘭人雖被打敗，但沒有退回大員，一方面繼續在福建沿海進行搶劫，如 8 月 31 日，看見東山灣有兩艘大船，立即用武力奪取，並登上海岸，放火燒毀附近的村子。另一方面，繼續提出在鼓浪嶼修建房子，在福州駐代理人，允許在中國所有港灣停泊，准許大陸商人航往大員的談判條件。10 月 16 日，荷蘭人決定從東山返回廈門，停泊在料羅灣，尋找時機，決一死戰。10 月 22 日晨，發炮三響，準備出戰，到天亮時，發現已被鄭芝龍船隊團團包圍，鄭有大小戰船 140 至 150 隻，其中 50 隻是特大的戰船，第一船隊搶占上風，另一船隊從後面包抄，每隻船隊都「配備相當的大炮和士兵，士氣旺盛，躍躍欲試」，立即衝向荷蘭船隊。戰鬥中有三隻船同時鉤住荷蘭快艇 Brouckerhaven 號，立刻點火燃燒，雖然該快艇從船頭用步槍、火器拼命抵抗，但已經完全沒有希望擺脫他們，不久以後，該快艇自行爆炸，沉入海底。停泊在較靠近岸邊的快艇 Slooterdijck 號，也被四隻大船鉤住，中國人紛紛跳進快艇，雖然兩次把中國人打出船外，但最後還是被接連跳進來的人數眾多的中國人所擊敗，快艇被奪去。普特斯曼見形勢不妙，立即率領 Bredam 號、Bleyswjjek 號、Zeeburch 號、Wieringen 號和 Sdlm 號費盡力氣擺脫非常多的火船，

倉皇外逃，[16]這一仗使荷蘭人受重創，普特曼斯召開秘密會議，決議，對於要向中國再度發動攻擊戰爭之事，鑒於我們目前力量薄弱，將暫時延緩。1634 年他們進一步認識到「我們去年發動戰爭結果足以表明，自由無限制的中國貿易憑武力和強暴是無法獲得的。大員長官和評議會已深深意識到這點」[17]。自此以後，荷蘭人雖然還經常派兵在大陸沿海進行搶劫，但已無力組織大規模的軍事進攻。

2、各個擊破

在台灣海峽，除了鄭芝龍海商集團外，還有其他許多海商集團，荷蘭人爲了擊敗這些海商集團，利用他們之間的矛盾，採取挑撥離間，各個擊破的策略，爭取最大的海上商業利益。1628 年 10 月，鄭芝龍部將李魁奇率領一半以上的船隊和裝備叛鄭離去，給鄭芝龍造成重大損失，從此，鄭、李成爲冤家對頭。荷蘭人利用鄭、李的矛盾，一方面，拉攏李魁奇，1629 年 12 月 13 日，大員議會決定要贈送價值三百里爾的香木、檀香木、胡椒和紅呢絨給李魁奇。12 月 20 日荷蘭長官與商務員親自登上李魁奇的座船做客，與他廣泛討論所有的事情，最後以三十兩銀的價格，賣給他很多的胡椒，第二天將派一個人來看檀香木、象牙、呢絨等貨，並商討價格。同時指派下席商務員特勞牛斯去李魁奇那裡，請他派一個人來船上看貨，請他準備一些紅磚送來我們船上，請他爲我們準備三、四艘好的戎克船，歸還逃跑的班達人，請他讓所有商人自由無阻地來跟我們通商交易[18]。另一方面，又積極與鄭芝龍聯繫，12 月 29 日，普特曼斯長官從大員航往圍頭灣，要去跟鄭芝龍商討我們要敵對李魁奇的計劃，即「如果一官有此意願，我們要與他一 起去把李魁奇打出廈門，使他恢復地位，而條件爲，他要爲我們關照貿易，以及對我們所有合理的要求都要同意」[19]。所謂的合理條件，包含以下幾條：（一）

---

[16] 江樹生譯注：《熱蘭遮城日誌》第 1 冊第 132 頁，台南市政府發行 2000 年。

[17] 程紹剛譯注：《荷蘭人在福爾摩莎》第 147 頁。

[18] 江樹聲譯注：《熱蘭遮城日誌》第 1 冊第 9 頁。

[19] 江樹聲譯注：《熱蘭遮城日誌》第 1 冊第 10 頁。

一官須於獲勝之後，讓我們在漳州河進行貿易，對商人來跟我們交易的通路不得有任何限制，而且要熱心地向軍門爭取承諾已久的長期的自由貿易。

（二）擄掠到的李魁奇的戎克船，我們要先選取最好的三、四艘，並取得所有戎克船裡所有的商品，而由他取得剩下的，以及所有戎克船裡的大炮。

（三）不允許戎克船前往馬尼拉、雞籠、淡水、北大年灣、暹邏、柬埔寨等地。

（四）不允許任何西班牙人或葡萄牙人在中國沿海交易，要在所有通路上防止他們，阻止他們。

（五）以上條件，他終生都不得違背，去世後，他的繼承人還要繼續遵守履行。[20]

正當荷蘭人與鄭芝龍談條件時，又暗中寫信給李魁奇，「告訴他，我們跟一官已經決定，於鐘斌從北邊帶兵來到一官那裡以後，就要攻打他，使一官恢復以前在廈門的地位權勢。不過，他如果還願意表現他是荷蘭聯合東印度公司的朋友，在兩三天內準備好各種商品，並履行他說了好幾次的諾言，則我們不但無意使他毀滅，相反地還要用我們的士兵和船隻全力幫他。」[21]由於李魁奇沒有全部履行荷蘭人的諾言，荷蘭人最終選擇了鄭芝龍。1630 年 2 月出兵幫助鄭芝龍和鐘斌，消滅李魁奇海上貿易集團。接著荷蘭人又採取同樣手段挑撥離間鄭芝龍與鐘斌的關係，借助鄭芝龍的力量於 1631 年 3 月消滅鐘斌海商集團，使鄭、荷的貿易得到較大的發展，同年 4 月 5 日，上席商務員特勞牛斯得到一官的許可，帶著 4 千 4 百里爾，搭一艘商船到廈門進行交易，他在那裡出售比預定多出五、六百擔胡椒，以交換商品或以現款每擔 10 兩銀的價格賣給一官。4 月 12 日大員議會又決定要派快艇 Wieringen 號與 Assendelft 號載 1 萬 2 千里爾及 1 千擔胡椒，去漳州河作為交易的資金，並運回特

[20] 江樹聲譯注：《熱蘭遮城日誌》第 1 冊第 16 頁。
[21] 江樹聲譯注：《熱蘭遮城日誌》第 1 冊第 14 頁。

勞牛斯收購的價值 8 千至 1 萬里爾的精細貨物。[22]

　　李魁奇、鐘斌被鄭芝龍消滅後，劉香海商集團成為鄭芝龍主要的競爭對手，荷蘭人極力利用和拉攏劉香。1633 年 7 月 27 日大員議會決定送信給劉香，「告訴他們，如果他們願意跟我們並力攻打中國，可以自由地來我們這裡，如果他們載有商品，我們為要感謝他們，將於全部收購並予付款，而且，我們將允許他們自由通航大員、巴達維亞以及所有我們有城堡的地方……只要他們能繼續使我們自由交易，就能得到我們永遠合作的保證」。[23]但是，劉香非常懷疑，因為荷蘭人已向鄭芝龍表示要聯合消滅劉香，現在為什麼又要聯合劉香打擊鄭芝龍呢？為了解除劉香的顧慮，9 月 19 日，荷蘭長官又派人送一封信給劉香，信中說：你們要來我們這裡還有那麼多猶豫的意見，使我們大感驚奇，你們應知道，我們在廈門如何燒毀鄭芝龍的船隻，因此，你們如果要誠信地跟我們並肩作戰，幫助實現我們的計劃就請不要害怕，盡管來我們這裡。12 月 5 日，大員議會又決定：派快艇 Wieringen 去會見劉香，並向劉香保證，只要他的人不妨礙漳州河與大員之間的航路，我們將對他很好，長官普特曼斯還會跟他見面詳談，並從巴達維亞帶來新的兵力，去跟他會合。然而，當劉香撤出漳州河，開往澎湖，表示願意與荷蘭人合作時，荷蘭人又變掛了，不與劉香簽訂任何協議和條約，並向劉香提出必須撤出澎湖，另尋港灣泊船，並保證持我們執照航行的船隻自由無阻地過往，如果他能做到以上幾點，可以成為我們可靠友好的朋友，不但會受到尊重和善待，而且一旦中國人拒絕貿易，我們可面對中國特別是一官的勢力給他提供保護，並讓他取代一官[24]。從上可見，荷蘭人一方面聯合劉香攻打鄭芝龍，以此來威脅鄭芝龍，另一方面又不與劉香簽訂和約，與鄭芝龍繼續保持聯繫，用此來控制劉香。但是，這一次劉香不上荷蘭人的當，一方面與荷蘭人談判，提出船隊到魍港修理船隻，要求荷蘭人賣給 3 擔火藥，一條纜索，4 門大炮以及炮彈等其他附屬物。另一

---

[22] 江樹聲譯注：《熱蘭遮城日誌》第 1 冊第 43、44 頁。
[23] 江樹聲譯注：《熱蘭遮城日誌》第 1 冊第 109 頁。
[24] 程紹剛譯注：《荷蘭人在福爾摩莎》第 148 頁。

方面做好攻城的準備，當荷蘭人拒絕他的要求時，1634 年 4 月劉香組織 600 多人的隊伍攻打熱蘭遮城，雖然攻城沒有成功，即給荷蘭人重大打擊。

3、海上攔阻

荷蘭人對中國海商主要是採用和戰結合，各個擊破策略，而對西班牙、葡萄牙人則用海上攔阻的辦法，破壞他們在遠東的海上貿易。

西班牙人佔領菲律賓群島以後，曾經想用武力打開中國大門，直接到中國沿海設立貿易據點，當這個願望落空以後，不得不用招徠中國海商直接到菲律賓進行交易。在中菲貿易中，漳州月港起了重要的作用，每年有一批中國商船運載絲綢等貨物從月港出發到達呂宋，1573 年至 1574 年間到達馬尼拉商船每年各有 3 隻，1575 年以後增加到 12 至 15 隻，到十六世紀末已增加至 40 至 50 隻，1631 年（崇禎四年）已多達 50 隻。1626 年西班牙人佔領雞籠港後，又開闢雞籠至福州的航線。「有人違禁自福州前去貿易，另有人自中國北部地區運去許多瓷器」。[25]對此，荷蘭人十分惱火，他們發誓「我們無論如何要趕走敵人，如果我們想無憂無慮地進行中國貿易。大員受到西班牙人的嚴重威脅，據說他們已從馬尼拉派出四艘大海船，兩艘大型快船，還有兩艘戰艦隨後趕到」。[26]1628 年 11 月 14 日，荷蘭長官納茨派出兩條大型帆船 Walcheren 和 Vlissingen，各配備 16 名荷蘭人和 70 名中國人，與其他三條某海盜的帆船，在福州與敵人的基地雞籠和淡水之間的航路上攔截船隻。[27]同時，也從大員派出艦隊攔截從中國到馬尼拉及馬尼拉到雞籠的西班牙船隻。1633 年 3 月份攔截一條從福州到雞籠、又從雞籠到馬尼拉的商船，船上裝載用西班牙字母標示的貨物，主要的是麵粉、小麥、一些瓷器和其他雜物。「由於該戎克船及那些人都是屬於一個西班牙人的，所載貨

[25] 程紹剛譯注：《荷蘭人在福爾摩莎》第 90 頁。
[26] 程紹剛譯注：《荷蘭人在福爾摩莎》第 102 頁。
[27] 程紹剛譯注：《荷蘭人在福爾摩莎》第 92 頁。

物也大部分是西班牙人的，是我們的世仇，因此決定於以沒收，留作公司取得的利益。」[28]1633 年 7 月 18 日，荷蘭人又從大員派出快艇 Zeeburch 號、Venloo 號、Salm 號及 Kemphaan 號等出發前往預定地點，去截捕所等候的馬尼拉及其他的戎克船。7 月 22 日快艇 Slam 號在漳州河外奪得一隻大的馬尼拉戎克船，裝載很豐富，裝有 27900 里爾的香料，605 擔的蘇木，1054 斤的一級丁子香，534 斤白豆蔻，14 斤燕窩，15 根犀角。[29]自此以後荷蘭人經常從大員派出艦隊，封鎖馬尼拉航道，攔截西班牙人的商船和中國去呂宋貿易的商船。

　　葡萄牙人是荷蘭在東方的另一個商戰對手。葡萄牙自從佔領澳門以後，澳門爲據點與中國大陸、日本、東南亞各國、果阿開展貿易活動。據全漢升研究，在 16 世紀最後 15 年內，日本出產的白銀約有一半輸出外國，而輸出的大部分都由澳門葡人運走。這個時期內，自長崎運往澳門的銀子，每年約爲五六十萬兩。其後到了十七世紀，在最初三十年內，每年約有一百餘萬兩，有時更多至二三百萬兩。另據一個統計，自 1599—1637 年的 38 年間，葡船自長崎輸出銀五萬八千箱（每箱一千兩），即五千八百萬兩。這許多運往澳門的銀子，大部分都轉運入中國，用來購買絲貨及其他商品[30]。澳門與馬尼拉也保持商業往來，從天啓七年（1627 年）至崇禎十五年（1642 年）有 47 隻商船從澳門到馬尼拉。對於葡萄牙人在澳門的貿易活動，荷蘭人也視爲眼中釘。1631 年葡萄牙人到漳州河搶劫生絲，甚至預支數千里爾給安海商人去收購生絲，致使荷蘭上席商務員特勞牛斯在新絲上市之前，幾乎無法爲公司買到生絲，爲此，大員議會決定由上席商務員包瓦斯率領兩隻快艇及戎克船淡水號與安海號到南澳與大星山之間攔截從澳門前往日本的葡萄牙人的商船。[31]1634 年 8 月，巴城總督命令大員長官普特曼斯將船隻留在大員，

[28] 江樹聲譯注：《熱蘭遮城日誌》第 1 冊第 85 頁。

[29] 江樹聲譯注：《熱蘭遮城日誌》第 1 冊第 108 頁、109 頁。

[30] 全漢升：《明代中葉澳門的海外貿易》，《香港中文大學中國文化研究所學報》第 5 卷第 1 期。

[31] 江樹聲譯注：《熱蘭遮城日誌》第 1 冊第 47 頁。

於 9 月初以良好的裝備，把它們派往澳門，按我們的意圖，在那裡打擊所有駛向日本、馬尼拉和雞籠等地的船隻，並阻止任何人從那裡駛往麻六甲、果阿、孟加錫等地。[32]

荷蘭人除了與葡萄牙人、西班牙人爭奪東亞海上貿易之外，還與日本人發生貿易糾紛，他們堅決反對日本商船到台灣貿易，也阻止其他國家的商船到日本貿易，一直到 1633 年日本實行鎖國政策，這一矛盾才暫時得到緩和。

（三）東亞海上商業霸主美夢的破滅

荷蘭人到達台灣海峽以後，本來打算以大員為據點，採用和戰結合、利用矛盾、各個擊破、海上攔截等策略，打破中國海商的壟斷，挫敗葡萄牙人和西班牙人的貿易，建立自己的海上商業霸權，但是，他們的願望並沒有完全實現。

在對華貿易上，荷蘭人剛到台灣海峽，採用各種手段，想衝破中國海商的壟斷，妄圖在大陸沿海與中國實行直接的自由貿易，但屢屢遭到明朝政府的嚴詞拒絕，1623 年他們在澎湖時寫信給漳州官員，請求准許在那裡貿易和尋找適當地方駐紮。[33]漳州官員不僅不准在漳州灣貿易，而且還要求他們撤離澎湖。荷蘭人撤退至大員後，明朝政府仍然不准他們到中國沿海貿易。1631 年 9 月，廈門的 gontogion 奉軍門的名義發布通告：「不准任何人在中國沿海協助任何荷蘭人，如果有人被發現跟他們交易，最嚴重的將處以死刑，並沒收他們全部的貨物。」[34]因此，他們只能通過中國海商為中介人，把貨物運到大員進行交易，這樣，必然使貿易主動權控制在中國海商手中，除了當時鄭氏海商集團之外，如華商 Hambuan 成為穿梭於台灣海峽的重要的中間商。1634 年 12 月 30 日，Hambuan 從大員抵達水頭，第二年 1 月 22 日傳回消息說，Hambuan

---

[32] 程紹剛譯注：《荷蘭人在福爾摩莎》第 150 頁。

[33] 程紹剛譯注：《荷蘭人在福爾摩莎》第 16 頁。

[34] 江樹聲譯注：《熱蘭遮城日誌》第 1 冊第 56 頁。

在 12 至 15 天內會帶領三、四艘裝載豐富的戎克船前來大員。Hambuan
在信中提到，他已見過幾個大官，也見過一官，他們表示，已經準備很
多商品運來此地，足夠供應公司一年的需要。但是 Hambuan 的伙伴
Noucoe 鼓動中國商人把他們的貨物價格抬得很高，並且暫不發運，要
等到荷蘭長官普特曼斯再度請他們來大員時才起航，「那時候，很顯然
就可以按照他們的價格交易成功了」[35]。再如 1683 年，當 Hambuan 運
來大量的貨物到大員時，荷蘭人以沒有足夠的現款為由，拖付欠款，
Hambuan 提出對欠款要支付 3%的月息，而荷蘭人只願意支付 1%的利
息，雙方談判陷入僵局。Hambuan 宣布，如果荷蘭不按 3%月息支付欠
款，他將以所有華商名義宣布，把運來的絲和絲織品全部運回大陸，等
到荷蘭人有現款支付時，再把貨物運到大員。後來經過四輪的談判，荷
蘭人不得不接受 2%月息支付欠款。[36]從上可見台灣海峽貿易的主動權
始終牢牢控制在華商手中，荷蘭人從來沒有實現在中國大陸沿海進行完
全自由貿易的企圖。

　　在與其他國家的爭鬥中，荷蘭人也沒有實現獨佔東亞海上貿易霸權
的夢想。如與西班牙的商戰中受到中國海商力量的牽制。1632 年 1 月 7
日，普特曼斯與大員議會決定要派一隻船隊去攻擊前往馬尼拉的戎克
船，後因以下幾個原因而沒有實現：（一），如果我們執行上述計劃，就
會立刻跟中國陷入嚴重敵對狀況，而喪失目前專利的貿易。（二），那些
快艦已裝滿貨物，也不適合去追捕那些戎克船。[37]因此，中菲貿易並沒
有受到多大影響，每年有大量的中國絲織品經馬尼拉輸入美洲，再由美
洲輸往歐洲，馬尼拉成為中國絲綢運往歐美的轉口港。同時，墨西哥白
銀也經馬尼拉大量流入中國。再如葡萄牙人在澳門的貿易，雖然受到荷
蘭人封鎖而產生一定影響，但澳門與日本的貿易，澳門與果阿的貿易，
澳門與東南亞各國的貿易仍然正常進行。日本是荷蘭人爭奪最激烈的商
場，也無法排擠其他國家而獨佔，雖然日本政府於 1634 年因追捕天主

---

[35] 江樹聲譯注：《熱蘭遮城日誌》第 1 冊第 144 頁。

[36] 江樹聲譯注：《熱蘭遮城日誌》第 1 冊第 400－403 頁。

[37] 江樹聲譯注：《熱蘭遮城日誌》第 1 冊第 65 頁。

教徒而不允許葡萄牙人、西班牙人到日本貿易,但中國海商仍然是荷蘭人在日本競爭的勁敵。如1634年中國海商運到日本的絲綢達700多擔,是荷蘭人的三倍,怪不得荷蘭人認爲「如果公司想繼續存在下去,就必須把這一根刺從公司腳下拔除」。[38]1652年,荷蘭人運到日本砂糖1500擔,獲利不過2759盾,其「原因是中國運去9200擔糖」[39]。綜上可見,荷蘭人是抱著稱霸東亞的野心來到台灣海峽的,雖然煞費苦心,採取種種商戰策略,仍然無法打破原來的貿易格局,實現稱雄願望。最後在鄭成功部隊圍攻的炮聲中,於1662年灰溜溜地退出台灣海峽,結束了東亞商業霸主的美夢。

（刊《中國社會經濟史研究》2004年4期。）

---

[38] 程紹剛譯注:《荷蘭人在福爾摩莎》第251頁。
[39] 程紹剛譯注:《荷蘭人在福爾摩莎》第363頁。

四、試論著名海商鄭氏的興衰

明中葉以後，隨著私人海上貿易的迅速發展，東南沿海相繼出現了王直、徐海、洪迪珍、嚴三老、許西池、張璉、吳平、曾一本、林道乾、林鳳等海上貿易集團。這些海商集團中，以鄭氏海商集團最為著名，其資本之雄厚，貿易範圍之廣，活動時間之久，都超過了其他的海商集團。鄭氏海商在中國商業史上佔有重要地位，他們的興衰隆替一定程度上反映了中國海商資本發展的道路，因此，研究鄭氏海商是明清經濟史上的一個重要課題。

本文試就鄭氏海商的興衰過程及其背景和原因，略作論述。

鄭氏海商的形成與發展

鄭氏海商的起源可追溯到安平商人。泉州安平鎮自元朝以來多出海商，特別在明清時期，不少商人擁有雄厚的資金，經營遍及全國和海外各地，與當時著名的徽州商人並稱為江南兩大商人集團。何喬遠在《閩書》中說：「安平一鎮盡海頭，經商行賈，力於徽歙，入海而貿夷，差強資用。」鄭芝龍就是出身在這商人輩出的地方，他的家族與安平海商有密切的關係。鄭芝龍的母舅黃程「行賈香山澳」，是著名的對外貿易商人。天啓元年，「性情蕩逸，不喜讀書，有膂力，好拳棒」的鄭芝龍，潛往粵東香山澳尋母舅黃程。到香山澳後，參加了一些海上貿易活動。「他從澳門往馬尼拉，而在這兩個地方都受雇為僕役，有人說他還在台灣替荷蘭人做事」[1]。天啓三年，他又為黃程押送白糖、奇楠、麝香、鹿皮去日本。鄭芝龍在香山澳期間廣泛接觸一些中外商人，學會了葡萄牙語，積累一些從事海上貿易的實際經驗，積蓄一些海商資本，為他今後進行海上貿易活動打下了初步的基礎。

鄭芝龍的繼妻顏氏家族也是安平有名的海商。據石井本宗族譜記

---

[1] 霍特爾：《台灣島的歷史與地理》。轉引自廖漢臣《鄭芝龍考》。

載：鄭芝龍「娶日本翁氏一品夫人，後娶顏氏，側室陳氏（逐出）、李氏、黃氏、生男五」，他的第三個兒子鄭思，就是顏氏生的。顏氏家族後來成為鄭成功五大商之一。康熙六年，南安縣生員黃元龍密奏中指出「顏克璟系偽五商顏瑞男」[2]。

鄭芝龍海商資本的另一個來源就是繼承李旦海商集團的資財。李旦，泉州人，曾到馬尼拉經商，後到日本，居於平戶，成為當地華商的領袖。他擁有大批船隻，從事遠東海上貿易，積累了不少的財富。鄭芝龍依附李旦後，大得李旦的信任，托為義子。史載「有李習者（即李旦）商販日本，積累巨萬，無子，子芝龍，又為取日本長崎王族女，多載珍奇還東石，富甲八閩」[3]。李旦死後，大部分資財和部眾歸於芝龍，成為鄭氏海商資本的一個組成部分。

鄭芝龍海商資本的第三個來源是接受了顏思齊海商集團的財產。「思齊，海澄人，為勢家所凌，毆其僕致斃，慮罪逃入日本。久之，積蓄頗饒」[4]，是當時一個重要的海商集團。鄭芝龍怎樣投靠顏思齊的，彭孫貽的《靖海誌》有很詳細的記載，茲引述如下：

> 「芝龍隻身隨艦貨作千金分以主寨之首領顏振泉（即顏思齊），海有十寨，寨各有主，芝龍之主又主中之主也。停半年主有疾且死，九主為之療祭，芝龍乃泣而求其主曰，明日祭後必會飲，意求眾力為我放一洋，獲之有無多寡，系我之命。時緩言懇之，主如言，眾情允樂。劫得四船貨物，皆自暹羅來，每艘分其半，九主重信義，盡畀之，富逾十主矣。海中以富為尊，主亦就殂，芝龍升為十寨中之一，時則通家耗，輦金還家置蘇杭兩京細軟寶玩，興販琉球外國等物。」

從上面這些記載中，我們可看到，鄭芝龍受撫之前，由於繼承和接納李旦、顏思齊等海商集團的資財，使鄭氏海商資本已初具規模。但是，鄭氏海商資本的飛進發展，卻是在鄭芝龍受撫以後，依靠明朝封建政府

---

[2] 《鄭氏關係文書》。
[3] 沈云：《台灣鄭氏始末》卷3。
[4] 陳壽祺：《重纂福建通誌》卷267。

的支持和庇護而取得的。

　　為什麼明朝封建政府要招撫鄭芝龍海商集團，而鄭氏海商集團又樂於為明朝政府所招撫呢？這是當時特定的社會歷史條件造成的。明朝末年，由於大貴族、大地主政治上愈趨反動，經濟上對全國人民實行瘋狂的掠奪，使國內外矛盾十分尖銳，北方邊境滿州貴族向腐朽的明王朝展開全面的軍事進攻，東南沿南的海面上，西方海盜、日本海盜與中國海盜同時出現，也給明王朝造成很大的威脅。當時的形勢是「東南海氛之熾，與西北之虜，中原之寇，稱方今三大患焉」[5]。面對這種嚴重的局面，明朝政府為了集中力量鎮壓國內農民起義，不得不對鄭芝龍實行招撫政策，企圖利用鄭氏海商集團的力量平定東南沿海海盜的騷擾，從而解除明朝政府的後顧之憂。

　　對於鄭芝龍來說，當時海上還有楊六、楊七、李魁奇、鐘斌、劉香等海商集團，他們的勢力不下於鄭芝龍，而與鄭芝龍的關係時合時離。鄭芝龍為了發展海上貿易，也想借助明朝的力量，消滅這些商業對手，以達到壟斷海上貿易的目的，因此，樂於接受明朝的招撫。崇禎元年，「犯金門獲游擊盧毓英，芝龍縱之還，且曰，朝廷苟一爵相加，東南可高枕矣」[6]。同年七月，福建巡撫熊文燦採納泉州知府王獻的建議，派人下海招撫。九月「芝龍舉其於降」，並一再表示，「願充轅門犬馬報效，所有福建以及浙、粵海上諸盜，一力擔當平靖」，熊文燦接受鄭芝龍的投降，並「題委為海防游擊」。[7]

　　鄭芝龍受撫以後，在明朝政府的支持下，自崇禎元年至八年，展開一場消滅各海商集團、控制東南制海權的戰鬥：

　　崇禎元年，首先滅李魁奇海商集團。李魁奇本是鄭芝龍的同伙，因「爭分賊資以不平激變」，九月「魁奇奪船背去，招納亡命，以芝龍為難」。崇禎二年，鄭芝龍與盧毓英統船追捕，從城仔角出發，追下澳洋，李魁奇被一槍刺死，餘船悉降，「龍收其眾」。消滅李魁奇以後，鄭芝龍

[5]　「海寇劉香殘稿二」，《明清史料》乙編，第8本。
[6]　徐鼒：《小腆紀年》卷63。
[7]　江日昇：《台灣外記》卷1。

乘勝前進。經過二年的戰鬥，鄭芝龍逐個消滅了李魁奇、楊六、楊七、鐘斌等海商集團，吞併了他們的船隻和資財，進一步擴大了鄭氏海商集團的勢力。

這時能與鄭氏海商集團抗衡的只剩劉香海商集團了。劉香，「漳之海澄人，五短身材，性極驍勇，……劫掠商船，突起猖獗，聚眾數千，有船大小百餘號」[8]。面對這個強大的對手，鄭芝龍在明朝政府的支持下，六破劉香集團，「一破之於石尾，再破之於定海，三破之於廣河，四破之於白鴿，五破之於大擔，六破之於錢澳」[9]。經過六次的打擊，在大大地削弱了劉香集團勢力的基礎上，崇禎八年，鄭芝龍最終消滅了劉香海商集團。從此以後，鄭芝龍兄弟「雄據海上」，完全控制了東南沿海的制海權，「獨有南海之利」，「海舶不得鄭氏令旗，不能往來，每舶例入二千金，歲入千萬計」。[10]

鄭芝龍消滅其他的海商的戰鬥，既擴大了自己的勢力，又為明朝立下了軍功，這就為鄭氏家族與明王朝的結合開闢了一條坦途，使更多的鄭氏家族成員躋入官場。崇禎年間鄭芝龍升任總兵，弘光帝封南安柏，二弟芝虎授南日寨守備，田尾洋戰死後，贈參將，蔭襲總旗；四弟芝鳳蔭錦衣衛千戶，後授副總兵，弘光帝封靖西伯；五弟芝豹授太子太師澄濟伯；族叔芝莞命光祿大夫上柱國太子太保；族兄鄭彩為水師副將；族兄鄭聯封定遠伯。特別是到福建唐王政權時，鄭氏「一門勛望，聲焰赫然」，「芝龍位益尊，權益重，全閩兵馬錢糧皆領於芝龍兄弟，是以芝龍以虛名奉君，而君以全閩予芝龍也」。[11]從鄭氏家族以海商起家發展到一門朱紫，炙手可熱的豪貴，說明了封建社會中擁有巨大經濟力量的商人，往往要走上與封建政治相結合的道路，這在鄭氏發家史上也不例外。

鄭氏海商的活動範圍及規模

8　江日昇：《台灣外記》卷1。
9　「海寇劉香殘稿一」，《明清史料》乙編，第7本。
10　林時對：《荷牐叢談》卷4。
11　彭孫貽：《靖海誌》卷1。

　　鄭氏家族雖然成爲富貴逼人的權貴，但作爲這個家族最主要的特徵，仍然是它的海商本業，因此，有必要對鄭氏海商的活動範圍及規模作一考察。

　　鄭氏海商的經營範圍極其廣泛，當時東西方一些主要的國家及地區都與鄭氏有貿易關係，鄭氏海商的足跡遍布東西二洋。

　　鄭氏海商貿易的對象，首先是日本。因鄭芝龍年輕時到達日本，受到幕府的召見，先住長崎，後遷居到商業發達的平戶河內埔，並與平戶侯領地的田川七左衛門之女結婚，生長子鄭成功。由於有這種特殊關係，不僅鄭芝龍把日本作爲主要的貿易對象，而且鄭成功繼續發展這種貿易關係。如順治八年（1651 年），鄭成功「見士卒繁多，地方窄狹，以器械未備，糧餉不足爲憂」，與參軍潘庚鍾、馮澄世等商量解決的辦法，澄世認爲「方今糧餉充足，鉛銅廣多，莫如日本……，國王既認（翁氏）爲女，則其意厚，與之通好，彼必從」，建議鄭成功修書「以甥禮自待，國王必大喜，且借彼地彼糧以濟吾用，然後下販呂宋、暹羅、交趾等國，源源不絕，則糧餉足而進取易矣」。鄭成功採納他的建議，令鄭泰建造大船，洪旭佐之，「以甥禮遣使通好日本，國王果大悅，相助鉛銅，令官協理」。[12]鄭經時代，鄭日貿易仍很頻繁，每年「有十八艘船開往日本，其中大半爲國王所有」。

　　鄭氏海商運往日本的大宗商品主要是生絲及絲織品。據日本長崎的荷蘭商館日記等資料，自一六四九年至一六五五年，六年之間，共運往日本生絲四十五萬餘斤、絲織品七萬二千多匹，平均每年生絲七萬五千多斤，絲織品二萬五千多匹。[13]輸往日本的另一大宗商品就是砂糖，據

---

[12] 江日昇：《台灣外記》卷 3。

[13] 日本長崎荷蘭商館的記 1649 年 7 月 17 日條云：「一官的兒子所屬的船隻一艘，自安海入港，聽說裝載了白生絲五千斤，Poil 絹絲五千斤，以及其他織物等類頗多，據云，近日屬於同一船主的船隻只有三四艘尚要到這裡來」。1649 年 7 月 23 條云：「據云，在山頂的守望所已有報告來，約至正午，二艘小戎克船揚帆入港，傍晚又有一艘入港，均爲十三天前自漳州開來的一官船，下午十點左右又有一艘入港」。1650 年 10 月 19 日條云：「一官的兒子的戎克船一艘自漳州開到，裝載生絲約十二萬零一百斤，綸子一千八百匹，紗綾一千八百匹，以及綢緞，藥材等貨頗多，又還有四艘戎克船搭載了很豐富的貨品也要來」。1651 年 8 月 4 日條云：「傍晚，一官的兒子所屬的船隻一艘自廣州裝載了紗綾、綸子等貨，估計銀值四

日本岩生成一博士研究，自一六三七年至一六三八年，中國船隻輸往日本的砂糖數量，最多的為一六四一年，五百四十二萬餘斤，最少的是一六四三年，這三十多年平均每年一百六十九萬斤，雖然這包括中國船隻自暹羅、柬埔寨、廣南等地輸入的砂糖，但也可窺見中國砂糖輸往日本數量之巨大。除絲及糖之外，鹿皮也是輸往日本的大宗商品。鹿皮的價格在台灣「每百張二十比索，牡鹿皮每百張十六比索，在日本之售價為七十比索」[14]，由於利潤很高，年產二十萬張鹿皮幾乎全部銷售日本，使台灣成為日本鹿皮的主要供應地。

　　鄭氏海商集團的第二個貿易對象是荷蘭。早在崇禎元年鄭芝龍與台灣荷蘭長官彼得‧納茲之間，訂有為期三年的生絲、胡椒等交易協定。崇禎三年鄭芝龍又與台灣荷蘭長官普特曼斯，訂有協定，荷蘭對鄭氏船隻要加以保護。崇禎十三年鄭芝龍與台灣荷蘭長官約翰‧范得堡。訂有關於日本貿易的互惠協定。但是荷蘭殖民者並不遵守這些協定，他們一方面與鄭氏海商進行貿易活動，另一方面又繼續擄劫中國商船。荷蘭殖民者的這種海盜行為，使鄭氏海商受到很大的損失，引起鄭成功的極大憤慨。鄭成功，「刻示傳令各港澳並東西夷國州府，不准到台灣通商，由是禁絕兩年，船隻不通」[15]。禁運給荷蘭人很大的打擊，一六五七年六月，台灣荷蘭長官揆一不得不「遣通事何斌送外國寶物來求通商，願年輸餉銀五千兩、箭桿十萬枝、硫磺一千擔」[16]，鄭成功才答應恢復與荷蘭人的通商關係。

十箱的貨物入港」。1656 年 2 月 1 日，荷蘭東印度總督寄回本國的一般政務報告書中也提到：「自 1654 年 11 月 3 日在我們最後一艘荷蘭船開纜以後迄至 1655 年 9 月 16 日止，在這期間有由各地開來的中國戎克船五十七艘入埠，即安海四十一艘，其大部分屬於國姓爺的；泉州船四艘，大泥船三艘，福州船五艘，南京船一艘，漳州船一艘及廣南船二艘」。根據日本商館日誌末後所附載詳細清單計算，上述都結在國姓爺的賬上。凡‧達謨《荷蘭東印度公司誌》二十一章記載，1653 由華舶所輸入日本生絲白生絲八萬八千一百五十斤，其他生絲五萬四千三百三十一斤，共十四萬二千四百八十一斤。（以上材料均轉引曹永和《從荷蘭文獻談鄭成功研究》）。

[14] 《十七世紀台灣英國貿易史資料》第 27 頁。

[15] 楊英：《從征實錄》第 113 頁。

[16] 阮旻錫：《海上見聞錄》卷 1 第 24 頁。

荷蘭與鄭氏海商集團建立貿易關係後,把中國大量的砂糖運往波斯及歐洲各地。一六二八年荷蘭東印度公司的「烏特勒希德號」等船隻的運往波斯的貨單中,中國粉砂糖三萬六千四百零四斤,價值三千四百一十八盾。一六三七年一月二十二日自蘇拉特開往甘隆的荷船「阿美利亞王子號」所載貨物中,中國白砂糖一萬九千一百斤,價值一千八百三十九盾。所有這些運往波斯的中國砂糖,除一部分是台灣生產之外,絕大部分是從鄭氏海商那裡轉買來的,如一六三六年三月二十一日大員商館日誌云「有一艘戎克船自廈門裝載一萬五千斤粉砂糖和五箱金條到達」。又如一六三七年五月十五日條云:「二艘來自廈門,搭載貨物如下:白粉砂糖十萬斤,白蠟四千斤,明礬一萬二千五百斤,細瓷器一百三十簍。」[17]除砂糖之外,荷蘭人還把巴達維亞「大量的胡椒、香料、琥珀、錫、鉛,經過台灣輸至中國;他們也從台灣收買藤,向中國輸出。從中國方面,則買入絲綢、陶器及黃金,而轉銷於巴達維亞」[18]。

一六六二年鄭成功驅逐荷蘭殖民者,收復台灣,鄭荷貿易基本中斷,代之而起的是鄭英貿易。鄭經為了使台灣成為繁盛的商業之地,以不收三年關稅及本年度房租的優惠條件,邀請除荷蘭以外的各個商人前往台灣通商貿易。英國是鄭經發出邀請後第一個到達台灣的國家。一六七〇年六月,英船「班丹號」與單桅帆船「珍珠號」首次到達台灣,指揮官克利斯布向鄭經遞交了英國東印度公司班丹區經理享利達卡的公函,要求「雙方建立親善之關係」,開展貿易活動。同年九月簽訂關於設立商行之條約。第二年英國正式在台灣設立商行。一六七四年鄭經佔領廈門以後,英國又在廈門成立商行,並簽訂了鄭英協約補充條款。自此以後,鄭英之間進行了頻繁的貿易活動。直到清政府統一台灣,鄭克塽投降,鄭英貿易才宣告結束。

鄭氏海商還與東南亞的呂宋、暹羅、柬埔寨、交趾等國都有貿易關係。《熱蘭遮城日誌》一六五五年三月九日條云:「屬於國姓爺的船隻二

---

[17] 轉引自曹永和:《從荷蘭文獻談鄭成功研究》。
[18] 《台灣島史》第 8 章。

十四艘，自中國沿岸開去各地貿易，內開向巴達維亞去七艘，向東京去二艘，向暹羅去十艘，向廣南去四艘，向馬尼拉去一艘。」[19]《巴達維亞城日誌》一六五六年十二月十一日條云：「今年從中國有官人國姓爺的戎克船六艘到那裡（按指柬甫寨），而收購了很多的鹿皮及其他貨物運去日本。」《十七世紀台灣英國貿易史料》也記載：「台灣王有五至六隻船，每年一月開往馬尼拉，在四或五月開回，然後開往日本。」

鄭氏海商除了進行對外貿易之外，另一個重要的活動就是衝破清政府的禁海政策，積極開展國內貿易。為了困死鄭成功，順治十三年六月十六日清世祖敕諭浙江、福建、廣東、江南、山東、天津各督撫鎮：「自今以後，各該督撫鎮著申飭沿海一帶文武各官，嚴禁商民船隻私自出海，有將一切糧食貨物等項與逆賊貿易者，或地方官察出，或被人告發，即將貿易之人，不論官民，具行奏聞處斬，貨物入官，本犯家產盡給告發之人」[20]。順治十八年又實行殘暴的「遷界」措施，企圖以嚴密封鎖來斷絕台灣與大陸的聯繫。但是，清政府的這些措施不僅沒有能隔絕鄭氏與大陸的貿易，反而使鄭氏獨得海上貿易之利。據郁永河《海上記略》所載：「我朝嚴禁通洋，片板不得入海，而商賈壟斷，厚賂守口官兵，潛通鄭氏，於是海洋之利，惟鄭氏獨操之，財用益饒。」

那麼，鄭氏海商是如何與大陸進行貿易活動的呢？大體上以兩種形式進行，一種是設立「五大商」，直接「在京師蘇杭山東等處經營財貨以濟用」。據「福建巡撫許世昌殘題本」云「成功山海兩路，各設五大商，行財射利，黨羽多至五六十人，泉州之曾定老、伍乞娘、龔孫觀、龔妹娘等為五商領袖」。順治十一年正月十六日「曾定老等就偽國姓兄鄭祚手內領出銀二十五萬兩，前往蘇杭二州置買綾綢、湖絲、洋貨，將貨盡交偽國姓訖」。再如五大商顏氏旭遠號通過林行可「購買造船巨木，差伊侄林鳳廷同腹黨王復官、林茂官、公然放木下海，直達琅琦賊所，打造戰船，且串通偽差官顏瑞廷，令官匠林九苞等敢於附省洪塘地方，

---

[19] 轉引自曹永和：《從荷蘭文獻談鄭成功研究》。
[20] 「申嚴海禁敕諭」，《明清史料》丁編，第 2 本。

製造雙桅違禁海船，令海賊洪二等親駕出洋。更敢屯巨木數千株於矼窖、芹州、南岐、阮洋、董岐諸港，乘機暗輸，挺險罔利，已非一日」[21]。顏氏旭遠號不僅到大陸採購大批木材，同時兼營其他貨物的販賣。順治十二年，被清朝查獲的屯貯在牙行潘一使家的「旭遠號贓物」，就有「胡椒六十袋，每袋重五十斤，又一小袋，牛角一十五捆，每捆重五十斤，降香八捆，每捆重五十七斤，金線二十七袋，每袋五十斤，檀香十捆，每捆五十斤，黃蠟七包，連包重五十斤，良薑一百三十六包，每包重五十斤，大楓子十一袋，每袋重五十斤」。[22]由此可見，「五大商」在大陸的貿易是十分活躍的。

鄭氏海商與大陸進行貿易的另一種形式，是通過內地走私商人開展貿易活動。當時的福建沙埕就是接待大陸私商的一個重要據點。「近聞海逆鄭成功下洪姓賊徒身附逆賊，於福建沙城（埕）等處濱海地方，立有貿易生理，內地商民作奸射利，與常互市，凡杉桅、桐油、鐵器、硝黃、湖絲、綢綾、糧米一切應用之物，俱咨行販賣，供送海逆」[23]。如順治十七年，紹興商人王吉甫與福建商人張瑞、翁采、王一、盧措、王旺、魏久，廣東商人盧琇、高參，處州商人周太、吳躍，四川商人王貴，杭州商人李茂，湖州商人楊君甫、陳太、魏科等結伙到「福建沙城地方」，販賣海參、香蕈、紫梗、紫草、鮑魚、鯊魚翅、黃蓮、田狗皮、磨香料、木香、水獺哈子皮、鉛、錫、蛤干、煙等貨物。[24]還有一批內地走私商人領取或購買鄭氏令旗，直接出海貿易，如順治十三年寧波鄞縣商人朱云與朱盛等「潛向交通，各買僞旗一面，收貯船上」，「赴外洋」貿易。[25]又如順治十六年閩安鎮水師副總兵韓尙亮，在定海大洋至官塘黃岐地，抓捕赴台貿易的長樂商人林八、劉四，連江商人卓八，琅琦商人林科，漳州商人林瑞仔時，繳獲趕櫓船六隻，雙篷船二隻，「內有貨物海

<hr>

[21] 「閩浙總督佟代題本」，《明清史料》已編，第3本。
[22] 「刑部殘題本」，《明清史料》已編，第3本。
[23] 「嚴禁通海敕諭」，《明清史料》已編，第3本。
[24] 「刑部殘題本」，《明清史料》已編，第6本。
[25] 「浙江巡撫秦世禎殘揭帖」，《明清史料》已編，第3本。

參三十包，香菇七包，煙二十二箱，……以及僞關防一顆，僞賜方印一顆，僞牌票卷書札一捆，僞牌單八張等」[26]。

從以上這些材料可以看出，鄭氏海商活動範圍相當廣泛，無論是東洋還是西洋，也無論是內貿或是外貿，都有這個家族經商的記錄。那麼，鄭氏海商資本到底有多大呢？要用精確的統計數字來說明自然是困難的，但我們從一些零星材料中可以獲得一個粗略的估計。《台灣通史》等書記載「海舶不得鄭氏令旗，不能往來。每舶例入二千金，歲入以千萬計，以此富敵國。」德國人 Allrecht wilth 在《國姓爺》中指出：「他（指鄭芝龍）除靠那一項強暴的營業稅收外（指每船舶列入二千金），又靠本身的投機生意，而終於賺到一筆莫大的資產，他的船隻計有三千，他令其船主們巡邏到暹羅、馬尼拉、麻六甲等地，就豪華以及財富來論，他幾乎凌駕他主君的唐王，而的確他已矚目到帝位了」。到了鄭成功的時代，鄭氏海商資本又有了進一步的發展，順治十四年七月，永曆帝接見鄭成功使臣楊廷世與劉九皋時，「問成功兵船錢糧，二人對以舳艫千艘，戰將數百員，雄兵二十餘萬，餉糧雖就地設處，尚有呂宋、日本、暹羅、咬𠺕吧、東京、交趾等國洋船，可以充繼」[27]。除了鄭氏父子之外，鄭氏家族其他成員也積累一筆相當可觀的海商資本，如戶官鄭泰「守金門，貲以百萬計」[28]。因此，「富至千萬」，「少者百萬」，這似乎可以被看作當時鄭氏海商資本的一個概貌。

根據以上所列鄭氏家族經營範圍及財產狀況，這個家族的確是東南沿海最大的海商集團，財雄勢大，顯赫一時，如果能順利發展下去，更快地擴大經營規模，更多地積累財富，就有可能發展成一個壟斷性的海商大財閥。但是歷史的進程並非這樣，事情還有另一個方面，如果說從鄭芝龍至鄭成功時代，鄭氏家族在經濟上政治上是走著一條發展的道路，成爲新崛起的海商之家，那麼從鄭經以後，由於許多條件的變化，許多有利的因素逐漸轉變爲不利因素，鄭氏海商集團開始從極盛走向衰

[26] 順治十七年正月初五日塘報。
[27] 江日昇：《台灣外記》卷 10。
[28] 夏琳：《海紀輯要》卷 2。

敗了。

鄭氏海商的衰敗及原因

鄭氏海商的第三代鄭經是一個「無權略果斷」的人，由於「不能任人，致左右竊權，各樹其黨」[29]，使對外貿易每況愈下，海貿收入日益減少，財政拮据。康熙十三年，他因「兵多餉少」，乃以「六官督比紳士富民以充之」，且規定「百姓年十六以上，六十以下，每人月納銀五分，名曰「毛丁」，船計丈尺納稅，名曰「梁頭」，及設各府鹽引，分管鹽場，以給兵食」。[30]康熙十八年，為了籌集軍餉，他甚至「渡載豬牙酒稅鐵岸油灰諸類，雖孤寡亦不免，又令思明知府李景，附會其說，倍加派輸，百姓怨聲載道，欲逃無門」[31]。面對這種衰敗的局面，陳永華為了擺脫困境，謀取轉機，曾採取了一系列的措施。但是，無論陳永華如何苦心經營，已無法擺脫江河日下的趨勢。康熙二十二年，清軍大舉進攻台灣，鄭克塽戰敗投降，鄭氏家族被遷入內地。自此以後，曾經顯赫一時的鄭氏海商就完全銷聲匿跡了。《荷牐叢談》的作者林時對感慨地說：「盍自天啓丁卯，至今癸亥，垂五十餘載，鄭氏父子祖孫，三世雄據閩粵海島，今始殄滅無遺。」[32]

鄭氏海商資本為什麼不能像西方海商資本那樣得到充分的發展，成為原始資本積累的源泉，而會衰敗下去呢？這是有多種原因造成的。

1.鄭氏海商是伴隨著與封建政權的結合及軍事鬥爭的勝利發展起來的，但另一方面，頻繁的戰爭又嚴重地影響了鄭氏海商資本的集中積累。

鄭氏海商集團為了維持一支龐大的軍隊，把大量海商資本消耗在軍

---

[29] 江日昇：《台灣外記》卷 10。
[30] 阮旻錫：《海上見聞錄》卷 2。
[31] 江日昇：《台灣外記》卷 23。
[32] 林時對：《荷牐叢談》卷 4。

餉及購買軍火上。我們知道,鄭芝龍雖然被明朝招撫,授於總兵之職,但「十餘年養兵,不費公家一粒」[33],軍餉都是自己解決的,再加上每次募兵,「不惜厚餉以養之」,必然要消耗大批海商資本。到了鄭成功、鄭經時代,部隊編制進一步擴大,鄭成功有雄兵二十餘萬,鄭經有「水陸官兵計四十一萬二千五百名,大小戰艦,約計五千餘號」[34]。要養活這一支龐大的軍隊,就要籌集大量的糧餉。對沿海各府的征派,解決了一部分糧餉,但據楊英《從征實錄》說:「四府地方糧餉僅足以養一萬之兵」,其餘幾十萬軍隊的糧餉就只能靠海上貿易積累的資金來支付了。同時,購買軍火也花很多錢。

其次,為了適應戰爭的需要,經常把大批商船征用為兵船,這也嚴重影響海上貿易的發展。如順治十八年,鄭成功為了東渡收復台灣,「在廈門及其附近集結了二百艘以上的戰鬥帆船並且仍在竭力集結更多的帆船。他命令所有在日本的帆船的船長立即返航,違者處死,還命令在交趾、柬埔寨、暹羅以及其他地方的帆船直接開往廈門」[35]。康熙十八年十二月,姚啟聖吳興祚大集舟師進攻廈門時,鄭經也「調各洋船私船配兵北上」[36]。康熙二十二年清政府選練舟師,大舉征台,「偽鎮國公劉國軒就台簡精壯,調佃丁計二萬餘人,取洋船及偽文武等官私船改為戰船大小二百餘號,親統至彭,屯於風櫃尾、牛心灣等岐」[37]。

隨著軍事鬥爭的起伏,已經積累起來的海商資本也經常遭受損失。順治八年,清政府乘鄭成功南征廣東,襲破鄭氏海商集團的根據地——廈門,使鄭氏海商資本受到很大的損失,正如朱希祖先生指出:「中左之所失,為成功全部之家資,芝龍一生所積蓄」[38]。又如順治十三年因防守海澄縣城的前沖鎮黃梧叛變,使城中的貯糧二十五萬石及許多的軍糧、衣甲「喪失殆盡」。

---

[33] 黃獻臣:《武經開宗》。

[34] 「欽命太保建平侯鄭造報官員兵民船隻總冊」,(《鄭氏關係文書》)。

[35] 《巴達維亞城日誌》1661 年條。

[36] 彭孫貽:《靖海誌》卷 4。

[37] 李元春:《台灣誌略》。

[38] 楊英:《從征實錄》第 19 頁。

2.鄭氏海商集團的賄賂、浪費及貪污也消耗了大量的海商資本。

鄭芝龍為了躋進官場，獵取功名，實行「以賄求撫」的策略，於崇禎元年，「差芝燕、芝鳳帶金銀幣帛，同毓英入泉州城，先見王猷，次見鄧良知，代芝龍陳始末，願拜門下，繳上厚禮，各大喜」，接著又帶上重禮，進賄熊文燦，「文燦大喜，收入，立即通行全省，准芝龍招安」。[39]崇禎十三年，明朝政府下令各省撫按舉將才，芝龍派芝鵬帶大批珍貴禮物進京，「先賄本省勢權縉紳，如吏部丁啓睿，然後通關閣部，相互於崇禎之前，准授鄭芝龍南澳副總兵」[40]。崇禎末年，鄭芝龍「欲得福閩全省正總兵」，又「賫銀十萬，至京師」，後因農民軍攻破北京城，明朝很快滅亡，目的才沒有達到。所以《荷牐叢談》指出鄭芝龍「以洋利交通朝貴，寖以大顯」。

大量的財富耗費於窮奢極欲的奢侈生活，也是影響鄭氏海商資本積聚的原因之一。鄭芝龍花了巨款在其家鄉安海建造宏麗的住宅，「第宅宏麗，綿畫數里，朱欄錦幄，金玉充牣」[41]，甚至「開通海道，直至其內，可通洋船。亭榭樓台，工巧雕琢，以至石洞花木，甲於泉郡」[42]。到了鄭經，這種窮奢極欲的浪蕩生活達到登峰造極的地步，《台灣割據誌》云「經之入島，委政克臧，退閒居於洲仔尾，築遊觀之地，峻宇雕牆，茂林嘉草，極島中之華麗，優遊其間」，後則以亭園為家居，「移諸嬖幸於內，縱情花酒」，「而至卒歲」。

此外，主管海外貿易的各級官員的貪污，也很不利於鄭氏海商資本的集中。順治十一年常壽寧揭發黃愷「逆派橫行，種種難枚，又山海等餉，多征少報，計十餘萬額」。戶官鄭泰，在掌管東西洋貿易及兵餉糧米的出入時，積貲家產「至百餘萬」。他還瞞著鄭成功，把四十多萬兩銀子寄存在日本，一直到鄭經查閱賬冊時，才發現這筆存款，後經過六次交涉，僅取回二十萬兩。

---

[39] 江日昇：《台灣外記》卷1。

[40] 江日昇：《台灣外記》卷2。

[41] 凌雪：《南天痕》卷25。

[42] 江日昇：《台灣外記》卷8。

3.鄭氏三代雖然是以海上貿易起家的海商集團，但「以農爲本」的思想還相當濃厚，因此，經常把一部分海商資本重新投入土地，進行封建經營，從而妨礙了海商資本的原始積累。

鄭芝龍不僅利用海上貿易積累的資本在大陸各地購置土地，使鄭氏的「田園遍閩廣」，而且還「招集流民，傾家資市耕牛粟麥分給之，載往台灣，令其墾闢荒土，而收其賦」。[43]被招撫以後，又「增置莊倉五百餘所」。鄭成功也認爲「農業，民生大本」。因此鄭氏海商集團失敗後，清政府在查抄鄭氏家產時，發現「鄭成功父子田產，在海上者，田有數萬頃，價值數十萬金，計每歲田租不貲，以之報充正賦，則足蘇八閩之困，以之接濟兵餉，則足以省挽輸之勞」[44]。由此可見，鄭氏家族的田產相當巨大。

由於以上幾個原因，使鄭氏海商資本不能得到充分的發展，最後必然走向衰敗的道路。

著名海商鄭氏的興衰，使我們看到十六、十七世紀發展起來的私人海上貿易商人，有些被封建政府鎮壓下去，有些走上與封建政權相結合的道路而得到發展，但由於本身帶有濃厚封建性，最後也隨著政治軍事鬥爭的沉浮而走向破產。鄭氏海商的衰敗，說明了中國海商資本的脆弱性，也說明了中國封建社會裡商業資本的出路相當狹窄，因此，中國始終沒有能夠出現如西歐「在十六世紀十七世紀，與地理發現一同發生並迅速增進商人資本發展的商業大革命」[45]。

（刊《鄭成功研究論文選續集》福建人民出版社 1984 年）

---

[43] 梅村野史：《鹿樵紀聞》卷上。

[44] 「管戶部尚書事車克等題本」，《明清史料》已編，第 4 本。

[45] 馬克思：「資本論」第 3 卷，第 400 頁。

五、清初臺灣鄭氏政權與英國東印度公司的貿易

機遇與挑戰——鄭英貿易的背景

1670 年 6 月 23 日，英國東印度公司萬丹分部派遣小尾帆船萬丹號（Pink Bantam）和單桅帆船珍珠號（Sloop Pearl），在貨運主任（Ellis Crispe）的率領下，航抵台灣，這是鄭成功驅逐荷蘭殖民者，收復台灣後首次到達台灣的西方商船，受到鄭氏官員的熱烈歡迎。當 Crispe 離船上岸向鄭經遞交萬丹分部經理的信函時，「沿途兩傍皆有士兵排列，由兩位大官陪同入宮晉謁，國王（指鄭經）盛裝高坐，Crispe 依照英國人之儀式行禮後，即獻呈公函。宣讀公函時，放炮鳴鑼，唱歌慶祝」[1]，從而拉開了鄭英貿易的序幕。

英國東印度公司為了打開對華貿易的局面，經歷了一個曲折漫長的過程，最終選擇了台灣的鄭氏政權，決不是偶然的。

十五、十六世紀之交，隨著地理大發現，西方航海勢力紛紛向東方擴展，葡萄牙人繞過好望角，穿過印度洋，最早來到東方，占領了澳門。接著西班牙人在侵佔中南美洲以後，揮師向西，橫渡太平洋，佔領了菲律賓群島。不久，擺脫了西班牙統治的荷蘭人也踏上了征服東方的途徑，在南洋各地建立了貿易站，並侵佔了澎湖和台灣島。而英國人則遲來了一步，十六世紀上半葉，他們還缺乏有關印度洋貿易和航海知識，十六世紀下半葉，英國人的地理知識才有較大的提高，並籌措到足夠的商業流動資金，並於 1600 年正式成立英國東印度公司，1602 年蘭開斯特船隊航抵萬丹，建立第一個商館，到十七世紀初，他們在印度的蘇拉特，爪哇的雅加達，日本的平戶等地相續建立了商館。[2]然而，他們試

---

[1] 《Book from 14 Chests》No23，P54（《十七世紀台灣英國貿易史料》25 頁，台灣銀行經濟研究室，以下簡稱《貿易史料》）。

[2] （美）馬士：《東印度公司對華貿易編年史》第 1 卷第 7 頁（中山大學出版社 1991 年版）。

圖與中國進行直接貿易均告失敗，只能從「距長崎西北不遠的一個日本海島兼口岸的平戶來獲得中國產品」，1614 年英國商館代理人科克斯（R·Cocks）從日本平戶致 J·Jurdine 的函件中說：「我等切望能與中國通商」。1620 年科克斯從日本寄公司之呈文中稱：「老皇帝已遜位於其兒子之一（指萬曆帝去世，由其子泰昌帝繼位），新皇帝已允我國每年可以兩隻船與中國通商，所指定之地點在福州附近」，似乎已出現一絲的希望，可是，由於「本年（天啓元年，1621 年）中國之三王逝世，即父王及其二子，此二子爲其夫人等所設計毒死，現在有一個 14 歲之青年繼立爲王（指泰昌帝繼任一個月後去世，由其子天啓帝繼任），乃已故之兄弟之中之一人之子，此事成爲我方接洽與中國通商之障礙，因此，必須再行請求」[3]，這一次與中國直接通商的希望再度破滅。1622 年科克斯通過在日本的中國著名海商李旦疏通關係，據李旦報告：「中國當局已允許我們與中國通商，若非滿清人與中國戰爭，中國之三王在同一年逝世，則英國人在二、三年前已可與中國通商」[4]。可是，就在此年，荷蘭人佔據了澎湖，接著又佔領了台灣，阻止了英國人在台灣海峽的一切貿易活動。

荷蘭人與英國人的貿易爭奪戰早已在東方海域進行。1613 年建立英國望加錫商館的約翰·喬爾丹與荷蘭人燕·彼得爾斯遜·昆爲爭奪香料貿易發生激烈的爭吵，昆暴怒地說，如果喬爾丹未獲荷蘭同意就購買丁香，「這就同從我們手裡偷走一樣，因此，我們就要用可能使用的任何手段來制止這種行爲」。但英國人不顧荷蘭人的反對，堅持在馬魯古群島收購香料。隨著兩方矛盾的激化，終於發生戰鬥。1618 年雙方關係進一步惡化，同年 6 月，昆任荷屬印度總督，他認爲英國人的競爭是最大的危險。1621 年昆親自率領艦隊，征服蘭島和隆塔爾島，迫使那裡的英國人撤離。1623 年 2 月荷蘭人又以陰謀強佔堡壘的罪名突然逮捕了在巴達維亞的英國商館的全部成員，並將 10 名英國人處死。1624

---

[3] 《O·C.NO669 Dupt No670》（《貿易史料》第 1 頁）。

[4] 《Books from India》No.6E6.K（《貿易史料》第 1 頁）。

年初英國人被迫從西達維亞撤走商館。1627 年當昆返回爪哇時，英國人決定轉移到萬丹去，他們在那裡一直逗留到 1682 年荷蘭人佔領該地為止。[5]

從上可見，在英荷爭奪東南亞香料市場中，英國人一直處於不利的地位，因此，當鄭成功驅逐荷蘭殖民者，收復台灣並歡迎除荷蘭之外的其他國家來台貿易時，早已想開展對華貿易的英國人自然急急匆匆地踏上台灣島，成為鄭氏政權的第一批客商。

再從鄭氏政權來看，是一個以海上貿易起家的政治集團。鄭氏政權的開山祖鄭芝龍是明朝末年活躍於東南海面的著名海商。他繼承李旦、顏思齊兩大海商集團的資產，消滅兼併劉六、劉七、李魁奇、鐘斌、劉香等海商，成為資本最雄厚、貿易範圍最廣的海商集團[6]。鄭芝龍降清以後，鄭成功不僅繼承家業，保存鄭芝龍原來的海商資本，而且還千方百計加以擴展，他採納部將馮澄世的建議，委派富有經商經驗的鄭泰和洪旭專營海外貿易，並下令採辦木材，建造航海大船，通販日本、呂宋、暹羅、交趾各國，另一方面又專設山海兩路五大商，派人秘密在大陸沿海收購和轉運各種進出口貨物，使鄭氏海商資本成為軍隊糧餉和其他費用支出的主要財源。

鄭成功收復台灣以後，清朝政府為了困死鄭氏政權，採取更加殘酷的遷界政策，勒令「海濱居民盡遷於內地」，在東南沿海地區「設界防守，片板不許下水，粒貨不許越疆」[7]。並規定，「離海三十里村莊田宅，悉皆焚棄」[8]，違者一律處死。清朝政府的圍困政策給鄭氏政權造成很大的困難，首先，糧食嚴重匱乏，其次軍火來源十分困難。為了沖破清朝政府的圍困，鄭成功入台以後，第一個經濟措施，實行屯田，將大部分部隊派往各地屯墾，並鼓勵私人墾荒，「三年一丈量，躅其所棄，而

---

[5] （英）D・G・E 霍爾：《東南亞史》上冊第 15 章第 365 頁（商務印書館 1982 年版）。
[6] 林仁川：《明末清初私人海上貿易》第 3 章第 3 節第 112 頁（華東師大出版社 1987 年版）。
[7] 夏琳：《閩海紀要》卷上。
[8] 阮旻錫：《海上見聞錄》卷 2 第 39 頁。

增其新墾，以爲定法」[9]。第二個經濟措施，大力發展海外貿易，對內，
鄭經在福建各地設立貿易據點，做到「平價交易」，凡沿海內地窮民，
乘夜竊物入界，雖兒童無欺」，同時，與廣東潮汕達濠的丘輝集團建立
貿易關係。對外，鄭經除了「差派兵都事李德等駕船往日本，鑄永曆錢，
並銅煩、腰刀，器械，以資軍用」[10]外。歡迎除荷蘭以外的世界各國到
台灣進行貿易，1670 年鄭經爲了吸引外國商人來台貿易，提出暫不徵
收貨物之關稅，亦不收房租[11]的優惠政策。正是在這種急需開展與外國
貿易的背景下，英國東印度公司的商船首次駛入台灣的港口，出現了我
們在文章開頭所描述的那種熱烈的場面。

談判與條約──鄭英貿易的交涉

　　貨運主任 Crispe 於 6 月 23 日進入台灣港口，被安排在原荷蘭市政
廳居住，28 日，他攜帶英國萬丹分部經理 Henry Dacres 致台灣王（鄭
經）的信函，拜訪了鄭經，受到熱烈的款待，該公函寫道：

> 我英格蘭、蘇格蘭，法蘭西及愛爾蘭之王查理陛下已准若干商人
> 與全世界凡可住人之一切地方通商，特任 William Thompson 及
> 數名其他商人為東方地區之商務長官，並任命本員為經理，以指
> 導及監督 Bantan(萬丹)及其鄰近之商務，因此本員代表 Governor
> Thompson 敬向陛下奉函問候。因曾接陛下之御函，邀請各國商
> 人前往陛下所統治之地區通商。茲特派 Ellis Crisp 為船長，率領
> 小船及若干艘 Sloop 前來，以考察貴國之土壤、風俗是否適於商
> 人之僑居，有何商品可以輸入及輸出。敬請俞允貿易，使雙方建
> 立親善之關係。俟該員呈復後，本員即將呈請 Governor Thompson
> 再向陛下懇商，請准我方在貴國設立居留地。

　　接著，公函特別指出英國人與荷蘭人不同之處。公函繼續寫道：

---

[9] 余文儀：《續修台灣府志》卷 4。
[10] 江日升：《台灣外紀》卷 16。
[11] Ellis Crispe 所記 1970 年在台灣登陸情況。（《貿易史料》第 54 頁）。

陛下如確知我等為英國人，並非荷蘭人，各講不同之語言，而認為滿意，願使我方與貴國通商，則請特賜允諾，不但我方之船舶貴國之船舶在海上相遇時惠予保護，並指定信號及證明文件，以證明國籍，庶幾以後雙方可以和平通商。

公函最後寫道：

此船所運之貨物，不知是否適合貴國之需要？據我等所聞，最適合貴國之貨物，一時不能辦到，殊以為歉，來年當可寄奉也，惟寄信去定貨，非有兩年時間，不能接到答覆耳。如預先指示我方之船長，需要何種在英國可買到之貨，則本員自當呈請 Governor Thompson 籌備之，本員知他素為陛下所敬重也。[12]

公函遞交給鄭經以後，Crispe 本打算再次拜見鄭經，商談具體的貿易事宜，但未獲准許，9 月 10 日，Crispe 通過間接關係轉交給鄭經一份《關於設立商行的二十條條約》，該條約全文如下：

1. 台灣之船舶在海上與任何（懸掛英國國旗之）英國船相遇時，不論其為來台灣或開往他處者，概不得加以干涉或阻撓。
2. 英國人可以任意與任何人買賣貨物，任何人亦可以與英國人自由交易。
3. 英國人可以從台灣裝運鹿皮、糖及台灣島之其他一切貨物至日本、馬尼拉或任何其他地方。
4. 台灣人民對英國人有傷害或其他不正當行為，台灣概須負責賠償。反之，英國人對台灣人民如有傷害或其他不正當之行為時，受害者得請求英國之主任官員賠償之。
5. 英國人得隨時謁見國王。
6. 英國得隨意選用其自己之通譯、書記。台灣政府不得派兵監視英國人，英國人可不帶中國人而在台灣自由旅行。
7. 英國人若有死亡時，得請台灣政府允許中國人隨同英國航海。
8. 英國人可用領港員領導英國船進出，亦可用小船，以便在進港時減輕船貨。

---

[12] 《Books from India》No78－82，P13（《貿易史料》第 24 頁）。

9. 英國人可有大小之 Dachin 各一，並從台灣王領取一 ELL 尺，用以買賣貨物。

10. 台灣王或其商人所售於英國公司之任何貨物，概須依照時價，否則，英國人得拒絕之。

11. 英國人得自由轉運及輸出黃金及白銀。

12. 英國公司認為適當時，得撤消其商行，將其一切財物運走。

13. 英國得懸掛其旗幟。

14. 如台灣人對英國人拒付其債務時，須以台灣之國法懲治之。

15. 英國人可將任何種類之貨物運來台灣，台灣政府不得有所禁止。

16. 非經英國長官之許可，英國船之任何海員或其他人員不得改乘中國船。

17. 英國人每日得宰一牛，但不得多宰，其他食物均可隨意購用。

18. 台灣王所買之貨物，不付關稅

19. 輸入之米，不付關稅

20. 英國公司可不完全為上列條款所束縛，如認為有必要之事項，得另行要求之[13]。

　　從英國東印度公司提出的內容看，第一，要求完全的貿易自由。他們可以與任何人買賣貨物，任何人亦可以與英國人自由交易，英國人可將任何種類的貨物運來台灣，台灣政府不得有所禁止。英國人可自由轉運及輸出黃金和白銀。第二，要求航運自由。要求台灣船舶在海上與任何英國船相遇時，不得加以干涉和阻撓，英國人可用自己的領水員引導英國船隻進港。第三，要求行動自由。台灣政府不得派兵監視英國人，英國人可不帶中國人而在台灣自由旅行，英國人得隨時謁見台灣國王。第四，要求關稅自由。台灣王所買之貨物，不付關稅，英國人輸入之米，不付關稅。其中最後一條更加苛刻，即英國公司可不完全為上列條款所束縛，如認為有必要之事項，得另行要求之，也就是說，英國人想如何修改條約就可以隨時加以修訂，想得到什麼利益可以隨時補充到條款中

---

[13] 摘錄從 Bantam 及其附屬機構寄出之函件，P53（《貿易史料》6 頁 7 頁）。

去，鄭氏政權必須聽之任之，這完全是歐洲早期殖民航海勢力的霸權邏輯。

對於英國東印度公司提出的大部分條款，鄭經基本上都答應，但關稅自主關係到一個國家進行平等的對外貿易，保護本國經濟的重要主權，因此，在這個問題上，鄭經不肯讓步，他堅持輸入台灣的貨物必須繳納關稅，英國商行租借的房屋必須繳納地租，英國船上的槍炮武器在入港時必須交給台灣官員保管，為此，他也向英方提出要求：[14]

1. 英國商行（所租用之房屋，即以前荷蘭人之公署，尚須添造一倉庫），每年須付租費 500pezo。
2. 對於一切輸入之貨物，在出賣之後，每 pecul 須付 3% 的關稅，輸出之一切貨物即概可免稅。
3. 英國船入港時，須將各該船所有之槍炮、火藥或任何武器移交台灣官員，在離去時發還之。
4. 英國公司須經常雇用兩名炮手為台灣王服務，以管理炮彈及其他火器。
5. 英國公司須經常代雇一名鐵工，為國王製造槍炮。

英國東印度公司倫敦董事會對萬丹分部與台灣鄭氏政權的協議條款大體贊同，但在指令中指出，對於規定須對私人之行為及員工之私債負責等條款表示反對，又規定須將船上之槍械及軍火交出等條款及規定須以軍火供給台灣王等條款，亦認為不妥。董事會還指令萬丹分部應力求對於輸入台灣而後輸出之貨物不須付稅，對於未出售而運走之貨物亦不須付稅，又與台灣王訂立之條款皆須明確規定，董事會正欲盡量擴充台灣及日本之貿易[15]。

與此同時，倫敦東印度公司總裁直接致台灣王的公函中也提出同樣的要求，信中寫道：「台灣王陛下，辱承招請通商，據敝公司之 Bantam 分部經理及議會稟稱，已在貴國 Tywan（安平）市開始貿易，且蒙陛下

---

[14] 摘錄從 Bantam 及其附屬機構寄出之函件，P53（《貿易史料》6 頁 7 頁）。
[15] 董事會寄 Bantam 之指令，C.L.Book No4，p474（《貿易史料》8 頁）。

優待。而商品之價格及銷路,均不如預期之佳。又謂我方代表已與陛下
洽商,擬訂若干條款,以解決貿易問題,因此,敝公司將再派人往來貴
國,如陛下樂於鼓勵,則可能銷售歐洲及印度之貨物,作盛大之貿易」,
接著,信件的筆鋒就轉到要求鄭經更改條款的內容上,「又陛下所提之
條件,即我方之船艦進貴國之港口時,須將槍械交出,我方認為不僅徒
增煩擾,亦令人感覺屈辱,我方人員在印度之一切地方品行端正和平,
來貴國居住亦如此,絕無理由可懷疑也,在印度之任何地方既未有人提
出此種要求,故請陛下亦不再堅持之」。[16]

　　鄭英雙方經過多次書信來往和口頭談判,鄭方作了一些讓步,如同
意為國王所購進之貨物,輸入後無法出售擬再裝運出境之貨物以及公司
輸出之貨物均免繳關稅,自由輸出。但對其他之進口貨物鄭方堅持繳納
3%的關稅,同時堅持英船進港時收繳武器彈藥等,經過修改後於1672
年10月正式簽訂鄭英協議條約,現將主要條款摘錄於下:[17]

> 1. 為維護公司與台灣王之間友誼起見,國王允許協助公司所屬
> 個人台灣之生活自由而不會被困擾,而英人得在其房屋及居留地
> 揭示國旗及標誌。
> ……
> 4. 5. 自今以後,公司之船不論大小均得自由駛入或停泊國王治
> 下或將來歸入國王統治之港、灣、河及船舶處等,並在各處得到
> 薪、水、食糧及其他必需品,正如在安平一樣,但除安平外,其
> 他各處不得交易。
> 6. 國王議定並同意每年將台灣生產的糖及各種皮之三分之一供
> 給英人,以時價並將優質品在每年適當時期作交易,而英人得視
> 其利潤或用途,購買配量之全部或一部分。
> ……
> 11. 公司為和平相處起見,同意船隻入港停泊時,各種軍器及英
> 人所掌管之帆舵等移交鄭方,而船隻要出港時由鄭方交還之。

---

[16] Domestic Papers,No 323(《貿易史料》9頁)。
[17] 引自賴永祥:《台灣鄭氏與英國通商關係史》。

12. 公司應繳納所輸入、售出貨物款項 3% 關稅，但為國王所購進貨物不需繳納關稅，輸入貨物無法售出要裝運出境時，按免繳稅項，同樣，公司將所購進之貨物自由運出而不需繳納關稅。

盡管雙方已正式簽訂了貿易協約，但英國人並不願意遵守，尤其是「英船入港停泊時，各種軍器及英人所掌管之帆船等移交鄭方」的限定特別不滿，因此，多次要求加以修改，經過三年的交涉，到 1675 年，鄭英雙方簽訂補充約款時，英國人用增加供應鄭經迫切需要的軍火物資來換取「持槍、火藥、軍械等自由處理」的讓步。

英國人取得自由攜帶軍械進出港口的權利後，並不滿足，又對繳納 3% 的關稅提出異議，他們以鄭經答應免繳一年關稅的藉口，想盡辦法加以抵賴，甚至想用賄賂的辦法收買鄭方的有關人員，達到永遠免交納關稅的目的，如 1678 年 5 月 6 日廈門商行的函件中說：「倘使 Hinquo 仍堅持須繳納關稅，則或許為圖其自己之私利，欲將 3% 歸自己也，因此不防與他密談，盡量許以可使其滿意之條件」[18]。然而，英國人的收買辦法並沒有奏效，鄭方堅持要英國商人繳納關稅，同年 10 月 22 日廈門商行又致信陳永華，以停止供應大炮等軍火相威脅，要求免繳關稅，信中說：「我方素承厚遇惠顧，至深感荷。茲不嫌冒昧，特再奉懇，仍請依照貴國國王所批准之條款，對於我方輸入之一切商品，准予免繳關稅，……若將來必須付之，則請另訂新約，以為正式之根據，我方當欣然贊同也。我方恭請考慮之一切事情，諒必蒙予公正之考慮，原定運來之大炮，此次竟未運來，以至為歉，我總公司人員必曾在英國竭力籌措之，怕因此事頗費時間，敬請諒察寬恕，當即去函催寄，定能盡速奉上也」[19]。信函中提出大炮未能及時運來的原因是「惟因此事頗費時間」，純屬推托之詞，其真實的原因是想用軍火供應來換取鄭方免稅的讓步。

盡管英國人使用威脅利誘，賄賂收買等各種手段，千方百計要逃避繳納關稅，但始終沒有達到目的。最後，英國東印度公司不得不採取「與

---

[18] 廈門商行 1678 年 5 月 6 日之函件（《貿易史料》35 頁）。
[19] 1687 年 10 月 22 日廈門商行致 Punhee 之函件（《貿易史料》第 37 頁）。

其任其延宕，不如停止爭執」的態度，被迫同意繳納 3% 關稅的條款，從而結束了這場關稅的爭論，執行雙方已簽訂的貿易協約。

商館與市場——鄭英貿易的內涵

　　爲了在台灣進行有組織的貿易，英國東印度公司於 1671 年在台灣設立商館，商館機構設有總經理、副經理、商務員、書記、通譯等。首任台灣商館之總經理爲 Simon Delboe，副經理爲 John Dacres。公司又任命下列六人爲台灣商館的商務員 Samul Griffith，Robert Meddowes，Charles Sweeting，John Camell，George Chowne，John Robinson。台灣商館除了「與台灣國王力求親善」，進行貿易以外，還要「以台灣爲中繼站」，對日本、呂宋等周邊國家進行貿易，「因台灣與日本及馬尼拉均有貿易，且可望與中國（大陸）開始通商也」。他們希望通過台灣商人，將英國商品運到以上幾個地方出售，「回航時從馬尼拉購買黃金、白銀及銅，從日本購買木箱和櫃子，從中國（大陸）購買 2000pelang 及其他絲織品及名貴瓷器、真麝香等」。由於「能與台灣通商，即猶直接與中國（大陸）、日本與馬尼拉通商」。所以，英國東印度公司董事會對台灣商館十分重視，他們認爲「在台灣之經理必須有豐富之經驗及能力優異者充任之」。因原台灣商館副經理 John Dacres 能力有限，他們又改派 Gyfford 爲副經理。[20]

　　但是，台灣與資源豐富的中國大陸隔海相望，要購買中國大陸商品仍然有許多不便，爲了進一步擴大對華貿易，英國東印度公司希望在大陸沿海設立新的商館，康熙十三年（1674）大陸發生「三藩之亂」，鄭經立即揮師西向，攻佔福建沿海許多地方，還佔領廣東潮州、惠州部分地方，英國東印度公司萬丹分部「立即抓緊機會，1676 年派船一艘到廈門，建立一間商館，現在公司才第一次在中國（大陸）建有立足點」。

---

[20] Court Letter Boopk No 5，p135，137（《貿易史料》第 13 頁）。

[21]萬丹分部還向董事會建議在福州和泉州建立商館，後來「他們恐怕在此設商館會得罪台灣王，而廈門的貿易也會受到岐視」，才放棄這一企圖。1678 年萬丹分部又「命令要把廈門作爲在中國的總商館，台灣商館也隸屬它」[22]，可見廈門商館的重要地位，然而到康熙十九年（1680年），鄭軍在福建的形勢也急轉直下，沿海各州縣相繼失守，最後被迫撤出廈門，退回台灣，英國廈門商館也於 1681 年關閉。

康熙二十二年（1683 年）施琅率領大軍，從銅山出發，向澎湖、台灣進軍，鄭氏被迫投降，清朝統一台灣，英國台灣商館立即派人拜訪施琅，要求「保護我公司之人員及財產」，同時請求「准英國商人在台灣或其他地方僑居及與台灣人交易」。施琅答應保護英國商館，但能否繼續通商，待鄭氏家族遷出台灣島後再作處理。（清朝與英國貿易關係已不屬本文範圍故不敘述。）

英國東印度公司與鄭氏政權建立貿易關係前，對於台灣的商品市場曾寄予很大的希望，早在 1625 年 Henry Hawley 等人從巴達維亞寄給董事會的呈文中樂觀地提出：「中國之貿易將轉移於台灣島之 Tywan（大員），該港似一大洋，全歐洲所能貢獻之貨物不足以供給之，熟絲和生絲非常豐富，亦有印度各地所需之多種必須品，此等貨物可用印度各處所產之胡椒、香木、白檀木以我方認爲滿意之價格交換之，亦可用出售中國蠶絲所得之日本銀交換之，又或用任何種類之歐洲貨物（尤其是毛織衣料）交換之，因中國之大部分地方伸入寒帶中，用無數軍隊守衛之，其所需物品之數量，非據實際之經驗，不能猜測也」[23]。然而，當 1670年英國東印度公司萬丹分部派遣 Ellis Crispe 率領商船到達台灣時，卻遇到很大的困難。首先，由於清朝政府實行遷界封鎖政策，嚴禁大陸商品運往台灣，英國人在台灣很難買到大陸貨物，同時，英國商品也很難經過台灣轉售到大陸，當 Crispe 第一次到達台灣時就發現「欲將貨物運入中國（大陸）甚爲困難，尤其是體積龐大之商品，因在沿海一帶皆要有

---

[21]（美）馬士：《東印度公司對華貿易編年史》第 1 卷第 4 章第 45 頁，第 46 頁。

[22]（美）馬士《東印度公司對華貿易編年史》第 1 卷第 4 章第 45 頁，第 46 頁。

[23] Orig Corresp No 819（《貿易史料》第 2 頁）。

塞，以阻止如此之貨物輸入也，如有人在防線外被發現，即被處死」[24]。
他在另一處描述道：「在目前的貿易情況中，大量之貨物不易銷售」，「我
商行甚久未售出一辨士貨物」。一直到 1675 年台灣市場的蕭條狀況仍未
見好轉，台灣商館副經理 John Dacres 在寄給萬丹分部的函件中哀嘆道：
「由於中國所發生之革命運動和擾亂，貿易幾乎完全停頓，全無貨物運
入內地去，亦無貨物可以運出，因此我等即不能從中國（大陸）獲得供
給，亦不能販賣歐洲之製造品，從船到達之後，一切種類之布料尚未售
出一包」[25]。1676 年以後，英國雖然在廈門設立商館，可以就近採購大
陸商品，但是，由於鄭氏政權在福建沿海的局勢動盪不安，清、鄭之間
進行拉鋸戰，仍然未能大規模進行貿易活動，1677 年 11 月 2 日，廈門
商館的商務員在函告 Surat（蘇拉特）分公司時說：「去年台灣王之進軍
大獲勝利，我等甚為欣慰，他僅率小軍隊進入中國大陸，竟能擴充勢力
及其佔領區，奪獲若干大城市，傳說其軍隊多至 20 萬人，不料形勢驟
變，前功盡棄，其領地現在除台灣外，僅有廈門一帶及附近之若干島嶼
而已，此事發生在二月中，當時其軍隊有一部分在歸投不久之 Tenchun
（汀州）小敗一次，又因缺乏餉銀，以致全軍發生不滿，不及一日，即
演成公開叛變，騷擾擄掠，國王大驚，倉皇從其根據地漳州乘木船逃至
廈門，敵人遂得從容奪回其所佔之地方，叛軍平息以後，國王留住廈門，
以艦隊守衛之，其主要軍力亦在該島，在大陸已無根據地矣」[26]因此，
萬丹分部原來命令廈門商務員採購 7 百箱銅，5 百箱白銅，1 千個金小
判運送到蘇拉特的任務沒有完成。1677 年 12 月 24 日，從廈門開往萬
丹的福爾摩薩號船也沒有裝滿貨物。[27]

其次，英國商船要爭奪鄭、日貿易也並非易事。台灣與日本貿易在
荷據時代已十分旺盛，台灣的砂糖和鹿皮每年源源不斷地運往日本，換
取日本的銅和白銀，荷蘭被逐出台灣以後，鄭氏政權完全壟斷了對日貿

---

[24] Book from 14 Chests No 23，p54－58（《貿易史料》第 26 頁）。

[25] 原始信件 Vol xxxVl No 41500 Tywan 1675 年 12 月 22 日（《貿易史料》第 60 頁）。

[26] Books from India No 136. p28（《貿易史料》第 15 頁）。

[27] （美）馬士：《東印度公司對華貿易編年史》第 1 卷第 4 章第 46 頁。

易，英國人到達台灣以後，想爭奪鄭氏政權在日本的市場，1672 年 6 月 9 日英國東印度公司萬丹分部寄給 Stephens 等人的訓令中指出：「在與台灣政府交涉完畢後，即開始貿易，收買大量蠶絲，製造品及精良之貨物，以便在此次貿易風期中運往日本」，爲了「將台灣對日本之貿易搶過來」，總部要求他們「詳細考察台灣市場中之貨物數量以及可從該處運往日本之商品，……董事會曾有命令，須將在台灣所買之砂糖及鹿皮雇木船運往日本」[28]。但是，糖和鹿皮爲台灣王所專賣，其貿易又是以日本爲主要對象，要從台灣王手中奪過在日本的市場有相當的難度，因爲，運往日本的糖和鹿皮的利潤較高，如牡鹿皮在台灣每張爲 16pezo（當時台灣的通用貨幣），但在日本之售價爲 70pezo，利潤率爲百分之四百三十七。糖在台灣的價格爲每 pecul（擔）爲 2pezo，在日本售價爲 8pezo，利潤率高達百分之四百，所以，台灣王牢牢地控制對日貿易，據說，台灣擁有大小木船 2 百多艘，1670 年有 18 艘開往日本，其中大多數爲台灣王所有，即使不是台灣王的船隻，也要領取有關通行證才能出海貿易，「凡無國王所發護照之船，如被遇見，悉於扣留，據云如此被扣之船甚多」。[29]因此，英國台灣商館自始至終無法染指鄭氏政權在日本的砂糖和鹿皮市場。

　　第三，鄭英貿易本身帶有濃厚的軍火貿易性質。鄭氏政權雖以免收房租等優惠條件招攬英國商人來台貿易，但其主要目的是購買西方的軍事物資，「因台灣王正與滿清作戰，此等軍火甚爲有用」，如 1670 年台灣鄭氏政權向英國東印度公司提出的條款中，要求英國來台的每一隻船必須運來以下貨物：火藥 2 百桶，每擔 15pezo，火繩槍 2 百枝，每枝 4pezo，英國鐵 1 百擔，每擔 7pezo，1675 年 7 月，當英國飛鷹號到達台灣，運來軍火時，鄭氏官員十分高興，他們在答辭中說：「承貴公司運來此等戰爭物資，且在國王極需要時運到，已顯然表示願意與台灣繼續通商之誠意，甚可欽佩，此次戰爭如獲成功，不僅爲台灣王之榮譽，

[28] Books from India No 130A－101 P30（《貿易史料》第 12 頁）。

[29] Ellis Crispe 所記 1970 年在台灣登陸情況。（《貿易史料》第 54 頁）

將來必成爲貴公司莫大之利益」。鄭氏官員不僅收購了全部軍火，而且表示願意自出運費，「請我方再運來黃銅炮六架，其中三架要能裝九斤重之炮彈，另三架能裝八斤者，並以同等之重量的銅償還，又請我等代購若干副特別之眼鏡，並叮囑勿忘」[30]，但是，此次航行得不到銅，因爲台灣王需要所有的銅都作爲鑄銅和鑄錢的原料，只拿出一部分作爲償還未付之債務。

除了軍用物資以外，英國其他商品在台灣並沒有多大市場，1672年英國商船實驗號與歸來號到達台灣，運來的「麻布銷路甚少，因每日有中國船運來麻布，其中之若干種與我方所有者相似，藍布及 Pintadoas 中之若干種全無銷路，胡椒、白檀、鉛尚未售脫」[31]。1675 年英國商船飛鷹號到達台灣也遇到相同的困難，盡管英國商人屢次勸說：「床毯與印度棉布很適合於此港口之貨物，可以銷售，然而無效，幸而今年缺乏中國貨，我方乃得脫售存餘之廣幅和狹幅之印度棉布」[32]。

從上可見，清代初期英國東印度公司在台灣和廈門設立了商館，但鄭英貿易無論在商品或市場上都是十分有限的，鄭英貿易在台灣鄭氏政權的對外貿易中不占主要地位，學術界上那種擴大鄭英貿易作用的觀點值得檢討。

（刊《中國社會經濟史研究》1998 年 1 期）

---

[30] 原始信件 Vol xxxVl No 41500 Tywan 1675 年 12 月 22 日（《貿易史料》第 60 頁）。

[31] S.Delboe 於 1672 年 11 月 16 日從台灣寄往萬丹之呈文（《貿易史料》第 30 頁）。

[32] 1675 年 12 月 22 日台灣商行經理 John Dacres 寄呈萬丹之函件（《貿易史料》第 61 頁）。

六、清代台灣與祖國大陸的貿易結構

（一）

康熙廿二年（1683），清王朝統一了台灣。廿三年九月，康熙帝解除了「海禁」宣布「開海貿易」。從此，台灣與祖國大陸的通商貿易，進入了新的歷史時期。從康熙廿三年至咸豐十年台灣對外開放的一百七十七年間，台灣與大陸的通商貿易，大致可劃分為三個階段。

1、逐步發展階段。

從康熙廿三年開放海禁至雍正三年台南三郊的成立，是台灣同大陸貿易發展的第一階段。

台灣「野沃土膏，物產利溥……實肥饒之區」[1]，盛產糧食與蔗糖。清代統一台灣之後，清政府與鄭氏政權隔海對峙的局勢消失了；隨著戰亂的消除，社會環境日趨穩定，台灣的社會經濟得到了進一步的發展。海禁解除之後，閩粵兩省沿海的人民（其中以福建的漳泉地區為主流）紛至沓來，成為開發台灣、發展台灣社會生產的生力軍。在台灣各族人民，特別是閩粵地區的大陸移民的辛勤開發墾作下，台灣的耕地面積日益開拓，糧食作物與經濟作物的生產得到了迅速的發展。十數年的休養生息，又值風調雨順，糧食生產出現了「年穀時熟，幾不勝書」的盛況。蔗糖的年產量亦高達百萬擔。糧食與蔗糖的連年豐收，為大陸提供了糧食與蔗糖供應的前提，「泉漳數郡，資粟粒之運濟、錦、蓋諸州，分蔗漿之餘贏」。隨著台灣地區社會經濟的發展和社會秩序的穩定。「島嶼風清商賈集，鯨鯢浪靖征帆布」，台灣同大陸之間通商貿易逐步地發展起來。

從康熙廿三年起，台灣海商開始向福建、廣東等地輸出糧食，向寧

---

[1] 高拱乾：《台灣府志》卷十藝文志。

波、蘇州、上海、天津、盛京等地輸出蔗糖。據高拱乾《台灣府志》記載,「(康熙)三十二年冬,有年,商人販粜內地,四郡居民資焉」。台灣地區的諸羅、鳳山皆盛產糧食,「大有之年,千倉萬箱」,不但「本郡足食,並可資贍內地。居民止知逐利,肩販舟載,不盡不休」[2]。每當大陸「青黃不接,內地米價高昂」之時,台灣各式各樣的船隻滿載稻米,源源不絕地運販內地。同糧食一樣,蔗糖亦是台灣對大陸輸出的最為大宗的商品物資,「全台仰望資生,四方奔趨圖息,莫此為甚」。

在康熙年間至雍正初年這一歷史時期內,台灣商船頻繁往返於台灣與大陸之間,而大陸的商船也運來了從布帛、日用器具直至磚瓦木石等建築器材、造船材料等大宗物資。而東嘉生先生在其所著的《台灣經濟史研究》一書中認為,康熙年間台灣同大陸的貿易,主要是台灣商船單向地駛向大陸,真正由大陸商船來台貿易,其是雍正年間前後的事,這是不符合歷史事實的。雖然台灣的地方郡縣志書上沒有這一時期兩地商船往來的艘次,安平港與廈門港的貨物吞吐等情況的詳細記載,但是,從間接的歷史文獻上看,康熙年間不僅有由廈門港發舶的大陸商船來台灣貿易,而且為數不少。

成書於康熙年間,由陳文達編撰的《台灣縣志》在對台灣海道的敘述中有如下記載,「台灣地極東南,上通江浙,下抵閩廣來往商艘,歲殆以數千計」。這裡指的顯然是康熙年代大陸與台灣的通商情況。此外,據《廈門志》記載,清代海禁既開,廈門口岸,「商賈雲集,群視販海為利藪」,「北至寧波、上海、天津、錦州、南至粵東。對渡台灣,一歲往返數次」,亦證實了康熙年間廈門口岸的商船頻繁往來於台灣與大陸之間。康熙年間成書的周元文的《台灣府志》也有記載,如台灣守吏對「商艘載米來台者賞以銀牌,賜以花紅,客販雲集,民心必安」。「運米多者重其賞,否則罰,於是南北客艘雲集,米價頓減,民以不飢」。這些「往來船隻」「南北客艘」當然是從大陸的廈門港發舶而來的。此外,台灣的淡水港、鹿子港、五條港等港口在康熙年間亦早已同大陸通商貿

---

[2] 黃叔璥:《台灣使槎錄》卷三。

易，「閩省內地商船及江、浙之船皆至焉」[3]。眾多的史料確鑿地證明了東嘉生先生的結論是不確切的。

從康熙中葉起，台灣同大陸的通商貿易逐步發展，兩地商船返往日趨頻繁。到了雍正三年（1725）台南三郊成立了，其中「南郊」與「北郊」專門從事同祖國大陸的貿易經營。台南南北郊行的建立，表明了台灣同祖國大陸的貿易已發展到一個嶄新的階段。

2、繁榮發展與鼎盛階段。

從雍正三年至嘉慶初年「蔡牽事件」以前的這一時期，是台灣同大陸貿易的繁榮鼎盛時期。

雍正乾隆時代台灣與大陸貿易的繁榮，是在清代封建社會經濟相對繁榮，特別是台灣地區社會經濟繁榮基礎上形成的，而台灣地區社會經濟繁榮，又是與台灣各族人民，特別是漢族移民開拓墾殖，努力生產分不開的。

雍正年間，大陸移民繼續大量地湧入台灣。由於大陸移民的開發，台灣地區社會經濟進入了飛躍發展的階段，「富庶之規與中土埒」。社會經濟的繁榮，促進了台灣地區商品流通領域日益擴展，「商賈安於市，行旅安於塗，舟車絡繹，百貨麇至」[4]。這一時期，大陸的各種商品物資由於台灣人口的迅速增長而不斷地擴大消費市場，台灣也因為「地沃民富」而「糖麻油米之利，北至天津山海關，南至寧波、上海，而內濟福州、漳泉數郡」。台灣同祖國大陸之間的商業貿易與經濟交流，在深度與廣度上比第一時期又有新的發展。

雍乾時期，「台船歲往江、浙、錦、蓋諸州者，以千計」。與福建一省貿易的商船，亦有千艘。這時的貿易商人，「多系身家殷實之人」，貿易商船有「糖船、橫洋船，材堅而巨大者可載六、七千石，南至南洋，北暨寧波、上海、天津、牛莊，販運之利，頗操其益」。以三郊為首的

---

[3] 周鐘瑄：《諸羅縣志》卷七兵防志。
[4] 王必昌：《台灣縣志》柁序。

貿易商人，「多財善賈，雄視市廛」，「一時號稱百萬者十數人」。據連橫《台灣通史》，《商務志》所載，這一時期台灣「出入之貨，歲率數百萬圓」。台灣海商往返大陸一次，「獲利數千金」。由於台灣同大陸的通商貿易經營獲利豐厚，商人多擇地所宜，裝船販運。「近則福州、漳泉、廈門，遠則寧波、上海、乍浦、天津以及廣東。凡港路可通，爭相貿易」[5]，出現了台灣海峽「舳艫相望，絡繹於途」的盛況。僅台灣府治一地，即有貿易商行二十餘家，商船一千多隻。從當時流行的「台灣，錢淹腳目」（腳目，閩南方言意腳骨）諺語，也可表現出台灣同大陸貿易興盛，「一攫千金」的繁富景象。

　　乾隆末年，台灣與大陸的貿易達到了鼎盛的階段，僅糧食一項，「台米產各地，福、漳、泉三府民食仰之，商運常百萬，江、浙、天津亦至焉」[6]。如此巨額的糧食販運，即使全部使用運載量達三千石的橫洋船，每年僅往返台灣與大陸之間的運糧船隻，亦當需有五百艘次左右，這其中還不包括無從計數的走私糧食的「編港船」。此外，台灣蔗糖之「貿易絕盛，北至京津，東販日本，幾爲獨攬。郡中商戶至設糖郊，……挹注之利，沾及農家，年豐物阜，生聚日眾，一時稱盛」。[7]從台灣糧食與蔗糖的販運規模，可以反映出雍乾時期的通商貿易盛況。因此，連橫的《台灣通史》指出：「雍乾之間，商務大盛，帆檣相接」。郝霔的《海口即事》一詩中所吟的「清晏波光涵帝澤，蒲帆千里彩雲連」，[8]正是這一時期貿易繁盛的真實寫照。

　　這一時期台灣與大陸貿易繁榮的另一標誌，就是新的貿易商港的開闢。自康熙廿三年正式解除海禁至乾隆四十九年設置鹿港與蚶江對渡航線之前，台灣安平港與福建廈門港是台灣與大陸唯一的通商正口。兩地商船往來，必須在這兩港口盤察掛驗，其他口岸的對渡，都是禁絕之列。

　　至乾隆中葉，台灣彰化的鹿港已有相當程度的發展，「煙火萬家，

5　沈茂明：《苗栗縣志》卷七風俗考。
6　《清代台灣（台南）人物志》乙編。
7　連橫：《台灣通史》卷廿七農業志。
8　謝金鑾：《台灣縣志》卷八、藝文。

舟車輻輳」，已是「北路一大市鎮」。鹿港的自然環境和地理位置較之安平港更爲理想，處於台灣「居中扼要之地」，同祖國大陸距離最近。「由泉州之蚶江往海道僅四百里，風順半日可達」[9]，比起安平港與廈門港的對渡更爲近便。早在康熙年間，台灣中、北部地區的貿易商人，「貪便取近，即多由此偷渡。」雍正及乾隆前期，鹿港與大陸的私渡更加興盛。在台灣與大陸兩地的強大貿易壓力之下，清政府不得不於乾隆四十九年開闢鹿港與蚶江（福建的泉州地區）兩個新的貿易商港的對渡航線，至乾隆後期，台灣與祖國大陸貿易的活動中心，已向這一對渡航線轉移，鹿港成爲「台地最重要門戶」。其興盛「洵足與鹿耳門相埒」。

　　乾隆五十三年，隨著貿易的發展，清政府又增設了新的對渡航線。在台北淡水八里坌同福建省府的福州五虎門設置了新的商港。八里坌與五虎門「水程六百里……其爲利涉。」[10]兩個新商港的開闢，對溝通台北與大陸的通商貿易提供了極大的方便。

3、衰疲階段。

　　從嘉慶初年至咸豐年間，「洋面不靖」。先是「蔡牽事件」繼之鴉片戰爭，而後又是「廣艇匪徒愈肆滋擾」。漫長的半個世紀無有寧日，台灣與大陸之間的通商往來已無法正常維持。此外，外國資本主義勢力的入侵，也嚴重破壞了台灣與大陸的貿易結構。這一時期台灣大陸的通商貿易，處於衰疲之中。

　　嘉慶五年，蔡牽「率衆入鹿耳門，……商船悉爲賊有」[11]。自此之後，「疊犯台灣」，「踞滬尾，焚艋舺」，進踞鹿耳，攻打郡城，對台灣同大陸的通商貿易危害極爲慘重。據連橫《台灣通史》所載「蔡牽騷擾海上，軍興幾二十載，漳泉之民困焉，台灣亦然。百貨蕭條，泛海日少，於是台穀不能時運。」蔡牽集團的流劫騷擾使台灣與大陸的貿易商船「被

---

[9] 周璽：《彰化縣志》卷十二藝文志。

[10] 《台灣採訪冊》。

[11] 陳淑均：《葛瑪蘭廳志》卷八染識。

劫之案，殆無虛日」，「凡十數年，帆檣斷絕，貨積不行。」台灣與大陸
的通商貿易急驟衰滅，「商力大虧」。

「蔡牽事件」平定之後，台灣海峽洋面並未完全肅清，「閩省洋面
仍劫掠頗聞。」兩岸的貿易仍無法正常進行。至道光年間，台灣海峽「盜
劫之案，層見迭出」。然而，相對嘉慶時期而言，貿易略有回升，增設
兩個新口岸，但是嘉慶時期的騷亂使貿易商人損失慘重，這一時期焚毀
損壞的商船，由於商人的獲利日減而無法重造，兩岸往來的商船愈造愈
小。同時「廈門商船日漸稀少矣」，從乾隆時期「千餘號」下降至「僅
四、五十餘號」[12]。

鴉片戰爭爆發後，「英艦窺雞籠，自是游戈沿海」，屢犯台灣。咸豐
年間，更復出現了「閩省洋面廣艇匪徒愈肆滋擾」[13]的局面。內擾外患
頻頻而至，使台灣與大陸的通商貿易大受損害。特別是中國對外「五口
通商」之後，各個口岸洋米、洋布充斥，外國布匹、大米的輸入，徹底
破壞了台灣與祖國大陸的貿易結構，洋布逐漸奪走了大陸棉布在台灣的
大部分市場，而台灣糧米的輸出，亦因「一般人食洋米而不食台米」而
日漸減少。台灣「米谷不通，日積日多，望豐年乎？賤更甚矣，抑待歉
年乎，賤如故也，蓋由內地食洋米而不食台米也，則台米無去處，而無
內渡之米船。而無內渡之米船，既無外來之貨船，往年春夏外來洋圓數
十萬，今則來者廖廖，已數月無廈門商船矣，各廳縣雖有海口，幾成虛
設」[14]。

台灣糧食的滯銷，造成了台灣農業生產蕭條凋蔽，大批農民破產失
業，流離失所。台灣的蔗糖生產，也因為「夷亦販糖」而受影響。再加
上鴉片煙毒肆虐，台灣白銀以每月十萬兩的速度大量外流，社會經濟凋
蔽不堪，「府庫懸罄也，紳商大半皆破落戶也」[15]，台灣地區的封建社會
經濟結構開始解體。咸豐十年（1860），清政府由於第二次鴉片戰爭失

---

[12] 周凱：《廈門志》卷五商船、漁船。
[13] 同治：《福建通志》通紀清七。
[14] 連橫：《台灣通史》卷九度支志。
[15] 連橫：《台灣通史》卷九度支志。

敗了，簽訂了《北京條約》，開放安平、淡水兩港爲對外通商口岸。從此，外國資本主義列強蜂擁入台，台灣社會經濟每況愈下，乾隆時代台灣海峽「舳艫爭利涉」的貿易盛況，已成爲歷史的過去了。

（二）

　　台灣與大陸的通商貿易，有兩種經營形式，一種是官府監督控制的「合法貿易」，另一種是違禁的走私貿易。合法貿易的經營，是在「郊行」的主持之下進行的。因此，在研究這一時期的「合法貿易」時，有必要對「郊行」略加述及。

　　「郊行」，「行郊」，「郊戶」等名稱，交迭出現於史籍文獻中，曾引起一些同志的誤解，一些人把郊、行混爲一談，這是不正確的。所謂的「郊行」，「行郊」是一種含混的稱呼，具體地區分，應是「郊」與「行」。「郊」是「行」的聚合體，「行」是「郊」的組成部分。

　　「行」即「商行」，是由擁有雄厚資本的貿易商人獨資或合資設立於各個港口的商業營利機構，經營這一地區所需的有商貨的進出口業務，具體業務類似今天各港口的進出口公司，行商亦可以稱之爲進出口貿易商人。此類商行，亦稱爲「九八行」，「由其受托銷售貨品所得之款項，抽其百分之二仲錢故也」。商行擁有自己的商船，或者獨家採購「整船」商人的商貨，經營所在地商貨的輸出和本地區所需商貨的輸入，所採購輸入的貨物，再分類批發予各個店鋪商販零售，這一職能，又類似今天的物資批發站一類的物質調配機關，商行對官府承擔有擔保商船，協運「官谷」，代購官用物資等義務，以換取貿易的經營權，就其業務狀況來看，商行是台灣同大陸貿易經營中最大的營利機構。

　　「郊」，則是由各個具有同一貿易業務或同一貿易區域的商行組成的商業團體（共同體）。由同業商人組成的「郊」，以共同經營的商貨的名稱命名，如米郊、布郊、油郊、糖郊、魚郊、綢緞郊等等。由同一貿易區域的商人組成的「郊」則由這一地區的地名或方向來命名，如「廈

郊」、「泉郊」、「南郊」、「北郊」等等。一「郊」往往由十數家或數十家商行所組成。郊的首領，由公議推選或輪簽抽值，由中選的老板充任。台灣與閩粵所特有的「郊」，同我國其他地區的商幫、會館、公所有許多共同之處，僅就商業貿易經營這一點而言，「郊」的設立，是以確保這一團體的成員相互之間的商業信用，消彌同業者的競爭，維持共同的商業利潤均沾，仲裁本團體內成員的糾紛，加強各成員之間的團結，維護這一團體的貿易經營壟斷權為宗旨。同時，也主持這一團體共同的商業利益受損害時與官府的交涉，主持奉祀庇佑航海商務安全的神明的禮儀等等。「郊」不是直接的商業營利機構，亦不直接對政府承擔擔保商船及其他服務的義務。「郊」的主持者不僅無利可圖，往往還要為擔任這一社會職務而在經濟上作出犧牲。由於「行」往往都加入「郊」，而「郊」是以「行」為基本成員組成的。因此，行郊往往混連稱謂，而究其實質，則是兩種職能不同的商業組織，一是營利機構，一是社會團體，通常人們所稱謂的郊行、行郊，大抵都是專指「郊」的。

　　經營台灣同大陸通商貿易的「郊」成立最早年代，據現在所能得到的材料，大約是在雍正三年，這一年台南的北郊、南郊、港郊的成立，是台灣地區最早出現郊行的記載，台南之郊中的「北郊」，專門經營台灣同寧波、上海、煙台、天津、牛莊等地區的貿易業務，「南郊」則專門經營台灣同金門、廈門、漳州、泉州、南澳、汕頭、香港的貿易業務。「北郊」中有廿餘家商行，群推蘇萬利為首領，「南郊」有卅餘家商行，共推金永順為郊首。南北兩郊，壟斷了台灣與大陸的貿易業務。

　　隨著台灣同祖國大陸貿易的發展，台中與台北地區的郊行亦相繼創立。乾隆中期，鹿港設有「泉郊」、「廈郊」、「布郊」、「染郊」、「油郊」等等。台北淡水亦設有「廈郊」、「米郊」，澎湖媽宮設有「台廈郊」，而廈門、漳泉一帶則亦設有「布郊」、「米郊」，「油郊」、「匹頭郊」等各種郊行。廣東汕頭設有「南郊」。這些郊行的相繼創建，更促進了台灣與大陸通商貿易的發展。以郊行為中心的「合法貿易」，雖然得到清政府的承認，但受到了嚴格的控制。首先，海商必須通過地方政府的審查，

「確系殷實良民親身出洋」者，經過「取具澳甲里族各長，並鄰佑當堂畫押保結」[16]，方能獲准建造商船。然後，在「各該縣報明購料，在廠成造」。完造之時，則須稟請官府「驗量梁頭長短，廣深丈尺，填明印烙」，再「取其澳里、族鄰、行保結狀」，方發給船照、准許出海貿易。[17]所造商船，「不准租予他人」，違者「從重治罪，船隻入官充賞」。商船必須在照票所訂的期限之內返回港口，「逾其不返，將該商家屬審究」。

對於貿易商船的規制，船上人員、物資的配備，也有許許多多的限制。「商賈船許用雙桅，其梁頭不得過一丈八尺、舵水人等不得超過二十八名，其一丈七尺梁頭者，不得超過二十四名」[18]，船隻必需刊刻船戶的姓名，「舵工、水手各給腰牌，刊明姓名、年貌、籍貫。如船無字號，人有可疑，即行嚴拿究治」[19]。船上所攜帶的修船器材，如鐵釘、油灰、棉絲、黃麻等物，都有一定的數量，注明照內，不得多帶。「米禁」期間，台灣商船所帶食米不得超過六十石，違者「嚴加究處」。此外，商船出入安平，廈門等口岸時，必須經過海防同知的查驗。「徵收船費謂之文口，派員查之，凡內地商船來台者，應驗牌照，出口之時，船上須掛紅旗，巡丁到船丈量艙位，報明無差，乃由委員給照收費」。倘「不給照者，以為走私」，連船帶貨，都得「充公」。海防同知的「文口」之外，還有水師汛口徵收「規費」，名為「武口」，文武兩口員弁往往「籍端需索」，誅求不已，「婪索陋規」，「每年竟至盈千累萬」。

除了以上的種種限制之外，貿易商船必須承受「台運」等各種封建義務等。如載運「兵米眷穀」，《配運台谷條款章程》規定，「一切大小商船均有配送台穀之責，」須「按梁頭每船一百石至三百石而止」，大型的「糖船」配穀一百六十石，「橫洋船」則配穀八十石。倘逢「加運之年」，則「每船加倍配穀」。台灣官運米穀積壓之時，商船往往被徵用「專運」。官雇的「專運」商船，帶有強制徵派的性質。運價僅為民貨

[16] 周凱：《廈門志》卷五會典則例。
[17] 董天工：《台海聞見錄》。
[18] 周凱：《廈門志》卷五。
[19] 林豪：《澎湖廳志》卷二。

的八分之一或十分之一。「每船以二千石爲率，船戶僅得運腳銀一百餘兩，不敷舵水飯食，工資、篷索之費，加以兵役供應犒賞，行商船賠累甚鉅」。配合台穀之外，商船還有配載兵船木料、運載台營馬匹，戍台班兵，往來的文武員弁，押運囚徒人犯的義務，在台灣地方發生騷亂，「洋面不靖」之時，地方官府甚至「先雇大商船備剿」。道光年間，「英夷擾廈」，清政府亦「暫雇商船」充當「哨船」。

　　由於清政府嚴格的控制和苛酷的盤剝，使以郊行爲中心的合法貿易受到了很大的限制，貿易商人的經濟受到了極大損失，爲了擺脫這一控制，在「合法貿易」的同時，存在著大量的走私貿易。這種走私貿易，可分爲以下的三種類型：

　　（1）行商、商船賄賂官吏，規避「台運」類。如前所述，貿易商船有配載「官谷」等等的各種「台運」的義務。然商船配運官谷往往耽延時日於貿易商務十分不便，且官谷交倉之時又多有周折，故貿易商人往往設法規避。如賄買汛口官吏員弁，「每由內地小口汛弁巡檢掛驗出洋，私越台地小口，串通口書澳甲，賄免配穀，以致正口廳員無所覺察」[20]。這一時期，賄賂公行，各口岸「文武官員並不嚴行查禁，輒敢收受船戶陋規」，賣放商艘進出。有的貿易商人巧立名目，捏報商船遭風失水，「既可私販貨物，又可免配官穀，弊竇甚多」[21]。儘管政府當局「嚴防台灣、內地互相稽察，庶免偷漏之弊」。然而，貿易商船「規避日巧」，一些橫洋船、糖船乾脆寄碇港外。「另覓小船來台運裝糖米，駁載回棹。規避官谷」[22]，或者「領配米谷之後，透起別處經營，日久回棹，捏報遭風，冀圖朦混」。貿易行商規避「台運」走私之風日甚一日，台灣地方官吏在上報朝廷的文書中無可奈何地哀嘆道：「查內地往台船隻每有見其出而不見其入，或竟百出入不可得而知者」[23]。清政府當局屢行稽禁而無有成效，最終因台灣官谷積滯太多，不得不雇用商船實行「專

[20]《福建省例》第一冊。
[21]《清仁宗實錄》卷二二九。
[22]《福建省例》第五冊。
[23]《福建省例》第一冊。

運」。

（2）漁民、私商的走私貿易類。清政府於海禁消除之後，曾專門禁止漁船從事貿易經營活動。然而，台灣與大陸兩地沿海的漁船的走私貿易活動仍十分盛行，這其中以大陸的福建與台灣兩地沿海的漁船為數最多。福建沿海的「漢洋釣」、「草烏船」、「艋艚」、「虎艚」、「十三股艚」等各種類型的大小漁船，經常「偷渡台灣貿易」。台灣鹿港、大埔雞籠、八里坌等處違禁小船，亦載運台灣土特產，活躍於福建沿海。由於這些漁艚船隻出入港口皆「均止驗而不掛」，因此出入無常，難以控制，往往「報稱因風漂泊，皆得橫洋往來。福建泉州的祥芝、獺窟、永寧等澳「採捕漁舟，入口售賣鹽魚、魚脯，換載食米回內。其船每隻僅可裝米二、三百石」。台灣的艋仔，三板頭等小船，「每由北路笨港、鹿仔港等處，乘南風時徑渡廈門、泉州、自東徂西，橫過澎湖之北，名曰透西。例禁雖嚴，趨險者如鶩也」[24]。這些違禁貿易漁船，既勿繳納「規費」，又得以免配官穀，由「台南北貿易，往來便捷，奪商船之利，致商船盡改為漁船」。

此外，還有備有走私的船隻，專門從事正口之外的走私貿易商人。他們「置造船隻，潛赴各地私口裝載貨物，俱不由正口掛驗，無從稽察，無從配穀」，這些走私商人往往冒死犯禁，夾帶清政府當局嚴厲禁止的違禁物資如生鐵、器械、鐵鍋、火藥、鐵釘等物入台，往大陸販運樟腦、硫磺等物資。這類販運違禁物資的走私商人，一旦被挈，往往「依例擬絞」。如嘉慶初年因販運鐵鍋的藍三世等人，即被處於極刑[25]。然而，重利所在，走私貿易「獲利利於他船」，故漁民、私商經營的走私貿易愈演愈熾，在台灣對外開口通商之前的一段時期內已在台灣同大陸的貿易中，占有相當重要的位置。

（3）清軍官弁「夾帶販賣」類。清政府的文武汛口員弁往往監守自盜，營私舞弊，從中獲取巨利。由於清軍的營哨船隻出入口岸，無人

---

[24] 王必昌：《台灣縣志》卷二。
[25] 《台案匯錄丙集》。

稽查，正是從事走私販私的絕好時機。有清一代，台灣與大陸的文武汛口官員與清朝水師的營船、哨船，在台灣與大陸的走私貿易中，扮演著十分積極的角色。

雖然清政府三申五令兵船哨船「俱由海防同知受查驗」，孰不知「文武衙門，朋分收受」。[26]海防同知往往與水師將領沆瀣一氣，通同作弊，清軍水師營哨船隻的「夾帶米穀，偷渡人口」，自然是無法禁絕的。

清水師營哨船隻夾帶走私販私活動，早在康熙年間即十分活躍。大陸偷渡入台的移民中，很大一部分即是由水師的營船哨船作為「偷渡之津渡」[27]而進入台灣的。內地災荒、米價高昂之時，「營哨船隻竟以米穀公然夾帶，不聽查驗，揚帆出港，……種種透越，弊竇多端」[28]。雍正年間，水師將領甚至專門撥出哨船經商，福建水師提督藍廷珍，總兵謝希賢，「自備哨船三隻，……（載運米穀）到價貴之處賣利自私，又常遣營船四隻，托名在哨」，在沿海一帶裝載貨物做生意。這一時期的清軍水師將官，「多倚船隻貿易渡日」[29]。至乾隆時期，更有甚者，將領柴大紀乾脆「令守兵渡回內地貿易，每月勒繳銀錢」[30]。嘉慶時期，清軍官兵員弁走私販私活動依然如故，以致閩浙總督一再強調「設有兵丁水手舞弊營私，即行據實拿交地方官從嚴究辦」[31]，而對於高級將領，官員卻亦無可奈何。清軍水師營哨船隻擅有職權之便，經營的當然都是台灣與大陸兩地的短缺熱門商貨以及禁運貨物，其所獲利潤之豐厚，自可想見。

（三）

清代台灣對外開放之前與祖國大陸的通商貿易物資，可分為由台灣

---

[26] 《清仁宗實錄》卷七〇六。

[27] 《雍正砂批諭旨》第四十五冊。

[28] 周元文：《台灣府志》卷十。

[29] 《雍正硃批諭旨》第四十五冊。

[30] 《福建通志》清通紀五。

[31] 《福建省例》第五冊。

輸往大陸及由大陸輸入台灣兩大部類。

　　台灣對大陸輸出的大宗商品物資，是糧食與蔗糖。台灣地區「所煎之糖，較內地閩粵諸郡尤佳」[32]，是上乘佳品。因此，有清一代，數額巨大的台灣蔗糖，運到廈門口岸，源源不斷地運銷大陸各地。早在康熙年間，台灣地區的蔗糖年產量即達一億多斤，在錦州、天津、上海、蘇州、寧波、鎮江等地，擁有廣闊的市場。台灣所產之稻米，「有粒大如小豆者」，「土瘠民貧、產米有限」的福建，特別是漳泉地區的糧食，「向需台米接濟」。而廣東潮州地區載運台灣稻米的商艘，「又復帆檣不絕」。此外，江、浙地區，甚至遠至天津，倘遇荒欠之年，亦「募商由海道運米」。乾隆初年，僅福建一地，除官府撥運的兵米眷穀之外，運銷的米穀，每年不下四、五十萬石之多。除了糖、米之外，台灣的花生油、黃豆、麻、苧等土特產，也是主要輸入大陸的貿易物資。台灣和澎湖盛產花生，不但果實與花生油暢銷大陸。連「可以糞田」的油渣，也是大陸各省極其歡迎的農作物肥料。台灣澎湖所出的油渣，「皆販往內地，連渣運去，無肯留之以自糞其園者」。麻、苧、藤等土特產，「商多販往內地各處發賣」，「近則福州、漳泉、廈門、遠則寧波、上海、乍浦、天津以及廣東，凡港路可通，爭相貿易」[33]。「裝運北方，售賣甚多」。「產於台地最佳」的菁澱，菁子等各種染料，商賈「常運漳泉南北發售」，「內郡多來台採買」。澎湖地區出產的海魚和生豬，載販廈門「亦夥」。

　　大陸漳泉地區商船抵台貿易，回程多載米，穀、菽、豆、黑白糖飴、番薯、鹿肉，「售於廈門諸海口」。「內山多美材」的台灣島，除了缺乏杉、松等造船材料外，「樟材、柴荊、檳榔、茄冬、百日青、楠枋」等木料，「內地多來採買」。「樟栳、茄藤、薯榔、通草、藤、苧之屬，內山又多出焉」，這些土產，「入內地者尤多」，台灣海商擇地所宜，就近售於「福州、漳泉、廈門」，台灣北部地區，「斗六門以上胡麻尤多，歲產數十萬石」，「漳泉各路資焉」。這一類土產以外，台灣水果，也常運

---

[32] 陳淑均：《葛瑪蘭廳志》引《東寧政事集》。
[33] 沈茂蔭：《苗栗縣志》物產。

銷閩、粵、江、浙等地。「長如人指」的佛手柑,「五、六月初熟,載赴江浙發售」。龍眼「剝肉焙乾者謂之福肉,每年配售上海、天津,爲出口大宗」。黃梨(菠蘿)「以鳳山所產最爲美色,有黃梨山盡植黃梨,海舶運售廈門,其利甚溥」。[34]「種出南洋」的(檬果),「曬乾用糖拌蒸,配售閩粵」。

除了農副產品與土特產外,台灣「內山番地」出產的皮草、骨角、羽毛、藥材,特別是鹿茸、鹿角膠、鹿肚草等「取之不盡者」的貴重山貨藥材,在大陸市場上備受歡迎。

台灣北部淡水的「石碇拳山二堡居民,多以植茶爲業」。道光年間,台灣茶葉開始打入大陸市場,「各商運茶往福州發賣」,由福州轉銷國內外。同一地區的雞籠,煤礦的蘊藏量極其豐富。當地居民開礦挖煤,「鑿售內地爲壅田用」。[35]此外,連台灣所產的木炭亦裝船販運過海,銷售大陸。用九荊木燒製的木炭,「色白如雪、內地寶之,以熱博山之爐」[36]。連這類價值不高的煤土薪炭,也包括在輸入大陸的貿易物資之內,足見當時台灣同大陸通商貿易發展的程度了。

由大陸輸入台灣的商品物資,從布帛百貨、果品藥材至磚瓦木石,無所不有,包羅萬象。

台灣的日常消費品等行業的手工業生產很不發達,紡織品、日常百貨等「皆來自內地」[37],大陸輸入台灣的商品物資,以紡織品最爲大宗。由於台灣「地不種棉,故無紡織」,「凡絲布綿綾之屬,皆至自內地」[38]。紡織品中的「綢緞紗羅之屬,多來自浙江。棉布之類消用尤廣,歲值百數十萬金」。棉布以福建的漳泉地區銷售台灣最多,有「池布、眉布、井布、金絨布,諸庄數疋論筒,一盡白質」[39]。浙江的四明、鎮海、乍浦和上海所產的絲羅綾緞,「每春夏間,南風盛發」之時,商船源源不

34　薛紹元:《台灣通志》物產。
35　周鐘瑄:《諸羅縣志》卷十物產。
36　周鐘瑄:《諸羅縣志》卷十物產。
37　周璽:《彰化縣志》卷九。
38　陳淑均:《噶瑪蘭廳志》卷六物產。
39　陳淑均:《噶瑪蘭廳志》卷六物產。

斷地運銷台灣。不僅台灣本島，澎湖地區更是「地不產桑絲，女無紡織。棉夏布疋，俱資於廈門」。

　　大陸生產的紙張，長期是輸台的重要物資，台灣日常所用之紙，「粗細皆資內地，歲糜萬緡」。[40]輸台的閩紙，有書寫用的唐紙，祭祀焚燒用的「禮拜紙」兩大類，消費數量甚大。台灣地區的書籍，印刷品及文具，也多是由大陸供應的。除了紙張之外，大陸的手工業產品，在台灣擁有廣闊的消費市場。家俱木器的床、凳、椅子等物，「至內地者殊為精巧」極受歡迎。閩贛地區所產的陶瓷器具，由於台灣地區土質「不堪陶瓦……雖粗碗瓦盤亦不能成」而大量傾銷台灣，民間所用的「盤、盂、杯、碗之屬，多來自漳泉」。金屬類的「鐵器、釜鐺之屬」，因台灣「山不產鐵」而「悉資內地」。

　　大陸還提供了台灣地區的煙、茶、酒供應。品質優良的福建武夷茶葉，是茶中珍品。台灣市場上的「武夷諸品皆來自內地」，「富者皆用武夷、福寧諸種」。大陸出產的煙草，種類很多，福建的煙葉，「出漳州者甚佳」，是台灣市場上的暢銷貨。輸台的煙草，有煙絲與煙草兩類，以漳州與福州的「生厚煙」為數最多。大陸出產的酒，「如北地之高粱，紹興之花雕，消用亦廣」。台灣的市場上，有大陸南澳的干菜、紹興的倒菜菜、淞、滬、寧波之雪里蕻等，荔枝、西瓜等水果，「暑時多內地來」。福建荔枝，「興化、漳浦產者為上，泉州南安近日尤甚。台地率自海船攜來，一日夜可至，味香色猶不變」[41]。

　　台灣盛產木材，然大多不適用於建築或修造船隻，且林木遠在深山，道路險阻，難以外運。因此，所用建築與船舶材料「俱產於內地」[42]。這其中，福建的杉木運往台灣數量最多，在由閩輸台的物資中占很大的比重。台灣雖亦產有杉木，但「逼近番界，不敢採伐，又無水路通運」，故「架屋之杉，多取福建上游」。修造船隻所用的材料。如「鐵釘、油麻以及大小木植，皆無出產，必須運購於延、建、福州等處」，大吉

40　周鍾瑄：《諸羅縣志》卷十二。

41　陳淑均：《噶瑪蘭廳志》卷六物產。

42　周元文：《台灣府志》卷十。

木、栀杆、櫓、柁「各料產自福州」,「鐵釘、茅鐵、桐油、山城板,網絲、㯃藤、尾樓燈、旗布、顏料、鑼、鼓、大小風蓬、無底升、栀餅、槳各料產自漳泉」,「小船亦由泉州買來」。不僅船用材料悉數由大陸採買,建築器材亦資福建供應,「台地石少,……堦庭道路及碑碣用,均由廈門等處載來」。[43]康熙後期,台灣三縣大興土木,營建寺廟、學宮、殿堂、亭閣,所用的建築材料,全部「取材鷺島」、「福州」、「內郡」。台北地區的雞籠、淡水,雖產巨石,然「突怒偃蹇,奇不可狀,……南嵌以下漸無路,質亦不堅無格理,不可施椎鑿」。因此,「宮室之用」,須「載自漳泉」[44]。直至道光年間建造淡水廳城時,所用的石柱,仍是「運自內地」[45]。除了石料之外,「磚瓦亦自漳泉而來」,「亦有廈門運來者」。

　　清代台灣市場上流通的錢幣,「多自各省運來」。乾隆時期,「海舶自天津、寧波遠入者,歲率數十萬貫」[46]。台北地區食鹽短缺時,「則取給於漳泉內地,謂之唐鹽。此外,台灣地區民間刺繡需求量很大的漳州絲線,醫藥用品、日用雜貨,泉州深滬的鹽魚,永春的葛、金楮,漳州的杉木等等都是漳泉商船運載入台的商貨。

　　台灣與祖國大陸互相輸出的商品物資,擇主要的種類扼要地敘述一下,大致有上述的種種。爲了更爲明確地將台灣與大陸貿易結構表示出來,我們將所能搜集到的材料粗略地分門別類,羅列如下:

　　由台灣輸往大陸的商品物資:

　　（1）農副產品類:米、粟、麥、花生、黃豆、白豆、黑白糖、青糖、花生油、豆油、豆粕、芝蔴、豬肉、番薯等。

　　（2）海產山貨類:海魚、魚膠、魚翅、皮革、骨角、干蘆、毛羽、鹿肉、筋、鹿腿、石花等。

　　（3）土特產類:菁澱、菁子、茄藤、苧、麻、樟栳、醺藤、薯榔、

---

[43] 《安平縣雜記》。

[44] 周鐘瑄:《諸羅縣志》卷十二。

[45] 陳培桂:《淡水廳志》卷十五。

[46] 連橫:《台灣通史》卷九。

通草、茶葉、茶子、山菁、園菁、藤、靛、鳳梨絲、木炭、大甲席等。

（4）果品類：鳳梨（菠蘿）、檬（檬果）、佛手柑、龍眼乾等。

（5）農業肥料類：油（花生油渣），豆（豆油渣），煤土（壅田用）等。

（6）器用木料類：樟柴、柴荊、茄冬、櫚榔、百日青、楠、枋、絲秧柳等。

（7）醫藥用品類：鹿茸、麋茸、鹿角霜、鹿角膠、鹿肚草、金線蓮、茯苓、薑黃、硫磺等。

由大陸輸往台灣的商品物資：

（1）手工業品類：綾、綢、緞、纙紗、絹布、紡葛、湖帕、緞、蘇杭絲帶、絨線、棉花、漳紗，泉州綿布、假羅布、苧布、紗、枲綿、上海呢羽、絲綢、池布、眉布、井布、金絨布、剪絨、江西景德鎮瓷器、泉州磁器、磁瓦、唐紙、禮拜紙、草席、龍岩州紙、雨傘、涼帽子、床、椅、條凳、鼓、金楮、寧波紫花布、旗布、網紗、尾樓燈、藤籃、顏料、漳州雜貨，泉州雜貨，廣東雜貨、天津雜貨、上海雜貨，寧波雜貨、煙台雜貨、浙紹雜貨等。

（2）土特產類：香菇、漳州生厚煙、江州條絲煙、汀州條絲煙、福州生厚煙、火腿、紹興花雕、高粱酒、惠泉酒、武夷茶葉、黃茶、松蘿茶葉、潮州豆腐乳、澳南干菜、紹興倒築茶葉、淞、滬寧波雪里蕻、江蘇羊皮，永寧葛等。

（3）建築材料類：福杉、漳杉、石板、石塊、石柱、磚、瓦、甋、甓、碑、碣、舟山石片等。

（4）船用材料類：大吉木、中吉木、桅杆、大小櫓、浮溪木、龍骨、柁、槳、桅餅、無底升、大風蓬、小風蓬、山城板、小船、松筒、連轉木苓竹、檬榜、高洋木、頭桅等。

（5）果品類：荔枝、西瓜、柑、柚餅、橘餅、核桃、紅棗、瓜子、榛子等等。

（6）海產類：深滬鹽魚、魚脯、海參、銀魚、鰹干、食鹽等。

（7）金屬類錢幣、生鐵、銅、鐵鍋、鐵、腰刀鼎鐺、農具、茅鐵、鐵釘、鑼等。

（8）醫藥用品及香料類：漳州藥材、四川藥材、中庄膏藥、藥用蜜、大黃、廈門藥材、胡椒、蘇木等。

（9）文化用品類：書籍、福州毛筆、湖州文具等。

（四）

清代台灣與祖國大陸的通商貿易，是在清政府的監督控制下，由台灣和大陸的民間海商組織和經營的，大陸福建的漳泉地區海上貿易商人在其中扮演著重要的角色，即如連橫的《台灣通史》中所指出的「台灣商船皆漳泉富民所造，渡海貿易，以搏其利」。這一時期的海上貿易活動，同鄭成功時代的海上貿易活動相比較，具有一些獨特之處。在貿易商人的構成與階級屬性等方面，已經開始了比較大的變化。

首先，這一時期的海商資本，已經爲市民階級的「富商巨賈」，「殷實商民」所掌握，而不是控制在身份性地主階級「勢家宦族」，「豪門巨室」，「湖海大姓」手中。同時，眾多的「郊商」、「行商」、「船主」參予了貿易經營，每一位貿易商人都有獨自的經濟成份，不同於鄭成功時代那樣，海上貿易的經營大權和貿易利潤，「唯鄭氏獨操之」。清代台灣與大陸進行通商貿易的商人構成，從以鄭成功時代的「官商」爲主體，轉變爲以市民階級的「殷實商民」，「富商巨賈」爲主體，因此，「多財善賈，雄視市廛」的「殷實商民」們，已開始控制和把持了台灣與大陸的通商貿易經營大權。

雖然不能否認這些「殷實商民」、「巨商大賈」的前身，亦是封建地主階級，但是，由於他們的貿易資本不斷地再投資並擴大經營範圍，因此，減少了同封建土地經濟重新結合的機會。在商品經濟不斷地向新的經濟領域運動和發展過程中，這一部分封建地主也由於經濟形式的變更，逐步地改變了原有的階級屬性。他們已改變了既從事封建土地經營

又從事海上貿易經營的雙重經濟形式，已開始從封建土地經濟領域中擺脫出來，專門從事商業貿易經營了。清代台灣貿易商人中見於經傳的，如「既席先人之遺業，又善貨殖」的劉日純，「累世以專營米糖、溝通各海口為業」的葉宗琪；祖孫數代「經營北郊吳源昌、為北台屈指有數之郊商」的吳邦志、吳英奇；及「祖元真、父在仁俱從商」的楊鵬博等人[47]，都是典型的營商世家，他們的階級屬性，可以認為是較具典型的市民階級。

　　其次，部分貿易商人已經開始投資於手工業生產，商業資本已開始逐漸地同產業資本相結合。

　　眾所周知，台灣地區的糧食與蔗糖生產，已具有較高級的商品化生產形態，大部分稻米與蔗糖的種植，是為了外銷獲利。特別是蔗糖的生產，隨著同祖國大陸貿易往來的發展，在國內外開拓了更為廣闊的市場，蔗糖加工行業中的資本主義生產關係的萌芽，已有了相當程度的發展。清代台灣「糖廍」中出現專門化生產的分工和雇傭勞動的性質，已普遍得到史學界的承認。而這些帶有資本主義萌芽的「糖廍」中，有一部分就是由貿易商人投資開辦的。根據史料的記載，這一時期的貿易商人中。有的充當「粟青」、「糖青」、「油青」之類的包買主，他們預付工價，雇傭佃農進行各種經濟作物的種植生產，「於新穀未熟，新油、新糖未收時，給銀先定價值，俟熟收時而還之」，「青靛則先給銀令種，一年兩收，苧則四季收之」[48]。有的直接投資手工業生產，參與了原材料和半成品的加工製作，使海上貿易資本開始與產業資本相結合。如「擁資百數十萬」的著名海商劉日純，「又善貿殖，創白糖廍於溫厝廍莊，販運南北洋，獲利豐」[49]。白糖的生產，較之為一般的青糖、黑糖更需要複雜的生產程序和技術，「地薄或糖師不得其人，糖非上白，則不得價矣」[50]。可見劉日純所創辦的「白糖廍」不是一般的手工業作場，已

[47] 《台灣省通志稿》卷七《人物志》。
[48] 陳培桂：《淡水廳志》卷十一。
[49] 連橫：《台灣通史》卷卅五。
[50] 余文儀：《台灣府志》卷十七。

具有相當的發展程度與規制了。再如「隨父赴廈門學賈」的泉州海商沈德墨,「數來台灣,販運糖茶」,後來以「台灣產糖多,製法未善」而購置機器,在台灣的新營莊「試辦」糖廠[51]。這一部分貿易商人開始把海上商業資本投資於手工業生產,表明了手工業行業內新的因素已經萌芽,商業資本已開始向新的歷史方向發展了。我們認為只要台灣同大陸貿易商繼續向前發展,這一部分貿易商人就有可能發展成為資本主義手工業工場和資產階級貿易商人。

再者,這一時期貿易商人所擁有的雇傭勞動關係。同以前擁有商船的「勢家宦族」,「豪門巨室」使用商業奴隸或租賃商船予他人經營,本人並不直接參與海上貿易活動的「船主」不一樣,清代台灣與大陸通商的貿易商人,既是航海貿易事業的生產資料的船主,又是經營海上貿易的商人。

由於清政府的嚴格控制,擁有商船的商人必須「親身出洋」,「商船不准租予他人」。「如有富民自造商船租與他人及寒薄無賴之人者」,不僅當事人須受處罰,「失察之州縣罰俸一年,明知不禁者降二級調用」[52]。因此,貿易商人不僅經營貿易商務,還要擔任雇傭舵水人員的「船主」的職務。同時,由於船商時時得承受「台運」、「專運」等強制性的義務,收取低廉的「運費」,在客觀上也已充當了航運企業主。在船商與船工的關係上,根據史書記載,這一時期的貿易商船大致有「出海一名,司貨財出入,柁工一名、亞班一名、大繚一名、司杉板船一名、總鋪一名、水手二十餘名(或十餘名)」的人員配備[53]。這些商船上的舵水人員,與船商的關係,正如雍正時期閩浙總督高其倬的奏疏中所說的那樣,「富者為船主商人,貧者為舵頭水手」[54]。這一時期,僅澎湖一地,「散而之台灣以船工食力者,自淡、鹿、笨港、安平、旗后以至恆春,不下萬人」。這些船工,既不像以前那樣,由商船的搭股商人攜帶上船,也沒有參予

[51] 連橫:《台灣通史》卷卅五。
[52] 周凱:《廈門志》卷五。
[53] 黃叔璥:《台灣使槎錄》卷三。
[54] 蔣良琪:《東華錄》卷廿七。

極少數的股分，參加商業經營，分取紅利，他們是受雇於出資造船並之股實良民者，從船主商人那兒支取「飯食工資」，同船主的關係，可以說已具有「工資勞動者」的新型雇傭關係，是初步具有近代航運企業的雇傭關係的雛型。盡管這種關係的發展程度尚未成熟，然而，不管怎麼說，同以前使用「義子」、「厚生」、「宗人」等商業奴隸駕駛商船航海貿易的超經濟強制的封建關係，已經有了本質上的區別。因此，可以認為，這一時期的部分貿易商人，已初步具有「商業資本家」和近代航運企業主的特徵。只要隨著貿易的正常發展，我們相信，不需要任何外部力量的干預，這種具有近代性質的雇傭勞動關係，將更趨於成熟完善，在台灣與祖國大陸通商貿易商人中，有可能產生一部分近代的航運企業主和商業資本家。

（刊《中國社會經濟史研究》1983 年 2 期）

七、近代臺灣海峽海商資本轉型的挫折
——以鄭氏海商集團為例

　　西元 1500 年左右是世界近代史的開端。在此之前，各大洲之間聯繫不多，新舊大陸基本上是互相隔絕的。地理大發現才打破這種格局，人類社會第一次出現全球經濟一體化過程。由於海外市場的開闢，商品的大流通，在西方引起了商業革命，促使商業資本的快速增長，推動西方社會經濟的根本變革，出現了工業革命，加速向近代化轉型。與此同期的中國也出現類似的變化，明朝永樂年間，偉大航海家鄭和下西洋，擴大了太平洋與印度洋的航線，到明朝中葉以後，江南商品經濟快速發展，積累大批商業資本，一部分流向海洋，促進私人海上貿易的大發展，此時臺灣海峽出現了許多新型的海港，湧現一批資本雄厚，船多勢大的海商集團，活躍於東西洋各國，特別是到明朝後期，鄭芝龍海商集團吞併其他海上勢力，壟斷了臺灣海峽的海上貿易，成為能與西方航海勢力對抗的財雄勢大的海商集團，如果能順利發展，進一步擴大經營規模，積累更多的海商資本，可能會引起東南沿海社會經濟的根本變革，推動中國向近代化的轉型。但是歷史的進展並沒有沿著這條路繼續走下去，近代臺灣海峽海商資本的轉型最後以夭折而告終，原因何在呢？這是很值得我們研究的課題。本文擬從東西方海商資本轉型的對比研究，探討近代臺灣海峽海商資本轉型的夭折及其原因。

海商資本的壯大與夭折

　　十五世紀世界開始進入大航海時代，首先，中國偉大的航海家鄭和七次下西洋，接著，哥倫布「發現」新大陸，達加瑪「開闢」東印度航線，麥哲倫「環航世界」，從此衝破原來傳統的貿易格局，人類社會首次形成真正意義的世界貿易大市場。在這場爭奪世界大市場的鬥爭中，西方基督文化提出征服全世界，霸佔瓜分全球市場的主張，1493 年　4

月羅馬教皇亞歷山大六世發佈分割非基督教世界的訓諭：以亞速爾群島為界，以西以南的所有地方屬於西班牙所有，以東以北的所有地方歸葡萄牙所有，從教皇的訓諭中充分體現了基督文化向全世界的擴張。從基督文化的擴張性出發，他們製造了一套征服世界的理論，這套理論說，信奉邪教的野蠻人是犯下滔天罪行的，作為上帝在人世代表的羅馬教皇有權把他們分派給任何基督教王國的國君所有，從而，這些基督教國君對所分得的土地擁有征服權，由此發生的征服戰爭是正義的，因為這種征服的目的是慈悲的善良的，是為了把異教徒從黑暗世界拯救出來，加以開化，使他們沐浴基督教文明的溫暖陽光，過上幸福日子的[1]，這就是基督文化的所謂拯救世界論。

　　哥倫布、麥哲倫、達伽瑪這批西方海盜商人就是根據這些教義和法律，征服全世界的。最早來到東亞的是葡萄牙海盜商人，自從瓦斯科·達伽瑪（Vasco de Gama）繞過非洲好望角，跨過印度洋，在印度南部沿海柯欽（Cochin）建立第一個據點以後，每年都有商隊穿過麻六甲海峽到達東方，正德八年（1513 年）他們來到廣東珠江口的屯門島，嘉靖元年（1522 年）妄圖重新佔據屯門島時，在西草灣受到明朝軍隊的重創，然而他們並沒有放棄佔領中國東南沿海貿易據點的願望，一部分船隊沿著海岸北上，佔據浙江雙嶼港，與其它各國海盜商人在浙江沿海進行走私貿易活動。另一部人留在廣東沿海尋找新的貿易據點，他們在屯門島站不住腳，就改佔領上川島，建立臨時商場進行走私貿易，接著又佔領接近澳門的浪白澳，進一步「入濠鏡澳（即澳門）築室以便交易」。葡萄牙海盜商人佔領澳門以後，他們以此作為開展東亞貿易據點，進行中國、日本、呂宋、南洋群島的三角貿易。

　　與葡萄牙同時崛起的西班牙，在佔領南美洲以後把進軍矛頭指向菲律賓群島，1521 年 3 月 16 日麥哲倫（Ferdinand Magellan）遠征隊到達三描島，揭開西班牙征服東方的序幕，1571 年西班牙人又強佔呂宋的馬尼拉，把它建成西班牙東方殖民帝國的中心，再以此為據點從事與東

---

[1] 嚴中平：《老殖民主義史話選》，北京出版社，1984，第 189 頁。

亞各國的貿易和掠奪活動。

十七世紀初，擺脫西班牙統治的荷蘭也踏上征服東方的征途，他們在佔領印尼巴達維亞後，也派船隊到東亞進行活動。1604 年第一次佔領澎湖，被明朝軍隊趕走後，1622 年再次佔據澎湖，1624 年福建巡撫南居益派遣王夢熊率軍直搗澎湖，荷蘭人自揣寡不敵眾，退出澎湖，轉而侵佔臺灣島，建立赤嵌城，從此把臺灣建成爭奪東亞貿易的新據點。

與此同時中國東南沿海也出現強大的私人海上貿易力量，表現在下海經商的人數眾多，規模龐大，如到呂宋的福建海商達數萬人，浙江的海商也很多，有一次航行於舟山群島的商船達一千三百餘艘，廣東的私人海上貿易也很發達，在廣州附近的遊魚洲，許多商人都經營海上貿易，每當番船靠岸，他們立即販賣瓷器、絲棉和私錢、火藥違禁等物品，頓時出現一派滿載而去，滿載而還，追星趁月，習以為常，官兵不敢誰何的繁忙景象。私人海上貿易的發展不僅表現在海商人數眾多，更為突出的是湧現一批資本雄厚、船多勢大的海商集團，「大群數千人，小群數百人」。這些海商不僅大量雇傭中國的舡工、水手，還雇傭日本各島的「貧窮倭奴，借其強悍，以為護翼」，他們一方面到日本、暹羅，南洋各地做買賣，另一方面又「於沿海兼行劫掠」。到嘉靖、萬曆年間逐步形成了以許氏兄弟海商集團、王直海商集團、徐海海商集團、蕭顯海商集團、鄧文俊林碧川海商集團為主的江浙海商群；及以何亞八海商集團、許棟許西池海商集團、謝老嚴山老海商集團、洪迪珍張維海商集團、張璉蕭雪峰林國顯海商集團、吳平曾一本海商集團、林鳳海商集團為主的閩廣海商群。這些海商集團乘鳳破浪，遠航世界各國，是十六、十七世紀國際市場上一支重要的貿易勢力，其影響力並不亞於同時期的西方海上貿易力量。

到天啓、崇禎年間，出現更為強大的鄭氏海商集團，其資本之雄厚，貿易範圍之廣，活動時間之長，影響力之大都超過了以上各海商集團，鄭氏海商在中國海洋貿易史上佔有很重要的地位，它的興衰隆替一定程度上反映了中國海商的曲折發展道路，顯示了近代中國海商資本轉型的

困景。

　　鄭氏海商集團初步形成以後，巧妙借助明朝政府的力量，不斷壯大自己的海商勢力。鄭芝龍在假投降之後，在明朝政府的支持下，展開一場兼併或消滅其他海商集團，逐步控制東南沿海制海權的鬥爭。首先消滅李魁奇海商集團，李魁奇本是鄭芝龍的同夥，後因「爭分賊資以不平而激變」，崇禎二年（1629 年）鄭芝龍聯合鐘斌在廈門攻擊李魁奇，李敗逃，乘小艇登陸，被鐘斌所擒。消滅李魁奇以後，鄭芝龍乘勝追擊，經過二年的戰鬥，逐個消滅楊六、楊七、鐘斌等海商集團，吞併他們的船隻和資財，進一步擴大鄭氏海商集團的勢力。此時，能與鄭芝龍抗衡的還有劉香海商集團，劉香，漳州海澄人，「劫掠商船，突起猖獗，聚眾數千，有船大小百餘號」[2]，面對這個強大的對手，鄭芝龍在明政府的支持下六破劉香集團，一破之於石尾，再破之於定海，三破之於廣河，四破之於白鴿，五破之於大擔，六破之於錢澳。經過六次打擊，在大大削弱劉香集團勢力的基礎上，崇禎八年（1635 年）鄭芝龍最終消滅了劉香海商集團，大大地擴展了海上勢力範圍。此時，在臺灣海峽還有一個大商人 Hambuan 與鄭芝龍爭奪對荷蘭人的貿易，鄭芝龍採取既聯合又競爭的策略與之周旋，崇禎十三年（1640 年）Hambuan 在海裡溺死，從此以後，鄭氏海商集團「雄踞海上」，完全控制於東南沿海的制海權，「獨有南海之利」，「海舶不得鄭氏令旗，不能往來，每舶稅二千金，歲入千萬計」，使鄭氏家族成為擁有巨大經濟實力的海商集團

　　鄭氏海商集團控制東南沿海制海權以後，為了保持在臺灣海峽的貿易優勢，與西方海上貿易勢力在東亞進行激烈的爭鬥。鄭芝龍與各國海商的爭奪中主要對手是盤踞在臺灣的荷蘭人。荷蘭人到達東南沿海以後千方百計要打開中國貿易的大門，直接到大陸沿海港口進行貿易，然而始終未能得逞，鄭芝龍以武力對抗武力威脅，在荷蘭人的炮艦面前決不退讓。1628 年 7 月荷蘭駐臺灣長官彼得·納茨（Piter Nuyts）率海船 Woerden 等四隻船前往大陸漳州灣，在那裡與中國海商進行交易，購入

---

[2] 江日升：《臺灣外紀》卷 1。

大批生絲，鄭芝龍對此十分不滿，鄭芝龍「令人阻止這些商人與我們往來，沒收其貨物，將他們趕走。納茨對其做法表示反對，雙方因此發生爭執，一官命令我們的人，次日即離開那裡，不然將用火船將我們趕走」[3]。納茨不得不返回大員。不久又率領船隊到漳州灣，要求與鄭芝龍會談，當鄭芝龍登上荷蘭船時，被納茨扣押，同時迫使鄭芝龍簽訂為期三年的貿易協定。然而鄭芝龍並不履行被迫簽訂的協定，繼續壟斷漳州灣的貿易，不允許沿海「私商肆意帶貨物上船」，與荷蘭人交易，「甚至連定做必要的裝載生絲用的木板也不允許購買」，對此，荷蘭人十分不滿，經過幾年的努力，荷蘭人仍然打不開對大陸的直接貿易，他們決定發起一場戰爭，以獲得所希望的自由的中國貿易。經過長期的策劃和準備，荷蘭人決定用武力對付鄭芝龍，1633 年 7 月 12 日荷蘭駐臺灣長官普特曼斯（Hans Putmans）率五隻艦船突襲廈門港，猛烈炮轟鄭芝龍毫無準備的船隊，燒毀停泊在岸邊的船隻，並把停泊在海面上的其他船隻砍破，讓它沉入海底。據荷蘭人估計，共擊毀鄭芝龍船隊的大船 25 至 30 隻，小船 20 至 25 隻。對此，鄭芝龍十分惱火，他寫信給荷蘭人說，你們趁我沒有準備，進行偷襲是很不光彩的事，也不算是真正的勝利，並要求荷蘭人賠償被燒毀的船，同時要求荷蘭人撤回大員，警告荷蘭人這是「唯一的一條路，別無他途」。荷蘭人不僅不撤兵，還提出在鼓浪嶼建房子，在廈門附近自由貿易，不允許中國商船去馬尼拉貿易等一系列苛刻的要求。

　　鄭芝龍一方面與荷蘭人周旋，一方面做好迎戰的準備，首先，在軍事佈置上，在漳州海澄準備 19 隻大戰船和 50 隻火船，在廈門翔安劉五店準備 50 隻火船、在廈門石潯再準備 50 隻火船、在泉州安海準備 16 只大船，在廈漳泉沿海各地共佈置了各種船四百多隻。在軍用物質上，要求沿海每家每戶繳納一擔木材或茅草，準備供火船使用。第三，發佈殺敵獎勵政策，凡燒毀敵船一隻，獎勵 200 兩精銀，割取荷蘭人首級一

---

[3] 程紹剛譯注：《荷蘭人在福爾摩沙》聯經出版事業公司，2000 年，第 89 頁。

顆，獎 50 兩銀子[4]。

　　1633 年 8 月荷蘭人再次攻擊廈門時，遭到鄭芝龍的有力回擊，鄭芝龍出動了 100 多隻戰船和火船，利用佔領上風的有利位置，火攻荷蘭船，取得了勝利。荷蘭人雖被打敗，但沒有退回大員，繼續在福建沿海進行搶劫，10 月又從東山返回廈門沿海，停泊在料羅灣。22 日晨鄭芝龍船隊將荷蘭船隊團團包圍，鄭軍船隊有 140 至 150 隻船，其中 50 隻是特大的戰船，第一船隊搶佔上風，第二船隊從後面包抄，荷蘭長官普特曼斯見形勢不妙，立即率領其餘的快艇倉皇外逃[5]。鄭芝龍這次勝仗使荷蘭人遭受重創，普特曼斯召開秘密會議，承認「要再度向中國發動戰爭，鑒於我們目前力量薄弱，要暫時延緩」。1634 年他們進一步認識到「我們去年發動戰爭結果足以表明，自由無限制的中國貿易憑武力和強暴是無法獲得的，大員長官和評議會已深深意識到這點」[6]。自此以後，荷蘭人雖然還經常在大陸沿海進行搶劫，但已無力組織大規模的軍事進攻。

　　其次是在與荷蘭人貿易中，鄭芝龍堅持以我為主，牢牢掌控貿易的主動權，如在對日貿易中，鄭芝龍一方面與荷蘭人達成協議，答應不再到日本貿易，並阻止其他中國海商前去日本。作為交換條件，荷蘭人要免費為他運送 5 萬里爾的貨物去日本[7]。另一方面鄭芝龍開通安海到日本長崎的直達航錢，繼續把大批貨物運送到日本貿易，據《長崎荷蘭商館日記》記載，僅 1641 年 6 月 26 日、7 月 1 日、7 月 4 日三天，就有鄭芝龍的三隻船到達長崎，運去白生絲 25,700 斤、黃生絲 15,550 斤、各種紡織品 140,760 匹、各種磁器 2597 件及土茯苓等其他商品[8]。1643 年中國商人運到長崎的生絲和極有用處的絲織物，價值 4 百 50 萬盾，「其中一官占三分之二的比例，同時一官還運往馬尼拉相當數量的貨物」，

---

[4] 江樹聲譯注：《熱蘭遮城日誌》台南市政府發行，2000 年，第一卷，第 112 頁。

[5] 江樹聲譯注：《熱蘭遮城日誌》台南市政府發行，2000 年，第一卷，第 132 頁。

[6] 程紹剛譯注：《荷蘭人在福爾摩沙》聯經出版事業公司，2000 年，第 147 頁。

[7] 程紹剛譯注：《荷蘭人在福爾摩沙》聯經出版事業公司，2000 年，第 227 頁。

[8] 村上直次郎譯：《長崎荷蘭商館日記》岩波書店刊行，1956 年，第一輯第 50、52、55 表列數字整理。

可見鄭芝龍並不與荷蘭人訂立協定而放棄去日本貿易，而且在日本的經商規模還是相當大的。

此外，在商品價格上，鄭芝龍也有很大的發言權。荷蘭人抱怨道，由於鄭芝龍控制了對日貿易，「他在日本享受巨額利潤，不允許我們獲得絲毫的好處，在他支付現金和得到用於日本的貨物之前，為顯示他與人為善，先將其過剩的貨物運到大員，而且要我們視之為相當貴重的貨物支付現金」[9]。1643 年 12 月據大員的荷蘭人報告，從大陸運至臺灣的貨物不斷減少，是由於「那些作惡之徒，特別是貪得無厭的一官，故意以各種藉口不輸出其貨物和黃金，以達到他壟斷貿易的目的，迫使我們出高價購買貨物」[10]。儘管荷蘭人對鄭芝龍提高貨物價格十分不滿，甚至想用武力迫使鄭芝龍降價並要他將貨物運到大員，但已經無能為力了。

到了鄭成功時代繼續控制東南沿海的海上貿易，鄭氏海商資本又進一步壯大，永曆十一年（1657 年）永曆帝接見鄭成功使臣楊廷世與劉九皋時，「問成功兵船錢糧，二人對以舳艫千艘，戰將數百員，雄兵二十餘萬，餉糧雖就地設處，向有呂宋、日本、暹羅、咬𠺕巴、東京、交趾等國洋船，可以充繼」[11]。除了鄭氏父子外，鄭氏家族其他成員也積累一批相當可觀的海商資本，如戶客鄭泰「守金門，貲以百萬計」，可見鄭氏海商資本之雄厚，雖然要統計精確的數字十分困難，但「富至千萬」應該是比較接近事實的。所以連橫在《臺灣通史》中說「是臺灣農業之國，而亦商務之國也」[12]。

如此龐大的一個商業集團，在當時的西方也是少見的，如果處於有利的環境，完全有可能促進中國向近代化的轉型，然而歷史並沒有沿著這條康莊大道走下去，在內外各種因素的影響下，該海商集團在鄭經時已開始走下坡路，到鄭克爽徹底土崩瓦解了。這次轉型的失敗影響了中

---

[9] 程紹剛譯注：《荷蘭人在福爾摩沙》聯經出版事業公司，2000 年，第 247 頁。
[10] 程紹剛譯注：《荷蘭人在福爾摩沙》聯經出版事業公司，2000 年，第 252 頁。
[11] 江日升：《臺灣外紀》卷 10。
[12] 連橫：《臺灣通史》卷 25，商務志。

國近代歷史的進程，不得不引起人們的反思。

阻止海商資本轉型的內外因素

海商資本的發展與轉型離不開良好環境。近世西歐有的君主強力支持發現新航路，支持向海外擴張，甚至用海軍保護本國的航海業及海外貿易，有時不惜為此發動戰爭。如西班牙國王費迪南和王后伊薩拜拉為了支持哥倫布開拓海外市場，1492 年 4 月 17 日費迪南與哥倫布簽訂了五條協議：第一，任命哥倫布為他所發現的一切島嶼與大陸的元帥，哥倫布和他的繼承人永遠享有這個職銜及相應的一切權利和特權。第二，任命哥倫布為這些島嶼與大陸的總督和省長，可以對每個下屬官職提出候選人供費迪南挑選。第三，哥倫布將擁有這些領地所出產、所交換和開採出來的一切黃金、白銀、珍珠、寶石、香料和其他財物的十分之一，並完全免稅。第四，凡涉及這些財物的任何訴訟，由哥倫布或代表以元帥的身份行使審判權。第五，哥倫布有權向到這些新領土的商船投資總資本的六分之一，並獲取六分之一的利潤。這份協議上說的島嶼與大陸就是指中國、日本和周邊的島嶼[13]。再如當時的海上強國葡萄牙，其歷任君主和貴族都支持海外擴張和海上貿易的，其中最突出的是約翰第二的三兒子亨利親王，其綽號稱為「航海家」，他將組織遠洋船隊，從事海外開拓和掠奪，當作發財致富，積累資本的畢生追求，為此他在薩格裡什（Sargres）設立專門研究航海術的觀象臺，廣泛收集有關航海的地理、星象、風信、造船等各種資料，製造航海儀器，收攬航海人材。1495年亨利親王登上王位後更是大力支持海外擴張，他以基督的名義，沒收猶太人和摩爾人的財產，作為達・伽瑪遠征隊的經費。他還授權達・伽瑪為大使、商人、軍隊將領各種頭銜，到了東方以後，根據需要而靈活使用。他指示達・伽瑪到東方的目的就是宣傳基督教義，取得東方的各種財富。他又給達・伽瑪四根刻有葡萄牙國王標記的石柱，插到被佔領

---

[13] 毛里森：《海洋元帥》第一卷，第 138 頁，轉引嚴中平，《老殖民主義史話選》11 頁。

的東方領地。1497 年 11 月 22 日達・伽瑪船隊駛過好望角，然後經東
非馬林迪，到達印度南部著名商港卡裡庫特，卡裡庫特是印度、錫蘭、
麻六甲、爪哇、班達群島、摩鹿加群島的各種香料和印度土布轉運到馬
拉巴沿海、波斯灣、紅海的海上貿易轉運中心。達・伽瑪在這裡設立商
站，進行自由貿易。1499 年 7 月 10 日達・伽瑪回到葡萄牙退加斯港，
運回東方的各種香料，獲得高達三十五倍以上的利潤。達・伽瑪回國後，
國王歡喜若狂，立即加封達・伽瑪為印度洋元帥和維迪圭拉伯爵的稱
號，賜予年金一千克羅塞多和每年進口價值二百克拉塞多貨物的特權，
使達・伽瑪一夜成為葡萄牙最富有的商人之一。英國都鐸王朝為了增強
國力，在經濟上推行重商主義政策，限制羊毛原料和糧食出口，同時又
鼓勵海外貿易，大力發展航海業和軍需工業，獎勵造船，給貿易公司頒
發特許狀，允許在海外地區壟斷貿易，英國女王伊麗沙白甚至直接投資
海盜事業。西方專制國家動用國家力量，調動社會經濟活力，技術進步，
新教徒的擴張熱情等一切力量，彙集成一個整體向海外擴張和貿易的動
力，從而成為發展海上貿易事業的強有力的後盾。[14]

　　繁榮的海外貿易是西方近代化的重要條件。自地理大發現以後，在
西方君王的大力支持和推動下，各國海盜商人迅速走向世界，竭力向海
外擴張，他們搶占了世界各主要貿易航道，奪取了許多重要貿易據點，
如亞洲的孟加拉、印度、巴達維亞、澳門、呂宋、臺灣等地，並以此為
中心進行壟斷性的掠奪貿易，大發橫財，賺取高額利潤。他們將這些財
富源源不斷地運回母國，加速了這些國家的原始積累過程，為工業革命
的到來作了充分的準備。

　　反觀當時的中國封建王朝無論是明朝和清朝政府都是實行重本抑
末和閉關鎖國政策，對於逢勃發展的私人海上貿易視為洪水猛獸，進行
無情的催殘和鎮壓，引發海商的強烈反抗，從而爆發所謂的「倭寇之
亂」。早在明朝初年，朱元璋為了防止倭寇和張士誠、方國珍殘部在東
南沿海的騷擾和破壞，制訂了一系列嚴格的海禁政策。到嘉靖年間，明

---

[14] 普列斯泰基：《葡萄牙先驅》第 269 頁，轉引嚴中平，《老殖民主義史話選》461 頁。

朝政府的海禁政策更嚴勵了，明世宗下令「一切違禁大船，盡數毀之」，「沿海軍民私與賊市，其鄰舍不舉者連座」，到了明中期這種海禁政策更為嚴酷，不僅禁止一切海外貿易，而且禁止下海捕魚和海上交通，斷絕一切海上活動。經過海商的流血鬥爭，迫使明朝政府從隆慶萬曆以後，部分開放海禁，但這種開放還是很有限度的。到了清朝不僅完全繼承了明朝的海禁政策，而且發展為更嚴格、更全面、更系統的閉關鎖國政策，特別是為了扼殺鄭氏海商集團，採取了殘酷的遷界措施，完全斷絕東南沿海的海上貿易，海禁之嚴達到了登峰造極地步，最後，動用軍事力量徹底摧垮了臺灣海峽最大的鄭氏海商集團。

　　東西方政權對待海上貿易截然相反的態度是由於不同價值觀造成的，也反映了兩種不同文化的差異。西方基督文化是一種擴張型文化，提出征服全世界，霸佔瓜分全球市場的主張，1493 年 4 月即哥倫布宣佈「發現印度」才二個月，羅馬教皇亞歷山大六世就匆忙發佈分割非基督教世界的第一道訓諭：以亞速爾群島為界，以西以南的所有地方屬於西班牙所有，以東以北的所有地方歸葡萄牙所有，他們的子孫永遠是已經發現和尚未發現的一切版圖、領地、城市、寨堡、地方和村落的領主，擁有一切完全的自由的權力、權威和司法權，在此後的五個月內又連續發佈六道訓諭，重申這條割分線，並強調兩國在各自的割分地內充分享有宗主權和宗教裁判權，從教皇的訓愉中充分體現了基督文化向全世界的擴張和征服。

　　十四世紀中葉至十七世紀初歐洲文藝復興運動亦改變了人們對生活的態度。重視現世生活，反對禁欲主義；主張積極進取，反對消極的、無為的人生態度，文藝復興時一位作家亞爾伯蒂說：人是可以隨心所欲地改造一切，另一位作家彭塔諾說：我創造了我自己，表現出一種奮發有為的精神；在道德觀念上，主張放縱欲望，反對自我克制，認為事業的成功及發財致富就是一種道德行為。人文主義這種積極進取精神成為海外冒險事業的一種動力。

　　西方的海盜商人就是根據這些教義和思想，搶佔全世界市場。他們

每征服一個地方就舉行佔領儀式，並認為這些人是異教徒，應該用殘酷的方法強迫他們皈依基督教，如果拒絕開化，就要加以嚴厲的懲罰，賣為奴隸或處以死刑，並自認為這些都是正義的行動。宗教改革以後，新教又提出了「預定論」學說，認為上帝自創世紀以來，就把世人分為「選民」和「棄民」，前者註定得救，後者註定沉淪，人在現世生活中的成功與失敗就是「選民」和「棄民」的標誌，這種「預定論」反映了通過殖民擴張而積累巨額財富資本而產生的優越感，認為自己肯定是上帝的「選民」，而那些失敗者就是上帝的「棄民」，「預定論」鼓舞了新興資產階級的進取精神和擴張精神，所以恩格斯認為「加爾文的信條適合當時資產階級中最勇敢人的要求」[15]

而中國傳統的思想恰恰相反，雖然中國封建帝王自封天主，中國是宗主國，與周圍國家是朝貢關係，但對待其人民與中國人民基本上是平等的。明代永樂帝對外國使者說「朕君臨天下，撫治華夷，一視同仁，無間彼此，推古聖帝明王之道，以合乎天地之心，遠邦異域，咸欲使之，各得其所，蓋聞風而慕化者非一所也」[16]。永樂帝認為我雖為天主，但對華夷視為一家，不分彼此，這是遵守中國自古以來聖帝明君的做法，也是符合天理的，這種對外國平等相待的思想與西方殖民者用暴力擴張的思想南猿北撤。為了吸引外國前來朝貢，甚至用簿來厚往的賞賜方法，用價值大大高於貢品的賜品回贈給朝貢國，因此，有些國家很願意前來朝貢，以表面的效忠換取極大的物質利益，如嘉靖二年日本貢使在寧波發生了「爭貢之役」。

在這種思想指導之下，中國歷代王朝與周圍國家建立藩屬關係主要是滿足於天朝大國的自大心理需要，而不是去佔領別國獲取巨大的物質利益，而西方恰恰相反，正如西方學者布勞特（J.M.Blaut）指出，歐州文化具有進取、掠奪和貪婪的基本本質，這是其他文化少見的，這種本質在封建社會形成一種具有壓迫性的階級結構，進一步發展成為資本主

---

[15] 《馬克思恩格斯選集》人民出版社，1972，卷3，第391頁。
[16] 《明太宗實錄》卷183，永樂十四年十二月丁卯條。

義原型，在這種制度下，人們可以不惜任何代價，採取任何手段以獲得利潤[17]。

在中國思想界雖然沒有出現類似西方文藝復興運動的思想解放思潮，但明末清初也有一批學者提出反封建的自由思想，給沉悶的理論界吹進了清風，出現一股清新、活潑的時代氣息，如明朝的李贄公開宣揚「自私」出於天性，行為的目的就是為了利己，「雖大聖人不能無勢利之心」。李贄不僅公開宣揚功利主義，而且強烈反對封建等級制度，他認為聖人和凡人在能力上是一樣的。正是從這種平等思想出發他猛烈抨擊欺世盜名的道學家，讚揚辛勤萬狀的商人，他對當時的海盜商人林道乾很高的評價，稱讚林道乾是「有二十分才，二十分膽者」的英雄豪傑。李贄這種反對封建等級觀念和道學家虛偽的禁欲主義，肯定商人的權勢欲，提倡海盜商人恃強凌弱的發展觀，一定程度上體現了海上自由貿易商人的觀點。明末清初的思想家黃宗羲在《明夷待訪錄》中，批判「以天下之利盡歸於己，以天下之害盡歸於人」的封建君王思想，特別是反對「重農抑末」的封建傳統理念，把商業提高到「本」的地位。另一思想家王夫之提出「理勢合一」的歷史哲學理論，將發展規律視為理，歷史發展視為勢，認為「勢因理成」，歷史向前發展是有規律的，反對復古派的「泥古過高而菲薄方今」歷史倒退觀，體現了順應歷史朝流向前進的進步歷史觀。可惜這些先進的思想火花不僅得不到傳播，很快被封建政權撲滅了，李贄被明朝政府關進牢房，被迫害致死。清朝統治者大興文字獄，扼殺一切有生機的思想，造成思想界「萬馬齊喑」的局面。

其次，中國海商本身與西方海商也不同，他們由於受幾千年來「以農為本」傳統文化影響，與封建地主經濟有千絲萬縷的關係，因此他們很容易將海上貿易獲得的利潤用於田地，進行封建土地經營，將海商資本重新流向封建經濟的動脈之中，加強了封建經濟的堅韌性，如著名的安平海商亦賈亦農，使海商資本始終沒有脫離土地權力的羈絆，據《景

---

[17] 布勞特：《殖民者的世界模式－地理傳播主義與歐州中心史觀》，社會科學文獻出版社，2002，第 261 頁。

壁集》記載，當時許多海商走「用本守末」的老路，他們經商發財後，「息肩于農，築廬田間」，過著地主的悠閒日子。即使是三代經商的鄭氏海商集團，「以農爲本」的思想也相當濃厚，經常把一部分海商資本重新投入土地，進行封建土地經營。鄭芝龍經營海上貿易，「歲入千萬計」，積累了雄厚的海上貿本，他用此資金在沿海各地購置土地，使他的田園「遍閩廣」，同時「傾家資，市耕牛」到臺灣開墾土地，收取地租。特別是鄭芝龍被招撫後，又「增置莊倉五百餘所」，成爲閩、廣的特大地主。鄭成功也認爲「農業，民生大本」，他多次強調「大凡治家治國，以食爲先，苟家無食，雖親如父子夫婦，亦難以和，苟國無食，雖有忠君愛國之士，亦難以治」。因此，鄭成功雖大力發展海上貿易，但對於發展農業也非常重視，剛到臺灣不久，就發佈墾闢土地的法令。儘管當時環境迫使鄭成功不得不發展農業，解決糧食問題，但與他本人的以農爲本的思想也是分不開的。鄭成功死後，鄭經繼續執行「以農爲本」的方針，鼓勵開墾荒地，寓兵於農。當鄭氏海商集團徹底失敗後，清政府查抄鄭氏家產時，發現「鄭成功父子田產，在海上者，田有數萬頃，價值十萬金」，由此可見，鄭氏海商集團家族的田產是相當巨大的。

　　儒教重義輕利節欲觀等封建意識形態也是阻礙中國海商資本的發展和轉型。如漳州、泉州地區既是海商活躍之區，又是宋明理學盛行的地方，早在淳熙年間，理學大師朱熹做漳州知府時，就系統地進行封建倫理道德的教育和傳播，使漳泉地區從南宋以後成爲「人文鼎盛」的「禮教名邦」，享有「海濱鄒魯」之稱，當地的封建士大夫以「居家恬淡，敦留風節」爲高雅，竭力攻擊從事海上貿易活動是「失本計」之舉，如隆慶年間漳州海澄人周一陽擔任漳州五經書院長，他以「文節自許」，「以風軌執世」，猛烈抨擊「何事間關航海爲五斗計」，竭力反對海上貿易。這批地方鄉紳，散佈儒教節欲觀，顯然極不利海商資本的增殖，起了阻礙海上貿易的惡劣作用。反觀西方恰恰相反，中世紀後期歐州出現一股追求財富，奢華消費的思潮，大多數人把財富放在第一位，著名思想家孟德斯鳩說，因爲按君主政體的政制，財富的分配很不平均，所以

奢侈是必要的，要是有錢人不揮霍的活，窮人便要餓死。[18]荷蘭哲學家斯賓諾沙宣稱，人們都有一種欲望要追求對自己有利的東西，並且自己意識到這種欲望，因此，人們以追求於有利了自己的東西爲目的。[19]正是在這種重金重商思想指導下，西方商人把海上貿易利益放在第一位，爲掠奪財富而殖民全世界。

在封建意識的薰陶下，有的海商還熱衷於維護地方封建傳統活動，加強宗族血緣關係。漳州海商鄭元縛爲維持封建家族而下海經商，發財後不是做爲投資資本，擴大海上貿易規模，而是將利潤均分給各房族，不僅不利於海商資本的積累，還強化了封建家族制度。還有的海商將海上貿易得來的財富用來建宗祠、置祭田，整祭器、修譜系，龍溪海商林光天在呂宋經商發財後，回家鄉「建祖祠，置祠產與書田」。安平海商李寓西「居家以孝悌爲先」，「出橐中金，修塋設蒸，倡諸族人」[20]。諸如此類的記載在地方誌和明清文集中不勝枚舉，由此可見，在中國傳統封建思想影響下，必然會給海商的發展帶來不良的影響。

最後我們來看看鄭芝龍與鄭成功對待海上貿易的態度可以進一步論證儒家傳統思想對海上貿易的影響。鄭芝龍從小「性情蕩逸，不喜讀書」，十八歲時跑到廣東香山澳投靠母舅黃程，黃程見到鄭芝龍十分高興，但同時也指責他說，「當此年富，正宜潛心，無故遠遊，擅離父母」，鄭芝龍詭辯說，「思慕甚殷，特侯起居，非敢浪遊，程留之」[21]。從此可見，鄭芝龍對傳統的封建禮教爲主要內容的教科書從小就不感興趣，受封建禮教束縛很少，更不遵守「父母在，不遠遊」的傳統道德標準，獨身一人跑到香山澳去。香山澳被葡萄人佔領後，既是對外貿易的商港又是基督文化傳入中國內地的橋頭堡，鄭芝龍到達香山澳後，一方面從事一些外貿活動的訓練，爲他日後從事海上貿易打下基礎，另一方面又接觸基督文化的薰陶，據說他曾接受天主教的洗禮，日後回到安平，也常

18　孟德斯鳩：《論法的精神》，商務印書館，1982，第 99 頁。
19　斯賓諾沙：《倫理學》 商務印書館，1958 ，第 184 頁。
20　李光縉：《景壁集》卷 3，寓西兄伯壽序。
21　江日升：《臺灣外紀》卷 1。

在家中做彌撒等儀式。由於鄭芝龍受西方文化影響較深，不受中國傳統
儒家文化的影響，具有早期西方海盜商人原始資本積累的貪婪和野性，
他不惜採取一切手段，擴大海上貿易，積極積累海商資本，終於發展成
爲當時東南沿海最大的海商集團。鄭成功則不同，七歲從日本回國後，
「延師肄業」進行傳統的啓蒙教育，十五歲時補南安縣學生員，宏光時，
「入南京太學，聞錢謙益之名，執贄爲弟子」，受到系統的儒家教育，
他「性喜春秋」，特別是與東林複社人士經常往來，「結爲師友」，使忠
君報國思想對他影響很大，他繼承父親鄭芝龍海商資本後，雖然也從事
海上貿易，但他並不是爲海上貿易而海上貿易，而是爲了抗清復明而籌
措軍費的。這與鄭芝龍從事海上貿易已有質的區別，這是我們應該要注
意到的。

　　從上可見，近代臺灣海峽的海上貿易十分發達，積累了巨額的海商
資本，但在內外種種因素的影響下，不是轉型爲工業資本，支持工業革
命的誕生，而是逐步萎縮，最後退出了歷史舞臺。

海峽兩岸關係編

一、從古地理學和考古學論大陸與臺灣的地緣關係

臺灣位於祖國大陸之東南，與福建省僅一水之隔，無論從古地理學或考古學的角度來考察，遠古時代的大陸就與臺灣連成一體，臺灣是大陸的一部分。

（一）從古地理學論大陸與臺灣的地緣關係

中國大陸位於歐亞大陸的東部，大陸邊緣有寬 100 至 200 公里的大陸架淺海地帶，臺灣海峽水深一般在 50 米至 100 米之間。但臺灣東部的海域地形大不一樣，出現了向太平洋急劇傾斜的趨勢，不到幾公里就深達 2000 米以上。從海域地形結構來看，臺灣位於中國大陸架的東緣之上，臺灣東海岸才是歐亞大陸的邊緣。臺灣與大陸這種連成一體的地形結構，是漫長的地層變化的結果。

1、古生代時期大陸與臺灣的地緣關係

早在震旦紀前，中國境內已形成三個大陸型地殼區，即華北－塔里木大陸區、揚子大陸區和藏南大陸區，到晚海西印支階段以後，華北地台與揚子地台合為一體，形成統一的亞洲東部大陸，二疊紀時在諸廣隆起以東和武夷西側形成幾個矽質沉積相帶，海西、印支期的花崗岩就分佈在這些隆起帶上。近年來在閩東北的福鼎地區已經發現石炭系複理石沉積，在閩東博坪嶺也發現大量的矽質岩。同時在臺灣島中央山脈發現了大南澳片岩，大南澳片岩系由石墨、石岩、雲母片石、綠泥片石、石英片石和大理石等變質岩構成，分佈很廣，北起蘇花公路和平溪的谷風，南至關山以西，總長 150 公里，據研究，它們同福建的矽質岩同屬於海西、印支地槽的沉積。[1]

---

[1] 林仁川：《大陸與臺灣的歷史淵源》，文匯出版社，1991 年版，頁 2。

　　臺灣古生代的生物群屬也與大陸有相同之處,臺灣學者在大南澳片岩中找到屬於蜓科類的擬紡錘蟲、希氏蟲、新希氏蟲等古生物二疊紀的化石[2],這些生物化石在大陸華中和華南各地的二疊紀棲霞期和茅口期的地層中也經常發現。大陸與臺灣發現同樣的矽質岩和生物群屬這一事實說明,古生代晚期臺灣和華南的海是互相溝通的。

2、中生代時期大陸與臺灣的地緣關係

　　中生代期間,我國古地理面貌又發生了重大的變化,從前期的印支運動進入新的階段——燕山構造階段。由於印支運動使巴顏喀喇褶帶升起,古地中海北帶海域封閉,羌塘地塊以北的中國大陸成為一個完整的大陸型地塊,構成歐亞古大陸的主體,大洋型殼見於羌塘地塊以南和喜馬拉雅地塊以北的西藏地區和臺灣的大縱谷以東地區,前者居古地中海的東段,後者為西太平洋的一部分。至此,印支期以前的北方陸緣構造域以及南部大陸及陸緣構造域,隨著其間對接帶的封閉而完全結合在一起。這時由於古太平洋洋塊的影響,在大陸的東部發生強烈的岩漿活動和構造變動,使燕山階段早期在東南沿海地區形成許多小型山區盆地,中期出現了大規模的酸性火山爆發,似為強烈擠壓構造應力作用的產物,這些活動可能和太平洋——柯拉板塊中脊向西消減沒入大陸之下有一定的聯繫。

　　燕山階段晚期,中國東部的塊斷活動進一步加強,南段廣泛發育成中小型紅色斷陷盆地,並有少量中酸性火山活動。近年來,臺灣雲林北港及澎湖通梁的鑽孔中,挖出一套夾火山岩的陸源沉積,其中發現有白堊紀的菊花化石。因此,有人認為中生代的臺灣應屬於大陸東部的前陸盆地。[3]

3、新生代時期大陸與臺灣的地緣關係

[2]　林朝棨:《從地質學說臺灣與大陸的關係》,臺北市文獻委員會編印:《中原文化與臺灣》,1972 年版,頁 199。
[3]　林仁川:《大陸與臺灣的歷史淵源》,文匯出版社,1991 年版,頁 3。

　　新生代是古地理史最後一個年代，當時出現的喜馬拉雅構造對中國地質構造產生強大的影響。古地中海的最後消失，青藏高原的聳起，以及中國東部邊緣海域的出現，奠定了中國現代的地勢格局。

　　在中國西部地區，早期喜馬拉雅運動使海域封閉，沿雅魯藏布江地殼疊接帶出現蛇綠岩帶，並有混雜岩堆積。在臺灣第三紀地層與時代較早的變質岩系共同組成中部山地，東西兩側形成了坳陷，西部出現了海陸交互含煤沉積，地層厚度大，火山岩不發育，屬冒地槽沉積，中部山地以東的坳陷是典型的優地槽型沉積，沿大縱谷發育著蛇綠岩套藍閃石片岩及混雜岩，時代為上新世。由此可見，在臺灣喜馬拉雅運動發生的時間與大陸西部地區大體一致，即上新世至更新世[4]。

　　到更新世晚期，大約距今 2.5 萬年時，氣候急劇變冷，整個東部海面大幅度下降，至距今 1.8 萬年時，海面下降到最低位置（大約低於現代海面 150 米左右）。於是華南沿海形成寬達上千公里的遼闊濱海平原，很多河流一直延伸到濱海平原的外緣，並形成許多河谷。這種現象可在臺灣海峽的海底地形中找到證明：臺灣海峽海底河谷有向南及向北二大河系，一系向南流入中國南海海底，一系向北流入東海海底，分水嶺為臺灣海堆，是兩廣南嶺山脈之東端部分。大體言之，濁水溪以北的臺灣西部各河流屬於臺灣海峽的北河系，曾文溪以南的各河流屬於臺灣海峽的南河系。例如，高屏溪河谷由現在的入海口延長入海底，蜿蜒向南流動到南海，與海峽海底的南流谷系會合，這種海底河谷地形，絕不是海水潮流或混濁流沖刷的結果，而是在更新世海退時，臺灣海峽成為陸地，由陸上河谷侵蝕形成的[5]，這就足以證明，臺灣曾是大陸的一部分。

　　此外，從動物化石看，更新世時期大陸與臺灣同時存在相似的哺乳動物群。近年來在臺灣桃園縣大溪內柵，新竹縣寶山，苗栗縣竹南尖山，苑裡白沙屯、四湖店子街，台中縣豐原下南坑、大坑，南投縣中寮東勢

---

[4]　林仁川：《大陸與臺灣的歷史淵源》，文匯出版社，1991 年版，頁 3。
[5]　林朝棨：《從地質學說臺灣與大陸的關係》，臺北市文獻委員會編印：《中原文化與臺灣》，1972 年版，頁 200－201。

閣，嘉義縣中埔頂六，台南縣左鎮荣寮坑，高雄市旗津，屏東縣恆春等地發現中國犀牛、臺灣犀牛、中國劍齒象、遠東劍齒象和劍虎、野牛、古鹿、野豬等化石，這些化石與大陸四川重慶市歌樂山，四川萬縣平壩，浙江江山、安吉，廣西桂林、興安、賀縣、梧州等地洞穴堆積層中發現的動物化石十分相似，同屬於劍齒象、普通象動物群。這是由於新生代第四紀時海水退出臺灣海峽，大陸與臺灣連成一片陸地，華南的劍齒象、犀牛、古鹿、野牛、野豬等不斷從大陸移往臺灣的結果[6]。

（二）從考古學看大陸與臺灣的統一性

更新世末次冰河期間，華南沿海形成遼闊濱海平原，海峽變通途。大陸古人類和古動物就從形成的陸橋平原，遷徙至臺灣島。因此，在考古發掘上，臺灣也發現了舊石器、新石器時代一系列的遺址和文物。

1、舊石器時期大陸與臺灣的關係

臺灣舊石器時代的人類遺址主要有兩處，一是台南左鎮鄉的頂骨化石，另一處是台東長濱鄉八仙洞的舊石器。

1970 年，臺灣台南左鎮鄉荣寮溪發現了一塊灰紅色的人類頭骨化石，長約 8.5 英寸，寬約 5 英寸，經用氟和錳法的初步測定，年代約在三萬年至一萬年前，被命名為「左鎮人」。這是臺灣最古老的人類化石，經過考古工作者的研究認為，他們與北京山頂洞人屬於同一個年代，學術界普遍認為兩者間有比較密切的血緣關係。近年來，在福建漳州市北郊甘棠東山的臺地和東山縣海域也分別發現距今約一萬年左右的人類脛骨和肱骨化石，證實了漳州地區是遠古人類東遷臺灣的出發地。此外，福建三明和泉州以及華南其他省份也有相同年代的古人類化石出土，特別是 1998 年，福建泉州的考古工作者在泉州漁民捕魚時從臺灣海峽深處捕撈上來的海底古動物骨骼化石中，發現了一根古人類右肱骨

6　林朝棨：《臺灣之第四紀》，《臺灣文獻》，第 14 卷第 2 期，1963 年，頁 13－51。

化石,經中國科學院古脊椎動物和古人類研究所專家鑒定,確認這是 1—3 萬年前由於陸海變遷,在大陸與臺灣之間的谷地生活的晚期智人留下的遺骨,他們是從大陸向臺灣遷徙的早期人類,並建議將其命名為「海峽人」。「海峽人」化石是在福建發現的已知年代最早的古人類化石,它填補了早期人類從大陸遷移臺灣在福建部分的空白,使得這一遷移鏈條順利連接成環。「海峽人」化石的發現,再次證實了生活在臺灣的土著先民,與大陸古人類,有著十分親近的血緣關係。

以台東縣長濱鄉八仙洞遺址為代表的長濱文化,距今二、三萬年至五千年左右,自 1968 年以來,該遺址進行了五次發掘,出土大量先陶時代的遺物,其中有石質標本數千件,骨角器近百件及許多獸、魚骨等文物。石質標本由矽質砂岩、橄欖岩、安山岩等質地較為粗松的礫石製成,多數石片是直接敲打礫石面加以片解而成,因此一面保全礫石的原來外皮,還有少量的石片有第二步加工的痕跡。如太長的石片將其兩端打掉,握手部位尖銳的石片將其鋒口打去;如果刃口太厚,則從石片的寬面連續進行打剝。另有一批石器是以石英等質地較為密實的石料製作的,形狀一般都較小,但加工方法較為精細。此外還有加工更為細緻的骨角器,如長條尖器和骨針等。長條尖器是將獸類長骨的一端或兩端加以削尖,或者一端作為關節,另一端逐漸削尖;骨針加工比長條尖器精緻。[7]由此可以推斷,長濱文化時期的臺灣原始住民過著穴居、漁獵和採集生活,而其石器製造方法,屬於華南礫石器以及細小石器的傳統。目前,華南地區已經發現的類似「長濱文化」的石器遺存,如江西省萬年縣大源仙人洞洞穴遺址第一期文化的打制石器群、廣西省百色上宋村舊石器時代遺址出土的石器群、廣西省西樵山出土的打制石器群、福建地區的三明萬壽岩、漳州蓮花池山等舊石器時代遺址所出土的石器和骨器等。可見臺灣的長濱文化和我國華南地區的舊石器時代文化,有著極為深厚的淵源關係。

---

[7] 宋文薰:《長濱文化發掘報告》,臺北市文獻委員會編印:《中原文化與臺灣》,1972 年版,頁 247-251。

2、新石器時期大陸與臺灣的關係

在新石器時代，兩岸之間的原始文化依然保持著密切聯繫。以繩紋粗陶爲代表的臺北八里鄉大坌坑文化和以印紋細陶爲代表的鳳鼻頭文化和圓山文化均與大陸東南、華南地區的新石器文化有很大的一致性。

大坌坑遺址位於臺北八里鄉埤頭村的觀音山後山北麓，1962 年進行第一次發掘，後來又進行第二次發掘，出現了多層次的文化層。第一層繩紋陶文化層，第二層赤褐色素面陶文化層，第三層赤褐色方格印紋厚陶文化層，第四層赤褐色網紋硬陶文化層，最下一層約十釐米厚，出土的陶片爲棕黃色或紅褐色，質粗含砂，體厚而粗重，手制，少數素面，多數有繩印紋，少數有條印紋。[8]同時出土少量石器，有打制和磨制兩種：打制的有兩頭和腰部打出缺凹的礫石網墜，小型的打制石斧；磨制的有小型石錛及長三角形中心帶孔的板岩石箭頭等。

這種以繩紋粗陶及打磨石器並存爲主要文化內涵的大坌坑文化，在臺灣分佈很廣，例如臺北圓山貝丘下層，高雄林園鄉鳳鼻頭貝丘下層及台南縣歸仁鄉八甲村遺址下層。八甲村出土的陶器皆爲手制，未見有輪制痕跡，腹部有時顯得凹凸不平，口部內外緣常用手抹平，大部分陶器自頸部以下施有繩紋，腹部除了施有繩紋外，有時將拍過繩紋的地方抹平，再施加劃紋，不論腹部或口部，劃紋通常是用兩條或兩條以上並行的線條劃成波折紋或直條紋。同時發現一件打制石斧，四件磨制石斧，四件石錛和二件石鏃。[9]

大坌坑文化的遺物不限於臺灣島內，在大陸東南沿海各地也有廣泛發現。如江西東北部萬年的仙人洞遺址下層出土的夾砂粗紅陶，胎質粗糙，全爲手制，器形簡單，紋飾單純，內外兩面均飾繩紋，打制石器有刮削器、砍砸器等[10]，磨制石器有石鑿等，與臺灣八甲村遺址屬於同一

8　劉斌雄《臺北八里坌史前遺址之發掘》，臺北市文獻委員會編印：《中原文化與臺灣》，1972年版，頁 237。

9　黃士強《台南縣歸仁鄉八甲村遺址調查》，《考古人類學刊》第 35、36 期（合刊），1970年，頁 65－66。

10　江西省博物館：《江西萬年大源仙人洞洞穴遺址第二次發掘報告》，《文物》，1976 年第 2

類型。此外，還有如廣東潮安陳橋村遺址以及福建平潭谷丘頭等遺址，這些遺址出土的粗陶或石器，器物的質料、形制和文化年代都與臺灣大坌坑文化非常類似。上述考古資料表明：新時期時代早期，我國東南沿海各地出現一種以粗糙繩紋陶器爲主的古代原始文化，臺灣大坌坑文化便是中國大陸東南沿海原始文化系統的一個地方環節。

3、鳳鼻頭文化和圓山文化

臺灣鳳鼻頭文化，首先發現於高雄縣林園鄉鳳鼻頭遺址，集中分佈於臺灣西海岸的中南部和彭湖列島，距今約五千年至二千年。該遺址的特點是上層爲印紋黑陶文化層，中層爲印紋紅陶文化層，下層屬與「大坌坑文化」同類型的「粗繩紋陶文化」。鳳鼻頭中層紅陶文化層主要遺物是泥質磨光紅陶，器型有大口盆、碗、細長頸瓶、小口寬肩罐、穿孔圈足的豆和圓柱形足的鼎，制法屬手制，先用泥條迭成器形，再用手或陶拍抹平，然後拍印上繩紋或席紋，有的飾附刻劃紋和加堆紋，少數的杯片或缽片還有深紅色的彩繪，紋樣有水準平行線、成組的短斜平行線、山字紋、人字紋等。這些陶器顯然受到大陸東南沿海地區馬家濱——良渚文化的影響，而這種紅陶類型的文化在臺灣中南部擴展時，又受到福建閩江下游曇石山文化的浸潤，鳳鼻頭紅陶的幾何印紋陶及彩陶的紋飾多短斜平行線、山字紋諸特徵，與福建曇石山遺址的出土物很接近。從其文化年代看，距今約六千年至二千年，正與福建曇石山中層的年代相吻合。[11]因此可以說，臺灣地區幾何形印紋紅陶的出現，深受大陸福建的影響。鳳鼻頭遺址上層的黑陶文化，主要有鋤、斧、鑿等，仍是磨制的，製作精美。陶器以橙紅陶、黑陶和彩陶爲主，橙紅陶有杯、盆、碗和甕，紋飾除刻劃紋外，還有拍印的繩紋、籃紋和席紋。黑陶形制有杯、豆和圓底罐等，仍爲手制，但已打磨，色深黑光亮，體薄。彩陶形制有碗、杯、罐、豆，用深棕和深紅色畫在細陶或砂陶上，紋飾有

期，頁 26—27。

[11] 彭適凡：《中國南方古代印紋陶》，文物出版社，1987 年版，頁 358。

三角形紋、平行直線紋、雲紋等，鳳鼻頭黑陶文化與福建閩侯曇石山遺址中上層的遺物十分相似，此外，根據曇石山有關出土化石的放射性碳元素年代鑒定[12]，與鳳鼻頭文化的放射性碳元素年代吻合。從兩地出土陶器的器形、陶質、印紋紋飾、彩繪紋飾及年代來看，福建曇石山的中上層與臺灣鳳鼻頭的中、上層屬於一個文化類型。

　　圓山文化主要分佈在臺灣東北部海岸和臺北盆地中，其出土的石器多為磨制，有鋤、鏟、圓刃的斧、有段石錛、有肩石斧和小型石鑿等；陶器以細砂棕灰陶為主，器形有碗、壺等，有的口部有流或二三個小口，有的有寬或圓形把手，器表多素面，但也有飾以錐刺紋、小圈形印紋和網形刺劃紋，還有紅色彩繪陶，繪以平行條紋及卵點紋。反映了當時原始住民聚落都在山丘或山麓上，從事漁獵和農耕生產。圓山文化所出土的石器、陶器，與大陸東南沿海同一時期出土的原始遺存極為類似。較為典型的是與福建閩江下游曇石山文化的對比，顯示了兩者之間的淵源關係。例如曇石山文化和圓山文化出土的生產工具都以斧、錛、鑿、鏟為主要器形。在圓山文化中出土最多的是有段石錛和有肩石斧。而有段石錛和有肩石斧，都是發源於我國大陸東南沿海，圓山文化出土的有段石錛和福建長汀河田遺址、江西修水山背遺址、曇石山遺址出土的有段石錛相似，但曇石山文化的起始時間要比圓山文化早，因此，圓山文化的有段石器很可能是源於福建的曇石山文化，兩者之間有著極為密切的關係。再從陶器方面看，曇石山文化和圓山文化出土的陶器，都是以夾砂灰陶和細泥灰陶為主，並有個別灰褐硬陶，陶器的制法一般是手工製作，器體的主要部位多屬手制，圜底內側常可看到凹凸不平的墊窩，並使器壁厚薄不均衡。在陶器表面的裝飾上，曇石山文化的陶器以拍紋為主，也有少量的刻紋、壓印、錐刺等紋飾，還有少量富有特色的紅彩。圓山文化的陶器也有印紋、錐刺紋、戳點紋，有帶狀紅色塗彩，其中卵點紋與曇石山文化極為一致，而且彩繪位置也同在器物的腹部。此外圓

---

12 中國科學院考古研究所實驗室：《放射性碳素測定年代報告（三）》，《考古》，1974 年第
　5 期，頁 337。

山文化出土的陶片經過復原辨認，大致有罐、碗、壺、鉢等，這也是曇石山文化中的常見器。從福建曇石山文化和臺灣圓山文化的文化內涵來看，兩者有密切的關係。

綜上所述，臺灣地區史前文化出現和發展的過程，說明臺灣古代文明的發展歷程與華南大陸尤其是福建古代文明的發展息息相關，它們有機地組成一個不可分割的民族文化整體，共同為中華民族光輝燦爛的古代文明作出了重大的貢獻。

二、明代大陸人民向台灣遷移及對台灣的開發

明代大陸人民向台灣遷移大約可分爲三個時期，第一期從明朝初年至天啓年間，第二期荷據時期，從天啓四年（1624 年）至永曆十六年（1662 年），第三期鄭氏政權時期，永曆十六年（1662 年）至永曆三十七年（1683 年）。

（一）

由於長期以來大陸人民不斷遷往台澎地區，至元朝末年，澎湖人口已有一定數量。據汪大淵《島夷志略》

> 「島分三十有六，巨細相間，坡隴相望，乃有七澳居其間，各得其名，自泉州順風二晝夜可至，有草無木，土瘠不宜禾稻，泉人結茅為屋居之，氣候常暖，風俗朴野，人多眉壽，男女穿長布衫，繫以土布，煮海為鹽，釀秫為酒，採魚蝦螺蛤以佐食，爇牛糞以爨，魚膏為油 地產胡麻、綠豆，山羊之孳生數萬為羣，家以烙毛刻角為記，晝夜不收，各遂其生育，工商興販，以樂其利。[1]

由此可見，當時遷居澎湖的移民大部分是福建泉州人，他們不僅結茅爲屋，作長期的居住，而且已種植胡麻、綠豆，並飼養數萬頭的山羊。

但是，到了明朝初年，明太祖朱元璋爲了防止方國珍、張士誠逃亡海上的殘餘勢力捲土重來和倭寇的騷擾，在東南沿海實行遷界移民、堅壁清野的政策，洪武二十年（1387 年）江夏侯周德興遷其民而墟其地，使澎湖的人口大量減少。

雖然朱元璋下令遷界移民，把澎湖的人民遷回福建漳州一帶安置，但是並不能完全阻止福建沿海人民繼續秘密遷居澎湖，正如顧祖禹《讀史方輿紀要》所云：明朝政府「盡徒嶼民，廢巡司而墟其地，繼而不逞

---

[1] 汪大淵：《島夷志略》彭湖條。

者，潛聚其中」[2]，林謙光的《台灣紀略》也說；「澎湖，舊屬同安，明季，因地居海中，人民散處，催科所不及，乃議棄之，後內地苦徭役，往往逃於其中，而同安、漳州之民為多」。因此，明朝政府雖有遷民之名，實無虛地之實，從此，澎湖成為東南沿海亡命、海盜之淵藪。

永樂年間，朱棣改變朱元璋的閉關鎖國政策，積極發展對外關係，出現了鄭和下西洋的壯舉，鄭和船隊在下西洋途中，曾到過台澎，因此，在一些史書上留下了記載，如高拱乾《台灣府志》云：「台灣古荒裔也，前之廢興因革莫可考矣，所得故老之傳聞者，近自明始，宣德間太監王三寶，舟下西洋，因風過此」[3]。台灣民間也流傳著「大井取水」、「植薑岡山」的傳說，「大井，開鑿莫知年代，相傳明宣德間，太監王三保到台，曾於此井取水」，「三保薑，鳳山地方有之，相傳明太監王三保值薑岡山上，至今尚有產者，有意求覓，終不可得，樵夫偶見，結草為記，次日尋之弗獲故道，有得者可瘳百病」[4]。龔柴的《台灣小志》記載更加具體，他說：「明成祖永樂末年，遣太監王三寶至西洋，遍歷諸邦，采風問俗，宣德五年，三寶回行，近閩海為大風所吹，飄至台灣，是為華人入島之始，越數旬，三寶取藥草數種，揚帆返國，後無問津者」。盡管有些人否認其事，認為鄭和並未到過台灣，所謂三寶薑，大井取水，似乎都不可靠[5]，但我們認為鄭和本人是否到過台灣雖無明確記載，並不能否定鄭和船隊沒有到過台灣，因為鄭和船隊自江蘇太倉啟航以後，都要先到福建長樂停留一段時間，補充給養，然後才從福建起航遠征[6]。福建與台灣一水之隔，鄭和船隊從長樂出發後，有一些船隻或航行到台澎，或被風吹到台澎是完全可能的。因此，才會有鄭和到台灣的傳說。此外，方豪又以《順風相送》有相當多的台澎地名為根據，進一步論證鄭和至少到過澎湖，而其他出使人員極可能到過台灣，我們認為這種說

---

[2] 顧祖禹：《讀史方輿紀要》卷 99。
[3] 高拱乾：《台灣府志》卷 1。
[4] 高拱乾：《台灣府志》卷 1
[5] 伍稼青：《三寶太監到過台灣嗎》（台北中央日報副刊，民國 43 年 5 月 15 日）。
[6] 參閱拙文：《福建人民對鄭和航海事業的貢獻》（《鄭和與福建》1988 年版）。

法是可取的。

到明代中葉，台灣地區不僅成為大陸海盜商人的根據地，而且大陸漁民也常常到台灣海峽捕魚，其中有的漁民聚居其地，成為當地的居民。如澎湖龍門「有原泉，掘地每至尺，多人家舊屋址瓦磚，蓋國初期，澎中聚落也，萬曆丁巳（1617年），倭流劫大金，所餘船突犯泊此，遷延至十餘日，始徙去，漁寮中云：每倭足跡所到，舉網輒多得魚，亦時從漁民索酒，持杯向笑，摩手若胥慶，漁黠者議欲麻而醉之，而擒以獻官，然竟不果」[7]，文中「漁寮」是指大陸漁民在澎湖島上搭寮定居，捕魚為業。同時，我們在外國史料中也可以找到同樣的記載，天啟二年（1622年）荷蘭長官哥路納利斯‧雷約茲率船隊到達澎湖，他在日記中寫道：七月十一日，星期一，上午，諸船駛向（澎湖）海灣，中午，土希布船之李古號停靠在深約八尋的地方，並用小船划到小堂（Kercxken），發現有3個漢人看守小堂，在該處又發現有幾隻山羊和豬，牛4隻，據說，在島的北面還有許多漁夫居住[8]。當時，澎湖不僅有眾多漁夫，還飼養山羊、豬和牛，可見大陸漁民已成為島上的固定居民了。

再如台灣島也已有定居的大陸漁民，《春明夢餘錄》云：「台灣在澎湖島外 水路距漳泉約兩日程，其地廣衍高腴，可比一大縣……，初，貧民時至其處，不過規漁獵之利已耳，後見內地兵威不及，往往聚而為盜」[9]，上述雷約茲日記繼續寫道：「七月二十一日，星期四，上午，有一個在福爾摩沙島上（即台灣島）捕魚二年的中國人來到我們船上，他說，他對福爾摩島的情形很熟悉，並說在台窩灣（即大員港）有良好的停船的地方，而且還有淡水，如果我們願意，他願意當嚮導」。後來，雷約茲船達到隊台窩灣港時，果然發現許多大陸移民與當地居民住在一起，如附近有一條街，土番稱為蕭壠，「在此村男子所住家中，有中國人一、三人或五、六人同居」。此時不僅南部安平港一帶有大陸移民，

[7] 陳仁錫：《皇明世法錄》卷75。
[8] 村上直次郎譯：《巴達維亞城日記》第1冊第10頁。
[9] 孫承澤：《春明夢餘錄》卷42。

北部基隆港附近也有許多大陸移民。

由於大陸人民的不斷遷居，在荷蘭人到達台灣以前，已有眾多的漢族人民定居台灣了，所以日本學者中村孝志認為「中國之知有台灣，已是很早的事情，在荷蘭人到台灣時，已有相當多數的中國人定居於台南附近，例如，Connelis Reijersen（即雷約茲）船隊的船員，在 1623 年 3 月從一個中國官員方面，已聽到在台灣有許多中國人和當地婦女結婚，又在蕭壠則有通中國話的土人，皆可為證」。[10]

（二）

天啟二年（1622 年）荷蘭東印度公司派遣雷約茲率領船隊侵佔澎湖，在紅木埕登陸，築城據守，引起明朝政府的強烈反對。天啟四年（1624年）被迫退往台灣，在大員灣建立熱蘭遮城，直至 1622 年被鄭成功驅逐出台為止，荷蘭在台灣統治了三十八年。

在荷蘭佔領時期，大陸移民不僅沒有終止，而且出現了更大規模的移民高潮，一方面是由於明末清初大陸戰火連綿，沿海喪失土地的破產農民冒險橫渡海峽到台灣謀生，如吏科都給事中王家彥疏云：「閩省海壖，地如巾帨，民耕無所，且砂礫相薄，耕亦弗收，加以年荒賦急，窮民緣是走海如鶩，長子孫於唐市，指窟穴於台灣」[11]。給事中何楷條陳靖海之策時也說：「自袁進、李忠、楊祿、楊策、鄭芝龍、李魁奇、鍾斌、劉香相繼為亂，海上歲無寧息，今欲靖寇氛，非墟其窟不可，其窟維何？台灣是也。台灣在澎湖島外，距漳、泉止兩日夜程，地廣而腴。初，貧民時至其地，規漁鹽之利，後見兵力不及，往往聚而為盜，近則紅毛築城其中，與奸民互市，屹然一大部落」[12]。C‧E‧S 的《被遺誤之台灣》也有同樣記載，他說「有許多中國人為戰爭被逐出大陸而移往台灣，在台灣設立一個殖民區，除了婦孺之外，人數有 2 萬 5 千之多，

---

[10] 中村孝志：《荷領時代之台灣農業及其獎勵》（《台灣經濟史》初集）。

[11] 孫承澤：《春明夢餘錄》卷 42。

[12] 《明史》卷 323。

他們從事於商業和農業，種植了大量的稻子和甘蔗，不但足以供給全島人民的需要，而且每年用許多船裝運到其他印度諸國去」[13]。

這裡特別要指出的是鄭芝龍在協助大陸飢民移往台灣過程中起了很大的推動作用。黃宗羲的《賜姓始末》云：「台灣者，海中荒島也，崇禎間，熊文燦撫閩，值大旱，民飢，上下無策，文燦向芝龍謀之，芝龍曰：『公第聽某所為』，文燦曰：『諾』，乃招飢民數萬人，人給銀3兩，3人給牛1頭，用海舶載至台灣，令其芟舍，開墾荒土為田，厥田惟上上，秋成所獲，倍於中土，其人以衣食之餘，納租鄭氏」[14]。魏源的《聖武記》也說：「鄭芝龍者，泉州人，初附倭，家於台灣，倭敗去，芝龍以其人眾，舟楫橫行於海，崇禎中，巡撫沈猶龍招降之，屢平劇盜，積官至都督同知，會閩大旱，芝龍言於巡撫熊文燦，以舶徙飢民數萬至台灣，人給三金一牛，使墾島荒，漸成邑聚」[15]，由上可見，這一次移民規模是比較大的。盡管有的學者認為，在動亂飢饉之下，一地方政府，欲出9萬兩銀子，一萬頭牛，絕非易事，福建當局為驅逐荷人於澎湖之外，已費軍餉17萬4千餘兩，而使財政陷於困難，斷無為救濟人民，再花9萬兩銀之理，再者，雖然現代之大輪船載運3萬移民與1萬頭牛，已絕非易事，恐以三百年前之交通工具，由一地方政府舉辦如此大規模之事，誠無可能[16]。我們認為，雖然不一定如書上所說有3萬移民，1萬頭牛，但鄭芝龍運送大批飢民到台灣應該是肯定無疑的。

除了大陸飢民主動移居台灣外，荷蘭殖民者在台灣建立據點以後，為了解決刻不容緩的糧食問題和生產更多的蔗糖，以供出口，也積極獎勵和誘引大陸人民遷移來台定居，崇禎四年（1631年）荷蘭長官布德曼士（Putmans）認為：為逐漸招來中國人到台灣，可按巴達維亞的做法，每月用現金支付給守備兵為薪俸，使他們能夠向中國人購買食品[17]。

---

[13] C·E·S：《被遺誤之台灣》（《台灣經濟史》3集）。

[14] 黃宗羲：《賜姓始末》。

[15] 魏源：《聖武記》卷8。

[16] 陳紹馨：《台灣省通志稿》卷2。

[17] 村上直次郎譯：《巴達維亞城日記》第1冊第108。

崇禎九年（1636 年）布德曼士及凡地布夫在福爾摩沙又發出命令，為了鼓勵砂糖及其他農產品的生產，為了供給東部地方，要建設米倉，並考慮到今後四年在福爾摩沙收獲稻米，每一拉士德可否以四十里爾買進，可從中國招來大量的貧民到福爾摩沙，使他們從事砂糖及稻米的生產[18]。崇禎十七年（1644 年）荷蘭人趕走西班牙人，佔據雞籠淡水以後，為了增加該地方公司的收入及改善對守備士兵的新鮮物品的供應，以增加牛肉和豬肉，准許中國人居住雞籠及淡水，從事貿易和農業，但要他們納各種稅和各種勞役，據報告，已有數人移往居住，今後移居的中國人將會逐漸增加。

在荷蘭人的獎勵和誘引下，「漳、泉之人，赴之如歸市」，出現了集團性的移民。僅 1631 年 4 月 2 日這一天，荷蘭東印度公司的船隻就載運 170 位中國大陸移民到達台灣，還有 1 千多人要求搭船，因沒有艙位，無法運送，荷蘭長官認為，如果使用中國人有利，可再派大士希布船一、二艘去接運。

此外，還有一批中國人從南洋群島遷居台灣，如崇禎十三年六月二十八日荷蘭人在魍港抓到一艘小帆船，共 21 人，是從呂宋島逃來的，其中男子 16 人，女子 2 人，小孩 3 人，船長名阿寶（Guatypo），他是該島中國人的頭人，以農業為生，這次他攜帶 1 千 7 百 77 里爾的金幣，數個銀飾品和一些財產，帶領妻子（另一人為其妹）及三個小孩搭船來台灣，希望在此定居，他在呂宋島已住 38 年，因不堪西班牙人的壓迫而逃亡出來。再如僑居巴達維亞的華人甲必丹蘇鳴崗也從印尼來到台灣，他無意返回中國大陸，已在台灣定居，花了不下 5、6 千里爾，建造漂亮的石屋，他還從中國大陸召來許多人種植水稻，並長期居住下來，幫助他開發台窩灣[19]。

由於大陸人口的大量遷移，台澎地區漢族人口增加很快，但當時在台漢族人口總數，各書記載不同。Ludwig Riess 的《台灣島史》第 8 章

---

[18]　村上直次郎譯：《巴達維亞城日記》第 1 冊第 278。
[19]　村上直次郎譯：《巴達維亞城日記》第 1 冊第 299。

「荷蘭統治下的台灣」中說：「統稅，其中主要是向中國人徵收的人頭稅，這種稅當時只有 100Realen，後來因爲福建地方的騷擾不安以及滿洲人征服了中國的緣故，中國人逃到台灣來的人數增加得很快，在 1623 年至 1644 年的二十年之間，據說增加 25000 家」[20]。日本學者伊能嘉矩的《台灣文化志》也說「據荷人記載，荷蘭之公私民人約 6 百，守軍約 2 千，而漢人約有 2 萬 5 千家」[21]。但據 C‧E‧S 的《被遺誤之台灣》記載，當時漢人人口「除了婦孺以外，人數有 2 萬 5 千壯丁」。對此，陳紹馨認爲；2 萬 5 千壯丁與 2 萬 5 千家，文字雖僅差之毫釐，但在人口學上則失之千里，設每家平均有 4 人，則 2 萬 5 千家應爲 10 萬人，當時在台漢人大都是逃難者，多數爲青壯年男子，兒童、老人、女人甚少，彼等所組成者，大都非謂家庭或家，而爲單身男子聚居之戶，當時漢人難民，多集中於台南及其附近，因房屋不多，故每戶平均人口應相當多，乾隆年間之澎湖人口，每戶平均約八、九人，設據荷蘭末年台南及其漢族人口戶每爲 8 人，則 2 萬 5 千戶，有 20 萬人，綜觀當時各種情勢，2 萬 5 千戶，實無可能」[22]。我們認爲 2 萬 5 千戶與 2 萬 5 千壯丁，當然不同，但 Riess 說增加 2 萬 5 千家是指徵收人頭稅時說的，既然是人頭稅當然是指每一個人的稅，並不是每一戶的稅，故他說的 2 萬 5 千家，很可能是指交納人頭稅的 2 萬 5 千人，更何況當時，大多數漢人是單身漢，1 人就是 1 戶，因此，與《被遺誤之台灣》的記載並沒有太大的出入，2 萬 5 千戶就是 2 萬 5 千壯丁，再加上少量的兒童、婦女和老人，當時在台的漢族人口大約在 3 萬人左右。

由於漢族人口的大量增加，必然將大陸較先進的生產技術帶進台灣，加快了台灣的開發，促進了台灣經濟的繁榮，使台灣主要農作物——水稻和甘蔗的生產得到了飛快的發展。崇禎九年（1636 年）僅赤崁「由中國農民交給公司輸送日本之砂糖達 12042 斤，黑砂糖 114610 斤，其栽培還不斷擴展，明年預定生產白砂糖 30 至 40 萬斤，上列數量還將年

[20] Riess：《台灣島史》（《台灣經濟史》3 集）。
[21] 伊能嘉矩：《台灣文化志》第 272 頁。
[22] 陳紹馨：《台灣省通志稿》卷 2。

年增加」[23]。到崇禎十七年（1644 年）「赤坎產糖已達 30 萬 1 千 4 百斤，蔗作及稻作情形良好」。由於農業的發展，運輸的增加，鄉間道路已不堪使用，為此，開始修建一條寬 160 尺，兩旁有 3 尺寬的井渠，長達 1 里又 1／4 的從赤坎到新港的道路，該路要建二座橋，讓馬車、貨車及行人可以通行無阻。至福王弘興元年（1645 年），開墾面積進一步擴大，僅赤坎一地開墾的稻田已達 4056.5 摩爾亨，甘蔗田 1649.25 摩爾亨。詳細情況見下表[24]。

面積單位：摩爾亨

開墾地名	稻米	甘蔗	甘薯	Moa	Teezee	Gabis	未耕地
Amsterdam	177	358 3/4	1/2	—	4 1/2	—	195 11/12
Middelburg	4	76 1/12	2 1/2	—	—	—	101 11/12
Delfft	110 1/2	257 1/2	2	1/2	4	—	185
Rotterdam	278	80 1/2	3	—	2	—	95 1/2
Hoorn	23 1/2	18	—	—	—	—	266
Enckhjsen	91	77 1/2	—	—	3 1/2	—	273
Soncxs	302 1/2	227 1/2	—	—	2	—	516
Muijts	354	98 1/2	3	—	—	2	222 1/2
Putmans	817	34	—	2	—	—	888
Van der Burgh	135 1/2	235 1/2		—	—	—	227
Traudenius	661	87	—	—	1 1/2	—	846
Le Maire	282	140 1/2	—	—	—	—	282
未測量地	720 1/2	13	—	—	—	—	801 1/2
共計	4056 1/2	1469 1/4	11	21/2	17 1/2	2	4861 1/3

此外，淡水地區的中國移民也使用牛耕，開墾荒地。擴大播種面積，到 1648 年荷蘭東印度公司已從蕭壠、麻豆等地收到相當數量的米穀，同年 8 月 29 日，公司為了收購米穀，向蕭壠送去西貨值 1000 Spance Reaal，布數匹。9 月 20 日，住在麻豆的傳教士 Antonius Hambroeck 從 54 戶中，每戶收稻 1600 束，每 50 束脫粒後可得到 60 斤稻子。

進入十七世紀五十年代，台灣農業繼續發展，1654 年荷蘭東印度

---

[23] 村上直次郎譯：《巴達維亞城日記》第 1 冊第 278。
[24] 引自中村孝志：《荷蘭時代之台灣農業及其獎勵》（台灣經濟史初集）。

公司總督及參議會向阿姆斯特丹總公司提出的報告說：在前一季節中，公司收入 90 萬斤糖，田中的新苗非常良好，故明年估計可能增加半倍。我們仍以赤坎附近的開墾為例，看看台灣農業發展的情況。

單位：摩爾亨

年代	稻田	蔗田	大麥	甘薯	大麻	芸苔	豆及果樹
1654 年	2923 1/2	1309 1/5	3 1/2	50 2/5	22		1/5
1655 年	5577 7/10	1516	1/2	29 2/5		45 3/5	4 1/5
1656 年	6516 2/5	1837 7/10	42		1/2		
合計	15016 6/10	4662 9/10	46	79 4/5	22 1/2	45 3/5	4 2/5

從上表可以看出，雖然大麥、甘薯、大麻、豆類等農作物時增時減，但稻米和甘蔗兩種主要農作物呈上升趨勢，尤其是水稻田面積增加更多，僅二年時間就增加二倍。由於甘蔗種植面積擴大，糖的產量也不斷上升，1640 年糖的產量僅 4 千 5 百擔，但在 1645 年以後，台灣每年平均產糖約在 9 千擔左右，而到 1657 年以後，則一躍而增加至 1 萬 7 千擔[25]，使糖成為台灣的主要輸出之一，據岩生成一研究，自台灣輸往波斯的砂糖，在 1639 年 18 萬斤，1642 年達 52 萬斤，以後保持在 40 至 50 萬斤左右，至 1657 年增至 82 萬斤，到鄭成功入台那一年，還輸出 85 萬餘斤[26]。此外還有一部分輸往日本，「赤坎地方開始收獲，中國農民交給公司，由公司送至日本的砂糖，白者 1 萬 2 千 6 百 42 斤，黑者 11 萬 4 百 61 斤」[27]。由此可見，大陸移民對台灣甘蔗業的發展是起很大的作用的，所以，阮旻錫在《海上見聞錄》中說：「台灣，其地在東南海中，延亙數千里，土番雜處，天啟年間，歐羅巴紅夷佔據之，於港口築城，與中國，日本，廣南貿易，海邊貧民流寓者，種蔗煮糖為業，殆數千戶」。

[25] 中村孝志：《荷領時代之台灣農業及其獎勵》。
[26] 岩生成一：《荷鄭時代台灣與波斯間之糖茶貿易》（《台灣經濟史》二集）。
[27] 村上直次郎譯《巴達維亞城日記》第 1 冊第 108。

（三）

　　第三期移民的特點是以軍隊移民為主。永曆十五年（1661 年）鄭成功率領大軍，東渡台灣海峽，驅逐荷蘭侵略者，收復台灣寶島，從此進入鄭氏移民時代。

　　鄭成功抗清的根據地原以閩南為中心，因此，他的部隊成員是以福建人為主，這批福建沿海農民參加鄭成功的起義部隊，跟隨鄭氏東移台灣後，成為開發台灣的新主力軍。

　　一六六一年四月，鄭成功自領馬信、周全斌、肖拱宸、陳蟒、黃昭、林明、張志、朱鐃、羅蘊章、陳澤、楊祥、薛進思、陳瑞、戴捷、黃昌、劉國軒、洪暄、陳廣、林福、張在、何祐、吳豪、蔡鳴雷、楊英、謝賢、李胤等部將，從金門料羅灣出發，橫渡波濤洶湧的台灣海峽，經過九個月的激烈戰鬥，終於在 1662 年 2 月迫使荷蘭殖民者投降。

　　鄭成功抵台以後，文武官員繼續到達台灣，同年 5 月黃安、劉俊、陳瑞、胡靖、顏望忠、陳璋等六鎮統船二十隻至台，不久，「世子經差兵部主事楊榮押送糧餉、軍器暨諸食物到台」[28]。10 月，「洪旭、鄭泰以兵千餘人配船，送世藩入台灣」[29]。

　　鄭成功不僅帶領軍隊攻佔台灣，而且嚴令將士的眷屬一同遷台。早在東征之前就已有到台灣安頓將領家眷的打算，永曆十五年正月，鄭成功到達思明州，傳令大修船隻，聽令出征，集諸將密議曰：「天未厭亂，閏位猶在，使我南都之勢，頓成瓦解之形，去年雖勝達虜一陣，偽朝未必遽肯悔戰，則我之南北征馳，眷屬未免勞頓。前年何延斌所進台灣一圖，田園萬頃，沃野千里，餉稅數十萬，造船製器，吾民麟集，所優為者，近為紅夷佔據，城中夷夥不上千人，攻之可垂手得者，我欲平克台灣，以為根本之地，安頓將領家眷，然後東征西討，無內顧之憂，並可生聚教訓也」[30]，鄭成功收復台灣以後，立即實行這一決策，嚴令官兵

---

[28] 江日升：《台灣外紀》卷 5。

[29] 《海上見聞錄》卷 2 第 41 頁。

[30] 楊英：《先王實錄》第 244 頁。

搬眷來台，《海上見聞錄》云，「賜姓遂有台灣，改名東寧，時以各社土田，分給與水陸諸提鎮，而令各搬其家眷至東寧居住，令兵丁俱各屯墾」。到鄭經時，繼續執行搬眷入台的政策，永曆三十二年（1678 年）「國軒得泉諸邑，分其眾鎮守，勢稍弱，遂啓經，調鄉勇充伍，並移鄉勇之眷口過台安插，庶無脫逃流弊，緩急可用，亦存寓兵於農之意，經允其請」[31]。

此外，明朝宗室也跟隨鄭氏軍隊相繼入台，永曆十八年（1664 年）2 月，南澳護衛左鎮杜輝溝通潮州鎮海將軍王國化從揭陽投降清軍，洪旭見諸將版去，對鄭經說：「金廈新破，人心不一，銅山必難保守，況王、院差官仆仆前來，非爲招撫，實窺探以散人心，今各鎮紛紛離叛，日投無寧晷，當速過台灣，苟遷移時日，恐變起肘腋，悔無及矣」，鄭經同意洪旭的建議，命令陳永華、馮錫范送董夫人眷口先行，然後請宗室及鄉紳商議，如欲相從過台者，速當收拾，撥船護送，若不願相從者，聽之。當時有明朝寧靖王、滬溪王、魯王世子、巴東王諸宗室等，同鄉紳王忠孝、辜朝荐、沈佺期、郭貞一、盧若騰、李茂春等悉扁舟從行，抵達台灣。

鄭成功與鄭經帶領多少軍隊及眷屬入台？據施琅的《盡陳所見疏》說「查故明時，原住澎湖百姓有五、六千人，原住台灣者有二、三萬，俱系耕漁爲生，至順治十八年，鄭成功帶去水陸僞官兵並眷口共計三萬有奇，爲伍操戈者不滿二萬，又康熙三年間鄭經復帶去僞官兵並眷口約有六、七千，爲伍操戈者不過四千，此數年彼處不服水土，病故及傷亡者五、六千，歷年過來窺犯，被我水師擒殺亦有數千，陸續前來投誠者計有數百，今雖稱三十餘鎮，多系新撥，俱非夙練之才，或管五、六百者，或管二、三百者不等，爲伍賊兵，計算不滿二萬之眾」[32]有的學者認爲此數目有太小之嫌[33]，我們認爲施琅原是鄭氏政權的重要成員，對鄭氏軍隊的內幕是比較清楚的。再從當時的航海條件和海船的載運量來

---

[31] 江日升：《台灣外紀》卷 8。

[32] 《靖海紀事》卷上。

[33] 曹永河：《鄭氏時代之台灣墾殖》（《台灣早期歷史研究》）。

看，這個數字也是比較可靠的，此外，外國史科也有類似的記載，Riess
的《台灣島史》說：國姓爺只在等著貿易風的轉變方向，因為他很正確
地預測，在台灣海峽吹 6 個月之久的北風起來時，可能從日本和台灣裝
貨的荷蘭船，都將開到 Batavia 去，到盛夏時才回來，他在 1661 年 4 月
30 日帶了幾百艘木船和 25000 兵從廈門渡海來台灣」。另一個西方史學
家 Aibdrecht Withr《台灣之歷史》中也說：在 1661 年春季，國姓爺率
領 25000 人來攻台灣，在許多次陸戰中，荷蘭人都受損失而退卻，中國
人因為槍炮的知識較差，當時只想包圍數目不多的荷蘭人」。從上可見，
鄭成功東渡台灣時，帶去的軍隊約 25000 人，再加上一部分眷屬，合計
三萬人左右。

除了鄭成功軍隊及眷屬外，還有一部分大陸沿海人民為反抗清朝政
府的遷界令而逃往台灣。永曆十五年（1661 年）黃梧向清政府提出「滅
賊五策」，其中第一條云「金、廈兩島彈丸之區，得延至今日而抗拒者，
實由沿海人民走險，糧餉油鐵桅船之物，靡不接濟。若從山東、江、浙、
閩、粵沿海居民，盡徙入內地，設立邊界布置防守，不攻自滅也」[34]。
清朝中央政府採納這一建議，「命戶部尚書蘇納海至閩，遷海邊居民之
內地，離海三十里村莊田宅悉皆焚棄……至是上自遼東，下至廣東皆遷
徙，築垣牆，立牌界，發兵戍守，出界者死，百姓皆失業，流離死亡者，
以億萬計」[35]。永曆十八年（1664 年）清朝政府為了困死鄭氏政權，再
次下令遷海，「馳令各島暨沿邊百姓，盡移入內地，逢山開溝二丈餘深，
二丈餘闊，名曰界溝，又溝內築牆，厚四尺餘，高八尺，名曰界牆，逢
溪河，用大木椿柵，五里相望，於高阜處置一炮台，台外二煙墩，二十
里設一大營盤，營將，千把總率眾守護其間，日則瞭望，夜則伏路，如
逢有警，一台煙起，左右各相應，營將各揮眾合圍攻擊，五省沿邊如是」
[36]。清朝的遷界給沿海人民造成很大的災難，「人民失業，號泣之聲載道，
鄉井流離，顛沛之慘非常」，如福州地區「令下即日，挈負妻子載道，

---

[34] 江日升：《台灣外記》卷 5。
[35] 阮旻錫：《海上見聞錄》卷 2。
[36] 江日升：《台灣外記》卷 6。

露處其居室，放火焚燒，片石不留，民死過半，枕藉道途，即一二能至內地者，俱無擔石之糧，餓殍已在目前，福清二十八里，只剩八里，長樂二十四都，只剩四都，火燒二個月，慘不可言」[37]。再如莆田地區「收邊海居民盡移內地，燔其舍宅，夷其壇宇，荒其土地，棄數百里膏腴之地，蕩為甌脫，刻期十月內不遷，差兵蕩剿，初議猶存馬峰、惠洋、笏石，及滿州官來自定界，開三鄉而截之，方其時，就居城鄉，填門塞巷，有親戚者，興采葛依居之嘆，無親戚者，盡離鴻中澤之哀，糗糧薯麥，富者足支一年，貧者日月可計，於是流離轉徙，死亡蕩析，鄭俠所上之圖，繪之不盡矣」[38]。

對於清政府遷界政策給沿海人民造成的災難，鄭成功十分痛心，「每與諸將言及五省沿海人民移徙內地」時，總是感慨地說：「吾欲留此數莖髮，累及桑梓人民，且以數千里膏腴魚鹽之地，百萬億眾生靈，一旦委而棄之，將以為得計乎，徒殃民而已」。為了解救沿海人民於苦難之中，鄭成功「馳令各處，收沿海之殘民，移我東土，開闢草萊，相助耕種」[39]。從而招來了很多的沿海破產農民到達台灣。到鄭經時繼續「招來客民，漳、泉、惠、潮習水者，趨地利，泛海寄居」[40]台灣島。《華夷變態》也說：「遷界以後，無家可歸，無業可營，有許多人餓死或變為遊民，於是有許多百姓不顧禁令，越界潛出，歸錦舍充兵卒，故錦舍方面愈見得勢」[41]。錦舍，就是指鄭經。當時到底有多少人投奔台灣，歸附鄭氏政權，史書無確切記載，實際上也難以作精確的計算。只有沈云的《台灣鄭氏始末》說「夏五月，改赤崁城為承天府，楊朝棟為府尹，置天興萬年二縣，以祝敬，莊列文為知縣。黃安、顏望忠等率師繼進，授安為右虎衛，招沿海居民之不願內徙者數十萬人東渡，以實台地，初，黃梧豔沿海多富商大賈，勸率泰奏遷海澄內地，民皆破產，哀號自盡，

[37] 海外散人：《榕城紀聞》。

[38] 余颺：《莆變紀事》。

[39] 江日升：《台灣外記》卷5。

[40] 俞正燮：《癸巳類稿》卷9。

[41] 林春勝、林信篤：《華夷變態》卷7。

至是為成功所招」[42]。對此，連橫的《台灣通史》也有記載，「其時，航海而至者十數萬人，是皆赴忠蹈義之徒，而不忍為滿州臣妾也，故其奔走疏附者為主戶，而商旅為客戶，肇啟土宇，式廓版圖，以保持殘局，漢族之不奴者僅此爾，永曆三十四年，嗣王經棄金、廈，來者尤眾」[43]。

　　這一時期大陸向台灣的移民，在福建族譜中也留下許多記載，如晉江石壁鄉林奕元，鎰四子，生崇禎己卯（1639 年），卒康熙丁丑（1697年）僑居台灣諸羅縣赤山一甲，葬台灣諸羅縣赤山。南安金雞張氏男二、林治長、諱志新、雅擎子，生順治丙申（1656 年），卒康熙癸巳（1713年）、卒於台灣。晉江潯海施嘉計，朝增男，生崇禎甲戌（1634 年），卒康熙間，姚黃氏，男敬鴻，生順治己亥（1659 年）娶洪氏，孫贊英，生康熙壬申（1692 年）此一支住台灣。安平顏進壁、容華四子，生天啟乙丑（1625 年）卒澎湖，顏耀，字常英、號裕昆，名定，開譽長子，僑居台灣，遂世居其地，生崇禎戊寅（1638 年），卒康熙庚午（1690 年），葬台灣人南門外下林仔水蛙潭瓦窯下，碑「安平顏公墓」，配儉懿黃氏，生崇禎癸未（1643 年）、卒乾熙庚戌（1670 年）、葬郡東門外觀音亭前，繼室慈慎謝氏、生順治庚寅（1650 年）、卒乾隆戊午（1738 年）壽 89、葬台灣大南門外下林仔山域邊，子三；顏克豫、側室周氏，生順治丁亥（1647 年）卒康熙丁巳（1677 年）葬台灣，顏鐘彝、字常達，克豫三字，生康熙壬戌（1682 年）、卒康熙庚子（1720 年）葬台灣鬼仔山，配鄭氏，子一，顏式謁，字迪羅，號志孟，生康熙壬戌（1682 年），卒康熙己丑（1709 年），未婚卒，葬台灣，顏式最，字迪纘，號亦遠，鐘洪長子，生康熙乙酉（1685 年）卒雍正己丑（1729 年）葬台灣鐵線橋北梁德威竹圖宅內[44]。

　　大陸軍民的大量東移入台，為開發台灣提供了大量的勞動力，鄭成功及時地利用並組織這批勞動大軍進行開墾，永曆十五年（1661 年）四月，鄭成功在戰鬥中已開始屯墾，「二十四日，藩以台灣孤城無援，

[42] 沈雲：《台灣鄭氏始末》卷 4。
[43] 連橫：《台灣通史》卷 7。
[44] 莊為璣：《閩台族譜資料選編》。

攻打未免殺傷，圍困竢其自降，隨將各鎮分配汛地屯墾」[45]，同年六月「藩駕駐承天府，遣發各鎮營歸訊，左先鋒扎北路新港仔、竹塹，以援勦後鎮、後衝鎮、智武鎮、英兵鎮、虎衛右鎮繼扎屯墾，以中衝、義武、左衝、前衝、游兵等鎮扎南路鳳山、觀音山屯墾，頒定文武官照原給額各六個月俸役銀，付之開墾」[46]。爲了進一步開發台灣，鄭成功不惜勞苦，親自到肖壟、麻豆各社實地踏勘，然後召集各提鎮參軍議事大會，進行動員，他說：「大凡治家治國，以食爲先，苟家無食，雖親如父子夫婦，亦難以和其家，苟國無食，雖有忠君愛國之士，亦難以治其國，今上托皇天垂庇，下賴諸君之力，得有此土，然計食之者眾，作之者寡，倘餉一告匱，而師不宿飽，其欲興幫固國，恐亦難矣，故昨日躬身踏勘，挨審情形，細觀土地，甚是膏腴，當效寓兵於農之法，庶可餉無匱，兵多糧足，然後靜觀釁隙而進取」[47]。對於如何在台灣進行屯墾，他也作了詳細的規劃和安排，他認爲「今台灣乃開創之地，雖僻處海濱，安敢忘戰，暫爾散兵，非爲安逸，留勇衛、侍衛二旅，以守安平鎮、承天二處，其餘諸鎮，按鎮分地，按地開荒，日以什一者瞭望，相連接應，輪流迭更，是無閑丁，亦無逸民，插竹爲社，斬茅爲屋，圍生牛教之以犁，使野無曠土 而軍有餘糧，其火兵則無貼田，如正丁出伍，貼田補入可也，其鄉仍曰『社』，不必易，其畝亦曰『甲』以便耕，一甲三十一戈二尺五寸，一戈東西南北四至長一丈二尺五寸，今歸版圖，亦以此爲則，照三年開墾，然後定其上、中、下則，以立賦稅，但此三年內，收成者借十分之三，以供正用，農隙，則訓以武事，有警，則荷戈以戰，無警則負耒以耕，寓兵於農之意如此」[48]。

　　爲了保證墾殖計劃的順利推行，同時又能保護當地百姓的現耕物業，永曆十五年五月十八日，又頒布一系列的文武官員私墾辦法。

　　——承天府、安平鎮、本藩暫建都於此，文武各官及總督大小將領

[45] 楊英：《先王實錄》第 252 頁。
[46] 楊英：《先王實錄》第 255 頁。
[47] 江日升：《台灣外紀》卷 5。
[48] 江日升：《台灣外紀》卷 5。

家眷，暫住於此，隨人多少圈地永爲世業，以佃以漁及經商，取一時之利，但不許混圈土民及百姓現耕田地。

——各處地方或田或地，文武各官隨意選擇，創置莊屋，盡其力量，永爲世業，但不許紛爭及混圈土民及百姓現耕田地。

——本藩閱覽形勝建都之處，文武各官及總鎮大小將領設立衙門，亦准圈地，創置莊屋，永爲世業，但不准混圈土民及百姓現耕田地。

——文武各官圈地之處，所有山林陂地，具圖來獻，本藩薄定賦稅，便屬其人掌管，須自照管愛惜，不可斧斤不時，竭澤而漁，庶後來永享無疆之利。

——各鎮及大小將領官兵派撥汛地，准就彼處擇地蓋房屋，開闢田地，盡其力量，永爲世業，以佃以漁及經商，但不許混圈土民及百姓現耕田地。

——各鎮及大小將領派撥汛地，其處有山林陂池，具啓報聞，本藩即行給賞，須自照管愛惜，不可斧斤不時，竭澤而漁，庶後來永享無疆之利；

——沿海各澳，除現在有網位，罟位本藩委官徵稅外，其餘分與文武各官及總鎮大小將領前去照管，不許混取，侯定賦稅。

——文武各官開墾田地，必先赴本藩報明畝數，而後開墾，至於百姓，必開畝數報明承天府，方准開墾，如有先墾而後報及報少而墾多者，察出定將田地沒官，仍行從重究處[49]。

鄭成功病故後，鄭經繼續推行「寓兵於農」的墾殖政策。永曆十八年（1664 年）七月「鄭經分配諸鎮荒地、寓兵於農，又在承天府起蓋房屋，安插諸宗室暨鄉紳等」，次年六月，「經馳令薛進思同林升守澎湖各島，調顏望忠所帶諸軍與戴捷等船隻班師回台灣，經大犒賞，令勇衛、侍衛之半旅仍歸伍，其各鎮調撥之三者，仍歸屯所耕作」[50]。這裡必須指出在鄭經的墾殖中，陳永華起了重要的作用，陳永華，浯州人，「初，

[49] 楊英：《先王實錄》第 254 頁。
[50] 江日升：《台灣外紀》卷 6。

兵部侍郎王忠孝與談時事，大有經濟，遂荐於成功，功用之」，到鄭經時，得到重用，成為主要的決策者之一，「鄭經毋論大小，悉諮之」，特別是被提拔為勇衛以後，「益加心思，不惜勞苦，親歷南、北二路各社，勸諸鎮開墾，栽種五谷，蓄積糧糗，插蔗煮糖，廣備興販，於是年大豐熟，民亦殷足[51]。

　　在鄭氏政權鼓勵和墾殖政策的鼓勵下，大陸沿海人民紛紛到台開墾荒地。如永曆十八年漳州府龍溪縣人楊巷摘，陳士政等開墾六腳佃莊，永曆十九年漳州府詔安縣人徐遠招佃開墾大棟鄉莊，永曆二十年，泉州府同安縣人陳元、陳水池等開墾林內莊，潭仔墘莊，永曆二十年漳州府平和縣人林寬老、李達也來此莊開墾，永曆二十五年泉州府南安縣人侯成、劉傳等招佃開墾下雙溪莊，永曆二十七年漳州府漳浦人向媽窮開墾後潭莊，同年泉州府南安人陳水源招佃開墾茄冬莊。永曆二十八年漳州府平和縣人林虎、陳天楫等開墾後崩山莊，永曆三十年漳州府平和縣人林一開墾侖仔頂，永曆三十一年泉州府南安縣人魏善英，侯堪民等開墾大涂師莊，永曆三十二年泉州府南安縣人董雄陳巨郎等開墾蒜頭莊，永曆三十五年泉州府南安縣人侯定、侯柱招墾溪墘厝莊、南安縣人蘇澤恩、姚承等開墾蘇厝寮，南安縣人陳意境、陳能意開墾灣內莊，永曆三十七年漳州府龍溪縣人蔡振隆、陳隆等開墾更寮莊。此外，漳州移民陳石龍招墾坎頭頂、泉州府同安縣林姓族人及漳州府龍溪縣方姓族人招墾赤山仔莊，泉州府同安縣錢姓族人招佃開墾後莊仔莊，泉州府安溪縣人吳天來開墾灣仔內，新莊等[52]。

　　由於鄭氏政權的大力提倡和鼓勵，使台灣的開墾範圍不斷擴大，據伊能嘉矩的《台灣文化志》云，鄭氏拓植區域開始以承天一府，安平一鎮，及南北附近的文賢、仁和、永寧、新昌、仁德、依仁、崇德、長治、維新、嘉祥、仁壽、武定、廣儲、保大、新豐、歸仁、長蘭、永康、永豐、新化、永定、善化、感化、開化等二十四里為中心，漸次向外擴展、

[51] 江日升：《台灣外紀》卷6。

[52] 伊能嘉矩：《台灣文化志》下卷。

南至鳳山、恆春、北迄嘉義、雲林、彰化、苗栗等地。

　　鄭氏政權在採取一系列鼓勵開墾荒地政策的同時，還興修各種塘、埤、圳等水利工程、引水灌溉。據鳳山縣：「按舊志，邑治田土多乏水源，淋雨則溢，旱則涸，故相度地勢之下者，築堤瀦水，或截溪流，均名曰陂，計邑內水以陂名十有七，而有泉者六，無泉者十一，然歷年既久，今昔廢興，或疆界遷移，因時定制……至地勢本下，低窪積水，有泉不竭，而不甚廣者曰潭、曰湖，有源而流長者曰港，曰坑」。這各種各樣的陂、潭、湖、港、坑對於當時農業的發展起很大的作用，到康熙二十三年（1664 年）首任台灣知府蔣毓英編寫第一部《台灣府志》時，總數還達三十多處[53]：

> 台灣縣水利：
>
> 甘棠潭：在保大東里，系佃民私築，以防秋旱，原多生甘棠，故名之。
>
> 無源潭：在永豐里，其水不流，內產小魚蝦。
>
> 蓮花潭：承天潭，俱有灌溉之利。
>
> 王友埤：在仁和里，系佃民王友所築，因以為名。
>
> 參若埤：在文賢里，自紅毛時有佃民姓王名參若者，築以儲水灌田，遂號為參若埤云。
>
> 十嫂埤：系王十嫂募佃所築，故以名埤。
>
> 月眉池：系明寧靖王填築灌田，形如月眉，中植紅白蓮花，甚盛，今廢矣。
>
> 鴛鴦潭：在文賢里，紅夷時有鴛鴦戲於潭，故名。
>
> 水漆潭：在文賢里，四面生水漆成林，故名。
>
> 鯽仔潭：在永康里，東南周圍大十里餘，深不可測，潭生鯽魚甚多，歲有稅。
>
> 小坑溝：在仁和里，發源東北，西流入海。
>
> 鳳山縣水利：
>
> 涸水埤：在依仁里，有數處。

---

[53] 蔣毓英《台灣府志》卷 3。

風櫃門潭：以其潭形似風櫃然。

竹仔湖：在長治里，灌注甚多。

鯽仔潭：在維新里，闊三百餘步，深丈餘，內產魚。

三鎮埤：系偽時林三鎮所築。

龍須埤：水從龍須港來，因以龍須為名。

草潭：在觀音山莊，蓄水甚多，灌注甚廣。

蓮花潭：中產蓮花，故名。

公爺埤：在鳳山莊，偽鄭輔政公所築。

竹橋埤：灌竹橋莊田。

金荊潭：內多生金荊樹，故名焉。

諸羅水利：

鼎臍挖：在新港之南。

蟳潛塭：與鼎臍相接，皆出魚蝦。

草埔五塭：在安定里，秋月有魚。

蚊港：統隸南昆身、北昆身、茄藤、頭威里等港，皆漁船採捕之所。

後壟港：由崩山社至新港仔入海。

竹塹港：一支為中港，在武勞、南日兩山之間，合流入海。

南嵌港：自雙寮山，奶奶山異源合流，出鳳山之北入海。

注文潭：在赤山。

石螺潭：在大奎壁內。

鬼面潭：在半線山內，皆水所停瀦，夏秋則溢，冬春則竭，居民土番取其魚、蝦、螺以為食，非罟、繒、罾所可施也。

　　在以上三十三處的水利工程中，除參若埤、鴛鴦潭為荷蘭統治時期留下來的以外，其餘三十一處水利工程，雖然大多數沒有注明為明鄭時鑿築，但蔣毓英於康熙二十三年首任台灣知府，第二年修《台灣府志》，此時距離鄭氏政權覆滅僅二年時間，在短短的一二年內清朝政府是不可能興修那麼多水利工程的，因此，這三十一處水利工程應該說絕大部分是鄭氏政權時代修建的。

　　此外，從大陸移居台灣的軍民，還將各種蔬菜引入台灣，豐富了台

灣的蔬菜種類，據日本學者熊澤三郎研究[54]台灣有蔬菜 85 種，其中有 53 種見於以前的府縣廳志，而其中再有 43 種自《諸羅縣志》以來，在各府縣志中幾皆有同樣記載，熊澤三郎認為此 43 種蔬菜，當為漢族移民引入。他又說此 85 種蔬菜，按品種分有 307 種，其中在日本人佔領台灣之前由中國大陸引入者有 158 種，在日本人據台以後，由中國大陸引入者有 46 種，把自大陸引入的品種，按省別劃分，在已知省別的 62 種中，從廣東引入的有 20 種、福建 28 種、浙江 4 種、江蘇 5 種、山東 3 種、河北 1 種。即自福建廣東引入的品種占 80%，這許多原籍福建廣東的蔬菜，大概有一部分是荷蘭人統治時代移民引入的，有一部分是清朝統一台灣後移民引入的，但按載籍的時代推算，其中當有大部分是鄭氏時代進入台灣。

鄭氏政權在發展農業的同時，又注意發展手工業，在製鹽業方面，原來台灣製鹽技術落後，「以前鹽苦澀難堪」，陳永華在「瀨口地方，修築丘埕，潑海水為鹵，暴曬作鹽，上可裕課，下資民食」[55]，使大陸的曬鹽法傳入台灣，提高了台灣鹽的質量。在建築方面，陳永華「教匠取土燒瓦，往山伐木斬竹，起蓋廬舍」。在造船業方面，永曆二十年（1666年）洪旭建議說：「地方已定，船隻第一緊要，況東來已有數載，諸煩船，戰艦悉將朽爛，速當修葺堅牢，以備不虞」，鄭經接受這一建議，「即檄南北路各鎮，著屯兵深入深山窮谷中，採辦梡舵含檀，令匠補葺修造」[56]。連橫《台灣通史》也說「台灣海國也，戰守之策，不在於陸而在於水，故治台者多重海防……延平入台之後，亦時造巨艦，販運東南洋，而攬其利」[57]。

隨著大陸農業、手工業技術的傳入，促進了台灣土著居民生產的發展，當鄭成功剛踏上台灣時，即使是台灣南部的生產技術也很落後，當地「土民耕種，未得其法無有人教之耳，英去四年月間隨駕蚊港，路經

[54] 熊澤三郎：《台灣に於る蔬蘇菜の渡來》（轉引自曹永和《台灣早期歷史研究》）。
[55] 江日升：《台灣外紀》卷 6。
[56] 江日升：《台灣外紀》卷 6。
[57] 連橫：《台灣通史》卷 13。

四社，頗知土民風俗，至八月奉旨南社，適登秋收之期，目睹禾稻遍畝，土民逐穗採拔，不識鈎鎌割獲之便，一甲之稻，云採數十日方完，訪其開墾，不知犁耙鋤斧之快，只用寸鐵刂鑿，一甲之園，必一月□□□□□□□至近水濕田，置之無用，如此雖有廣土眾民，竟亦人事不齊」。為了改變這一落後的耕種方法，鄭氏政權「每社各發農□一名，鐵犁、耙、鋤各一副，熟牛一頭，使教□牛犁耙之法。□種五穀割獲之方」[58]，經過不斷的「聚教群習」，潛移默化，土著居民的生產技術有了顯著的提高，如新港，加溜灣、歐王、麻豆四社，已經「知勤稼穡，務蓄積，比戶殷富」[59]，原來一些「向之憚行者，今皆為樂土焉」。

總之，在大陸移民與高山族人民的共同努力下，經過鄭氏時代二十多年的開發，台灣社會經濟發生了很大的變化，當清朝平定台灣大將施琅巡視台灣以後，十分感慨地說：「備見野沃土膏，物產利溥，耕桑開耦，海盜滋生，滿山皆屬茂樹，遍處具植修竹，硫磺、水藤、糖蔗、鹿皮以及一切日用之需，無所不有，向之所少者布帛耳，滋則木棉盛出，經織不乏，且舟帆四達，絲縷四至，飭禁號嚴，終難杜絕，實肥饒之區，險阻之域」[60]。

（刊《中國社會經濟史研究》1991 年第三期）

---

[58] 楊英：《先王實錄》第 260 頁。

[59] 郁永河：《稗海紀游》。

[60] 高拱乾：《台灣府志》卷 10 藝文。

三、清代福建人口向台灣的流動

福建與台灣一衣帶水，從很早起福建人民就開始移居台灣，有清一代達到高潮。嘉慶十六年（1811 年）時，在台漢民已逾二百萬，其中以漳泉二府人為最多。本文擬就清代福建人口向台灣流動的背景、狀況及影響作一初步探討，以求教於方家。

閩省人口東流之背景

福建依山傍海，山多田少，漳泉一帶更是「地土瘠薄，堪種禾稻者僅十之四五，其餘盡屬沙磧，止堪種植雜糧地瓜而已。即晴雨應時，十分收成，亦不敷本地半年之食用」[1]，需要依靠外地糧食接濟，稍遇自然災害，人民便受飢饉之威脅。據徐天胎先生統計，福建飢饉年月持續最久者，大約都在清代，如崇禎十五年—順治十四年（1642—1657 年），康熙四十年—四十九年（1701—1710 年），雍正三年—十年（1725—1723 年），前後九十年中，發生飢饉達三十三年之久；乾隆六十年（1795 年）發生飢饉縣份達十九縣[2]。造成飢饉的原因除了天災之外，還有地主階級的盤剝、奸商的囤積居奇等人為因素。在天災人禍威脅之下，福建「剩餘人口」隊伍不斷澎脹，無業遊民迫於生計，不得不背井離鄉，出海謀生。或東渡台灣，或下南洋。

然而下南洋絕非易事，煙波浩渺，交通不便；更由於清朝政府害怕人民以海外為根據地，重樹反清旗幟，嚴禁人民前往。《大清條例》二百二十五條規定；「一切官員及軍民人等，如有私自出海經商，或移往外洋海島者，應照交通反叛律處斬立決。府縣官員，通同舞弊，或知情不舉，皆斬立決。僅屬失察者，免死，革職永不敘用。道員或同品官員失察者，降三級調用。督撫大員失察者，降二級留用。如能於事後拿獲正犯，明正典刑者，得免議。」康熙帝也說：「海外如呂宋、噶囉吧（今

---

[1] 《重纂福建通志》卷五二，《閩政領要》。
[2] 徐天胎：《福建歷代之飢饉》，《福建文化》第一卷第三期。

雅加達）等口岸，多聚漢人，此即海賊之根。海中東洋，可往貿易，若南洋，商船不可令往。」[3]並通令南洋一帶的華僑，限三年回國，否則「不得復歸故土」[4]。「乾隆十四年，有陳倚老者，在爪哇經商致富，挈眷回鄉。被鎮閩將軍、督撫奏報，判發邊遠充軍，全部財產抄沒」[5]。甚至連外國商船因「不諳營運，所以多雇福潮船戶代駕」之舉，亦嚴加禁止[6]。如此一來，福建沿海無業遊民大多把台灣作為謀生之地。

閩台隔海相望，交通便利，「由台至廈水程十有一更，約六百餘里。順風二日夜可到，非甚遠也」[7]。泉州之蚶江與台灣彰化之鹿港對渡，「海道僅四百里，風順半日可達」[8]。除了官方規定的港口外，福建「沿海內地，在在可以登舟，台地沙澳，處處可以登岸，汛口官役之所不能查緝」[9]，為福建人東渡台灣提供了便利的地理條件。清初台灣還是荒服之地，人煙稀少，土地肥沃。「台灣地氣和暖，無胼手胝足之勞，而禾易長；較內地之終歲勤者，其勞逸大異」[10]。所產「稻米有粒大如小豆者」，「糖蔗、雜糧，有種必獲」[11]。直到雍正初年仍是「地廣民稀，所出之米一年豐收足供四、五年之用」[12]，所以「漳泉子弟視為樂土，相率而往者歲數千人」[13]，「閩廣沿海各郡之民無產業家室者，俱冒險而來，以致人民聚集日眾」[14]。

清統一台灣後，康熙二十三年（1684 年）在台灣設一府三縣，隸福建，又設台廈兵備道，直至光緒十一年（1885 年），才決定在台灣設行省，將福建巡撫改為台灣巡撫。行政上歷時二百年的閩台合治，也為

---

[3] 《明清史料》丁編，第八本。
[4] 《清文獻通考》卷 297。
[5] 《華僑歷代開吧事略》。
[6] 《清仁宗實錄》卷 187。
[7] 周鐘瑄：《諸羅縣志》卷 7。
[8] 趙翼：《論台灣要害》，《清經世文編》卷 84。
[9] 沈起元：《條陳台灣事宜狀》，《清經世文編》卷 84。
[10] 高拱乾：《初至台灣曉諭兵民示》，《台灣府志》卷 10。
[11] 王必昌：《台灣縣志》卷 12。
[12] 高其倬：《請開台灣米禁疏》，《重纂福建通志》卷 87。
[13] 《重纂福建通志》卷 58。
[14] 周元文：《申禁無照偷渡客民詳稿》，《台灣府志》卷 10。

閩省人民東渡台灣提供了便利條件。

　　雍正年間任台灣知府的沈起元說：「漳泉內地無籍之民，無田可耕，無工可庸，無食可覓，一到台地，上之可以致富，下之可以溫飽。一切農工商賈以及百藝之末，計工授直，比內地率皆倍徙。而必曰爾其堅坐餓死，無往求生爲也。既非爲民父母之道，且或親戚兄弟，在台成業，此既需人助理，彼可相依而活，合之則兩全，離之則兩傷」，因此「民之渡台，如水之趨之，群流奔注。而欲以輕法止之，是以隻手而障崩堤，必不能矣。」他認爲只有「許良民之渡」，才是去偷渡的良策[15]。沈氏之言，較爲客觀地道出了清代閩省人民甘冒犯禁、歷盡艱險東渡台灣的境況。

閩省人口東流之階段

清代福建人口向台灣流動大體可分爲下幾個階段：

1.順治末年——康熙二十二年。民族英雄鄭成功率軍收復台灣，揭開了清代福建人口大規模向台灣流動的序幕。這一階段人口流動的特點是以軍隊移民爲主體。

　　鄭成功部屬多爲漳泉一帶人，「順治十八年（1661 年），鄭成功挈去水陸官兵眷口三萬有奇，康熙三年（1663 年），鄭經復挈去六七千人。」[16]此外，由於清廷實行海禁，遷山東江浙閩粵沿海居民，盡入內地，致使沿海地區「田廬丘墟，坎墳無主，寡婦孤兒，望哭天末」[17]，但是，「民戀生計，脅於嚴刑，多不願」[18]，遂紛紛偷渡入台。鄭成功也派人到漳泉等地「收拾殘民，移我東土，辟地休兵」[19]。鄭氏時，台灣人口已近

---

[15]　《條陳台灣事宜狀》，《清經世文編》卷 84。

[16]　連橫：《台灣通史》卷 7。

[17]　《台灣通史》卷 2。

[18]　魏源：《聖武記》卷 8，《國初東南靖海記》。

[19]　《台灣通史》卷 2。

二十萬。

2.康熙二十三年——雍正十年。康熙二十三年（1684 年）台灣作為福建省的一個府隸於福建，開始了福建人口向台灣流動的新局面。這一階段人口流動的主要特點是從候鳥式的往來到單身入台定居。

閩省人渡台者，起初大多是「春時往耕，西成回藉，隻身來去，習以為常」[20]。後來由於赴台人數的劇增，清廷日益不安，開始嚴格查禁：「康熙五十八年（1719 年）覆准，凡往台灣之船，必令到廈門出入盤查，一體護送由澎至台；從台而歸者，亦令一體護送到澎到廈出入盤查，方許放行。又往台之人必由地方官給照，單身遊民無照偷渡者，嚴行禁止。如有違犯，分別兵民治罪。不許地方官濫給照票，如有哨船偷帶者，將該管專轄各官分別議處。」[21]由於東渡漸嚴，來往不便，原來類似候鳥方式的人口流動被破壞了，一部分人「一歸不能復返」，另一部分「立業在台灣者，既不能棄其田園」[22]，遂就地住居。但清政府為了阻止內地人民在台灣長住久居，命赴台者不得攜眷。對赴台任職的官員，亦留其眷屬為人質。

由於禁止婦女入台，使台灣男女比例失調，「男多於女，有村莊數百人而無一眷口者」[23]，「鄉間之人，至四五十歲而未有室者，比比皆是」[24]。結果，在大陸的無業貧民為謀求生計，在台灣者則搬移眷屬計，皆需東渡入台，反而使這一時期的偷渡之事層出不窮。雍正二年，（1724年），藍鼎元致巡視台灣御史吳達禮的《論台灣事宜書》認為，既然無法禁止大陸人民來台，反不如進而積極開放，讓人民自由往來，此建議未見實現。雍正五年（1727 年），閩浙總督高其倬又奏請准許人民搬眷

[20] 吳士功：《題准台氏搬眷過台疏》，余文儀：《續修台灣府志》卷 20。
[21] 《重篡福建通志》卷 86。
[22] 吳士功：《題准台氏搬眷過台疏》，余文儀：《續修台灣府志》卷 20。
[23] 周鍾瑄：《諸羅縣志》卷 12。
[24] 陳文達：《台灣縣志》卷 1。

過台，第二年藍鼎元又上「條奏六事」，建議准許人民攜眷赴台，但朱批云：「照所議，如此行眷，然亦非長策，事總須人方有濟，或將移眷之戶，限以定數，不許過額，爾以爲然否，朕意生聚日繁，墾田漸廣，年久遠之後，其利與害，亦不可不熟計深籌也。」[25]此事仍未能決。

3.雍正十年──光緒元年。這一階段的特點是准帶家眷大規模遷移。

雍正十年（1732年）五月大學士鄂爾泰議奏：「台地開墾承佃，雇工貿易均系閩粵民人，不啻數十萬之眾，其中淳頑不等；若終歲群居，皆無家室，則其心不靖，難以久安」，建議凡「有田產生業、平日守分循良之人，情願攜眷來台入籍者，地方官申詳該管道府查實給照，令其渡海回籍；一面移明原籍地方官，查明本人眷口，填給路引，准其搬攜入台。」[26]此議獲得了朝廷准許，「於是至者日多，皆有辟田廬、長子孫之志矣。」[27]從此出現了人口流動的新高潮。

嚴禁搬眷入台是爲大清的長治久安，准許搬眷亦爲鞏固清朝的統治。措施不同，目的一樣。據統計，自雍正十二年（1734年）至乾隆五年（1740年），給照的大小男婦不下二萬餘人[28]。但在乾隆五年又禁止搬眷入台，乾隆十一年（1746年）和二十五年（1760年）又兩次開攜眷之禁。所謂准許搬眷，是有限制的。在台無產業的貧民，禁止攜眷；大陸內地單身無業貧民以及無直系親屬和兄弟在台者，禁止入台。至於赴台官員禁攜帶眷屬的命令，直至雍正十二年（1734年）才放寬爲「逾四十無子者，准其挈眷過台。」[29]乾隆四十一年（1766年）起「台灣文武各官，無論年歲若干、有無子嗣，如有願帶眷口者，俱准其攜帶。其

---

[25] 周憲文：《清代台灣經濟史》。

[26] 吳士功：《題准台民搬眷過台疏》。

[27] 《台灣通史》卷3。

[28] 莊吉發：《清初閩粵人口壓迫與偷渡台灣》，《大陸雜志》卷60第1期。

[29] 《台灣通史》卷3。

不願帶，亦聽其便，著爲令。」[30]

　　但是已獲准搬眷者，因手續繁冗、官吏敲詐，偷渡之事仍無法禁止。故閩督福康安云：「推原其故，蓋因台灣地土膏腴，無業民人紛紛渡海覓食，若由官渡則必經官給照，海口查驗放行，難免兵役留難勒索，而私渡則止須給與頭船戶說合，即便登舟載渡，其費較官渡爲省，其行亦較官渡爲速。」[31]他建議朝廷設「官渡」與客頭包攬的私渡相抗衡，這得到了乾隆帝的支持。乾隆帝認爲：「今福康安奏請明設官渡，給照驗放，以清私渡之源，所籌均屬妥協」，令福建官員制定出具體的章程上奏[32]。乾隆五十四年（1789 年）十二月議准「官渡商船，由廈門至鹿耳門，每名許收番銀三圓。由南台至八里坌，蚶江至鹿仔港，每名許收番銀二圓，不准多索」，「若查出胥史兵役人等，婪索私放，即行嚴辦示懲，不得視爲具文，久而生懈。」[33]官渡的設立，爲閩省人民入台提供了方便，加速了人口流動。偷渡問題開始緩和，但仍無法淨絕。愈至後來，閩台官員對禁渡之令執行得愈爲不嚴，只因未曾明文開禁，不敢公開放行而已。

　　隨著禁渡律令的放寬，台灣人口迅速增加，據乾隆十七年（1725年）的《台灣縣志》估計，十八世紀中葉自大陸流入台灣的人口，已不下數十萬。到嘉慶十六年（1811 年）全台灣漢民就達二十四萬一千二百十七戶，人口超過二百萬[34]，光緒十三年（1887 年）漢番凡三百二十萬人[35]。

4.光緒元年以後。

　　這一階段人口流動的特點是清政府徹底開禁並主持移民。這一變

30　《清高宗實錄》卷 1007。

31　《明清史料》戊編第二本，第 140 頁。

32　《清高宗實錄》卷 1323。

33　《清高宗實錄》卷 1345。

34　《台灣通史》卷 7。

35　《台灣通史》卷 7。

化，與當時國內外形勢相適應。鴉片戰爭以後，作爲東南七省門戶的台灣，成爲資本主義列強垂涎的一塊肥肉，美日侵略者更一直企圖吞併台灣。面對外國侵略勢力的威脅，清廷日益認識到台灣的戰略地位，逐步加強對台灣的經營。

光緒元年（1875 年）在日本借口琉球漁民被害出兵侵台之役結束後，欽差大臣沈葆貞建議開人民渡台入山之禁，准許大陸人民自由入台，得到清廷允許，歷時二百年的對台灣實行半封鎖政策宣告結束。接著，清政府又設立「撫墾委員」，招募大陸人民入台，在「廈門汕頭香港各設招墾局，立章程，任保護，凡應募者與以便宜。日給口糧，人授一甲，助以牛種農器，三年之後，始徵其租。」[36]這些措施，對福建人民進入台灣謀生無疑有一定的促進作用。但十九世紀中葉以後，由於資本主義列強在南洋一帶大力從事殖民活動，急需大量的勞動力，許多福建農民受了侵略者的欺騙，赴南洋謀生，有的甚至當了「豬仔」（華工）。這就使流入台灣的福建人大爲減少，到了解禁招募之時，響應者寥寥無幾，福建人口大規模流向台灣的浪潮進入尾聲。

綜上所述，清代福建人口流入台灣經歷了一個曲折的過程。從禁民入台到入台者不准攜眷，從多次開禁准台民攜眷到設立官渡，直至最後解除一切禁令，不僅允許自由入台，而且鼓勵入台。這既表明人口流動的趨勢不可阻擋，亦說明面對既成事實，清廷不得不採取折衷的辦法，放鬆對人民的束縛。

閩省人口東流之途徑

由於清政府對台灣實行半封鎖政策，福建移民進入台灣，大多是偷渡的。所謂途徑，系指偷渡的道路及方式而言。

渡海入台，按定例是由廈門出口，至鹿耳門入口，皆須經過官方查驗。但無照百姓渡海多不由正口出入，遂使汛口兵役無從查核。福建沿

---

[36] 《台灣通史》卷 15。

海港汉很多，「自福寧以訖漳州，私口如鱗，無處不可偷渡。」[37]例如泉
州府屬的崇武、福州府屬的閩安、福寧府屬的南鎮、興化府屬的涵江口
等，皆可出入船隻。然偷渡者仍以廈門為赴台之總路，其所轄之曾厝垵、
白石頭、南山邊、劉武店、青崎、浯崎、赤碼、檳榔崎等皆為私口，客
頭包攬客民渡台，常在這些私口登舟。乾隆二十六年（1761 年）楊廷
璋說：「查偷渡之路有二，其由廈門大擔口正路出洋者，多屬舡主舵工
計圖漁利，招引無照之人頂冒水手私行前往；其由青崎、浯崎、赤碼、
檳榔崎小路偷渡者，俱系不法客頭包攬客民，先於海澄、龍溪、詔安等
縣招引聚集小舡，由石碼等處潛至廈門。乘夜載赴大舡出洋」[38]。泉州
之蚶江、福州之五虎門在未正式開放之前亦是偷渡的港口。至於台灣西
海岸也是處處可以登岸，據黃叔璥《赤嵌筆談》記載，台灣「近海港口，
哨船可出入者，只鹿耳門、南路打鼓港、北路蚊港、笨港、澹水港、小
雞籠、八尺門。其餘如鳳山大港、西港、蠔港、蟯港、東港、茄藤港、
放索港、大昆麓社寮港、後灣仔、諸羅馬沙溝、歐汪港、布袋港、茅港
尾、鐵線橋、鹽水港、井水港、八掌溪、猴樹港、虎尾溪港、海豐港、
二林港、三林港、鹿仔港、水里港、牛罵、大甲、貓干、吞霄、房里、
後壠、中港、竹塹、南嵌、八里岔、哈仔爛，可通杉板船。台灣洲仔尾、
西港仔灣里、鳳山喜樹港，萬丹港、諸羅海翁堀、崩山港、只容觔仔小
船。山後大洋北有山，名釣魚台，可泊大船十餘。崇爻之薛坡蘭可進杉
板。」這些地方，或可容哨船出入，或可容杉板船及觔仔船進出，無照
百姓多在這些小港登岸，散入台灣。有些私口因條件有利，出入的船隻
極多，逐步形成一定規模的港口，最後發展為正式開放的港口。如台灣
彰化之鹿仔港，與廈門的航路較近，風順之時，不過一二日即可入台；
與泉州之蚶江的航路，海道僅四百里，風順半日可達，偷渡客民和私販
多偷渡鹿仔港。乾隆四十九年（1784 年）清廷正式開放泉州之蚶江與
彰化之鹿仔港對渡。又如乾隆五十三年（1788 年），議准開設淡水之八

[37] 《閩浙總督程祖洛奏酌籌台灣善後事宜折》，見《台案匯錄甲集》。
[38] 《明清史料》戊編第二本，第 109－110 頁。

里岔,對渡福州五虎門[39],也是從私口發展起來的。

清初查禁偷渡,律令森嚴,偷渡者利用種種方式渡台,致使百弊叢生。其中賄賂船戶、頂冒水手、乘黑夜出海和內地客頭包攬乘客、特備船隻專門從事偷載等,是最常見的偷渡方式。

單身青壯年男子多是頂冒水手入台。由廈門前往台灣的船隻,稱爲橫洋船,船上舵水手所配定額過多,船戶在收取賄賂之後,常分賄查驗之兵役,使不少壯年得以頂冒偷渡。老幼男婦,則多由客頭包攬偷載,倍受折磨。客頭船戶爲牟取重利,「每客一人,索銀六、七、八兩不等,先分匿於荒僻鄉村,迨有一二百人,乃將大船停泊澳口之外,乘夜用小船載出,復上大船而去。」由於「沿海地方廣闊,隨處可以上船,本難稽查」,加上「澳甲地保通同私縱者,又復不少」[40],因而拿獲的可能性很小,在閩台之間的航路中,台灣至澎湖、廈門至大擔門外,可用杉板小船航行。只有澎湖至大擔門外這一段洋面,水寬浪大,必用大船才能渡過。漳泉一帶不少船戶借稱住澎湖貿易,駕駛趕繒大船,名曰短擺,既不到台灣掛號,又不到廈門掛號,終年逗留澎湖,來往於大擔門外。內地客頭包攬的無照偷渡者,用杉板小船載出大擔門外,送上短擺大船,渡到澎湖後,又用杉板小船裝載,不入鹿耳門,徑直到台灣北路之笨港、鹿仔港一帶小港上岸,以避巡查。這裡有一件實事:乾隆十四年(1749 年)四月初六日,福建右營水師把總林國寶等率領兵丁扮作商人,在浯嶼外洋追獲趕繒船一隻,內載客民男婦共一百八十一名,舵水二人。此船梁頭僅九尺七寸,船身朽爛,帆維碇索,俱爲草繩,男女百餘人擁擠同艙,水深及膝。所謂放生船,即指此類船隻。另有小舟一隻,因見官兵追捕,水手四人即躍下小舟,飛駕逃脫。據所獲偷渡客民供稱,是由客頭陳湖勾引,總客頭爲江老,住海澄縣大岊地方,各地客民陸續聚集江老家中,每人出大番錢三四圓不等,約計騙銀四百餘兩[41]。還有

---

[39] 周凱:《廈門志》卷6。

[40] 宮中檔,第七十六箱,三十包,二二五八號,雍正七年十月十六日,劉師恕奏折。引自莊吉發:《清初閩粵人口壓迫與偷渡台灣》。

[41] 軍機處折包,第二七四〇篇,三十二包,四五四〇號,乾隆十四年六月十五日,潘思榘奏折

一些不法客頭奸梢唯利是圖，無視偷渡者的生命，將船隻駛至外洋荒島或沙洲，詭稱到台，迫民登岸，使之坐以待斃，甚至盡歸魚腹；更有甚者，僅用破爛船隻，把客民騙入艙中，一出大洋就鑿破船底將客民沉入海中，自駕小船回來，其凶惡遠甚於盜匪。王必昌在《台灣縣志》中，生動地描述了偷渡者甘受奸梢愚弄，冒險偷渡的淒慘情景，什麼「灌水」、「放生」、「種芋」、「餌魚」等等，名目繁多，觸目驚心。由於這些事發生在「汪洋巨浸，人跡罕到之地，被害者既已沒於巨波，幸免者亦緣有干禁令，莫敢控訴」[42]。僅乾隆二十三年（1758年）十二月至二十四年（1759年）十月，一年之內被閩台當局查獲的偷渡案件就有二十五起，老幼男婦共九百九十九人，內中溺斃者三十四人[43]。乾隆五十二年（1787年），閩省拿獲船戶李淡一次攬載偷渡民人就達二百四十名[44]，可見客頭包攬的規模之大。由於福建人口大規模流入台灣的需要，在沿海地區出現了一批專門從事偷渡活動的職業人員。他們有的是在大陸內地包攬客民的客頭；有的是負責運載客民的船戶、舵工、水手；有的負責在台灣僻靜港口接引客民。還有一種客頭，假冒漁商，四出招攬，自己並不上船，另外雇傭舵水撐駕偷渡。這些人互相聯繫，形成一個龐大的交通網，使偷渡之風經久不衰。

此外，還有一些商船，利用來往閩台之便，貪圖財物，私自招攬人口偷渡。也有台灣的商漁船，遇風往福建暫避，內地民人暗中賄賂，乘其返回時，順載到台。乾隆五十五年（1790年）五月，淡水同知袁秉義會同武汛拿獲商船，包攬偷渡一案，船戶陳水籍隸海澄縣，於乾隆四十四年入台，後置買雙桅商船一隻，領給嘉義縣牌照，牌名陳發金。五十五年四月二十四日，在鹿耳門掛牌出口，往淡水生理。二十六日夜，陡遇東南風，將船漂至泉州府晉江縣宮下港收泊。因船桅損壞，陳水上岸雇船匠修理，遇許貴等男女十四人，欲往台灣尋親生活，懇求搭載。

錄副。引自莊吉發：《清初閩粵人口壓迫與偷渡台灣》。
[42] 吳士功：《題准台民搬眷過台流》。
[43] 吳士功：《題准台民搬眷過台流》。
[44] 《明清史料》戊編第九本，第847頁。

陳水應允，當即議定男客每名交番銀一圓，女客每名錢八百文。五月初一傍晚由僻靜處下船出洋，初三日午刻到淡水大安港南埔海面被獲[45]。不僅商漁船私攬客民，水師兵船亦有私載者。乾隆五十五年六月，嘉義縣笨港拿獲偷渡客民沈堯等二十七名，就是買通哨舡的水兵黃得元等，每人交舡錢番銀三四圓，才偷渡入台的[46]。還有些偷渡者不求商船搭載，而是約集數十或數百人，合置船隻，由沿海僻靜小口偷渡到台後，棄船登岸。總之，偷渡入台的方式是多種多樣的，從而使台灣人口不斷增加。

閩省移民在台流動之方向

　　清代福建移民進入台灣之後，以台南地區爲中心，分別向北、向南流動，主要分布於台灣西海岸的平原地帶及東部宜蘭平原等地。

　　鄭氏時代，閩省人聚集於台南地區。清統一台灣後，閩省人民大量湧入台灣，人口流動漸次北向諸羅，南向鳳山一帶。台南以北地區，地土肥沃，人煙稀少，可容納的人口量大，故閩省移民人口流動以向北爲主。諸羅縣在初設縣時，還是較荒涼的地方，文武官員僑居佳里興，而不住在縣治。「流移開墾之眾，極遠不過斗六門。北路防汛至半線、牛罵而已，皆在縣治二百里以內」，人口十分稀少。至康熙四十三年（1704年）人口流動已至斗六門以北，文武官員才「悉移歸順」。康熙四十九年（1710年）「流移開墾之眾，又漸過半線，大肚溪以北矣」[47]，雍正元年（1723年），在半線設立彰化縣，與諸羅縣分治[48]。康熙末年，福建移民已北至彰化、新竹、台北一帶，南下進入屏東平原。雍正時代，台灣西海岸肥沃平原大多已是被福建人開拓。乾隆時期人口流動轉向較爲貧瘠或交通不便的地區。嘉慶元年（1796年），往北的移民已經越過台灣東北角山地，進入了東部的宜蘭平原。十九世紀台灣東部從宜蘭到

---

[45] 《明清史料》戊編第九本，第147頁。

[46] 莊吉發：《清初閩粵人口壓迫與偷渡台灣》。

[47] 周鍾瑄：《諸羅縣志》卷7。

[48] 《台灣通史》卷5。

恆春都布滿了福建人的足跡。

閩省人口在台之流動是由點到面，逐步擴展的。初時各個居民點的人口並不多，隨著移民的增加，各個點不斷擴大，最後發展為面。例如，康熙二十一年（1682年），泉州同安人王世傑，因替鄭軍運糧有功，獲准領墾竹塹埔。次年，清統一台灣，開海禁，王世傑乘機返回家鄉，「集泉人百數十至，斬茅為屋」，建立了居民點，從事開墾。經過移民的艱苦勞動，耕地面積不斷擴大，由數百甲發展到數千甲，「歲入穀數萬石」，吸引了不少福建人，「來者日眾」[49]，荒涼的竹塹開始熱鬧起來。乾隆二十四年（1755年）淡水同知移治竹塹，到光緒五年，竹塹升為新竹縣。此外，康熙四十七年（1708年）泉州人陳賴章約人開墾大佳臘之野，是為開闢台北之始；乾隆三十三年（1768年）漳人吳漢生入墾哈仔難，是對宜蘭平原的首次開墾，這些都是從點開始。尤其是對哈仔難的開發，還經歷了一段曲折過程；吳漢生率領眾人開墾哈仔難，被土番殺害，流入的人口又倒轉出去。直到嘉慶元年（1796年）漳人吳沙再次率眾人墾哈仔難，「設立鄉勇，以防生番，內地來者入餅銀一二十，助鄉勇費，任耕其地」[50]，因此，「三籍之人相率而至，築堡以居，自頭圍至於五圍，拓地愈廣，浸成都聚。」[51]終於在宜蘭平原站住了腳。至嘉慶十四年（1809年），進入這一地區的漳州人已達四萬二千五百餘丁，泉州人二百五十餘丁，另有一百四十多的廣東人。次年，清廷在此設置噶瑪蘭廳，光緒元年（1875年），設台北府，噶瑪蘭廳升為宜蘭縣。

另外，從台灣各府縣廳的設治歷史亦可窺見人口流動的方向和增長狀況。鄭氏時期，台灣僅設承天府和天興、萬年二縣。清統一台灣後，設一府三縣，即台灣府和台灣縣、鳳山縣、諸羅縣。其中諸羅的政令還不過半線，僅在縣治二百里之內。雍正年間，從諸羅縣內分離出彰化縣，並在竹塹設淡水廳（仍駐彰化），又設立了澎湖廳。乾隆二十年（1755年），淡水廳治由彰化移到竹塹。隨著人口的北移，乾隆四十九年（1784

---

[49]《台灣通史》卷31

[50] 謝金鑾：《哈仔難原始》，《清經世文編》卷84。

[51]《台灣通史》卷5。

年），清廷開放彰化之鹿港與泉州之蚶江對渡。乾隆五十三年（1788年）又開放淡水之八里岔與福州之五虎門對渡。嘉慶十五年（1810年）在噶瑪蘭設廳。光緒元年（1875年），設台北府時改淡水廳爲新竹縣、噶瑪蘭廳爲宜蘭縣，又增設恆春、淡水二縣及卑南廳，後又設埔里社廳和基隆廳。至光緒十一年（1885年）台灣建省時，共有台灣、台南、台北三府、台東直隷州及三廳十一縣。可見，台灣各市鎮的興起，是隨著閩省移民的增加，逐步地從居民點發展爲村鎮，進而爲縣治、府治的。

閩省人口東流之影響

　　福建人口大規模流入台灣，或開墾荒地，或承佃土地，或從事貿易，或經營手工業，對開發台灣起了不可估量的作用。

　　清初，台灣爲海上荒土，除台南一隅，其他地區幾乎還是未開墾的處女地。郁永河於康熙三十六年（1697年）往台灣開採硫磺，看到當時的雞籠、淡水是人「至即病，病輒死。凡隷役聞雞籠淡水之遣，皆欷歔悲嘆，如使絕域。水師例春秋更戍，以得生還爲幸」[52]，足見當時之荒涼。閩省移民入台後，手秉耜，腰刀槍，剪除荊棘，備嘗辛苦，「昔年近山皆爲土番鹿場，今則漢人墾種，極目良田」[53]。台北平原皆沃土，康熙五十九年（1720年）泉州人施長齡、吳洛及廣東人張振萬等豪族來到線東、線西一帶居住，投入巨資，開墾田園，成爲「極目良田」。又如福建漳州人陳賴章於康熙四十八年（1709年）來台，在台北平原中心大佳腊堡結聚部落，後來移住者逐漸增加，到雍正九年（1731年）這一帶的土地幾乎已全被開墾，大佳腊堡成爲背山面海的街市。乾隆十五年（1750年），八里岔的巡撫移官署於此，一時成爲台北最熱鬧的區域[54]。藍鼎元在驚嘆台灣巨大變化時說：「國家初設郡縣，管轄不過百餘里。距今未四十年，而開墾流移之眾，延袤二千餘里，糖穀之利甲天下。

---

[52] 郁永河：《裨海紀游》。
[53] 乾隆《台灣府志》卷18。
[54] 周憲文：《清代台灣經濟史》。

過此再四五十年，連內山山後野番不到之境，皆將爲良田美宅。」[55]雍正年間任台灣知府的沈起元說，此時的台灣「糖粟之富，甲於閩省」[56]。至十八世紀二十年代，台灣已成爲東南地區的重要糧食生產基地之一，被稱爲「漳泉倉儲」，所產的糧食、蔗糖源源不斷地輸入大陸。自康熙二十四年（1685 年）至雍正十三年（1735 年），近五十年內，新墾田園數共三萬四千四百零八甲[57]，一甲合內地十一畝，共約三十七萬八千多畝。嘉慶年間，移民又進入宜蘭和水連沙等山後地區開發。光緒元年開山解禁後，清政府進一步有組織有計劃地在台灣實行墾殖措施，招募台民和大陸人民進山開墾。

　　大量移民入台，促進了當地少數民族的封建化。清初，台灣中部山區和東部平原的高山族，即「野番」和「生番」，還處於原始社會形態已開始解體，但生產力仍很落後。隨著福建移民的增加，大陸先進的生產技術和工具也逐漸傳入台灣，推動了高山族人民社會經濟的發展。如平埔族（即熟番）「亦知以稼牆爲重，凡社中舊管埔地皆芟刈草萊，墾闢田園，有慮其旱澇者，亦學漢人築圳，從內山開掘，疏引溪流，以資灌溉，片隅寸土，盡成膏腴。」[58]噶瑪蘭東西勢的高山族原來是「不諳歲序，以花開紀四時，打牲爲恆業」[59]，自嘉慶元年，漳人吳沙率閩省移民入墾噶瑪蘭後，他們才開始使用耕牛和鐵農具，從狩獵經濟過渡到農業經濟，並逐漸學習漢語。在長期共同開發台灣的過程中，福建移民與高山族同胞的經濟聯繫和文化交流日益密切，出現了「番民和輯」[60]的民族團結局面。在福建移民的幫助下，高山族人民社會經濟起了重大變化，封建化程度不斷提高，他們與漢族移民一起爲開發台灣貢獻自己的力量。

　　隨著墾荒事業的發展，台灣的手工業也興盛起來，其中以製糖業最

---

[55] 藍鼎元：《覆制軍台灣疆經理書》，范咸：《重修台灣府志》卷 21。

[56] 沈起元：《治台灣私議》，《清經世文編》卷 84。

[57] 余文儀：《續修台灣府志》卷 4。

[58] 六十七：《番社采風圖考》。

[59] 姚瑩：《東槎紀略》卷 2。

[60] 高拱乾：《台灣府志》序。

為發達。台灣在荷蘭人佔領時期就開始種蔗製糖，但技術落後，其發展以陳永華的功勞為最大。陳永華，福建同安人，清初隨鄭成功入台，授諮議參軍。他把大陸的種蔗製糖技術引入台灣，教民植蔗、製糖，販運國外。經陳永華等人的推廣，台灣的甘蔗生產發展很快。康熙末年朱一貴起義發生時，台灣鎮總兵曾說：「某統兵向南路打狗港，攻入台灣，……登岸旱田百餘里，夾道蔗林，處處可容兵，非焚燒鏟平，未便輕進。」[61]由於大量種植甘蔗，促使製糖工業不斷發展。台灣「三縣每歲所出之糖約六十餘萬簍，每簍一百七八十斤」，總計年產達一億多斤。台灣蔗糖質量好，「糖觔未出，客人先行定買；糖一入手，即便裝載。」[62]乾嘉時期，台灣蔗糖「貿易絕盛，北至京津，東販日本，幾為獨攬」[63]。除了製糖外，陳永華還把大陸的曬鹽方法傳到台灣，在瀨口等地方，修築坵埕，潑海水為鹵，暴曬作鹽，使台灣的曬鹽業也發達起來。此外，台灣的種茶與製茶業也是由福建移民傳入的，據《台灣通史》載：「嘉慶時，有柯朝者，歸自福建，始以武彝之茶，植於鰺魚坑，發育甚佳，既以茶子二斗播之，收成亦豐，遂互相傳植。」光緒七年（1881年），福建泉州府同安縣茶商源隆號（店主吳福老）來台灣，就地加工。不久泉州府安溪縣商人王安定，張古魁又來台灣，合辦建成號，使包種茶幾與烏龍茶齊名[64]。康熙年間，台灣開始種桑養蠶，有些地區還開始種棉花，苧麻，許多高山族婦女學會了織布，「台灣之番能自織布，以苧雜樹皮為之，長不滿丈。台人購以為祖，善收汗。」[65]

農業和手工業的發展，又為商品流通提供了條件。台灣不僅與祖國大陸有貿易關係，與日本南洋等也有商業往來。來往於台灣的商船，大多為福建人或原籍福建的移民所掌握，他們不僅在福建的漳州、泉州、興化、福州、建寧等地經商，而且在上海、浙江、山東甚至關東等地出

---

[61] 周憲文：《清代台灣經濟史》。

[62] 黃叔璥：《赤嵌筆談》。

[63] 《台灣通史》卷27。

[64] 周憲文：《清代台灣經濟史》。

[65] 《台灣通史》卷23。

售台灣的土特產，購買台灣所缺物資。如康熙中葉，有福建泉州府晉江縣人施東，為半線墾首，兼營糖業，興販日本，發財致富。隨著商業的發達，在台灣出現了一種稱為「郊」的商業組織。這些郊商「各擁巨資，以操勝算，南至南洋，北至天津、牛莊、煙台、上海，舳艫相望，絡繹於途，皆以安平為往來之港。」[66]除了台南之外，鹿港和艋舺都是台灣的重要貿易港口。鹿港街道縱橫，皆「長三里許」，其中，「泉廈郊商居多，舟車輻輳，百貨充盈」，自郡城而外，各處貨市當以鹿港為最。」[67]北部的艋舺，原先極為荒涼，隨著開發事業的發展，乾隆五年泉州三邑（晉江、惠安、南安）人士，鳩資建龍山寺，後又不斷發展成為台灣北部的重要商港，其「居民鋪戶，約四五千家」[68]，俗稱「一府二鹿三艋舺」。黃叔璥面對台灣商業繁盛景況，不由贊嘆道：「海壖彈凡，商旅輻輳，器物流通，實有資於內地。」[69]

　　回顧清代福建人口向台灣流動的歷史，不難看出，台灣人的祖先大多是從閩粵遷移去的，他們與閩粵祖家血脈相承，骨肉相親。台灣人民從來沒有忘記，自己的「根」是深深地植於台灣海峽彼岸的祖國大陸。他們重視自己的源流，「返籍求譜」十分普遍，反映了他們對祖國的無限熱愛和懷念。台灣回歸祖國，實現祖國統一大業，這是包括台灣人民在內的全國人民共同心願，是一個不可抗拒的歷史潮流。我們相信，這一天一定會到來！

　　（刊《歷史研究》1983 年 2 期）

---

[66] 《台灣通史》卷 25。
[67] 周璽：《彰化縣志》卷 2。
[68] 姚瑩：《東槎紀略》卷 2。
[69] 黃叔璥：《赤嵌筆談》。

四、清前期海峽兩岸的通航及其影響

　　台灣與大陸一水相隔，自古以來，海上交通十分重要，清朝統一台灣以後，首開鹿耳門與廈門的通航，乾隆年間，為了適應海峽兩岸經濟文化的交流和民眾的來往需要，又陸續開闢了彰化鹿港與福建泉州蚶江，淡水八里岔與福州五虎門的通航，道光年間，再開放宜蘭烏石港和彰化五條港，從而形成五口通航的格局，海峽兩岸的全面通航對於密切大陸與台灣的聯繫，促進台灣經濟的繁榮起了十分重要的作用。

（一）

　　康熙二十二年（1683 年）清朝軍隊挫敗了鄭氏的抵抗，實現了台灣與大陸的統一。但是在台灣留守問題上是經過一番爭論的，起初，康熙帝對台灣並不太重視，再加上一些部分地方官員認為「台灣隔在大洋以外，聲息皆不相通」，主張「遷其人，棄其地」，使康熙帝對台灣的重要地位認識更模糊了。正當棄台派甚囂塵上，康熙帝動搖不定之時，即有一批有識之士，堅決主張留守台灣，最早提出這個主張的是福建總督姚啟聖。[1]他說「今幸克取台灣矣，若棄而不守，勢必仍作賊巢矣，……況台灣廣土眾民，戶口十數萬，歲出錢糧似乎足資一鎮一縣之用，亦不必多費國帑，此天之所以為呈上廣輿圖而大一統也，似乎未敢輕言棄置也」。接著，施琅在《恭陳台灣棄留利害疏》中有力地駁斥放棄台灣的謬論，全面論述留守台灣的重要性。由於施琅等人的據理力爭，辨明道理，使康熙帝改變「得之無所加，不得無所損」的錯誤主張，決定留守台灣，使台灣正式成為福建省的一個府。

　　為了加強福建與台灣的聯繫，康熙二十三年（1648 年）設立台廈道，管理台灣及廈門兩個行政區，同時開闢由廈門到鹿耳門的對渡航線。從此，廈門成為去台灣的主要通道，其主要航線是從廈門開船，經

---

[1] 鄧孔昭等：《論姚啟聖在統一台灣過程中的作用》（載《清代台灣研究》）。

過澎湖，直航鹿耳門。具體針路以巽乾為方向，「自擔門放洋迤邐東南，水天一色，全以指南針為信，認定方向隨波上下，海水深碧，初渡紅水溝，再渡黑水溝，紅溝色赤而夷，黑溝色墨而險，洋廣百里……操舟者認定針路，又以風信計水程遲速，望見澎湖西嶼頭」，船從西嶼頭馳入，「或寄泊西嶼內，或媽宮澳，或八罩，或鎮海嶼，」然後渡東吉洋，「凡四更，船至台灣，入鹿耳門」。這一段海路十分險惡，「若過黑水溝，計程應至澎湖，而諸嶼不見，定失所向，急仍收泊原處，以候風信，若夫風濤噴薄，悍怒激鬥，瞬息萬狀，子午稍錯，北則墜於南澳氣，南則入於萬水朝東，有不返之憂。或犯呂宋、暹羅、交趾諸外地，亦莫可知」，甚至海船已到鹿耳的附近，「忽為東風所逆不得入，而門外鐵板沙又不得泊，又必仍返澎湖，若遇月黑，莫辨澎湖島嶼，又不得不重返廈門以待天明者。」[2] 盡管海道比較險惡但這條航線一直是台灣與大陸的主要通道，每年都有許多大陸或台灣的海船穿梭來往於這條航線上，把大陸的物資運往台灣，又從台灣運回許多土特產品。如台灣地區的諸羅，鳳山皆盛產糧食，「大有之年，千倉萬箱」，不但「本郡足食，並又資贍內地，居民止知逐利，肩販舟載，不盡不休」[3]，每當大陸「青黃不接，內地米價高昂」之時，台灣各式各樣的船隻，滿載稻穀，源源不斷地運販內地。同糧食一樣，蔗糖也是台灣對大陸輸出的大宗商品，「全台仰望資生，四方圖息，莫此為甚」，此與同時，廈門的商船也運來了從布帛、日用器具直至磚瓦木石等建築材料和造船材料。

　　到雍正年間，由於大陸移民的開發，台灣地區社會經濟進入了迅速發展階段，「富庶之規與中土埒」，社會經濟的繁榮，促進了台灣地區商品流通領域的日益擴展，「商賈安於市，行旅安於涂，舟車絡繹，百貨麇至」。[4] 這一時期，大陸的各種商品由於台灣人口的迅速增長而不斷擴大銷路，台灣也因為「地沃民富」而「內濟福州，漳泉數郡」，因此，來往於這條航線上的海船大量增加，其中以橫洋船最著名，「橫洋船者，

2　周凱：《廈門志》卷 4 台澎海道考。
3　黃叔璥：《台海使槎彔》卷 3。
4　王必昌：《台灣縣志》柁序。

由廈門對渡台灣鹿耳門，涉黑水洋，黑水南北流甚險，船則東西橫渡，故謂之「橫洋」，船身樑頭二丈以上，往來貿易，[5]經營橫洋船的人「多系身家殷實之人」，他們「多財善賈，雄視市廛」，「一時號稱百萬者十數人」，鹿耳門港「出入之貨歲率數百萬圓，而三郊為之主。三郊者，南郊蘇萬利，北郊李勝興，糖郊金永順，各擁巨資，以操勝算」，三郊商人「皆以安平為往來之港」。由於兩岸頻繁的貿易往來，台灣海峽出現了「舳艫相望，絡繹於途」的盛況，郝霔《海口即事》一詩中所吟的「清晏波光涵帝澤，蒲帆千里彩雲連」[6]正是這一時期海峽兩岸通商貿易繁榮景象的真實寫照。

　　鹿耳門與廈門的對渡航線，不僅具有通商貿易的功能，而且也是清朝政府官員來往，兵丁換防，及軍糧運輸的通道。當時的台灣是福建省的一個組成部分，無論是分巡台廈道，巡台御史、或者是台灣知府、知郡都是從內地派遣去的。康熙年間，每年自京派出御史一員，從廈門前往台灣巡查，後來正式設立巡台御史一年期滿更換，台灣府的知府、同判也是從福建內地選派輪流到任的，二年期滿更換，他們在上任或卸任時都走廈門鹿耳門這條航線。至於軍糧的運輸，這條航線更是一條大動脈，因為「閩省內地水陸官五十營與駐防旗兵，不下十萬，歲徵糧米，惟延平、建寧、邵武、汀州與興化五府產糧區，給米外，尚有贏餘以濟他府。」而福州、福寧、泉州、漳州四府，「兵多米少，協濟猶不足，則半給折色」。[7]至於金廈、漳鎮、銅山、雲霄、龍岩、南澳諸營有全折者。到雍正間，「先後題請半支本色，於台灣額徵粟內撥運，謂之兵米或兵穀，又贈給成台兵眷米，亦以台穀運給，謂之眷米或眷穀，於是台運內地兵眷米穀，每歲八萬五千二百九十七石，有閏之年為八萬九千五百九十五石」。[8]台灣每年供輸福建內地的八萬五千餘石正供穀，就是從鹿耳門運到廈門的。後來，雖然開放鹿港與蚶江，八里坌與五虎門航線，

5　周凱：《廈門志》卷5船政略。
6　謝金鑾：《台灣縣志》卷8藝文。
7　周凱：《廈門志》卷6台運略。
8　姚瑩：《東槎紀略》。

但廈門到鹿耳門航線仍然擔負著繁重的台運任務。當時台灣、鳳山、嘉
義、彰化四縣、除供給澎湖兵谷 1 萬 3 千 3 百石外，每年額運內地兵穀
4 萬 3 千 7 百 40 石，遇閏月年加穀 1 千 9 百餘石，又運眷穀 2 萬 5 千 8
百 90 餘石，遇閏月年加穀 2 千 1 百餘石，還有福州倉兵米 7 千 8 百 75
石，合谷 1 萬 5 千 7 百 50 石，又侯官縣倉兵米 5 百 43 石，合穀 1 千
87 石，合計運往內地各倉兵穀、眷穀及兵米折穀 8 萬 6 千餘石。這 8
萬餘石軍糧分成三口撥配，其中「鹿耳門口歲運穀四萬九千餘石，鹿仔
港口發運穀二萬二千餘石，八里岔口歲運谷一萬四千餘石」[9]可見，鹿
耳門的運糧數量仍占半數以上。

綜上所述，鹿耳口與廈門的通航，對於兩岸的貿易發展，經濟的交
流的確起了很大的作用。但是到乾隆後期由於台灣經濟的迅猛發展，兩
岸的來往更加頻繁，僅靠廈門、鹿耳門航線已遠遠不能適應需要了，因
此到乾隆四十九年（1784 年）開闢鹿港與晉江蚶江的航線，乾隆五十
七年（1792 年）又開闢八里岔與福州五虎門的航線，道光四年（1824
年）再開烏石港及五條港，從而進入五口開放的全面通航時期。

（二）

為什麼清朝政府要不斷增開海峽兩岸的航線呢？這是有多種因素
造成的。

首先，台灣經濟開發區的不斷北移，需要有新的與大陸對航的港
口。我們知道，鄭氏時期，台灣的開發主要在台南附近，「半線以北尚
委荒蕪，唯巡防一至而已」，至於雞籠淡水更是「蠻煙瘴地」，是鄭氏流
放犯人的地方。清朝統一台灣以後，開始向北移動，其開墾中心，移到
彰化平原，康熙四十八年（1709 年），泉州府晉江縣人施世榜興建八堡
圳，前後費時十年，於康熙五十八年竣工，此水利工程由鼻子頭引濁水
向西北至鹿港附近出海，從而奠定了彰化平原的開墾基礎，八堡圳建成

---

[9] 周凱：《廈門志》卷 6 台運略。

後，施世榜又以墾戶施長齡之名，不斷招募福建人到彰化平原進行開墾，開墾地點遍及武東、西、馬各堡各地，年收租穀近 4 萬 5 千餘石，以一甲大租額 8 石計算，4 萬 5 千餘石租谷應有土地面積 5 千餘甲，可見其開墾規模是很大的。康熙末年，大陸移民又從漳化渡過大肚溪進入台中，建立新莊仔，大墩，橋仔頭等村落，還有部分移民沿大安溪開墾，達葫蘆墩。由於彰化平原的不斷開發，雍正元年（1723 年）在半線設立彰化縣，雍正三年（1725 年）部議「台灣各番鹿場開曠之地方，可以墾種者，曉諭地方官，聽各番租與民人耕種。」於是便有漳州人由彰化沿八卦台地東緣開拓至南投，萬丹地域，又渡過貓羅溪，拓墾草屯西北。雍正十年（1732 年）再由台中向西北拓至清水海岸平原，並渡過大甲溪。乾隆年間，解除不准攜眷渡台之禁以後，大陸移民來台更多，開拓之勢發展更快。

　　彰化平原開墾不久，台北新竹一帶也出現開墾高潮，泉州同安人王世杰，從故鄉招集一百多人來台開墾，先竹塹社地，接著又開墾「西門大街至外棘腳，治田數百甲，來者日眾，縣治一帶，皆為鋤耰所及矣」，康熙五十年（1711 年）「始墾濱海之地，曰大小南勢，曰上下羊寮，曰虎仔山，曰油車港，曰南莊，凡二十有四社，為田數千甲、歲入谷數萬石，既又墾迤南之地，……曰金門厝、曰姜寮、曰北莊、凡十有三社，儼然一方之雄矣」。[10]此外，還有泉州人開墾苦岭腳，大店一帶，並渡鳳山溪北上，開墾公館崎荒埔。自雍正以後，到新竹開墾的大陸移民越來越多，雍正三年（1725 年）廣東陸豐人徐立鵬開墾新莊仔之地，雍正五年（1727 年）廣東陸豐人，徐里壽，黃君泰，福建同安人曾國潔，由竹塹向北開拓，渡鳳山溪與徐立鵬合作開墾員山莊，崁頭厝。雍正十年（1732 年）陸豐人徐錦宗進墾茄多坑，惠安人楊夢樵開拓頂樹林，同安人歐天送，曾六合墾紅毛港大莊。乾隆二年（1737 年）同安人唐崧開墾鳳鼻尾，南安人李捷輝開墾埔頂，惠安人黃祖式開墾外湖。乾隆三十四年（1769 年）惠州人進墾麻園肚一帶。

　　與此同時，桃園地區的開墾也加快步伐，康熙五十二年（1713 年）賴科與鄭珍等人合墾坑仔口社荒埔，到雍正年間，進入桃園地區的大陸移民更多，雍正元年（1723 年）福建龍溪人郭振岳進墾糠榔林莊，修建龍明堰，深二十餘尺，興灌溉之利。雍正八年（1730 年）陸豐人黃海元與張阿春合墾福興莊。乾隆九年（1744 年）梅縣人宋來，開墾霄裡社，南勢、廣興。乾隆十年（1745 年）福建十一姓族人由鳳山北上開發八塊厝，下莊仔一帶荒地。乾隆二十年（1755 年）漳州人袁朝宜開墾票仔園一帶荒地。

　　隨著台中，台北的不斷開發，台灣稻田面積漸次擴大，雍正十三年（1735 年）全郡稻田面積 1 萬 4 千餘甲，其中台灣縣 4910 甲，鳳山縣 3572 甲，諸羅縣 1372 甲，彰化縣 4372 甲，淡水廳 218 甲，到乾隆五十七年（1792 年）僅淡水廳已有稻田 5 千 2 百餘甲，[11]較雍正十三年增加近 5 千甲，全郡稻田報墾 2 萬 1 千餘甲，若以每甲平均產量 60 石計算，常年產穀 1 百 20 餘萬石，而豐年可高達二百萬石。如此眾多的米穀，除供應台島之外，主要是輸往大陸，但是當時只有鹿耳門與廈門一口對渡，諸羅、彰化、淡水所生產的大量米穀，無論是官糧還是民糧，都要肩挑車運或小船運至鹿耳門，然後裝上橫洋大船，運往廈門，這種長途運輸不僅運費昂貴，而且還費時費力，十分不便。因此，在台灣的中部及北部另開新口就近輸往大陸已是迫在眉睫之事了。

　　其次，大陸移民的大量增加，兩岸客民的頻繁往來，也需要另闢新的對渡航線。大陸人民移居台灣，自古有之，但自清朝統一台灣以後，開始了大陸人口向台灣遷移的新高潮，清初大陸人民渡台，大多是「春時往耕，秋成回籍，隻身來去，習以為常」[12]候鳥式的往來。後來由於渡台人數的劇增，清朝政府日益不安，開始嚴格查禁。康熙五十八年（1719 年）規定「凡往台灣之船，必令到廈門入出盤查，一體護送由澎而台，從台而歸者，亦令一體護送由澎到廈，出入盤查，方許放行，

---

11 陳培佳：《淡水廳志》卷 4 賦役志。
12 余文儀：《續修台灣府志》卷 20。

又往台之人必由地方官給照，單身遊民無照偷渡者，嚴行禁止，如有違犯，分別兵民治罪」。[13]但是，一紙禁令，豈能阻擋大陸人民向台灣的移民，因此，在大陸的無業貧民爲謀求生計及在台灣者則爲搬移家眷，都只好採取偷渡的辦法。

福建沿海可以偷渡的港汊很多，「自福寧州以迄漳州，私口如鱗，無處不可以偷渡」，例如福州府的福安，福寧府的南鎮，興化府的涵江口，此外廣東的惠潮各州的海洋港汊，船皆可以出口。然而閩南沿海偷渡的私口最多 如廈門附近的曾厝垵，白石頭、南山邊、劉五店、青嶼浯嶼、赤嶼、檳榔嶼，晉江的祥芝、永寧、深滬、金井、圍頭等皆爲私口，其中泉之蚶江，福州之五虎門在未正式開放以前，是偷渡的重要港口。至於台灣的西海岸，也是處處可以登陸，據黃叔璥的《赤嵌筆談》記載「近海港口，哨船可出入者，只鹿耳門、南路打彭港、北路蚊港、淡水港、小雞籠、八尺門。其餘如鳳山大港，西溪、蠓溪、蟯港、東港、茄藤港、放𦻎港，大昆麓社寮港，後灣仔，諸羅馬沙溝，歐狂港、布袋澳、茅港尾、鐵線橋、鹽水港、井水港、牛罵、大甲、貓干、吞霄、房里、後壠、中港、竹塹、南嵌、八里岔、哈仔爛，可通舢板船。台灣州仔尾，西港仔灣里，鳳山喜樹港，萬丹港，諸羅海翁堀，崩山港只容觥仔小船」。這些港汊因條件有利，出入船隻很多，逐步形成一定規模的港口，最後發展爲正式開放的港口，如彰化之鹿港，淡水之八里岔，就是從私口發展起來的。

第三，由於兩岸往來商船的日益增多，渡台客的大量增加，鹿耳門港口的條件已遠遠不能滿足需要了。「鹿耳門港，在台江西北，水底沙線若鐵板，縱橫布列，舟誤犯之，則立碎」，而且，「港路窄狹，僅容兩艘，其淺處若戶限。然潮漲時，水可丈四、五尺，潮退不可一丈，進港須懸後舵，以防抵觸，其行折處，必探視深淺，盤辟而行」，其中最危險的是南北二礁，「插竹之標，南白北黑，名爲盪纓，原設五杆，比歲

---

[13] 《重纂福建通志》卷86。

沙線消長變易,乾隆十三年添設爲十三杆,以便趨避」[14]由於港道狹窄,港路曲折,只能一條船一條船魚貫排隊進港,一旦眾多船隻同時到達,就會耽擱很長時間。

再從海道路程來看,從鹿港至蚶江及從八里岔至五虎門的海路都比廈門到鹿耳門近。由廈門至澎湖,水路七更,由澎湖至鹿耳門,水路五更,合計十二更,計程 720 里,還「中隔澎湖,風色不利,則須寄泊靜侯,澎湖埃澳,石礁參差,港道曲折,非精熟者,每多誤事」。而從鹿港至泉州蚶江,水程才八更,計程 420 里,「一晝夜便可直達,則險易之勢,大不同矣」[15]。「況(鹿港)地居中軸,得以南注台、鳳,北顧嘉、彰」,可見鹿港地理條件十分優越。與鹿耳門廈門航線比,淡水八里岔與福州五虎門的海路也比較近,「若從北路淡水西渡,水程僅七更,登舟半日,可見關潼山,自關潼趨定海,行大洋中五、六十里至五虎門,兩山對峙,勢極雄險,爲閩省外戶,門外風力鼓盪,舟帆顛越,既入門,靜綠淵濠,與門外迥別,更進爲城頭,土名亭頭,十里即閩安鎮,再數十里至南台大橋」[16]。

由於台灣經濟發展,需要增加兩岸通航的路線,而台灣中部的鹿港及北部的八里岔又的確俱備開港的條件,因此,一批官員紛紛上書要求增關新的通航線路,乾隆四十八年三月(1783 年)福州將軍永德正式奏請開放鹿港,作爲與晉江蚶江對渡之正口,他在《請設鹿港正口疏》中說:

> 竊閩省泉,漳等府各屬,民間產米無多,大約取給台灣,即一切食用所需,亦籍台地商販往來,以資接濟,凡內地往台船隻只由廈門查驗出入,自台地渡回船隻,鹿耳門查驗出入,俱設有同知等官,管轄稽查,不准由別港私越偷渡,此向來之定例也。奴才於上年兼署福建陸路提督,極力踩緝偷渡人犯,其由廈門拿獲著,雖不乏人,而由泉州之蚶江偷渡盤獲者,二十餘犯,奴才體

---

[14] 王必昌:《台灣縣志》卷 2,海道。
[15] 周璽:《彰化縣志》卷 7 兵防志。
[16] 王必昌:《台灣縣志》卷 2,海道。

訪台地往來海面。其南路台灣,鳳山等屬,系鹿耳門出洋,由廈門進口,是為正道。至北路諸羅,彰化等屬,則由鹿港出洋,從蚶江一帶進口,較為便易。若責令概由鹿耳門出海,其中尚隔旱路數站,不若蚶江一帶進口較近,是以台地北路商販,貪便取利,即多由此偷渡。以奴才愚見,莫若於鹿港,蚶江口一帶,照廈門,鹿耳門之例設立專員,管轄稽查,聽民自便,則民不犯禁,而奸胥亦無能滋蔽,倘蒙俞允,其如何設立章程之處,伏乞敕下閩省督撫,詳悉妥議具奏。[17]

乾隆四十九年(1784 年)清政府正式批准台灣府彰化縣之鹿港與泉州府晉江縣之蚶江設口對渡。其具體管理辦法為:廈門船隻,仍照舊編號柵檔,由廈門舊口掛驗,赴鹿耳門,不准越赴蚶江渡載。蚶江船隻,需經蚶江通判將船隻驗明編號造報,並由蚶江新口掛驗鹿港,如廈門白底艍船欲赴鹿仔港貿易者,令由廈門同知編號掛驗放行,仍於船旁大書「廈門赴鹿仔港」字樣,並令興泉永道於牌照內加用關防驗放[18]。

乾隆五十三年(1788 年)陝甘總督福康安率兵赴台鎮壓林爽文起義後,又上書要求正式開放淡水八里岔至福州五虎門的航線,他奏稱:

「淡水八里岔地方,港口距五虎門水程約有六、七百里,逆匪滋事,經臣徐嗣會奏明,派兵自五虎門放洋,直趨淡水,後運往淡水糧餉,鉛藥亦多由八里岔收口,一載以來,甚為利涉,該處港道寬闊,可容大船出入,從前即有高船收泊該處,運載米谷,管口員弁,藉端需索,得受陋規之事,徒有封禁之名,毫無實際,且淡水為產米之區,八里岔一港又非偏僻港口僅容小船者可比,雖台灣遠在海外,稽查奸匪不可不嚴,而百餘年來休養生息,販運流通,實與內地無異,小民等趨利如鶩,勢難禁過。與其陽奉陰違,轉滋訛索,不若明設口岸,以便商民。查鹿仔港對渡蚶江,本系封禁,經永德奏准開設,船隻往來極為便利,應請將八里岔對渡五虎門海口,一體准令開設」。[19]

---

[17] 周璽:《彰化縣志》卷 12 藝文志。

[18] 周凱:《廈門志》卷 5 船政略。

[19] 林栖鳳:《台灣採訪冊》大學士九卿議覆公中堂福議奏。

乾隆五十七年（1792 年）清朝政府准其將八里岔對渡五虎門一體開設，行令該督撫轉飭淡水同知，上淡水營都司就近稽查，遇有船隻出入，即行掛驗，如無照船隻及照內無名之人，即行嚴查辦理，以防偷渡，其載運米石數目，均照新定海口章程一律辦理。這樣清代前期海峽兩岸三條主要對渡航線全部開通。到道光四年（1824 年）「又奏開彰化之五條港（即海豐港），噶瑪蘭之烏石港，自此，五口通行」。[20]

（三）

海峽兩岸對渡航線的全面開通，有力地促進了經濟文化的交流，對台灣與大陸均產生積極的影響。

第一，使海峽兩岸豐富的物產資源可以互補有無，互補互利。如上所述台灣是盛產糧食和蔗糖的地區，台糖「較內地閩粵諸郡尤佳」，是上乘佳品，因此，有清一代，數額巨大的台灣蔗糖源源不斷地運銷大陸各地。台灣所產之稻米「有粒大如小豆者」，而產米有限的福建，特別是漳泉地區「向需台米接濟」，此外，江、浙地區，甚至遠至天津，倘遇荒欠之年，亦「募商由海道運米」。除糖米之外，台灣的花生油，黃豆、麻、苧等土特產，也是輸往大陸的資源。台灣和澎湖盛產花生，不但果實與花生油暢銷大陸，連「可以糞田」的油渣，皆販往內地，連檣運去，無肯留之以自糞其園者」。[21]麻、苧、藤等土產「商多販往內地各處發賣」，「近則福州，漳泉，廈門，遠則寧波、上海、乍浦、天津以及廣東，凡港路可通，爭相貿易」。菁靛、菁子等染料，商賈「常運漳泉南北發售」，「內郡多來台採買」。諸羅縣「多通草、槐蘭、茱子、水藤、槐蘭色嬌艷，珍於吳越，糖、茱子、脂麻水藤、入內地者尤多」。[22]大陸漳泉抵台商船，回程多載米，豆、穀、糖、鹿肉等「售於廈門諸海口」。

台灣氣候濕熱，水果種類繁多，每當盛產季節，也大量銷往大陸、

---

[20] 周凱：《廈門志》卷 5 船政略。

[21] 林豪：《澎湖廳志》卷 9 風俗。

[22] 周鐘瑄：《諸羅縣志》卷 12 雜記。

如「長如人指」的佛手柑，「五、六月初熟，載赴江浙發售」。龍眼「剝肉焙干乾者謂之福肉，每年配售上海、天津，爲出口大宗」。黃梨（菠蘿）「以鳳山所產最好美色，有黃梨山盡植黃梨，海舶運售廈門」。「種出南洋」的樣（檬果）「曬乾用糖拌蒸，配售閩粵」。

台灣「內山番地」出產的皮革，骨角、羽毛、特別是鹿茸，鹿角膠等貴重山貨藥材在大陸市場上備受歡迎。此外「樟栳，茄藤、薯榔、通草、藤、苧之屬，內山又多出焉」「入內地者尤多」，甚至內山出產的「樟材、柴荊、桃榔、茄冬、百目青、楠枋」等木材，「內地多來採買」。

而由大陸輸往台灣的商品物資更多，從布帛百貨，果品藥材、磚瓦木石，無所不有，包羅萬象。台灣手工業不發達，紡織品，日常百貨「皆來自內地」。[23]「綢緞紗羅之屬，多來自江浙，棉花之類銷用尤廣，歲值百數十萬金」。不僅台灣本島，澎湖地區更是「地不產桑麻，女無紡織，棉夏布區，俱資於廈門。[24]

大陸生產的紙張，長期以來是輸台的重要物資，台灣日常所用之紙「粗細皆資內地，歲糜萬緡」[25]。台灣地區的書籍及文具，也多由大陸供應。大陸的家具木器和床、椅子等制作精良，極受歡迎。台灣民間所用的「盤、盂、杯、碗之屬，多來自漳泉」，金屬類的「用器、釜鐺之屬」，因台灣「山不產鐵」而悉資內地。

大陸還向台灣供應煙、茶、酒等消費品，品質優良的福建武夷茶是茶中珍品，台灣「富者皆用武夷、福寧諸種」。輸台的煙草以漳州及福州的「生厚煙」數量最多，大陸出產的酒「如北地之高粱、紹興之花雕，消用亦廣」。

台灣雖盛產木材，但多不適於建築和造船。因此，建築用材及船舶用材「俱產於內地」[26]。其中，福建杉木運往台灣數量最多，「如架屋之杉，多取福建上杭」。修船用的材料，如「鐵釘，油麻以及大小木植，

---

[23] 周璽：《彰化縣志》卷9風俗志。

[24] 林豪：《澎湖廳志》卷9風俗。

[25] 周鐘瑄：《諸羅縣志》卷12雜記。

[26] 周元文：《台灣府志》卷10藝文志。

皆無出產，必須遠購於延、建、福州等處」，「大小風篷，無底升、桅餅、
槳各料產自漳泉」。此外、建築材料也從內地運來，如「階庭道路及碑
碣用石，均由廈門等處載來」[27]。道光年間建造淡水廳城時，所用石柱，
仍是「運自內地」，還有磚瓦亦自漳泉而來。

　　清代台灣市場上流通的錢幣，「多自各省運來」，乾隆時「海舶自天
津、寧波運入者，率數十萬貫」[28]。

　　從上可見：自從對渡航線開闢後海峽兩岸的物資交流種類繁多，十
分頻繁。

　　第二、兩岸的通航促進台灣市鎮經濟的發展，使各通航的港口城市
商品充足，人口眾多，店鋪林立，市面繁榮。如最早開放的台南鹿耳門，
「生聚日繁，商賈日盛，填海為宅，市肆紛錯」，城內已出現許多專業
市場。「漁市在西定坊，鬻販鮮魚之所」，「菜市在寧南坊，蔬菜、瓜果
之屬集於此」，「柴市在寧南坊，與菜市比連，以火柴多集於市」，「市仔，
在車安坊，販賣海鮮，皆集於市」。[29]據 1715 年訪問過該城的外國人記
載：「被稱為台灣府的首府，以人口稠密，道路優美與貿易發達見稱，
實足與許多中國人口最稠密的壯麗都市相匹敵，凡是人們所歡喜的任何
東西都可以在那裡買到」，他還說，「各街兩旁幾乎全是商店，很像樣地
羅列著絲織品，陶瓷器，漆器及其他商品」。[30]

　　再如鹿港自乾隆四十九年正式開港後，發展很快，市內舟車輻輳，
郊商雲集，據《彰化縣志》記載：「鹿港大街，街衢縱橫皆有，大街長
三里許，泉、廈郊商店多，舟車輻輳，百貨充盈，台自群城而外，各處
貨市，當以鹿港為最，港中街名甚多，總以府港街標之」[31]。丁紹儀的
的《東瀛識略》也說：「嘉義以北，以彰化縣屬鹿仔港為正口，與泉州
之蚶江遙對，水程亦近於廈門之距鹿耳門，乾隆間移北路理番同知兼海

---

[27] 《安平縣雜記》。

[28] 連橫：《台灣通史》卷 9 度支志。

[29] 陳文達：《台縣縣志》卷 2 建置志。

[30] Mailla：《台灣訪問記》（《台灣經濟史》5 集）。

[31] 周璽：《彰化縣志》卷 2 規制志。

防事,與安平協標,左營游杰同駐其地。其時一、二千石大舟均可直抵
港岸,商艘雲集,盛於鹿耳」。在鹿港從事大陸貿易的富商巨賈紛紛組
織各種郊行,到嘉慶年間已有八郊,即泉郊金長順,廈郊金振順、簸郊
金長鎰,油郊金洪福,糖郊金永興,布郊金振方,染郊金合順,南郊金
進益,這些「行郊商皆內地殷戶之人出資遣伙來鹿港。正對渡於蚶江、
深滬、獺窟、崇武者曰泉郊,斜對渡於廈門曰廈郊,間有糖船直透天津、
上海等處」,[32]此時的鹿港已成爲與大陸重要的對渡港口,台灣的第二大
都市,水上船桅如林,城內百工麟集,行郊櫛比,人煙稠密,十分繁華。
黃驤云在描述當年鹿港盛況的《鹿港飛帆》一詩中寫道:

> 「太平人唱太平歌,滿港春聲欸乃多,楊僕功成沙有骨,孫恩死
> 後海無波,官軍錦艦飛如鳥,估客銀帆織似梭,寄語邊防諸將吏,
> 時雖清晏莫投戈。」[33]

自八里坌與五虎門對渡開船後,淡水港也呈繁榮景象,「沽客輳集,
以淡爲台郡第一,貨之大者莫如油米,次麻豆、次糖菁、至樟栳、茄藤、
薯榔、通草、藤、芒之屬多出內山,茶葉、樟腦、又惟內港有之,商人
擇地所宜,雇船裝販,近則福州、漳、泉、廈門,遠則寧波、上海、乍
浦、天津以及廣東,凡港路可通,爭相貿易,所售之值,或易他貨而還,
賬目則每月十日一收,有郊戶焉,或僕船,或自置船,赴福州江浙者曰
『北郊』,赴泉州者曰『泉郊』,亦稱『頂郊』,赴廈門者曰『廈郊』,統
稱爲『三郊』」,[34]兩岸的通航不僅促進了淡水港的繁榮,而且也帶動了
淡水河上游艋舺的發展。艋舺至淡水港「水程三十里,關渡在適中之區,
兩山夾峙,闊一箭地,三,四百石之船及大號者,盡可乘潮直抵艋舺以
上港口」,[35]由於艋舺優越的水運條件,逐漸成爲台北盆地貨物的集散
中心,乾隆五年(1740 年)泉州之晉江、惠安、南安移民,集資建立

---

32 周璽:《彰化縣志》卷 9 風俗志。

33 周璽:《彰化縣志》卷 12 藝文志。

34 陳培桂:《淡水廳志》卷 11 風俗志。

35 陳培桂:《淡水廳志》卷 7 武備志。

龍山寺並營建新店街，舊街、龍山寺街，使艋舺市容初具規模，乾隆十一年（1746 年）又由各郊商釀金建立天后宮與福德宮，再營建媽祖宮口街和土地後街，使艋舺城區進一步擴大。[36]但艋舺的真正發展是在乾隆五十七年（1784 年）八里坌與五虎門對渡開放以後，當時大陸商人從八里坌入口後，將貨船沿淡水溪直達艋舺，台灣商行也將大批的米糧，木竹、籃青、樟腦在艋舺裝船後，沿淡水溪順流而下，經八里坌，遠銷大陸南北各地。商業活動的頻繁，促進艋舺市面的繁榮，各種鋪戶、貿易行、船行、客貨棧大量湧現，據《台北道里記》記載：「艋舺居民鋪戶約四、五千家，外即八里坌口，商船聚集，圜闠最盛，淡水倉在焉，同知歲中半居此，蓋民富而事繁也」。[37]淡水溪商船輻輳，岸上人煙稠密，到道、咸時期艋舺達極盛時期，遂有「一府二鹿三艋舺」之俗諺。

第三，兩岸的通航促進科技文化的交流。隨著兩岸交往的頻繁，大陸一批優良農作物種傳入台灣，豐富了台灣的植物種類，如唐山稻「種出福建，粒長皮薄色好，味香」，「煮粥極佳」。蕃薯「一名地瓜，出呂宋，明萬曆中閩人得之，始入漳泉」。後來又被漳州人帶往台灣，使「台人籍以為糧，可以淘粉，可釀酒，其蔓可以飼豬，長年不絕」。菘、即白菜，有兩個品種，一種是土白菜，味微苦，另一種「山東白菜，種出山東，味甚肥美，冬時盛出」，「又有水蜜桃，種自上海」。楊桃有甘酸兩種，「廣東種者，實大多汁，樹大葉細而密……酸者以製蜜餞，或漬糖水，泡湯食之，可治肺熱止咳」。水仙「每年自漳州移種」。

台灣的茶葉及製茶技術也由大陸移入，嘉慶時，有柯朝者歸自福建，始以武夷之茶，植於鰈魚坑，發育甚佳，即以茶子二斗播之，收成亦豐，遂互相傳植。[38]光緒五年（1876 年）分巡台灣兵備道夏獻綸，在福建崇安，福寧購買優良茶苗 10 萬株，分發試種。光緒七年（1881 年）泉州府同安縣茶商源隆號到台北開設茶行，專門製造包種茶。光緒十一年（1885 年）又有安溪人王水綿、魏靜相繼到台灣，在台北七星區南

---

36 廖漢臣：《艋舺沿革志》（《台北文物》2 卷 1 期）。
37 陳培桂：《淡水廳志》卷 15 文徵。
38 連橫：《台灣通史》卷 27 農業志。

港大坑，精心研究茶葉栽培和採製工藝，對包種茶的推行和改進做了大量工作。樟腦雖爲台灣特產，但製作方法也傳自大陸，嘉慶時大陸移民林泳春私煎樟腦，規模很大，獲利甚巨。

此外，大陸紡織技術也移植台灣，咸豐初年，南京織造局蔡某東渡台灣，「始來郡治之上橫街，織造綢緞紗羅，號曰雲錦，本質柔韌，花樣翻新，渲染之色，歷久不褪，銷路甚廣，馳名各省」，蔡者死後，傳之其子，以爲世業。同治初「廣東人凌定國爲城守營參將，深以台灣蠶桑有利，自廣東配入其種，租屋於做篾街，延工飼蠶，種桑東門之外」。又如雲林知縣李聯奎到江浙安徽各省「搜集蠶桑之種及其栽飼之法，編印成書，頒與人民，大爲獎勵，又購棉子，通飭廳縣曉諭農家播種，於是淡水富紳林維源種桑於大稻埕，以籌養蠶之業，一時頗盛」，所以光緒大婚時，內庭命台灣布政使采貢，「帳褘衣褥之屬，皆能照圖織成，內庭大悅，以爲浙江官局所織猶有遜色」[39]。

再如製陶業，光緒十五年（1889 年）福建興化人來台，居住在米市街，「范土作器，以售市上」，還有「彰化王陵，善製煙斗，繪花鳥，釉彩極工，一枚售金數圓，次分台南諸郡之三玉，其法傳自江西」。

以上可見，隨著海峽兩岸對渡，航線的開闢，大陸的工農業生產技術傳入台灣，促進了台灣經濟的發展，使台灣成爲物產豐富的地區。

（刊《史學集刊》1994 年 1 期）

---

[39] 連橫：《台灣通史》卷 26 工藝。

五、晚清閩台的商業貿易往來（1860－1894）

對於晚清台灣的海上貿易，海峽兩岸的學者已作了較多的研究，出版一些專著和發表一批論文。[1]本文在此基礎上，利用廈門海關檔案室和廈門大學中國海關史研究中心的資料，對晚清閩台的商業貿易往來關係作進一步的探討，以求教於與會的專家學者。

（一）經過海關的貿易往來

閩台兩地的商業貿易往來，歷史悠久，到前清雍、乾時期得到較快的發展，呈現一片繁榮的景象，然後，到道光時期，有的學者根據《廈門志》「近年渡台商船，僅四五十餘號矣」[2]的記載，以為已到衰敗的階段。還有的學者認為五口通商以後，由於外商勢力的侵入，大大地破壞了兩岸的商業貿易往來。實際上，只要我們仔細翻閱海關檔案資料，就可以發現晚清閩台的商業貿易往來仍然十分密切。

1、開港至 1874 年的貿易狀況

十九世紀六十年代台灣開放港口以後，各港「與廈門間整年都有著極大量的商業往來」，[3]尤其是在轉口貿易上，廈門起著不可替代的作用，可以說台灣對外貿易的許多重要進出口商品都是經過廈門轉運的。如廈門進口的原棉和棉製品「有很大一部份被再次運出口岸，幾乎完全

1　黃福才：《台灣商業史》（南昌：江西人民出版社，1990）；李祖基：《近代台灣地方對外貿易》（南昌：江西人民出版社，1986）。林滿紅：《四百年來的兩岸分合》（台北，自立晚報文化出版部，1994）；林滿紅：《茶、糖、樟腦業與晚清台灣》（台北，台灣銀行經濟研究室，台灣研究叢刊第115種〔以下簡稱文叢〕，1978）；林滿紅：〈清末台灣與我國大陸之貿易形態比較〉，《台灣師大歷史學報》第6期；林滿紅：〈貿易與清末台灣的社會經濟變邊（1860－1895）〉，《食貨月刊》9：4；溫振華：〈淡水開港與大稻埕中心的形成〉，《台灣師大歷史學報》第6期。

2　周凱：《廈門志》（臺灣文獻叢刊本第95種，1961），卷9，頁171。

3　〈1870廈海關年度貿易報告〉，收於廈門市志編委會編，《近代廈門社會經濟概況》（廈門：鷺江出版社，1990，以下引文簡稱《廈概況》），頁50。

是運往台灣的」,「如同本色市布的情況一樣,相當大的一部份進口本色
洋標布被復出口,主要運往台灣,台灣南部口岸從廈門獲得它們的大多
數供應」。[4]廈門進口的鴉片也有相當大的數量是轉運到台灣的,如1870
年廈門進口鴉片總數為4,994.78擔,其中復出台灣的有1,874.321/4擔。

現將1870年至1874年從廈門復出口台灣的洋貨列表於下:

表一:1870-1874廈門復出口台灣洋貨一覽表

類別	1870		1872		1873		1874	
	數量	價值(元)	數量	價值(元)	數量	價值(元)	數量	價值(元)
本色市布(匹)	33,951	100,150	21,800	57,742	18,201	49,879	35,750	78,105
漂白市布	3,250	11,050	2,099	7,466	3,900	14,772	1,850	5,180
本色洋標布	2,200	5,346	2,200	4,720	1,948	4,383	725	1,343
綴布					40	280		
染色布	150	160			100	423	150	465
土耳其紅棉布	2,500	7,000	2,420	6,456				
粗斜紋布	60	262						
美國斜紋布			510	1,937				
英國斜紋布			1,284	4,730	480	1,824		
印花布	100	253						
飯單、手帕(打)					170	238		
綿紗(擔)	132.75		42	1,751	210	8,570	93.15	2,515
綿線					3.98	259		
原棉					4.50	70		
英國羽紗(匹)	870	15,660	360	6,875	210	4,350	210	3,150
嗶嘰	580	58,000	1,200	9,540				
哆囉呢	48	720	96	2,784	24	492		

---

[4]　〈1870廈海關年度貿易報告〉,《廈概況》〉,頁41-42。

喇莊土（擔）	1,300.063/4	754,035	944.40	551,632	909.60	483,725	924.20	430,668
公班土	138	88,800	285.60	170,293	237.60	131,895	429.40	201,362
波斯土	404.251/2	228,373	474.09	279,297	354.42	208,598	395.76	174,874
土耳其土	5	2,800						
白皮土					1.09	1,093		
面粉（擔）	1,502.35	6,008	116	486				
鉛（擔）	1,180.48	8,322	758	5,307				
錫					12.40	479	13.72	307
鋁					404.25	3,031	2,258.75	13,004
玻璃（箱）	34	136						
黑白海參（擔）			11	284				
洋參			2	1,001				
牛角			40	568				
水銀			1	109				
其他		1,114		424		9,223		11
總計		1,242,946		113,393		923,584		910,988

資料來源：〈1870、1872、1873、1874 年廈海關年度貿易報告〉，《廈概況》，頁 50-51、85、111、142。

　　從上表可以看出從廈門轉口到台灣的洋貨主要是棉織品和鴉片，這些復出口商品在廈門的對外貿易中佔相當大部份，如 1870 年，廈門棉布進口計 120,673 匹，其中 38,985 匹復出口，「主要運往台灣」。廈門進口的棉布又以素布居多，例如當年進口本色市布 54,571 匹、本色洋標布 30,277 匹、粗斜紋布 5,272 匹，「而本色市布復出口台灣的數量為留在廈門數量的兩倍」。[5]1874 年廈門布匹市場出現蕭條，本色市布、漂白市布僅小規模地經營，本色洋標布按貨主要求的價格幾乎找不到顧主，「但為復出口台灣而作的布匹交易則數量很大，價格也很好，到春季，布匹需求增大，存貨減少到最低限度，4 月份，大量到貨……滿足本地消費和復出口到台灣市場之需」。[6]廈門進口的鴉片也有相當大的部份轉

---

[5]　〈1872 年廈海關年度貿易報告〉，《廈概況》，頁 80。
[6]　〈1874 年廈海關年度貿易報告〉，《廈概況》，頁 127。

運到台灣，1869 年進口各種鴉片 5,709 擔，復出口台灣 1,388 擔；1870 年進口 4,995 擔，復出口台灣 1,874 擔；1871 年進口 4,805 擔，復出口台灣 1,751 擔；1872 年進口 4,993 擔，復出口台灣 1,704 擔；1873 年進口 4,976 擔，復出口台灣 1,503 擔；1874 年進口 5,410 擔，復出口台灣 1,749 擔。平均每年轉口到台灣鴉片和布匹的轉口貿易的利潤已成為外國商人在台灣購買糖和茶的資金的主要來源。

　　除了洋貨的轉口貿易以外，廈門每年還有大量的土貨及復出口土貨運到台灣。現將出口土貨及復出口土貨列二個表：

表二：廈門土貨出口台灣的類別和價值

年別	1870		1872		1873		1874	
類別（擔）	數量	價值（元）	數量	價值（元）	數量	價值（元）	數量	價值（元）
磚(塊)	171,800	939	216,350	1,563	568,500	3,313	406,700	1,731
陶器	303	455	355	710	734.50	1,836		
麻布包（只）	179,376	9,528	163,260	8,047	210,588	9,223	179,506	5,208
鐵器	194	1,306	1,109	7,862	37,794	2,771	447.38	2,466
藥材	31	389	16	459	22.85	339	57.57	901
南京布	51	3,086	30	2,086	56.57	3,981		
紙：一等	150	2,257	36	570	205.66	3,601	274.34	3,292
紙：二等	308	1,387	174	1,583	387.18	3,737	426.73	2,562
油紙	18	714						
紅糖	526	1,840						
白糖	162	1,296						
冰糖	259	2,336						
煙葉	187	3,742						
硃砂	28	896			1.26	121	0.03	2
鹹魚			223	1,284				
紅花染料			5	938	1.12	114	4.40	60
蜜餞			80	713	90.98	818	125.97	900
茶墊（張）			8,500	340				
煙絲			569	10,414	1,225.37	23,025	367.19	5,572
黃銅製					3.35	130	2.55	77

品								
家具							266	
（粗）夏布					4.99	539		
鐵製品					44.54	376	31.76	233
廢鐵					120	216	215	260
木油					13.12	183	6.78	61
裝飾品（件）					937	168		
牡蠣干					47.26	568		
對蝦干					18.24	275	61.40	448
草鞋（雙）					1,645	754	960	86
絲線					4.54	3,201	1.41	667
花崗石（塊）					1,455	298	56	39
清漆					20.70	497	28.80	702
木材（箱）					83,022	11,160	15,933	1,607
雜貨						1,162		139
總計		34,281		41,643		72,669		28,013

資料來源：〈1870、1872、1873、1874 年廈海關年度貿易報告〉，《廈概況》，頁 52、86、114、144。

　　從表二可以看出在運往台灣的土貨中，最有價值的貨物是麻布包，這是用於包裝糖的。此外還有磚、陶器、鐵器、藥材、紙、南京布、煙絲等手工業品。從表二廈門復出口土貨中以茶墊的數量最大，它主要來自廣州，被用於覆蓋台灣的茶葉箱。這些茶葉是運往美國、英國和澳大利亞的，同時，棉花、油紙、紙也佔有相當的比重。

　　廈門從台灣進口的土貨，1870 年為 290,207 元，而 1869 年為 405,245 元，減少 115,038 元，這可以從 1870 年芝麻籽和大米兩項貨物進口的減少得到解釋。1869 年從台灣進口的芝麻籽為 35,118 擔，而 1870 年僅 540 擔。這並不是因為廈門缺乏需求，主要是因為 1870 年夏季的頭幾個月，台灣乾旱嚴重，芝麻籽收獲甚少，僅夠滿足當地的消費需求。至於台灣大米，1870 年廈門進口 25,811 擔，而前一年為 97,956 擔，這一大量減少不能完全由台灣乾旱來解釋，儘管頭兩季收獲顯然因受乾旱影

響而減少，但隨後台灣仍有數量可觀的大米運往黃埔。廈門進口台灣大米下降的原因，一部份是因本地的豐收，另一方面從暹羅和西貢運來大量的大米。現將廈門進口台灣土貨的種類和數量、價值列表於下：

表三：廈門進口台灣土貨的種類、數量、價值一覽表

類別（擔）	1870		1872		1873		1874	
	數量	價值（元）	數量	價值（元）	數量	價值（元）	數量	價值（元）
牛骨	541	1,082						
樟腦	2,821	42,317	413	8,260			206	2,472
煤	5,006	1,252	28,121	13,207	68,083.44	27,865	21,073.16	7916
花生	742	2,597	54	257				
花生餅	24,407	39,051	7,735	13,173	26,651.77	38,047	12,613.95	14,620
大麻	682	8,181	188	3,318	514.20	7,802	622.66	6,477
土產鴉片	2	714						
馬鈴薯	11,339	19,370						
大米	25,811	33,716	15,303	38,166			467.82	701
靛藍籽	132	658			105.82	1,350		
芝麻籽	576	2,280	138	620	1,113.68	4,911		
芝麻籽餅	391	978						
紅糖	164	573	2,684	10,480	3,311.88	17,003	4,722.50	11,142
烏龍茶	5,065	126,630	16,132	528,070	11,266.12	372,054	21,246.03	548,766
功夫茶					61.56	1,916		
小種茶					0.55	44		
茶末					33.93	509	20.80	83
硬木板	3,588	2,691	7,782	5,740	6,092	4,560	407	2,318
樟木板	1,066	800	4,773	3,826				
姜黃			551	2,220				
桂圓干					762.34	3,431		
桂圓肉					746.58	4,853		
油餅					1,984	3,075		
原棉					375.67	7,345	35.79	437
魚干							166.34	1,123
鹹魚							22.33	119
熟皮							8.24	123
藥材							34.37	159
靛粉							27	206
煙絲							2.07	34
雜貨		1,717		987		911		408

總計		290,207		628,324		495,676	598,904

資料來源：〈1870、1872、1873、1874 年廈海關年度貿易報告〉，《廈概況》，頁 54、87、115、145。

　　上表說明台灣輸往廈門的土貨以煤、花生餅、烏龍茶爲主。煤的輸入 1870 年 5 千餘擔，第三年增加 5 倍，達 2 萬 8 千餘擔，第四年又翻二番，達 6 萬 8 千多擔。花生餅在閩南地區主要用於肥田，每年大約輸入 2 萬至 1 萬餘擔。台灣茶葉運到廈門是爲了包上草墊，打上標記便裝船出口，運往美國和英格蘭，1870 年輸入 5 千擔左右，1872 年達 1 萬 6 千餘擔，1874 年又增加到 2 萬 1 千餘擔。此外，紅糖和大麻也是從台灣輸入到廈門較大宗的商品，1870 年僅輸入紅糖 164 擔，1872 年增加到 2,684 擔，1873 年、1874 年每年淨增加 1 千擔左右。大麻的輸入比較平穩，大約維持在 5、6 百擔水平。

　　閩台商業貿易往來的另一港口是福州港。但福州與台灣的貿易遠沒有廈門重要。1864 年從台灣的進口貨值爲 76,817 元，1865 年減少爲 69,118 元。[7]主要進口貨是煤和大米。基隆的煤質比較鬆，燃燒比較快，適用於輪船，如果稅率相同的話，可以同英國和澳洲的進口煤競爭。可是對台灣煤每噸課以 1.50 元的出口和沿岸貿易稅，而外國煤每噸只有 7 分，所以不能在福州大量銷售。1864 年、1865 年福州向台灣出口的貨物主要有竹、紙、木材、水果等，具體概況見下表。

　　表四：1864、1865 年福州出口台灣主要貨物一覽表

類別	1864		1865	
	數量	價值（元）	數量	價值（元）
竹				573
紙		170		722
木材		335		10,999
水果		344		892
總值		849		13,186

資料來源：〈1864 年閩海關年度貿易報告〉，《福概況》，頁 12。

---

[7]　〈1865 年閩海關年度貿易報告〉，收於福州海關編，《近代福州及閩東地區社會經濟概況》（福州，華藝出版社，1992，以下引文簡稱《福概況》），頁 9。

1866 年、1867 年福州與台灣的貿易比前二年衰退下降，進口總值為 50,928 元和 19,564 元，出口總值為 25,475 元和 8,896 元，詳見下表：

表五：台灣進口貨

類別	1866		1867	
	擔	元	擔	元
煤	34,895.37	15,703	28,132.47	13,496
苧麻	254.25	3,051		
芝麻	616.65	4,933	709.72	5,678
雜貨		27,241		390
總值		50,928		19,564

資料來源：〈1867 年閩海關年度貿易報告〉，《福概況》，頁 41。

表六：運往台灣的出口貨

類別	1866		1867	
	擔	元	擔	元
肥皂	71,800（塊）	1,077	32,180	498
杉木板	23,749（平方公尺）	594	20,461	921
製煙	1,100.81	16,512	300.02	6,0000
雜貨			7,292	1,477
總值			25,475	8,896

資料來源：同上表，頁 51。

福州與台灣貿易下降的原因，一方面由於缺乏輪船或帆艇，另一方面是「廈門幾乎壟斷了台南和台北的所有貿易」。[8]自此以後，閩海關年度貿易報告 1868 年至 1872 年均未見與台灣的貿易情況，只有 1873 年的貿易報告中指出福州出口台灣的貨值 9 千元，但也沒有記載具體的貨物種類。

2、1875 至 1884 的貿易狀況

廈門仍然是台灣貨物的聚散地，大量的洋貨被復出口到台灣各地。1875 年廈門進口洋貨總值為 4,611,612 海關兩，其中價值 389,199 海關

---

[8] 〈1867 年閩海關年度貿易報告〉，《福概況》，頁 42。

兩和 506,243 海關兩的進口貨物分別復出口到淡水和打狗。[9]1876 年廈門進口洋貨總值為 4,755,429 海關兩，比 1875 年增口 144,117 海關兩，其中復出口到淡水和打狗的洋貨為 450, 248 海關兩和 628,478 海關兩，[10]比 1875 年分別增加 61,049 海關兩和 122,235 海關兩。兩個港口相加，復出口台灣的洋貨增加 183,284 海關兩，由此可見廈門進口洋貨的增加完全是由於復出口台灣的洋貨而增加的。從廈門復出口台灣的貨物中主要仍是英國市布和鴉片，如 1877 年廈門進口英國市布 95,819 匹，大約有 52,000 匹被復出口到台灣。鴉片貿易進口為 69,421.41 擔，復出口為 2,898.62 擔，復出口的鴉片主要運往台灣。[11]1878 年廈門進口鴉片 6,247 擔，復出口 2,661 擔，幾乎有一半是運往台灣的，「那些經營向台灣銷售鴉片的商行，一般把總行設在本口岸，他們經常更樂意在本口岸支付關稅，然後通過免稅單將鴉片運到台灣的分行」。[12]

然而，經廈門口岸的台灣茶葉貿易的發展狀況則是這個時期最引人注目的，也是最穩定的。1875 年，茶在出口貨物中獨佔鰲頭，在廈門出口國外的土貨總值 2,260,714 海關兩中，僅茶一項就佔 1,424,999 海關兩，明顯超過出口土貨總值的半數。而廈門茶葉出口的增長是由於台灣的茶葉近年迅速增長，因為台灣茶葉是運往廈門出售和轉運出口的，該年廈門出口烏龍茶共 85,981.49 擔，其中有 45,026.27 擔來自台灣。與茶葉貿易密切相關的茶墊一項（所有準備復出口到國外的台灣茶葉都在廈門重新包裝），進口數量也從 769,929 張增加到 1,299,832 張。[13]1876 年廈門為復出口國外而從台灣進口的茶葉數量再一次出現增長，但增長幅度不如前一年。1877 年茶葉還像以前一樣是最重要的大宗貨物，茶葉貿易最引人注目的特點是台灣茶葉貿易的進一步發展，以及幾乎全部茶葉都用來製作烏龍茶，因為烏龍茶與小種茶和功夫茶不同，最適合美國

9　〈1875 年廈海關年度貿易報告〉，《廈概況》，頁 156。
10　〈1876 年廈海關年度貿易報告〉，《廈概況》，頁 173。
11　〈1877 年廈海關年度貿易報告〉，《廈概況》，頁 185。
12　〈1878 年廈海關年度貿易報告〉，《廈概況》，頁 191。
13　〈1875 年廈海關年度貿易報告〉，《廈概況》，頁 160－161、164。

市場。1878 年，運抵廈門口岸然後復出口的台灣茶葉數量有了增加。
1879 年廈門本地出產的烏龍茶和功夫茶的出口數量為 61,903 擔，經廈
門口岸復出口的台灣烏龍茶數量為 102,116 擔，兩項增加，使廈門出口
的茶葉總數為 164,019 擔，除 1877 年外，這是歷年來最高的一年。廈
門的台灣烏龍茶市場於 5 月 21 日開市，在隨後一個星期內就有 28,500
箱台灣茶運抵本口岸，其中 5,000 箱以較低的價格成交，即優質茶每箱
33 元（關稅已付）、次等茶每箱 30 元。但是到 7 月 17 日，初期運到美
國的茶葉被採購的消息傳來，價格開始上漲，「直到秋天，價格上漲得
這麼厲害，以致所有可以利用的茶葉都被採摘一空。」[14]現將 1879 年至
1880 年廈門茶葉出口情況列表於下：

表七：1879－1880 年廈門茶葉出口情形　　　單位：擔

運往地	台灣茶葉	廈門茶葉	合計	台灣茶所佔比例
紐約	82,017	41,352	123,369	66%
倫敦	2,719	2,029	4,748	57%
香港	17,207	8,468	25,675	67%
海峽殖民地	95	2,892	2,987	3%
爪哇	33	4,652	4,685	0.7%
暹羅	24	736	760	3%
馬尼拉	3	164	167	1.7%
西貢	18	1,610	1,628	1.1%
總計	102,116	61,903	164,019	62%

資料來源：〈1879 年廈海關年度貿易報告〉，《廈概況》，頁 203。

從上表可看出，在紐約、倫敦、香港幾個廈門茶葉出口主要市場上，
台灣茶佔很大的比重。

1882 年至 1883 年這一期的茶市的前景對台灣茶葉來說是非常好
的，而對廈門茶葉來說則正好相反。台灣茶農一直獲利甚好。「因而，
台灣茶葉將完全取代廈門茶葉，這看來僅僅是時間遲早而已了。許多較
小的茶商都已經把他們的商行移到淡水去了」。[15]

由於廈門是台灣茶葉的轉運口岸，從而大大地提高廈門作為茶葉出

---

[14] 〈1879 年廈海關年度貿易報告〉，《廈概況》，頁 201。
[15] 〈1881 年廈海關年度貿易報告〉，《廈概況》，頁 250。

口港的地位。由 1879 年，在茶葉出口數量上，廈門在各口岸中列第七，與福州的出口 746,000 擔相比，廈門的 64,000 擔幾乎是無足輕重的。但如果把運入廈門港後復出口的淡水茶葉計入出口量，廈門口岸的名次便上升到第四位，排在重要的茶葉出口口岸福州、漢口和九江之後。

台灣茶葉大量運到廈門轉運出口，也使閩台貿易中台灣處於出超地位。如在台灣與廈門的 1876－1880 年的貿易中，「台灣出口（主要來自淡水）到廈門的平均值比廈門出口到台灣的平均值每年超出大約 580,000 海關兩，而與此同時，它對廈門的金銀出口則比廈門對它的金銀出口少大約 355,000 海關兩。顯然，台灣對廈門的出超，一部份由來自香港和其他口岸的貨物抵償，一部份則用金銀支付。」[16]

3、1885 年至 1895 年的貿易狀況

廈門一直是台灣貿易的貨物集散地，大部份貨物以這樣或那樣的方式經過本口岸往來台灣。然而自八十年代中期以後，「情況發生變化，本來從香港到台灣的貨物經由本口岸中轉，其貨物即作為進口和復出口列入我們的統計報告。如今，由於有徑直航運的趨勢，這部份貨物已不再進入我們的視野，因此，本口岸的布匹、鉛、鴉片的復出口衰退了」。[17]也就是說台灣從香港進口的洋貨有一部份已不再經過廈門轉口了，廈門作為台灣洋貨貿易的轉口港的地位有所下降。另一方面，從廈門運往台灣的南京布、夏布受到外國棉布及毛織布的嚴重挑戰，這些貨品輸入的價值在 1882 年是 94,267 海關兩，佔該年棉布及毛織品輸入的 45%，其中主要項目是夏布，佔 74,260 兩。但到 1891 年，南京布的輸入價值額降低至 6,973 海關兩，夏布降低至 23,531 海關兩，綢類降低至 55,860 海關兩，共計 86,364 海關兩，這價值額僅為輸入織物總價值額的 27%。[18]第三方面，每年從台灣大量運往福建的大米也有所減少，據《1882－

---

[16] 〈1880 年廈海關年度貿易報告〉，《廈概況》，頁 224。

[17] 〈1882－1891 年廈海關十年報告〉，《廈概況》，頁 261。

[18] 謙祥譯：〈1882－1891 年台灣淡水海關報告書〉，《台灣銀行季刊》9：1（1957），頁 151。

1891 年台灣淡水海關報告書》云：三十年前台灣北部可耕地大抵都用
於種植稻米，因此，總有大量的剩餘的米可供出口之用。從那時以後，
城市的人口增加，大批茶農佔用了高地，每年都有無數批的茶葉挑選者
和包裝者到來，並且有一支人數眾多的常駐軍，其人數有時爲了特殊的
需要而增加，這種稻米消費人數的大量增加，經過若干年的時間，爲台
灣出產的稻米建立了一個很好的本地市場，到了最近幾年，不僅沒有可
供出口的餘量，而且有時發生食量不足的情形，需要由大陸輸入食米來
補足。現將 1882－1891 年米和豆輸入台灣的數額列表於下：

表八：1882－1891 米和豆輸入台灣數額一覽表

類別	1882	1883	1884	1885	1886	1887	1888	1889	1890	1891
米	66,028	198			1,525	67,731	46,164	16,371	45,988	44,662
豆	16,739	3,957	4,237	5,432	3,823	15,230	9,983	7,557	9,681	15,334

資料來源：謙祥譯，〈1882－1891 年台灣淡水海關報告書〉，《台灣銀行季刊》9：1（1957），頁 152。

　　根據海關資料，到 1872 年止的年份是出口年份，1870 年輸出 77,918
擔，1872 年輸出 23,926 擔。從 1873 年到 1881 年是靜止時期，從貿易
報告看來，本地收成剛夠應付本地市場的需要，沒有輸出的餘裕。1882
年到 1891 年這一段時間，如上表所示，是輸入時期。1882 年輸入 6 萬
6 千餘擔米和 1 萬 6 千多擔豆，1883 年輸入減少。1884 年至 1885 年因
中法戰爭，海面封鎖，所以沒有米輸入的記載，但當時的米價是近十年
的最高的年份，因此一定會有民船輸入的食米供應，因沒有經過海關，
所以在統計數字上看不出來。1886 年又有大米輸入 1 千 5 百餘擔，從
此直到 1891 年，每年輸入在 1 萬 6 千餘擔至 6 萬 7 千餘擔左右。1892
年又開始有剩餘米輸出，「在 1892 年前半年，出口超過入口的比率，達
每年 30,000 擔之譜」。[19]

---

[19] 謙祥譯：〈1882－1891 年台灣淡水海關報告書〉，頁 152。

　　廈門作為台灣洋貨轉口貿易的地位有所下降，但台灣茶葉仍然源源不斷地運往廈門，經過加工包裝後再銷售往海外各地。所以，台灣茶葉固然是淡水出產的（淡水的輸出在 1891 年差不多有廈門本地茶輸出的六倍），「但是，茶葉商人都在廈門設有總店，生意都是在那裡做的」。現將淡水茶輸出的狀況簡述如下：

　　1884 年，輸出額 98,674 擔，每擔 23.60 海關兩。淡水於 10 月 2 日被封鎖，自 10 月 23 日起船運完全停止，結果有 25,000 小箱的茶葉滯留市場，無法輸出，此外還有大量未包裝的茶葉留在茶農手中。

　　1885 年輸出額 122,730 擔，每擔 22.10 海關兩。4 月 16 日港口封鎖解除，1884 年剩下來的大量存貨可以自由離港，據說，運往廈門的茶葉獲取巨大的利潤。

　　1886 年輸出額 121,287 擔，每擔價格 27.48 海關兩。5 月底採摘的茶葉，品質優良，但夏天高溫缺雨，產量不多，秋茶產量甚豐，品質在中等以上，全年始終保持比較高的價格。

　　1887 年，輸出 126,442 擔，每擔價格 25.99 海關兩，由於美國市場蕭條，茶市開始疲軟，但是在 6 月份有大量的交易，11 月初交易轉為旺盛。

　　1888 年，輸出 135,741 擔，每擔價格 21.47 海關兩，市場交易一直很旺盛。

　　1889 年，輸出 130,708 擔，每擔 21.98 海關兩。本年茶葉品質較差，雖然茶價降到一個較合理的價格，但品質未見改善。為此，廈門商會訂立規則，防止摻混茶碎末，因摻茶末的人太多，實際上規則沒有嚴格執行。

　　1890 年，輸出 128,629 擔，每擔 29.38 海關兩。但雨水過多，春季收成量不足，後來的收成雖有提高，但茶價仍然偏高，到年底在廈門仍有 25,000 擔存貨。

　　1891 年，輸出 135,753 擔，每擔 20 海關兩。本年茶的質量不佳，第一、二次採的茶葉，通常是最好的茶葉，現則平淡無味，雖然價格甚

低，但交易不太活躍。[20]

　　從上可見，1884 年以後，台灣每年有十多萬擔茶葉運往廈門，然後轉運國外，因此，廈門作爲台灣茶葉轉運口岸的地位並沒有變化，而且還略有上升。八十年代以後，廈門的台灣茶轉口貿易仍然興盛，原因何在？一方面當然與淡水茶葉的大量種植有關。「數十年來，淡水所產之茶，年盛一年，茶質既佳，銷售自廣」。[21]另一方面，由於海關章程的改變，1883 年 1 月以前，淡水茶葉運到廈門中轉出口國外，要先交納復進口稅，其稅額爲進口稅的一半，復出口時，將稅款退還。1883 年以後，海關執行新的規定，淡水茶葉運入廈門口岸，只要商人具結，保證茶葉復出口，不必繳納復進口稅。起初，具結的有效期爲一季度，屆時未復運出口則需徵收關稅，但如果徵稅後短時間內復出口，稅款仍可退還。從 1885 年 1 月起，具結有效期延長一年。[22]由於實行簡化報關手續，延長具結有效期的做法，有利於淡水茶葉在廈門的轉運出口，促進廈門轉口貿易的發展。

　　爲什麼台灣的進出口貨物要經過廈門轉運呢？因爲到十九世紀中葉，隨著航海技術的發展，木帆船的建造越來越大，遠洋帆船一般在一千噸以上，新建造的輪船體積龐大，吃水很深，在台灣各港口沒有疏通以前，很難直航台灣。而同時期的廈門港不僅港闊水深，而且導航設施、通信設備都比較先進，正如《海關貿易報告》指出：「廈門作爲航運中心的有利條件是非常明顯的。她是一個極好的港口，船隻易於進入，並有著燈塔設施極好的航道，同時船隻停靠也極方便。她是南部沿海地區唯一與其餘的世界保持電訊聯繫的港口，在茶季，她每日通過信使與中國主要的茶港福州保持聯繫。信使通過陸路送信，來往於廈門和福州間大約需 48 小時，她是一些輪船航線的中途站或者是它們的終點站，因

---

[20]　謙祥譯：〈1882−1891 年台灣淡水海關報告書〉，頁 153。

[21]　〈廈門關稅務司柏卓安申呈總稅務司赫德函〉，光緒 14 年 2 月初 7 日，收於廈門海關檔案室藏，《申字稿簿》第 10 號。

[22]　〈1882−1891 年廈海關年度貿易報告〉，《廈概況》，頁 290。

而是處於一種中樞的位置上」。[23]良好的港口環境、較先進的港口設施，廈門必然成為台灣進出口貿易的中轉港。

其次，廈門是閩南、閩西貨物的集散中心，福建西南部的各種土貨經過廈門港轉運到台灣各地。通往廈門有五條重要貿易路線，「它們聯接的主要城市是作為與廈門貿易的次一級貨物集散地，這些城市是泉州、同安、浦南、漳州和白水營。前兩者與廈門東北面和北面的鄉村交通相聯繫，即包括泉州府和更遠的府，後三者則與廈門的西北面、西面和西南面的鄉村交通聯繫，即包括漳州及更遠的府」，除了上述五條路線，「廈門還同我們這片海灣沿岸的幾乎所有鄉鎮，以及附近的沿海地區有一些貿易往來，並通過民船與台灣引人注目的貿易關係」。[24]如永春府經由泉州府向廈門運來粗布和一些植物油，泉州府方面，晉江縣運入廈門的貨物有薯粉、稻草席、宣紙、筆、糖、植物脂、藥茶和錫箔等。同安縣各地經由同安路線運入廈門的貨物有數量較大的桂圓乾、花生、南京布、煙草和煙絲等，還有少量的土產鴉片、大麻、糖、面線、液態靛青、花生油和植物油、植物脂、醃製蘿蔔、豆粉和薯粉以及荔枝乾。除了茶葉以外，安溪縣還有經由同安線路，向廈門運來瓷器、茶籽、茶油、柿子乾、紅米，木梳、棕繩以及鐵器。龍岩州經由浦南線，除了向廈門運來茶之外，還有木材。永定縣經由漳州綿路，沿西溪向廈門運來少量鐵器、煙絲、松香、紅丹和植物油。漳州府的長泰縣，經由浦南線路，除了運來茶葉外，還有一些煙絲和煙葉。經過漳州線路，南靖縣運來麻布袋、麻布包、紙、柚子和醃製蘿蔔。龍溪縣主要經由漳州縣路，部份也經由浦南和白水營線路，向廈門運來糖、木桿、竹子、水仙花球莖和大蒜以及少量的絲織品和絲線。此外，還有大麻纖維、花、種子、洋蔥、植物油、植物脂、銅錢、銅器、荔枝干、真金箔，錫箔、煙葉、煙絲、爆竹、硃砂、紅丹、墨水、南京布和鐵器。海澄縣經由白水營線路和龍溪河口灣及本口岸外部海灣的水路，向廈門運來桂圓乾、柿子、

23 〈1880年廈海關年度貿易報告〉，《廈概況》，頁209、211、215、219。
24 同上註。

荔枝乾、木柴、花崗石、人造金絲、大麻纖維、煙葉、煙絲、液態靛青、紅丹、爆竹、稻草席、藥材、木杆、皮革和膠。[25]從各貿易路線集中到廈門的貨品，其中有很大的的部份轉運到台灣各港口。

第三、廈門作為台灣貨物的轉運中心，還與商業習慣有關係。《廈海關貿易報告》指出：「就台灣茶的貿易而言，本口岸是它的總的貿易中心，一定數量的台灣茶葉在淡水市場上出售，由外國洋行精製，並運到本口岸以便最後銷售，但作為一種習慣，中國茶葉生產者更樂意在廈門這更大的市場當場銷售。裝運茶葉一般都由洋行經辦，台灣北部的港口不適宜茶業的直接裝船運銷國外，因而台灣茶葉貿易與廈門貿易是如此密切相關，以致現在看來不可能有任何改變。[26]

（二）兩岸民船貿易

閩台兩地除了通過海關的商業貿易往來以外，還繼續保持異常活躍的民船貿易關係。這種民船是一種老式的平底帆船。停泊在淡水港數量可觀的平底帆船，「一年四季都可以利用順風和大陸沿海各港口進行貿易。刮西南季候風時，這些帆船就駛往北方，風向改變後，它們又重新回來，平時不管刮什麼風，平底帆船總能開往福州、廈門和泉州。自今正月初一到臘月三十，進入本港的共有六百八十九條平底船，每條平均按 70 噸計算，總噸位則為 48,230 噸。從本港開出，駛往大陸和台灣府的則有 683 條」。[27]與此同時，「台灣南部港口的貨物，幾乎完全排除了用輪船運輸而為帆船所壟斷，1868 年始航廈門、香港、打狗航線上的台灣號輪船，很快就撤走了，此外再也沒有進行過同樣的嘗試」。[28]廈門1873 年有價值 3,000,000 海關兩的貨物由民船運往台灣。[29]到八十年代

---

[25] 同上註。

[26] 〈1877 年廈海關年度貿易報告〉，《廈概況》，頁 188。

[27] 〈1867 年淡水海關年度貿易報告〉，收於聶寶璋編，《中國近代航運史資料》，（上海：上海人民出版社，1983），頁 1299。

[28] 〈1870 年台南海關年度貿易報告〉，收於聶寶璋編，《中國近代航運史資料》，頁 1299。

[29] 〈1873 年廈海關年度貿易報告〉，《廈概況》，頁 96。

初，儘管德忌利士輪船公司有三艘 300－500 噸的輪船航行於台灣、廈門和香港之間，仍有「許多民船從事本口岸（廈門）與台灣、澎湖列島及其他靠近本口岸的大陸口岸間的貿易」。[30]從 1882 年至 1891 年閩台兩地的民船貿易仍然經久不衰，據《廈門海關十年報告》云：每年進入廈門港口的民船，載重量大約是 200,000 擔，民船有四種，其名稱是：祥芝北、大北、小北和駁仔。據悉，大約總數的 77%被用於廈門和台南間的航運，5%用於廈門和澎湖列島間的航運，5%用於廈門和泉州間的航運，剩下的 5%用於廈門、南澳島和汕頭間的航運。來往於廈門和台南間的民船大多經過泉州，運載兩邊的一般貨物，來往一趟，大約需要二個月時間。以前從事於廈門、泰國和海峽殖民地間航運貿易的大型民船，如今也從事台南、寧波、廈門間的航運貿易。這些民船都從晉江縣、銅山和雲霄取得他們的執照，每一次都由船主將執照送往常關檢查，如果一切正常，常關便蓋章簽字，允准船隻離港。每條民船的航員人數，大約每 1 千擔的噸位配備 12 名船員。[31]

　　福州口岸與台灣的貿易，「由於缺乏輪船或帆艇，因此侷限於民船貿易」。[32]開往台灣的船叫「台灣船」，台灣船航行於台北與福州之間，它們裝走軟質原木，運來大米和食糖，每艘民船根據船隻大小配備船員，小型的一般為 20 人，大型的約 30 人，一名普通水手月薪 2 元，供應伙食，並得到一個存放私人攜帶的商品的艙位。船主的酬報根據合同約定，據說船主沒有按慣例領工資，而是在盈利中取得固定的份額。一艘民船一年運輸商品的價值大約在二萬至三萬之間，所得毛利在好年頭可佔其資金的 20%。[33]據常關統計，1867 年進入福州港的南方民船 138 艘，結關出口往南方的民船 225 艘，入港的北方民船 268 艘，結關出口往北方的民船 333 艘，[34]全年常關稅 3,200 兩，其中從台灣徵收的進口

30　〈1880 年廈海關年度貿易報告〉，《廈概況》，頁 212。

31　〈1882－1891 年廈海關十年報告〉，《廈概況》，頁 285。

32　〈1867 年閩海關年度貿易報告〉，《福概況》，頁 52。

33　〈1882－1891 年閩海關十年報告〉，《福概況》，頁 376。

34　常關不登記進口的空民船，只統計裝貨的民船，因此，結關出口的民船多於進口的民船。

稅 2,100 兩，出口稅 3,000 兩，進出口稅共 5,100 兩，約佔福州常關稅總數的 16%。[35]到九十年代，福州的民船運輸貿易量仍然很大，並且十分繁榮，福州與天津、山東和牛莊之間往來的民船叫「北駁」，約四十艘。開往台灣的民船約七艘，它們運進食糖、樟木、牛皮、煤、鹿皮和西藥，運走原木、厚木板、紙張、笋和柴火，每艘船載貨物價值約 2 萬元。每艘民船攜帶牌照一張和結關證明一張，當經過閩安進來時，要向常關提供一份艙口單，出去時，提供一份貨物總單，但是自從常關歸入海關管理後，每艘民船都要將貨物總單呈給卸貨岸的海關。[36]

泉州與台灣民船貿易也很繁盛，因泉州沿海一帶，港灣很多，對船的寄泊、航行均十分有利，木帆船可航行於近海和遠洋，海外貿易曾盛極一時。後來因晉江上游水土流失，大量泥沙沈積海底，後渚港逐漸淤塞，但是，泉州灣其他各個港口仍與台灣保持商業貿易往來關係。據光緒三十四年，日本設在廈門的「三五公司」調查，到日治初期仍然有許多民船穿梭於海峽兩岸，如泉州灣「北岸有秀涂港，居民五、六百戶，有船與廈門、台灣交通。秀涂東二十里，有獺窟港，常有帆船百餘艘輻輳港內，與台灣的交通很盛。獺窟東二十里，有稱為崇武的重要港口，人口二萬，有船與廈門、台灣、福州、浙江通航。獺窟、崇武二港均屬惠安縣管轄。泉州港東南又有一小港叫蚶江，人口一萬，帆船多與台灣交通」，其中蚶江、深滬二港，「每月有帆船五、六艘到台灣，那些走私台灣的商人，也由此二港出口」。[37]除泉、台直航以外，還有一些「泉州民船主要在台灣與福州之間航運，帶去普通雜貨，帶回糖、鹽等」。[38]

關於閩台的民船貿易，我們在台灣的海關報告書中也可以找到記載，如「在過去諸年中，台灣的米曾有大量的輸出，主要是用民船運載的，甚至在現在，這種笨重物品之向內向外的運送，主要還是使用本國的船隻」。又如「本國產的鴉片被從溫州和同安（福建的泉州）用民船

---

[35] 〈1867 年閩海關年度貿易報告〉，《福概況》，頁 60。
[36] 〈1882－1891 年閩海關十年報告〉，《福概況》，頁 400。
[37] 王連茂、莊景輝：〈1908 年泉州社會調查資料輯錄〉，《泉州工商史料》1983：2，頁 174。
[38] 〈1882－1891 年閩海關十年報告〉，《福概況》，頁 376。

運來，這是一項已知的事實，但是運來的數量多少，則不得而知——甚至關於有多少數量付了釐金的傳聞證據，多少數量逃避了釐稅的謠傳，也付之闕如。可是，雖然關於這件事情我們並沒有確實的資料，但是，大量的本國產的毒品被運進台灣，用以與其他產品混合起來，乃是毫無疑問的事」。[39]據估計，每年大約有 400 艘民船進入滬尾口（淡水），其中約有 100 艘是積載量為 3,000－5,000 石（約 200－300 噸）的大船，300 艘為積載量自 1,000－2,000 石的小船，如果再加上進入基隆及其他小海口的船隻，則淡水港的民船有 700 艘。有一天對停泊在淡水港的 13 艘民船進行調查，其出發地及載入之貨物如下：

> 從泉州來的民船 5 艘，載入貨物有磚、燒香紙、挂面、棉布、豬。
> 從廈門來的民船 1 艘，載入貨物有棉布、瓷器、陶器。
> 從福州來的民船 1 艘，載入貨物有木柱、紙、挂面。
> 從溫州來的民船 3 艘，載入貨物有豬、煙草、傘、明礬。
> 從寧波來的民船 1 艘，載入貨物有棉布、花生油。

這 13 艘民船準備開航的目的地及從台灣運出的貨物如下：

> 駛往泉州的民船 6 艘，運往的貨物有煤、大麻。
> 駛往廈門的民船 1 艘，運往的貨物有煤、木材。
> 駛往福州的民船 1 艘，運往的貨物有煤、大麻。
> 駛往寧波的民船 3 艘，運往的貨物有糖、靛青、大麻。
> 駛往溫州的民船 2 艘，運往的貨物有壓物艙等。[40]

從上可見，無論是駛入淡水港的民船還是駛出淡水港的民船都是以與福建貿易為主的。

經過台南安平常關的民船在 1890 年有 185 艘，它們輸入的貨物主要是軟木板、木柱、生棉花、磚、瓦、陶器、瓷器、香紙、線香、南京布以及少數的外國布匹。載出的貨物有糖、花生餅、豆子和樟木板。運費係由商品的價值而定，自廈門來的木頭、陶器、磚瓦等的運費每擔五

分銀子，到廈門的出口貨的運費約為每擔一錢。每年運進貨物之總價值
為 720,000 元，出口之總價值為 1,000,000 元。平均每條民船的積載量
約為 1,000 石，其製造費用估計為 2,000 兩銀子。由於此地木材的缺乏
和勞工的昂貴，船隻都是在大陸上造的，其所有者也在大陸。一般而言，
所載運的貨物也就是船主的貨物，但有時也有轉運其他商人的貨物，一
條船往往是四、五人合股的，每條船都有執照，上面寫明主人的姓名、
原港地點、船員人數、船上武器的數目、穡數以及用擔計算的積載量。
每年抵達和離開打狗的民船有 200 艘，這些民船的積載量為 400 − 1,000
擔不等，民船自打狗運進的貨物與安平相同，其運出口的貨物主要是稻
米、花生餅、豆餅和藤。船員的人員從 10 − 20 人不等，這些船也是在
大陸製造的，價值在 300 − 1,000 元，對於貨物不收進口稅和出口稅，
但對出口貨須課以釐金。此外，每年約有 20 條稱為「牽風」的小船從
廈門來此載運鳳梨。[41]

　　五口通商以後，在外來船運勢力對中國木船運輸業的競爭和打擊
下，閩台兩地的民船商業貿易為什麼能持續下來呢？這是由於以下原因
造成的。

　　首先，台灣港口條件更適合於民船貿易。根據不平等條約，到 1865
年台灣南北四個港口雞籠、淡水、安平、打狗已全部開放，但是淡水、
安平、打狗港的入口則都有沙洲阻礙，只有在天氣平靜並在高潮時船隻
才能通過，而且在這種時候也只有吃水淺的民船才能通過。[42]例如打狗
港外，沙洲經常在變遷，輪船只能在沙洲以外拋錨，其所載運的貨物需
由當地的小船轉運上岸，木帆船有時可以進港，但在裝滿貨物時，因沙
洲的水過淺而無法通過。輪船停在港外，於西南季風時任海浪沖擊，結
果，裝卸貨物工作不得不於夏季停頓，這一時期的船多躲避到澎湖，或
因意外的羈留，以致缺乏給養、水或煤，被迫去廈門補充新給養。在這
種情況下，台灣南部的輪船貿易一年只進行五個月左右，因此浪費了許

---

[41] 謙祥譯：〈1882−1891 年台灣台南海關報告書〉，頁 189−190。
[42] 謙祥譯：〈1882−1891 年台灣淡水海關報告書〉，頁 162。

多金錢和時間。1881 年春天，商人們曾提議挖掘沙洲，開挖港道，但未獲結果。1885 年劉銘傳任台灣巡撫時，「人們希望在這位精力充沛和開明的統治者之領導下，此港也能有所改進。然而不幸的很，就南部的關係而論，一切事務仍滯留在落後的狀態中，雖然裝設了電線，商人們仍須忍耐由停泊處裝卸貨物所引起的各種不便、危險以及延滯」。[43]台灣北部的基隆港雖然擁有一個廣大的避風深水港，甚至大的輪船均可駛入，但是，從台北（台灣主要的茶葉和樟腦市場）到基隆的道路很差，大量的貨物未能及時地運到基隆港。為了使基隆成為一個良好航運港，1887 年開始修建從台北到基隆的鐵路，然而，修建的速度很慢，到 1888 年火車僅能從台北開到八里，1889 年進展更為遲緩，年底時僅僅修到水返腳界，約到基隆的一半路程。1890 年開始挖山洞，當年年底火車通到距離基隆二里遠的嶺腳，再延伸一里，才可直達港岸的一個碼頭。從台北往南修建鐵路更為緩慢。基隆港未能得到充份的開發，除了修鐵路用錢太多，財政困難外，與沒有獲得北京當局的贊許和大力支持是分不開的。清朝中央政府「認為這個港口有碼頭，有船塢，有充裕的煤供應，再有同內地之間的火車交通，對於那些在中國尋找加煤站的國家，勢將成為一種無法抗拒的誘惑，所以一直沒有準備使火車直駛碼頭，也沒有準備設立棧房，以便接納輸出的貨物」。[44]後來，雖然台北至基隆的鐵路已初步修通，但「因為鐵路還不十分穩妥可靠，運輸者不願把茶葉、樟腦之類貴重貨品交托鐵路運輸，所以迄今還沒有茶葉樟腦之類被運到那裡，訪問基隆的輪船也僅僅都是為了加煤」。[45]由此可見，日治時期以前，台灣南北港口均沒有得到很好的開發，不適合於輪船的停泊，因此，閩台兩地的民船貿易才能繼續保持下去。

其次，除了四個正式開放的通商口岸以外，台灣島沿岸還有許多港口，雖然這些港口水淺港小，但更適合於吃水淺的民船停泊，它們可以沿岸行駛，在惡劣的天氣下也可以進入小港灣裝載貨物。另一方面，在

---

[43] 謙祥譯：〈1882－1891 年台灣台南海關報告書〉，頁 173。

[44] 謙祥譯：〈1882－1891 年台灣淡水海關報告書〉，頁 173。

[45] 同上註。

這些非通商口岸的稅率只有正式開放港口的一半，在這些沿海地方，他們只須交納少量關稅或不交關稅而只交更少的地方稅，便可運出貨物，「這自然使他們的船貨比外國商人從通商口岸運出的船貨更優越得多」。[46]

第三、台灣到福建的航程短，在航程長時才能顯示出比中國木船優越的外國輪船在這裡發揮不了它的長處。因為在航程只有一天的情況下，兩者間的差別幾乎完全顯現不出來，更有利的是木船可以無限期地停泊在港口內，等待裝卸貨物。時間，是租用外國船舶時的一個重要因素，但是時間對木船來說，根本無所謂，它們可以一天一天地等待順風。早晨成群結隊出港，可是，一發現港外風向不對或者天氣惡劣，又全部返航，而且一連幾天都可能這樣，這種現象並不罕見，西南季候風刮得比較大時，外國船舶可能一連幾天出不了港而耽擱下來，可是木船，由於吃水淺，又有長槳幫忙，就不像那些與它們相競爭的大輪船那樣，受風向和潮水的擺佈，「綜合上述各因素，外國船舶自然處於劣勢」。[47]

（三）結論

五口通商以後，福建與台灣仍然保持十分密切的貿易往來。從各海關的年度貿易報告和十年報告看來，每年有大批洋貨從廈門復出口到台灣，主要是棉織品和鴉片。除了洋貨的復出口以外，廈門每年還有大量的土貨和復出口的土貨運到台灣，土貨出口以磚、陶器、麻布包、鐵器、藥材、土布（南京布）、紙等商品為主；復出口土貨主要有棉花、油紙、金針菜、煙絲以及廣州出產的茶墊等。與此同時，台灣出產的土貨也源源不斷地運到廈門、福州等港口，主要商品為樟腦、茶葉、花生餅、大麻、紅糖、木板和煤，其中以茶葉的輸入最為重要。由於台灣茶的大量輸入，不僅大大地提高廈門作為茶葉出口港的地位，而且也使閩台貿易

---

[46] 〈1870 年廈海關年度貿易報告〉，《廈概況》，頁 53。
[47] 〈1869 年淡水海關年度貿易報告〉，收於《中國近代航運史資料》，頁 1297。

中台灣處於出超的地位，爲此，每年要向台灣運去大量金銀，作爲購買茶葉、紅糖的貨款。

閩台兩地除了經過海關的商業貿易往來以外，還繼續保持自前清以來異常活躍的民船貿易關係，每年從廈門、泉州及沿海其他各個港口有大批的民船滿載磚瓦、瓷器、陶器、木柱、煙草、豬、雨傘等手工業品和生活用品到台灣，又從台灣各個港口運回煤、糖、木材、靛青、大麻、大米、花生餅和藤等貨物，民船貿易成爲閩台兩岸貿易的重要力量。

由此可見，五口通商以後，閩台兩岸的商業貿易並沒有迅速衰敗下去，而是繼續保持旺盛的勢頭。當然由於歷史條件的變化，晚清兩岸的商業貿易往來也出現新的特點，前清閩台兩地的貿易是以直接貿易爲主，大陸出產的手工業口和各種生活用品源源不斷地供應台灣，台灣生產的大米、糖等農產品直接輸前福建，但是，到了晚清，除了繼續保持兩岸的直接貿易之外，還出現了以廈門爲主的轉口貿易，大量的洋貨如棉布、鴉片經過廈門轉運輸入台灣，台灣出產的茶葉運到廈門，經過加工包裝，再銷往美國和歐亞各國。

閩台兩地的貿易往來從九十年代開始出現衰落現象，特別是 1895年台灣被迫割讓日本以後，日本人扣留許多較小民船，「被留在該島沿岸以滿足新開闢的輪船航線之需，這也是引致民船貿易衰落的另一個原因」，日本的扣押使廈門從事沿海貿易的民船總數，從 1892 年的 206 艘，載重量爲 149,010 擔，下降到 1901 年的 108 艘，載重量爲 85,321 擔。[48]另一方面，日本人佔領台灣後，修建鐵路，開挖港道，使基隆、打狗成爲南北的兩個深水港口，逐漸取代廈門轉運港的地位，從此以後閩台兩岸的商業貿易逐步衰落下去。

（刊《台灣商業傳統論文集》1999 年）

---

[48]　〈1882－1891 年廈海關十年報告〉，《廈概況》，頁 330。

引用書目

不著撰者

1888 〈廈門關稅務司柏卓安申呈總稅務司赫德函〉，光緒 14 年 2 月初 7 日，收於廈門海關檔案室藏，《申字稿簿》第 10 號。

王連茂、莊景輝

1983 〈1908 年泉州社會調查資料輯錄〉，《泉州工商史料》1983(2)： 174－188。

李祖基

1986 《近代台灣地方對外貿易》。南昌：江西人民出版社。

周凱

1961 《廈門志》，台灣文獻叢刊第 95 種。台北：台灣銀行經濟研究室。

林滿紅

1978 《茶、糖、樟腦業與晚清台灣》，台灣研究叢刊第 115 種。台北： 台灣銀行經濟研究室。

〈貿易與清末台灣的社會經濟變遷（1860－1895）〉，《食貨月刊》 9(4)： 136－142。

1994 《四百年來的兩岸分合》。台北：自立晚報文化出版部。

黃福才

1990 《台灣商業史》。南昌：江西人民出版社。

廈門市志編委會

1990 《近代廈門社會經濟概況》。廈門鷺江出版社。

溫振華

〈淡水開港與大稻埕中心的形成〉，《台灣師大歷史學報》6。

福州海關編

1992 《近代福州及閩東地區社會經濟概況》。福州：華藝出版社。

謙祥譯

1957 〈1882－1891 年台灣淡水海關報告書〉，《台灣銀行季刊》9(1)： 149－171。

聶寶璋編

1983　《中國近代航運史資料》。上海：上海人民出版社。

六、臺灣光復前後福建對臺灣的支援與幫助

福建與臺灣隔海相望，唇齒相依，在反抗日本殖民者的侵略鬥爭中，相互支援，互相支持，用鮮血和生命譜寫了一曲曲光榮的歷史篇章，體現了中華民族反侵略反壓迫的優良傳統。

（一）

1895 年 4 月 17 日，清朝政府被迫簽訂了喪權辱國的《馬關條約》，將臺灣、澎湖割讓給日本。馬關條約簽訂的消息傳出後，舉國震驚，彙集在北京的福建、臺灣等 18 省舉人舉行大會，強烈反對不平等條約，並有 600 餘人簽名「公車上書」，痛斥李鴻章的賣國行為。臺灣島內人民義憤填膺，鳴鑼罷市，自發組織起來反抗日軍的入侵，堅持長達 7 年的抗日武裝鬥爭給日本侵略者以沉重的打擊。

1937 年 7 月 7 日盧溝橋事變，爆發全面抗戰，臺灣人民的抗日鬥爭進入一個新階段。他們擺脫孤軍作戰的狀況，與祖國大陸人民的抗日鬥爭密切配合，互相支持，特別是海峽兩岸的閩台軍民聯繫更為密切。早在 1923 年臺灣嘉義縣人李思禎已在廈門組織「臺灣尚志社」，名義上是切磋學術，實際上要喚醒民族思想，脫離日本統治實行「民族自決」。第二年以「尚志社」為骨幹，召開「在廈門臺灣人學生大會」，發表宣言書和決議文，寄送臺灣、大陸各地和日本東京。《宣言書》的發表，引起日本廈門總領事館的注意，他們偵騎四出，加以迫害。然而，在廈門人民的支持下，反日鬥爭並沒有停止。不久以郭丙辛為首，招集廈門及臺灣之學生共同組織「廈門中國臺灣同志社」，兩次發表宣言。宣言呼籲在廈的臺灣人同胞：我們臺灣人並不是日本人，日本人是我們的仇敵，我們臺灣人是漢民族，中國的同胞，應該相互提攜，相互支持。宣言也呼籲廈門的中國同胞：我們應該牢記國恥，永勿忘國恥日，要團結，

要奮發，回收國土，撤廢不平等條約，脫離外國羈絆，建立獨立自主的民主國[1]。中國臺灣同志會的第二次宣言，除繼續揭露日本在臺灣的殖民統治和經濟掠奪外，再次呼籲：臺灣同胞啊！倭奴的兇焰，有進無退，在對岸廈門的臺灣同胞，也要受暴日的壓迫，我們已被迫到無容身之地了，應該快和中國同胞協力，來雪恨報仇。

在宣言的鼓舞下，在廈門的臺灣學生，如嘉義李思禎（廈門大學）、彰化王慶勳（廈門大學）、臺北翁澤生、洪朝宗（集美中學）、基隆許植亭（同文書院）、台南江萬里（中華中學）等人，經過數次的協商，決定組織「閩南臺灣學生聯合會」。1924 年 4 月，在廈門舉行成立大會，到會者 400 餘人，廈門《廈聲時報》主編代表來賓發表熱烈的演講。同年 11 月，又在廈門思明教育會館召開聯合會秋季大會，計畫發行宣傳刊物，取名爲「閩南臺灣學生聯合會共鳴社」，由嘉義莊泗川、張棟二人任主編。

由於有以上的組織基礎，因此「七.七」盧溝橋事變發生後旅廈臺灣同胞立即發起組織抗日復土總同盟，據 1937 年 8 月 30 日的《江聲報》報導：昨聞留廈台人部分青年，將聯合呈請我當局予以自新，爲祖國效勞，昨日有宋重光、施朱、游新民、葉永隆等，假廈門大中路回生醫院一樓開會，討論恢復國籍效命我中華民國。會議決議：（一）組織：臺灣同鄉抗日復土總同盟；（二）宗旨：本會聯絡有志同胞站在同一戰線，以收失地及力謀我中華民族自由解放爲宗旨[2]。根據決議精神，30 日下午，召開廈門市臺灣同鄉抗日復土總聯盟第一次籌備會議，出席會議的有許新居、潘文村、王任本、王逸華、王志文、葉永青等 40 多人。會上，由游新民作組織報告，他說：我們不願在日本帝國主義鐵蹄下過著奴隸生活，我們要和祖國與我們同胞站在同一戰線，爭取我們的自由解放。現在我們祖國已到了最後關頭——全面抗戰，也就是我們臺胞發揮我們熱血的時候了。現在發起組織本會，就是要聯合我們臺胞站在同一

---

[1] 《臺灣省通志》卷 9，第 6 章。

[2] 《江聲報》1937 年 8 月 30 日。

戰線，以鐵和血與日本帝國主義作殊死戰。接著，指揮部代表吳明均致詞：今天到會諸君能擴大組織此會，為民族爭取自由解放這是祖國的榮幸。我們要準備一切，犧牲一切，為中華民族爭取自由解放而戰。

廈門市臺灣同鄉抗日復土總聯盟成立不久，居住在石獅的台籍醫師周燕福等 9 人，也聯呈駐泉八十師二三九旅部、晉江縣黨部、晉江縣政府暨第三區署，要求成立石獅同胞抗日復土總同盟。呈文說：竊民等原屬炎黃子孫，或因往台謀生，或在臺灣淪陷後被迫入日本籍者。數十年來，受日本帝國主義之壓迫，罄竹難書，冀圖復土者再，曾屢次革命，熱血青年殉難者至為壯烈，以後援不繼，革命終不得成功。此次暴日侵略祖國，全國軍民精誠團結，決心徹底抗敵。民等圖報有機，非團結組織共負復土之責不可。查廈島同胞經在政府指導下成立抗日復土總同盟，進行復土救國工作。民等繼起回應，按照廈門組織辦法，籌備組織石獅臺胞抗日復土同盟會，與廈會連成一氣，作抗戰復土運動，懇准於備案。臺胞周燕福等人的申請，很快得到晉江黨政軍當局的批准，於是 9 月 21 日下午在晉江召開第一次籌備會。籌委會成立後，開始登記會員及印發宣言，宣言號召：我們要流盡最後一滴血，我們要抗爭到最後一刻，我們要集中力量，在祖國政府領導下統一抗戰，恢復失土。宣言最後高呼：臺灣的英雄民眾們起來，一致殺盡日本獸政府的日本獸兵，最後勝利是我們祖國及臺灣[3]。

隨著全國抗日運動的發展，在福建的臺胞抗日活動更為活躍。1939年臺灣革命青年大同盟，配合廈鼓中華青年復土血魂團在廈門、鼓浪嶼散發抗日傳單，號召臺胞從事革命，探敵軍情況，報效祖國，幫助中華復土血魂團愛國分子，暗殺敵人高級軍官[4]。

在臺胞的抗日活動中，以李友邦的臺灣義勇隊最為著名。李友邦臺北市人，早年受五四新文化運動影響，參加反抗日本統治的學生運動，被學校勒令退學後，西渡臺灣海峽，到廣州考進黃埔軍校。在孫中山的

---

[3] 《泉州日報》1937 年 10 月 2 日。

[4] 《泉州日報》1939 年 3 月 1 日。

革命精神感召下，成立臺灣獨立革命黨，自任黨主席。1925 年從日本繞道回到臺灣，從此，奔走於臺灣、日本、上海、杭州、廣州之間從事反對日本殖民者活動，一度還被國民黨特務逮捕入獄。在獄中他受到駱耕漠等一批共產黨員的影響，增強了為臺灣回歸而奮鬥的決心和意志。出獄後，在共產黨的大力支援下，1938 年在浙江金華宣佈將成立臺灣義勇隊。為了擴大隊伍，他帶著《告臺灣同胞書》到福建崇安台民墾殖區招募臺胞入伍，受到熱情的接待和歡迎，崇安縣長「以該臺胞服膺祖國參加抗敵工作，表現大民族團結精神，增強抗戰力量，意義深長。經於先一日召開茶話會竭誠招待，並於十日午召集各界舉行歡送大會，熱烈歡送，以資勉勵」[5]。當李友邦提出派車輛接送，補助 3 個月伙食費（每月每人 7 元），每人給予軍裝衣褲、鞋靴各兩套的要求時，得到了支援。1942 年 5 月，日寇分五路向金華、蘭溪方向進犯，臺灣義勇隊奉命撤往福建，在閩北浦城作短暫停留，10 月再次遷移到閩西龍岩，自此以閩西為基地，在福建人民的大力支持下，開展一系列抗日救國活動。首先，開展各種抗日宣傳工作和社會工作。臺灣義勇隊配合福建各級地方機關開展各種紀念活動。如發動從軍、擴大節約以籌募從軍家屬慰勞金等工作，如他們到福建後，兩次派人到閩南沿海活動：第一次有 48 人，分三組到漳、泉各縣，宣傳抗日。第二次由李友邦親自帶領第二區隊全體人員到閩西南各地，為軍中文化基金及豫省災救濟金進行募捐公演。第二，搜集及傳送敵偽情報，他們通過偽裝走私船，密派交通員潛人敵後，利用村民打探消息，潛入敵偽軍或行政機關內供職，暗中打聽消息，潛入敵偽淪陷區各種職業團體，千方百計搜集敵偽的政治、經濟、軍事情報。據統計，1943 年獲取廈、金敵偽動態情報 72 件，1944 年又獲取廈、金敵偽動態情報 18 件[6]，這批情報的獲得，為福建軍民打擊日偽政權起了一定的作用。第三，直接開展軍事鬥爭。對廈門市的日

5　《崇安縣長代電（1939 年 3 月 11 日）》，見（閩台關係檔案資料）第 226 頁，鷺江出版社
　　1993 年 6 月版。

6　《三青團中央直屬臺灣義勇隊分團第二屆大會工作報告》，見《閩台關係檔案資料》第 310
　　頁。

本侵略軍展開三次武裝突擊，打擊日寇的囂張氣焰，成為福建人民抗日戰場的一個組成部分。

從上可見，臺灣義勇隊的各種抗日宣傳活動，刺探敵偽情報和直接的軍事鬥爭，有力地協助福建軍民打擊日本侵略者。同時，福建軍民也給臺灣義勇隊各方面的支持和援助。

（二）

1945 年中國人民經過 8 年抗戰，終於打敗了日本侵略者，取得抗日戰爭的偉大勝利。同年 10 月 25 日，臺灣省行政長官兼警備司令陳儀在臺北接受日軍第十方面軍司令長官安藤利吉的投降。從此，被日本佔領長達 50 年的臺灣省，重新回到祖國的懷抱。

在臺灣光復的過程中，與臺灣一水之隔的福建成為培養收復和管理臺灣的黨政軍幹部的培訓基地。早在臺灣光復之前，福建的有識之士已主動提出要協助國民政府做好收復臺灣的準備工作，1944 年 4 月 27 日舉行的福建省臨時參議會第二屆第二次大會上，以黃謙若、顏子俊、王孝泉、陳村牧等人提出「發動研究臺灣問題，加強民眾認識」的議案。議案理由：「臺灣原屬本省轄區，其人民多系明朝忠臣移民後裔，至今風俗語言與漳泉無殊，自開羅會議決定歸還我國後，中央對臺灣復歸問題已多方研究，我閩因地理歷史之密切關係，將來在軍事、政治、教育、經濟各方面所負之任務甚重，極應發動研究，加強民眾認識」。為此，議案提出兩條具體的辦法：一、發動本省專科以上學校多作臺灣問題研究，並通令各中小學於講授史地時，增加有關臺灣材料。二、本省黨政機關及臺灣黨部應編印臺灣史地（包括臺灣革命史）供應各級黨部、軍隊、學校、社團作訓練及參考資料。此項議案獲大會通過，並決議送請福建省政府查照辦理[7]。同年 12 月在福建省臨時參議會第二屆第三次大會上，臨時參議會副會長林希謙又再次強調協助收復臺灣，他說：「自

---

[7]《福建省臨時參議會第二屆第二次大會決議案》，南京中國第二歷史檔案館一七一.2.103 卷。

從盟機不斷地轟炸臺灣，美軍在菲律賓大舉登陸後，太平洋我敵形勢爲之一變，而臺灣收復的時期，亦更逼近。關於臺灣收復後的復員及一切措施，中央固然籌之已熟，可是閩台原屬一家，我們福建人士，對於臺灣的一切，實負有兄弟相扶持的先天義務，同時中央亦已需要我們福建人士作更進一步的幫助」[8]。

在收復臺灣的準備工作中，人才準備最重要也最困難。1944 年 5 月 15 日臺灣調查委員會主任委員陳儀給陳立夫的信中認爲，「臺灣收復後最困難的問題是人員問題，因爲臺灣各機關高級人員幾乎都是由敵人擔任，收復以後，立刻須由中國人接任，這一大批人員的補充眞是問題，如何補充，本會正在考慮計畫」[9]。因爲臺灣被日本奴化統治 50 年之久，特別是日本推行「皇民化運動」，強行推行日語教育，使許多臺灣同胞只會講日語或閩南話，而不會說國語。所以會講閩南語成爲選拔接受臺灣幹部的重要條件之一，1944 年行政院秘書處關於收復臺灣準備工作中明確指出：「訓練儲備辦理臺灣之各項人才，尤以員警及小學教員爲重要，以閩南訓練爲適宜，稗語言可通」[10]。在臺灣調查委員會座談會上，許多委員也提出要訓練通曉閩南語的接管幹部，有的委員認爲：臺灣收復以後在工廠工業方面需要人才，臺灣的中級人才很多，高級人才很少，行政教育人才需要亦多，現在應即開始訓練。軍事方面應訓練閩南的軍事人才，以備參加盟軍登陸的工作。有的委員提出：應在福建或廣東訓練大批，至少 1 千人適合臺灣工作之政工人員[11]。

經過一段時間的籌備，1945 年 1 月專門委員胡福相到福建長汀會同中央警校主辦臺灣警察

幹部訓練班，不久又遷移到福建三元縣梅列鎮原福建省保安司令部

[8]　《福建省臨時參議會副會長林希謙關於協助中央收復臺灣的講話》，《閩台關係檔案資料》第 383 頁。

[9]　《陳儀致陳立夫函》，陳鳴鐘、陳興唐主編《臺灣光復和光復後五年省情》第 60 頁，南京出版社 1989 年版。

[10]　《行政院秘書處關於收復臺灣準備工作的往來函電》，《臺灣光復和光復後五年省情》第 2 頁。

[11]　《臺灣調查委員會座談會紀錄》1944 年 7 月，《臺灣光復和光復後五年省情》第 24、26 頁。

舊址。中央警官學校台幹班共畢業人數 922 人，其中福建籍 662 人，占 72%。詳見下圖[12]：

期數	畢業時間	畢業人數	籍貫										
			閩	粵	浙	鄂	湘	蘇	桂	皖	晉	贛	台
台幹講習班第一期	1944.10	36	11	16	3	2		1		1	1		1
台幹講習班第二期	1945.6	28	15	4	7			1	1				
台班學員隊	1945.10	75	65	5	3	2							
初幹班第一隊	1945.10	116	98	13	4							1	
初幹班第二隊	1945.10	112	90	18	2					1		1	
初幹班第三隊	1945.10	60	5	39	15								1
初幹班第四隊	1945.12	128	105	14	9								
初幹班第五隊	1945.12	117	88	23	6								
台幹班學生隊		250	185	52	11		1	1					
合　計		922	662	184	60	2	3	3	1	2	1	2	2

除了中央警校台幹班之外，還舉辦中央訓練團行政幹部訓練班，培養接管臺灣時的民政、司法、工商交通、財政金融、農林漁牧、教育方面的行政管理幹部。行政幹部訓練班的師生也多數是福建人，具體名單，詳見下表[13]。

教師	姓名	籍貫	現任
外國語講師	何孝怡	福建	中央設計局專門委員
	高　翰	福建	正中書局編審委員
民政組導師	宋斐如	同安	中央設計局專門委員
財政金融組導師	劉玫芸	福建	四聯總處秘書長
工商交通組導師	張天澤	福建	中央設計局專門委員
司法組導師	李景禧	閩侯	四川大學教授

---

[12] 《中央警官學校台幹班學生畢業同學錄》，《閩台關係檔案資料》第 808 頁。

[13] 《中央訓練團臺灣行政幹部訓練班第一期教職員學生通訊錄》，南京中國第二歷史檔案館一七一.2.101 卷。

學員	姓名	籍貫	學歷	現任
民政組	周士弘	林森縣	中國公學政治系	黨政工作考核組
	馬仁波	長樂縣	復旦大學政治系	中央黨部編審
	陳澐齡	莆田縣	協和大學	農林部
	林振漢	詔安縣	中央警校	重慶市社會局
	郭　鋒	林森縣	清華政治系	侍從室第三處
	林頌和	林森縣	福建學院法律系	軍委會
	張振漢	莆田縣	明法大學法律系	外交部
	康玉湖	龍溪縣	中央軍校	軍委會
	陳國犀	林森縣	震旦大學文學系	重慶市
	連震東	龍溪縣	慶應大學經濟系	軍委會
	周　點	林森縣	福建學院政治系	中央設計局
工商交通組	張　源	詔安縣	廈門大學教育系	西北公路局
	陳永健	林森縣	北平大學經濟系	交通部
	陳壽民	林森縣	早稻田大學經濟系	侍從室
	張邦謨	永定縣	勞動大學機械系	華紗布管理局
	徐積清	林森縣	交通大學管理系	交通部
	李佛續	晉江縣	金陵大學電機系	資源委員會
財政金融組	鄒幼臣	林森縣	廈門大學經濟系	財政部
	林基芳	永泰縣	廈門大學銀行系	財政部
	丘信亮	長樂縣	北平法文專科	郵政總局
	陳際湜	林森縣	復旦大學法學院	國防委員會
農林漁牧組	李兆輝	長汀縣	中央大學水產專科	農林部
教育組	塗宇青	廈門市	南洋華僑中學	臺灣革命同盟會
	薛人仰	林森縣	中央大學教育系	中央組織部
	吳國棟	南靖縣	廈門大學教育系	軍委會
	鄭騰輝	惠安縣	莆田高師	軍委會
	沈國英	詔安縣	省立師範	軍委會
	林紹賢	龍溪縣	廈門大學教育系	邊疆學校
司法組	鄭孝良	林森縣	福建政法學校	阜陽地方法院
	陳丞城	壽寧縣	福建學院法律系	建甌地方法院

　　以上這些閩籍行政幹部在接管臺灣，恢復臺灣行政建制中起了重要作用。

　　在臺灣光復過程中，除了行政幹部外，中小學教師是福建支援臺灣最大的群體，在光復之前的 1944 年 4 月 27 日召開的福建省臨時參議院

第二屆第二次大會第十一次會議上，鄭玉書、顏子俊等人已提交「請中央迅在福建設立特種師範學院培植臺灣小學師資案」。提案認為：「抗戰勝利為期已近，勝利之後，臺灣歸還我國毫無疑問。惟台、彭兩島被敵佔領迄今五十年，臺胞飽受奴化教育，思想中毒已深，收復之後，人心之改造為當務之急，而改造人心首重教育。查臺灣在戰前有小學一千一百五十餘所，學生三十八萬五千餘名，以每四十名學生需教師一人計，即小學教師九千餘人，或以每一小學需教師八人計，其數目亦復相同。如此大量師資自應由政府廣設學校，加緊培育。又查台民五百萬中，祖籍漳、泉州占全數百分之七十六，約三百八十餘萬人，祖籍廣東潮、惠兩地占全數百分之十四，約七十萬人，全數不諳國語，僅能採用閩南方言，師資之選擇應以閩南人士最為適宜。故應迅在閩南泉、漳二屬，設立師範學校，造就特種師資，以便抗戰勝利之後，派赴臺灣充任教師，推行三民主義教育，發揚祖國文化」。解決辦法：一、在泉漳屬內設立國立特種師資學校 1 所，造就大量師資。二、該校應特別注重三民主義的思想訓練，以國父遺教，總裁言論列為必修科目，並應注重臺灣史地之講授。提案人：陳村牧。連署人：鄭玉書、顏子俊等。該項決議獲得臨時參議院通過後，提交福建省政府辦理[14]。為了落實陳村牧的提案，1944 年 5 月 15 日陳儀寫信給教育部長陳立夫建議在福建晉江設立海疆學校，7 月 10 日陳立夫復函陳儀，同意在海疆學校培養接管臺灣時的中學師資和行政人員[15]。

由於福建做好支援臺灣師資的準備工作，臺灣光復後立即到漳泉招聘通曉閩南語的各類教師。1946 年 1 月，臺灣省訓練團電請廈門財政局徵聘國語教師。電文云：「財政局楊局長：臺灣省訓練團徵聘國音國語教員多位，以大學出身，曾任高中國語教師，能教注音符號及通閩南語者為合格，待遇從優，旅費另發，請速代登報徵聘徑行赴臺或來榕轉臺」[16]。廈門財政局接到代徵聘國文教師後，經登報徵聘，到 1 月 26

---

[14] 《福建省臨時參議會第二屆第二次大會決議案》，南京中國第二歷史檔案館一七一.2.103 卷。

[15] 《陳立夫復陳儀函 1944 年 7 月 10 日》，《臺灣光復和光復後五年省情》，第 60 頁。

[16] 《臺灣省訓練團電請徵聘國語教師》，《閩台關係檔案資料》第 401 頁。

日，經查合格者有春浩泉等 6 人，被送往臺灣執教。2 月份臺灣行政公署又委託廈門市政府招選國語教師，廈門市政府接臺省行政長官公署電云：「廈門市政府市長黃，本省接管伊始，國民學校國語教師需要迫切，茲擬在閩南招選 240 名，以師範畢業年齡在 26 歲以上，能操國語及閩南語者為限，每人發給旅費 3 萬元，錄用後薪津以委任 9 級起支，學驗特優者，得以薦任待遇，請就近代為招選」[17]。據廈門《江聲報》報導：到 3 月 7 日廈門市政府已選送第一批 28 名，第二批 65 名，從廈門坐輪船赴臺，第三批 100 餘人也準備赴臺就教。同時，高雄市政府委託泉州新南書杜招聘閩南籍小學教師 100 名。在智力支臺中，以廈門大學畢業生赴臺工作者最為著名，1945 年上學期的畢業生，經廈大校長汪德躍介紹到臺灣工作的有會計系林爾芬到會計處就職。機電系張汝湘、錢學新、許益新、章京南、章洪官、林頤壁等 6 名去工礦處工作。政治系林幗英、會計系陳人信等多名去民政處工作。銀行系鄧添保等多名去救濟分署工作。1945 年下學期的畢業生去臺灣工作的有機電系盧傳曾、薛小生、林南洲、陳俊德、朱思明、翁賢諒等 6 名去工礦處工作。政治系連茂范、張進才、陳躍南、黃奮志、楊民坊、塗元渠、李陸大等 7 名去民政處工作。化學系陳振興、李星輝等 3 名去台中市政府工作。化學系江培萱、張天仁、陳鴻宅等多名去臺灣工業研究所工作[18]。

　　除了教師和廈大畢業生去臺灣工作外，還有閩海關職員吳殷選等 21 人奉總稅務司署電令調往臺灣海關服務。福建鹽務局陳祺等 47 人到新成立的臺灣鹽務管理局工作。福建郵政局的郵政人員到臺灣工作。大批的福建籍教師、行政管理人員、技術人員到臺灣工作，對臺灣光復初期的社會事業、經濟建設的恢復和發展起到積極作用。

　　（刊〈臺灣研究〉2006 年第 4 期）

---

[17] 《臺灣行政公署委託廈門市政府招選國語教師》，《閩台關係檔案資料》第 403 頁。

[18] 《臺灣歡迎廈大畢業生前往工作》，《閩台關係檔案資料》第 409 頁。

後記

回顧我的臺灣史研究歷程，能取得一點成績，應感謝陳在正，陳孔立兩位老所長的督促和指導，感謝臺灣中央研究院張彬村、朱德蘭、許雪姬、林滿紅諸位教授的熱請邀請和幫助，感謝荷蘭萊頓大學漢學院許理和院長、費梅爾教授、吳榮子館長的多次邀請和幫忙，感謝我的學生黃俊淩王蒲華陳傑中的協助，當然還要特別感謝我的家人長期給予的全心鼓勵和支持。

拙集之得以出版，應該感謝卓克華先生將本書選入《臺灣史研究名家論集》叢書，實爲榮幸。同時承蒙臺灣蘭臺出版社和高雅婷主編的雅意，願意接受本書的出版，謹志謝忱。

林仁川

2016 年春于廈門大學海韻北區

國家圖書館出版品預行編目資料

林仁川臺灣史研究名家論集/林仁川　著者. -- 初版. -
臺北市：蘭臺, 2016.7
面；　公分
ISBN 978-986-5633-34-9　（精裝）
1.臺灣史　2.文集
733.2107　　　　　　　　　　　　　　105009074

林仁川臺灣史研究名家論集

著　　者：林仁川
主　　編：卓克華
編　　輯：高雅婷
封面設計：塗宇樵
出 版 者：蘭臺出版社
發　　行：蘭臺出版社
地　　址：台北市中正區重慶南路 1 段 121 號 8 樓之 14
電　　話：(02)2331-1675 或(02)2331-1691
傳　　真：(02)2382-6225
E—MAIL：books5w@yahoo.com.tw 或 books5w@gmail.com
網路書店：http://bookstv.com.tw/、http://store.pchome.com.tw/yesbooks/、
　　　　　　http://www.5w.com.tw、華文網路書店、三民書局

經　　銷：成信文化事業有限公司

電　　話：(02)2219-2080　　　　傳　真：(02)-2219-2180
地　　址：台北市中正區重慶南路 1 段 121 號 5 樓之 11 室
劃撥戶名：蘭臺出版社　帳號：18995335
網路書店：博客來網路書店 http://www.books.com.tw
香港代理：香港聯合零售有限公司
地　　址：香港新界大蒲汀麗路 36 號中華商務印刷大樓
　　　　　　C&C Building, 36,Ting, Lai, Road, Tai,Po, New,Territories
電　　話：(852)2150-2100　　　　傳真：(852)2356-0735
總 經 銷：廈門外圖集團有限公司
地　　址：廈門市湖裡區悅華路 8 號 4 樓
電　　話：(592)2230177　　　　傳　真：(592)-5365089
出版日期：2016 年 7 月初版
定　　價：新臺幣 2000 元整　　（全套新台幣 28000 元正，不零售）
ISBN：978-986-5633-34-9